U0962577

港澳台与海外新闻传播丛书　　丛书主编　董天策

港澳台广告
行业解读与案例赏析

Advertising in Hong Kong
Macao and Taiwan: Industry Analysis and Case Study

阳翼　万木春　著

暨南大学出版社
JINAN UNIVERSITY PRESS

Advertising in Hong Kong, Macao and Taiwan: Industry Analysis and Case Study

目　录

中篇　深度解读

下篇　案例赏析

总 序

2006年，华侨最高学府暨南大学百年华诞，暨南大学新闻传播教育恰好六十周年。在中国文化语境中，“百年”、“六十”意味深长，不仅令人回首过去的光荣，更令人憧憬未来的梦想。惟其如此，走过六十个春秋的暨南大学新闻与传播学院，在热烈的庆典氛围中不能不冷静地思考：暨南大学新闻传播教育有什么样的传统与特色？有什么样的经验与教训？有什么样的未来前景？

回顾历史，暨南大学新闻传播教育可谓历经风雨而不断奋进：1946年，暨南大学新闻学系在上海创立。1949年，因暨南大学停办而并入复旦大学新闻系。1958年，暨南大学在广州重建，中文系1960年开办新闻学专业。1970年，暨南大学在文化大革命中被迫停办，新闻学专业也随中文系并入华南师范学院（今华南师范大学）。1978年，复校后的暨南大学重建新闻学系，设立新闻学专业。从此，暨南大学新闻传播教育才走上不断开拓与发展的道路：

1983年，开设国际新闻与传播双学位专业（后更名为国际新闻本科专业）；

1985年，继中国人民大学新闻学院、复旦大学新闻学院、北京广播学院（今中国传媒大学）之后，成为第三批次获得新闻学硕士授予权的单位之一；

1994年，创办广告学本科专业；

2000年，获传播学硕士学位授予权；

2001年，在原新闻学系的基础上组建新闻与传播学院，下设新闻学系、广告学系、广播电视学系；同年，创办广播电视新闻学本科专业；

2003年，新闻学专业被评定为广东省名牌专业，新闻学科被确定为国务院侨务办公室重点学科；

2005年，获新闻学博士学位授予权。

在这样一个本科专业不断拓展、办学层次不断提升的过程中，暨南大学新闻传播教育的传统与特色越来越清晰地呈现出来。作为最高华侨学府的新闻传播教育，一个最突出的传统与特色就是大量招收华人华侨子弟，为港澳以及东南亚等地培养了大批的新闻传播专业人才。暨南大学新闻学系创立之初，著名华侨报人冯列山首任系主任，一开始就具有鲜明的“侨”字特色。在以后的发展过程中，招生、教学、科研，“侨”字特色始终保持。暨南大学1978年复办当年，新闻学系招收的香港、澳门等地的学生，就将近招生人数的一半，而现在的本科生中，港澳台与海外华人华侨学子更占70%以上。针对这样的生源结构，新时期以来学院陆续开设了海外新闻采写、海外报刊编辑、港澳社会问题研究之类的课程，2005年重新修订的本科人才培养方案更开设了国际时事政治、国际传播、港澳台新闻事业、海外华文传媒、港澳台广告业、海外公益广告等特色性课程。与此同时，也一向比较注重开展对港澳台媒体、海外华文传媒的研究，陆续发表了一批关于港澳台与海外华文传媒的论文，出版了《香港报业春秋》、《东盟国家媒介透视》、《东南亚华文报纸研究》等著作，从而有力地促进了特色化的人才培养。

正是由于暨南大学新闻传播教育始终具有这样的“侨”字特色，本人于2006年9月受命担任暨南大学新闻与传播学院常务副院长主持日常工作以来，在规划未来学科建设的时候，特别重视将华文传媒研究作为一个富有特色的学科方向加以强化。在广东省重点学科暨南大学新闻学的建设规划中，把海外华文传媒研究作为一个重要的研究方向；在广东省高校人文社会科学重点研究基地暨南大学海外华文文学与华文传媒研究中心，把海外华文传媒研究作为一个重要的研究领域；在暨南大学“十一·五”、“211工程”建设项目中，把海外华文传媒研究作为暨南大学华侨华人与海外华文教育学科的一个重要内容。

为了切实推进暨南大学海外华文传媒的研究，并将有关研究成果转化为人才培养的教学资源，深化暨南大学新闻传播教育的专业特色，学院在2006年底结束百年校庆、六十周年院庆活动之后，立即启动“港澳台与海外新闻传播丛书”的编撰工作：精心策划丛书的内容，确定各部书稿的撰写人，组织有关教师讨论撰写体例。由于各部书稿的研究基础不同，加上丛书作者大都承担了相当繁重的教学科研任务，这套丛书将陆续推出。该丛书的出版得到暨南大学出版社的大力支持，策划编辑杜小陆先生高度重视，从封面设计、版式设计到编辑校对，都找行家里手反复斟酌，使出版质量得到充分保障。

在“港澳台与海外新闻传播丛书”编撰的第一年——2007年，暨南大学新闻与传播学院的学科专业建设又迈上一个新的历史台阶：新闻学先后被批准为广东省重点学科、教育部高等学校特色专业建设点，海外华文文学与华文传媒研究中心被批准为广东省重点人文社会科学研究基地，新闻传播学博士后科研流动站被国家人事部批准设立。所有这一切，都为暨南大学新闻传播教育迈向更辉煌的明天奠定了坚实的基础。

衷心祝愿“港澳台与海外新闻传播丛书”的出版，该丛书的出版有利于强化暨南大学新闻传播教育的“侨”字特色，提升暨南大学新闻传播教育的办学水平，从而为培养高素质创新型的海内外新闻传播专业人才作出更大贡献！

董天策

2007年11月15日

序

一个值得重视的领域　一本值得关注的著述

港澳台是中国版图的重要构成部分，研究中国广告若未能将其纳入研究者的视野，无论说是一种什么样的缺憾似乎都不为过。

惭愧，本人于港澳台广告虽然时有关注，但一直缺乏深入研究，遵阳翼兄、木春兄之嘱为其新作著序，实勉为其难。

我是抱定学习的心态展读阳翼、木春二兄的著述的。著述分为上、中、下三篇。上篇为港澳台广告行业概览，于三地广告业发展之历程、广告公司与广告媒体两大主体之状况，以及广告教育与广告监管，均有适切的评述，资料之丰富、翔实，令我受益颇多。中篇为三地广告业发展中值得关注的一些问题的深度解读，问题的选择颇具眼光，解读更显出著者理性的智慧。下篇为港台广告作品赏析，要切实把握和领悟三地广告之精要，此篇也是不可不读的。如果说上、中两篇多理性解读，下篇则为具体的感性直观呈现，尽管赏析中不乏理性的分析。

做学问重在对第一手资料的把握。看看书后所列参考文献及书中所呈现的内容，深信二兄于资料搜寻采集的研究基础上所下的工夫。学问的深入，也许并不让于资料的占有，但不占有丰富、翔实资料的学问，却一定是浮泛的。二兄勤奋于资料之占有上的学问精神，吾辈当效之习之。

著述三篇各具用心，各具特色，整篇读来，时现思考的灵光与火花，表述畅达而要言不烦，实属难得。把简单的问题复杂化是一种本事，把复杂的问题简要化，同样是一种本事。对此，我更取向后者。

阳翼兄，是卢泰宏先生的高足，博士毕业且在美国做过一年的访问学者，惜至今无缘谋面。木春兄为武汉大学周茂君先生特别宠爱的弟子。说他们是后起之秀是抬高了自己，但“秀”字却是可以冠之的。

很不习惯为他人序，更不懂得如何序。既已诺之，只好勉力为之。是为序。

张金海
于武昌珞珈山
2007. 10. 13

前　言

港澳台同属中国，但近代历史各异，因而三地的政治、经济、文化、法律环境各有特点，根植于不同大背景中的三地广告业自然也各有其独特之处。作为华人广告圈中较为发达的地区，港澳台（特别是港台）广告在创意、管理、教育等方面都有许多宝贵经验值得其他国家和地区（尤其是中国内地）学习和借鉴。本书写作的一个重要目的，即全面梳理和提炼港澳台广告的行业特点和创作经验，以期为相关学者、学生或业界人士提供参考。

全书以“点面结合”、“重点突出”为写作宗旨，着重挖掘港澳台三地广告业的特点，分为上、中、下三篇，共十二章。

上篇“行业概览”从“面”的广度全面介绍了港澳台三地广告业发展的历史和现状。第一章简要介绍了港澳台的政治、经济和历史等基本情况；第二至第六章分别对三地的广告简史、广告公司、广告媒体、广告教育和广告监管等广告行业研究的重要组成部分作了详细阐述。

中篇“深度解读”有选择地对港澳台广告业的若干重要问题和领域作了深入研究。第七和第八章分别解读了香港和台湾广告业在过去几十年中的波动脉象；第九章重点分析了根植于特定政治环境和选举文化背景中的台湾政治广告；第十章则从总体上概括了香港和台湾在广告创作方面的特色，因此也可作为下篇“案例赏析”的导读。

下篇“案例赏析”分为第十一和第十二两章，对近30年来香港和台湾两地的数十个经典广告案例作了逐一赏析，以冀读者能从“点”的角度切入，对两地广告创作的国际水准与文化特色有更全面、更深刻的认识和体验。

全书的完成有赖两位作者的紧密合作。阳翼负责全书的整体构思、体例设定、港澳部分的写作，以及全书的统稿和校对；万木春完成了台湾部分的撰写和部分校对工作。

由于本书所涉内容庞杂，纵横跨度甚广，而两位作者的资料搜集和书稿撰写大部分在内地完成，且成书较为仓促，疏漏在所难免，不当之处，还请读者不吝批评指正。

阳翼　万木春
谨识于暨南园
2007年10月

致 谢

本书得以顺利出版，得到了很多人的鼎力相助。

阳翼：我在中山大学管理学院攻读博士学位期间，有幸得到恩师卢泰宏教授的精心指导和栽培。先生一丝不苟的治学态度、高瞻远瞩的大师风范和追求卓越的人生哲学，对我的学术思想、风格和视野有着极其重要而深远的影响。

在搜集港澳两地文献资料的过程中，黎文靖、谢晓辉、周军和钱宏等几位好友为我提供了无私的帮助，感谢他们。

我深深感谢我的父亲欧阳华和母亲陈菊英，他们几十年如一日地给予我支持、鼓励和关爱，无以回报，谨以此书献给他们。

此外，还有许多关心和帮助过我的人，限于篇幅，无法一一列举，在此一并致以最诚挚的谢意！

万木春：在台湾部分的资料搜集和撰写过程中，我的师长、亲人、同事、朋友和学生提供了大量的帮助。

武汉大学广告学与媒介经营管理研究两个博士点的学科带头人、媒体发展研究中心主任、中国广告协会学术委员会副主委张金海先生既是我的老师，也是我学习的楷模。他在百忙之中为本书赐序，并对初稿中若干关键问题提出宝贵的修改意见；我的导师周茂君先生也一直关注着本书的进展，并不断予以鼓励。两位恩师提携后生之弘雅气量必将成为我辈效仿的典范。

感谢父亲万家斌、母亲牛正寰、妻子肖牧，以宽容来对待我在写作期间的焦躁。

从台湾来就读的陈耀中同学，为我辗转带来了亟需的文献资料，在此一并致谢。

两位作者要特别感谢暨南大学新闻与传播学院的董天策常务副院长，刘家林书记、副院长，杨先顺副院长，曾利斌副书记、王玲主任和其他所有同事。他们在本书的写作过程中为我们提供了最大的便利，使我们能集中时间和精力完成这项重要的工作。

最后，我们还要感谢所有港澳台广告领域的工作者，没有他们前期的实践和研究作基础，本书不可能顺利完成。

Chapter 1　　第一章

港澳台概况

An Overview of Hong Kong, Macao and Taiwan

第一节　香港概况

中华人民共和国香港特别行政区，通称香港，英文 Hong Kong。在中国古代，从秦始皇统一中国（前 221）开始，直到东晋（331）时，香港都隶属于广东南海郡番禺县。唐朝时属东莞郡宝安县，此后从明朝万历元年至清朝道光二十年（1573—1841）属广州府新安县管辖。1841 年，清廷在第一次鸦片战争中被英国打败，并于翌年（1842 年）签订《南京条约》，将香港岛割让给英国。之后清廷再败于英法联军，被逼签下《北京条约》，把九龙半岛连同昂船洲一同割让给英国。及至 1898 年，清朝朝政腐败，英国乘机向清廷提出租借现在的新九龙、新界和邻近的两百多个离岛。英国驻华公使宾纳乐和李鸿章在北京签订"中英展拓香港界专条"，英国以租借为名，取得了新界，为期九十九年，7 月 1 日生效。1984 年 12 月 19 日，中英双方签订《中英联合声明》。根据这份声明，英国在 1997 年 7 月 1 日将香港的主权归还中国。中国政府根据《基本法》，确保香港的经济、法律和社会制度最少保持 50 年不变。除防务和外交事务外，香港特别行政区享有高度自治。

一、地理位置

香港位于中国东南端，是发展日渐迅速的东亚地区的枢纽，地理条件优越。香港总面积达 1 104 平方公里，由香港岛、一海之隔的九龙半岛和新界（包括 262 个离岛）组成，其中，郊区多集中在新界。

二、人口

截至 2004 年年中，香港人口约 688 万，人口密度为每平方公里 6 380 人。居于香港的外籍人士为数不少，共有约 524 200 人，人数最多的国籍首三位是：菲律宾（129 760）、印尼（105 710）和美国（29 900）。

三、语言

中英文同属香港的法定语文。政府机关、法律界、专业人士和商界均广泛使用英文。香港不乏受过良好教育且精通双语甚至三语（即英语、粤语和普通话）的专才，而对于在香港经营业务或与内地、台湾有贸易往来的企业，这些专才更显重要。

四、气候

香港属亚热带气候区，但差不多有半年时间带有温带气候性质。冬季的温度可能跌至 10℃以下，夏季则回升至 31℃以上。雨量集中在 4 月至 9 月间，约占全年雨量的 90%。

五、主要国际贸易中心

香港是全球第十一大贸易经济体系、第六大外汇市场及第十三大银行中心。香港股票市场规模之大，在亚洲排名第二。香港也是成衣、钟表、玩具、游戏、电子和某些轻工业产品的主要出口地，出口总值位列全球高位。

六、全球服务中心

2004 年，香港是全球第十大服务出口地。与服务贸易有关的主要行业包括民航、航运、旅游、与贸易有关的服务，以及金融和银行服务。不少服务项目的收费都是全球最低廉的。

七、跨国公司的业务基地

逾 3 800 家国际企业选择在香港设立亚洲区总部或办事处，主要从事的业务包括批发、零售及进出口贸易、其他商用服务（例如会计、广告和法律服务）、银行和金融、制造业、运输及相关服务。

八、自由贸易与自由市场

香港提倡并奉行自由贸易——香港设有自由开放的投资制度；不设贸易屏障；对外来投资者一视同仁；资金自由流动；法治体制历史悠久；规章条文透明度高；税率低而明确。

九、政府行政架构精简

香港拥有一个架构精简而效率高超的政府。公司及个人课税率低，而且易于计算。香港特别行政区政府素以效率出众、透明度高且处事公正见称。在工商业方面，香港特别行政区政府奉行确立已久的“尽量扶助、减少干预”政策，乐于支持工商业发展。

十、货币制度

香港的货币政策目标是维持港元稳定。鉴于香港是一个高度外向型的经济体系，这个目标的具体含义就是维持港元对外价值的稳定，即维持 1 美元兑 7.80 港元的固定汇率。这个目标是通过联系汇率制度来实现的。联汇制度自 1983 年 10 月开始实行。

十一、法治

香港的法律制度深值信赖。这个制度以普通法为根基，历史悠久。香港市民和居港人士得享的权利与自由，建基于大公无私的法治体制、独立的司法制度、完善的法援制度，以及自由开放和蓬勃发展的新闻传播媒介。

十二、机场

香港是主要的国际和区域航空中心。香港国际机场是世界上最繁忙的机场之一。全球各大航空公司都有航班飞往香港。现在，每周有大约 4 000 班定期客运航班及 700 班货运航班从香港飞往全球约 130 个城市。机场全面发展后，每年将可吞吐旅客 8 700 万人次和货物 900 万公吨。香港国际机场自 2001 年起连续五年被英国航空业意见调查机构 Skytrax Research 选为全球最佳机场。

十三、港口

2004 年，香港港口合共处理了 2 200 万个 20 呎长的标准货柜，是全球最繁忙的货柜港。坐落于葵涌和青衣的九个货柜码头，分别由五家营运商负责管理，总面积达 270 公顷，共设有 24 个泊位，临海地界总长 8 530 米。葵涌—青衣港池水深达 15. 5 米，九个货柜码头每年可合共处理逾 1 800 万个 20 呎长的标准货柜。2004 年，抵港的远洋轮船及内河船只分别约有 35 900 艘次和 189 520 艘次，共处理货物约 2. 21 亿公吨并运载旅客约 2 140 万人次。

十四、高等院校

目前，香港有 12 所高等院校，其中八所由香港大学教育资助委员会（University Grants Committee，UGC 教资委）资助，也就是港人所称呼的“八大校”。在这八所院校中，七所是大学，包括香港大学、香港中文大学、香港科技大学、香港城市大学、香港理工大学、香港浸会大学和岭南大学，一所是师资培训学院，即香港教育学院。另外四所颁授学位的院校并非由教资委资助，它们是由公众拨款营办的香港演艺学院，以及财政自给的香港公开大学、香港树仁学院和珠海学院。

第二节　澳门概况

中华人民共和国澳门特别行政区，通称澳门，葡文 Macau，英文 Macao。澳门历来是中国的领土，原属广东香山县（今珠海市中山市）管辖。澳门在明代史书中被称为“蠔镜”（濠镜），因其妈阁庙而被葡萄牙人命名为“Macau”。1535 年，葡萄牙人贿赂广东地方官吏，取得在澳门码头停靠船舶、进行交易的权利。1553 年又以晾晒水浸货物为由，上岸居住。1557 年正式将澳门开为商埠。第一次鸦片战争后，葡萄牙人乘机扩大了在澳门侵占的地盘。1851 年和 1864 年又先后侵占了氹仔岛和路环岛。1887 年葡胁迫清政府签订《中葡会议草约》和《中葡北京条约》，其中规定“葡国永驻管理澳门以及属澳之地与葡国治理其他处无异”。此后葡一直占领澳门并将其划为葡领土。

中华人民共和国成立后，我国政府多次阐明了我国对澳门问题的立场，澳门是中国的领土，根据1987年中葡两国政府关于澳门问题的联合声明，中国政府于1999年12月20日对澳门恢复行使主权。1993年3月31日，中国政府公布《中华人民共和国澳门特别行政区基本法》，其中规定，澳门特别行政区直辖于中央人民政府，享有除外交和国防事务以外的高度自治权，包括行政管理权、立法权、独立的司法权和终审权，澳门特别行政区不实行社会主义制度和政策，保持原有的资本主义制度和生活方式50年不变。

1999年12月20日零时在澳门新口岸交接仪式会场（已清拆，现为娱乐场），中、葡两国元首见证了澳门第127任总督韦奇立和首任澳门特区行政长官何厚铧交接澳门主权的场面，中华人民共和国正式恢复对澳门行使主权。根据《基本法》，澳门特区行政长官每任任期为五年，最多可连任一次。

一、地理

澳门位于中国南部的珠江口西侧，与东侧的香港隔海相望，相距仅61公里。经纬度位置为：东经113°33′和北纬22°11′。澳门的总面积因为沿岸填海造地而一直在扩大，已由19世纪的10.28平方公里逐步扩展至今日（截至2006年）的28.6平方公里。

澳门由三个部分组成：与中国内地连接的澳门半岛，位于珠江口南中国海上的氹仔岛及路环岛。北面和广东省的珠海市拱北镇连接；西面与同属珠海市的湾仔和横琴对望。

澳门半岛由一条狭长地带与广东省珠海市的拱北区连接而构成，南北长约4公里，东西最阔约1.8公里。大致来说，半岛自东北斜向西南，和华南沿岸山脉震旦走向相同。岛中的山脉和离岸岛屿的分布，亦呈相似的走势。半岛上有多个小丘，最高的是松山，海拔91.07米，其他大都在海拔50~75米左右。

二、气候

澳门属热带季风气候，温暖多雨。全年1月最冷，平均气温14.6℃，最低气温仍在5℃以上；7月最热，平均气温28.5℃，最热可达30℃以上。年降雨量达1 970毫米，4~10月为雨季。主要分冬夏两季，春秋短暂而不明显。夏热多雨，冬稍干冷，春温多雾，秋日晴朗。5~10月为台风季节。

三、人口

截至2006年年中，澳门人口为525 500人。另据《澳门总览》介绍，作为弹丸之地的澳门，人口密度为世界之最，平均每平方公里的人口接近2万人，其中澳门半岛的人口密度达到每平方公里5万多人。目前澳门人口中的96%以上为华人，其余为葡萄牙人和其他国籍的人士。澳门岛是澳门的市区，是工商业和人口集中的地方。整个市区分为5区。

四、经济

澳门的经济结构主要由出口制造业、旅游博彩业、金融业和地产建筑业等四大支柱产业构成。

澳门向来有“赌埠”之称，博彩业在澳门已有150多年的历史。早年最盛行的赌博是番摊与牌九；但到了20世纪，西方博彩游戏传入澳门，并融合本土的赌法，才形成一个多元化的博彩架构。澳门现为世界三大赌城之一，更被称为“东方蒙地卡罗”。

自开埠400多年以来，澳门一直是中国看世界、世界看中国的一扇窗。这里既有古色古香的中国传统庙宇，又有庄严肃穆的天主教堂，还有世界著名的娱乐场，它以中西文化融合的独特魅力和优越的地理位置，吸引着世界各地的投资商和观光客。

五、语言和文字

粤语为澳门社会的通用语，在平民日常生活、工作，政府办公，学校教育，新闻传媒，文化娱乐中广泛使用；葡萄牙语多在政府、法律部门和与葡萄牙有关联的商户或书店、社区流行；而旅游景点为方便向外来游客解说，考虑到沟通问题，亦会并用粤语、英语、普通话。

澳门土语（Macanese）是一种由葡文、马来语、粤语、英文、古葡文以及少许荷兰文、西班牙文和意大利文混合而成的澳门方言，葡文叫“巴度亚”（Patuá），曾是澳门土生葡人常用的一种语言。

澳门采用传统繁体中文。由于跟香港一样，粤语在社会上占绝对优势，香港的HKSCS① 字集亦为澳门采用。

六、宗教

澳门多数居民和其他华人社会一样，以儒、释、道及民间神祇为信仰（观音和妈祖特别流行）。

七、高等院校

澳门的高等院校包括：澳门大学（旧称东亚大学）、澳门理工学院、澳门旅游学

---

① 香港增补字符集（Hong Kong Supplementary Character Set，简称 HKSCS）是香港政府基于繁体中文电脑操作环境中最流行的 Big5（大五码）之上扩展的字符集标准，是现时香港的中文资讯交换内码标准。

院、联合国大学国际软件技术研究所、亚洲（澳门）国际公开大学、澳门保安部队高等学校、澳门科技大学、澳门镜湖护理学院、欧洲研究学会、高等校际学院、澳门管理学院、中西创新学院。

第三节　台湾概况

台湾自古以来就是我国的领土，在中国古代的文献里，被称为“蓬莱”、“瀛洲”、“夷洲”、“琉球”等。台湾有文字记载的历史可以追溯到公元230年，当时三国时期的吴王孙权派大将卫温、诸葛直率1万官兵“浮海求夷洲”。据史籍记载，公元610年汉族人民开始移居澎湖地区，到宋元时期，汉族人民在澎湖地区已有相当数量。元、明两朝政府在澎湖设巡检司，中国在台湾设立专门政权机构，也自此开始。

16世纪，西班牙、荷兰等西方殖民势力迅速发展，开始把触角伸向东方。1642年，台湾沦为荷兰的殖民地。1661年4月，郑成功率2.5万名将士及数百艘战舰，由金门进军台湾。郑成功向荷兰殖民者表示台湾“一向属于中国”，台湾和澎湖这两个“岛屿的居民都是中国人，他们自古以来占有和耕种这一土地”，荷兰“自应把它归还原主”。经过激烈战斗，郑成功在1662年2月收复台湾。郑氏政权把大陆的政治、文教制度移植到台湾，重视土地开发和水利兴修，发展对外贸易，促进了台湾经济的发展。1683年，清政府派兵进攻台湾，将台湾置于清政府的直接统治之下。到了1811年，台湾人口已达190万，其中多数是来自福建、广东的移民。移民大量开垦荒地，使台湾成为一个新兴的农业区域，并向大陆提供大量稻米和蔗糖，由大陆输入日用消费品和建筑材料等。这个时期，台湾与福建、广东的来往十分密切，中华文化更加全面地传入了台湾。

1840年英国发动侵略中国的鸦片战争以后，西方列强逼迫中国开放通商口岸。19世纪60年代，台湾的淡水、鸡笼、安平、打狗相继开港，进口以鸦片为主，出口则以茶、糖、樟脑为主。19世纪70年代，实行明治维新后的日本开始向南把琉球和台湾作为扩张的目标，声称台湾是“土番”居住区，是“无主之地”，不在中国主权之下。清政府一再申明“台湾全地久隶我国版图”，“全台郡之生番，无一社不归中国者”。由于西方列强不断侵逼中国边疆，中国出现了边疆危机。1884—1885年中法战争期间，法军进攻台湾，遭刘铭传率军重创。中法战争以后，清政府为了加强海防，于1885年将台湾划为中国第20个单一行省。首任台湾省巡抚刘铭传积极推行自强新政，将众多新式事业集中于一省，使台湾成为当时中国的先进地区之一。

1894年日本发动甲午战争，翌年清政府战败，并于4月17日被迫签订《马关条约》，把台湾割让给日本。消息传出后，台湾全省“哭声震天”，鸣锣罢市。协理台湾军务的清军将领刘永福等率军民反抗日本的侵占，坚持了5个多月但终遭失败。从此，台湾沦为日本的殖民地达50年之久。

日本在台湾实行总督专制的统治体制，建立严密的警察制度，并利用保甲制度作为警察政治的辅助工具。1937 年日本发动全面侵华战争后，在台湾有条件地推行“皇民化运动”，灌输忠“君”（天皇）爱“国”（日本）思想，力图把台湾人民变成日本的忠臣良民。在经济上，实行“农业台湾、工业日本”的政策，由台湾向日本提供稻米和蔗糖；后期则配合日本的南进政策，在台湾发展与军需有关的工业，把台湾当作日军的补给地。日本不平等的殖民统治还十分明显地表现在教育政策方面。1943 年，日本人仅占全台人口的 6%，但全台中学生数却占了 49%。至于台北帝国大学（今台湾大学），日本人占 80%，台湾人只有 20%，而且台湾学生 90% 是读与医学有关的科系，文、政、理、工、农科的学生 96% 是日本人。日本人占领台湾 50 年，台湾人只出现两个科长、三个郡守、三个法官、九个中学教员、两个大学教授，整个政府中上层的管理阶层没有一个是台湾人[①]。

1945 年 8 月，日本在第二次世界大战中战败，8 月 15 日宣布无条件投降。10 月 25 日，同盟国中国战区台湾省受降仪式于台北举行，至此，台湾、澎湖重归中国主权管辖之下。1949 年，国民党“中华民国政府”在美国的帮助下退守台湾。

1949 年以后，台湾的政治经济经历了蒋介石、蒋经国、李登辉、陈水扁四个时期。

在蒋介石恢复专制统治时期，进行了以巩固国民党在台湾的统治为中心内容的第一次改造运动。与此同时，他在经济上整顿财政、改革币制，对农村实行土地改革，在恢复和发展农业的基础上带动了台湾工业经济的重建与发展。在美国的援助下，台湾调整发展战略，以“出口导向”代替了“进口替代”的经济发展模式，从而促进了经济的发展。

在蒋经国时期，他将工作的重点放在经济建设上，先后实施“四年经济建设计划”、“六年经济建设计划”、“十大经济建设”和“十二大经济建设”。在推行经济自由化、国际化、法制化的基础上，台湾经济进入了快速发展阶段。在 1951—1987 年 36 年间的“两蒋”主政时期，平均每年经济增长率高达 9%，居世界之冠，台湾也自此从落后的农业社会转变为新兴工业化经济体。而这一转变过程，在欧洲国家历经了一百多年甚至二百年；美国花了一百年，日本也经历了七十年。

李登辉主政时期，20 世纪 90 年代初，由于贸易保护主义抬头和台币贬值的影响，出现了连续三年的经济低迷。从 1994 年以后，台湾经济又进入了相对高速的增长时期。受 1997 年亚洲金融危机的冲击，台湾经济受到了很大的影响，此后的两三年时间，台湾经济处在低迷时期。1988—1999 年，平均每年经济增长率降为 6.6%，但 1992 年台湾人均 GDP 已突破 1 万美元大关。与此同时，两岸在经贸关系上往来频繁，大陆已经成为台湾地区贸易顺差的主要来源地。

① 陈毓钧．我们是谁？台湾是什么？．上海：上海译文出版社，2006.5

民进党于2000年成为台湾的执政党，国民党首次成为在野党。陈水扁“渐进台独”时期，在执政方面有着比较多的困境，台湾平均每年经济增长率也降至3.3%，达到了50多年来的最低点。2001年，台湾经济出现历史上的首次负增长；2002年，失业率超过了5%。但另一方面，至2004年底，台湾对外投资净额也高达3 871亿美元，居世界第四位，其中大约有1/3～1/4投资于大陆。在贸易方面，据台湾“大陆委员会”估计，台湾对大陆出口自1989年的33.3亿美元升至2004年的450亿美元，15年间增加了12.5倍，平均每年增加19%。另据“台湾海关”统计，台湾对大陆和香港的出口，占到台湾总出口的37%以上，这显示出两岸经贸间极深的相互依赖关系。① 截至2006年年底，台湾的GDP达到119 082亿元新台币，约合人民币28 285.5亿元。岛内人口增至2 280余万人。

台湾位于祖国大陆架的东南缘。地处东经124°34′30″（宜兰县赤尾屿东端）至119°11′03″（澎湖县望安乡花屿西端），北纬21°45′25″（屏东县恒春镇七星岩南端）至25°56′30″（宜兰县黄尾屿北端）之间。北临东海，东北接琉球群岛；东濒太平洋；南界巴士海峡，与菲律宾相邻；西隔台湾海峡与大陆福建省相望，最近处仅130公里。作为中国第一大岛，台湾的陆地总面积为35 990平方公里，其地理位置恰扼西太平洋航道的中心，在战略地位上素有我国“东南锁钥”、“七省藩篱”之称②。

台湾是世界上少有的热带“高山之岛”，除西岸一带为平原外，其余占全岛2/3的地区都是高山峻岭。台东山脉、中央山脉、玉山山脉，号称“台湾屋脊”，海拔3 997米。最著名的是阿里山，为台湾秀丽俊美风光之象征。

台湾的年平均温度，除高山外约在22℃左右。一年四季，天气总是暖融融的。4～11月，是台湾的夏季，最热的7月份，全省平均气温为28℃左右。从12月到翌年3月，为凉爽的“冬季”，与大陆长江下游的秋天相仿。最冷的2月份，全省温度最低的台北市的平均气温也仍在15℃左右。

台湾自然资源丰富，素有“祖国宝岛”之称。森林覆盖面积占全省土地总面积的一半以上，是亚洲有名的天然植物园，樟树提炼物更居世界之冠，产量约占世界总产量的70%。台湾现已探明的各种矿藏有200多种，煤是最主要的矿产。在台湾北端大屯山一带，还出产重要的化工原料——硫黄，这是我国天然硫黄储量最多的地方。除此以外，台湾还有“水果王国”的美称，也是我国重要的产渔区。

台湾的高等教育近年发展十分迅速，大学由五十几所，增为近一百五十所，如此惊人的增长，使得整个台湾地区基本完成了从精英教育向大众化教育的转轨。台湾著名的大学包括台湾大学、成功大学、交通大学（台湾）和清华大学（台湾）等。

① 数据源于叶万安．台湾经济发展与两岸经贸交流．“第一届两岸民间菁英论坛”演讲，2005－09－15

② 清光绪十二年（1886）四月，福建巡抚刘铭传与福建总督杨昌浚向光绪皇帝奏陈设台湾省事宜，谓：“台湾为南洋七省藩篱，整顿海防，百废俱举。”

Chapter 2 第二章

港澳台广告简史

A Brief History of Advertising in Hong Kong, Macao and Taiwan

第一节　香港广告简史

从19世纪40年代香港开埠到第二次世界大战结束后初期的110年间，香港是以转口贸易为主的自由港。20世纪50年代开始第一次经济转型，成为以香港港产品为主的自由港。50年代末，制造业出口在全港出口的比重高达70%，这是香港从转口港变为工业化城市的标志。从70年代开始，香港经济进一步多元化、国际化，香港的金融业、旅游业和房地产业发展迅速，实现了第二次经济转型，成为以服务业经济为主的自由港。90年代以来，面对知识经济、网络经济的兴起，香港面临着第三次经济转型，即以创新科技为动力，将现行经济形态转为以依靠知识经济、网络经济进行发展的自由港和服务中心①。

广告业是经济状况的晴雨表，香港经济的繁荣也带来了广告业的腾飞。世界级的金融、商贸和信息中心、充裕的资金、发达的商业、多元化的文化和众多的媒体，都为香港广告业大展拳脚提供了便利。如今的香港广告业可谓非常发达，是整个东南亚地区的广告中心，被誉为“亚洲广告之都”。回顾过去的一百多年，香港的广告业大致经历了孕育期、成长期、繁荣期和转型期等四个重要的发展阶段。

一、孕育期（19世纪40年代初—20世纪40年代末）

正如上文所述，在香港开埠后这110年间，香港是以转口贸易为主的自由港。这一时期，香港的广告业随着经济的发展，完成了从无到有的初级发展阶段。

香港最早的报纸——英文《香港公报》于1841年创办；1853年，第一家中文报纸《中外新报》出版。1928年6月30日，香港电台开播，从1938年起，该台增设中文节目，并正式成立香港第一个中文广播电台——ZEK中文台。

香港第一家广告公司成立于1927年。作为国际著名的自由港，这里很快吸引了跨国广告公司的入驻，成为跨国广告公司较早大规模进入的地区之一②。

在这一时期内，由于经济还不甚发达，加之战争的影响，香港的广告业仍处在一个发展相对缓慢的起步阶段。不过，这正像孕育在母腹中的胎儿，一朝分娩，便要开始茁壮成长了。

二、成长期（20世纪50年代初—60年代末）

从20世纪50年代初到60年代末，香港经济在经历了第二次世界大战的摧残后逐渐有了起色，完成了第一次经济转型，香港由一个转口港转变为工业化城市，经济

① 许俊基．中国广告史．北京：中国传媒大学出版社，2006. 274

② 孙顺华，查灿长，刘悦坦，刘艳秋．中外广告史．济南：山东大学出版社，2005. 116

也处于腾飞的准备阶段。这时的广告业便开始蓬勃发展起来，不过广告水平还比较低下，主要经营制作型和媒体代理型业务，如码头广告位置、路牌的出租等。

1957 年 5 月 29 日，亚洲电视有限公司（ATV）的前身“丽的呼声有限公司”开办的“丽的映声”成立，成为香港最早的有线黑白电视台；1967 年 11 月 19 日，香港电视广播有限公司（TVB）正式启播，是全港首家商营无线电视台。电视媒体的运营开启了一个新的传媒时代，为下一阶段香港广告业的迅猛发展，打下了坚实的基础。

此外，香港广告商会（HK4As）和香港广告客户协会（HK2As）分别于这一时期的 1957 年和 1961 年成立。从那时起，两家行业协会在维持广告专业操守、出任广告公司纠纷仲裁、为广告公司提供交流平台、保护广告客户利益等方面，为香港广告行业的蓬勃健康发展，作出了突出贡献。

三、繁荣期（20 世纪 70 年代初—20 世纪末）

20 世纪 70 年代香港进入经济腾飞的辉煌时期，经济的高速发展和空前繁荣推动了广告业的发展。据统计，1971 年全港广告总开支为 2 亿港元①，经过 30 多年的高速发展，到 2000 年，香港的整体广告开支达 276 亿港元，在亚太地区仅次于中国内地和韩国，排名第三位。而到了 2004 年，香港的广告营业额已达到 447.07 亿港币，比 1971 年增长了 223.5 倍。

经过多年的发展，香港广告业已经实现了规范化、数字化、国际化、电脑化，其广告公司已成为具备与消费者进行综合沟通能力的多元化顾问型企业②。据统计，早在 1981 年，香港就约有广告公司 1 000 家③，到了 2004 年，香港经营广告业务的公司超过 1 100 家，其中约半数从事广告策划代理顾问服务，其他包括广告招牌制作以及广告赠品制作公司约 200 家，宣传展览公司约 50 家，广告喷画公司 40 多家，电视广告制作公司 20 多家，户外广告制作公司约 20 家，直销市场服务、报纸及期刊广告制作公司，以及网上广告制作公司各 10 余家等④。

广告媒体方面，1979 年在香港注册的报纸刊物共有 440 家，两个商业电视台和一家商业电台；2004 年底，香港共有 46 份日报、多份电子报和 799 份期刊，两家提供免费电视服务的私营公司、三家收费电视服务持牌机构、十三家非本地电视节目服务持牌机构、一家兼备广播和电话的政府电台和两家商营电台。

许多重要的广告评选典礼创办于这个时期。例如，始于 1984 年的“香港 HK4As

---

① 冼日明，游汉明．广告在香港：经济、社会、法律及管理层面之剖析．香港：大学出版印务公司，1986.3

② 孙顺华，查灿长，刘悦坦，刘艳秋．中外广告史．济南：山东大学出版社，2005.116

③ 1981 年香港经济年鉴．香港：经济导报社，1982.163

④ 2004 年香港经济年鉴．香港：经济导报社，2005.289

广告创作大奖”（后改称“金帆奖”）、创办于1994年的“香港十大电视广告”颁奖典礼和首创于1999年的“龙玺全球华文广告奖”，均为香港广告公司和创意人之间的交流以及香港广告创作水平的提升，提供了重要的平台。此外，著名华文广告杂志《龙吟榜》（季刊）也在1995年初创刊，该刊专门网罗世界各地华文广告精品，并邀请著名广告人加以点评，成为华文广告知识积累与传播的重要媒介。

香港广告行业繁荣的一个重要表现，就是今天的香港早已成为“广告的海洋”。走在香港地区的街上，不论远望还是近瞧，霓虹灯广告、路牌广告，上下纵横交织成网；乘船搭车，海报广告、灯箱广告比比皆是；买份报刊，图文并茂的广告占去了相当的版面；站在红绿灯下等待穿过马路，也会有人见缝插针、派发广告到你的手里；坐在办公室，常会有人以“为您服务”的名义打来电话，或直接登门拜访，请你出资参加广告活动；下班回家，打开私人信箱，来自亲朋好友的信函不一定有，但劝你购物的邮递广告总也少不了；如果你看电视听广播，广告更是多得令人眼花缭乱……

四、饱和期（21世纪初开始）

经过几十年的高速成长，到本世纪初，香港的广告市场已经趋于饱和。为了寻求新的增长点，香港广告公司开始大举进军远未饱和的内地市场。大型的广告公司都已相继在内地开设办理处，或与内地单位成立合资广告公司，均取得了良好的效益。从2004年1月1日起，CEPA[①]允许香港和澳门的服务提供者在内地设立独资广告公司，更为香港广告业的持续发展，提供了更广阔的天地。

香港是一个东西方文化的交汇之地，既保留了中国文化的传统，又与西方文化进行了长期的融合，形成香港文化东西荟萃、多元化的重要特色。欧美先进的广告经验、创意手法、经营理念，在香港可以轻易地被灌输，被接受，被创新，不存在任何语言和文化上的障碍；同时，香港又保留了中国传统文化中的精髓，在适应内地市场时，更有竞争力。再者，自由的环境、宽松的文化氛围，更容易产生优秀的创意和相应的人才。面对全球一体化的经济发展，香港广告人中在品牌管理、创意设计、市场营运及推广方面的专才已经积累了丰富的国际市场经验，国际化程度与内地广告人相比，更显成熟；与国外刚进入大陆的广告人相比，他们更熟悉中国国情，更能掌握内地客户的需求和目标。所以面对巨大的内地市场，香港广告公司的竞争力是显而易见的。

不过，香港广告公司仍然要面对内地不完善的市场、不成熟的广告法律和文化差异等难题，要想取得成功，这些问题都是不容忽视的。

---

① CEPA，即Closer Economic Partnership Arrangement，全称为《内地与香港、澳门关于建立更紧密经贸关系的安排》及有关附件。

第二节 澳门广告简史

澳门是中国东南沿海开发最早且开放最早的商埠之一。由于长期被葡萄牙人占领，造成澳门的经济和政治有着特殊的发展历程，所以，澳门地区的广告事业也有它特定的发展特点。粗略看来，澳门广告业的发展大致可以分为四个阶段，即萌芽期、发展期、成熟期和转型期。

一、萌芽期（16 世纪中叶—19 世纪中叶）

从 1553 年澳门开埠到 1842 年英国占领香港这近 300 年的历史期间，澳门是东西方贸易的重要港口，也是中西方文化交流的中心。16 世纪中叶以后，葡萄牙人以澳门为据点，开展对日本、东南亚、非洲等国的贸易，输出中国的丝、茶、瓷器等商品，澳门因出口商品而名扬海外。此时，澳门出现了宣传最佳出口商品的广告，如清朝乾隆年间出产的"青花圣水杯"广告，目的是宣传产品价格便宜、质量好等①。

二、发展期（19 世纪中叶—20 世纪 60 年代末）

从 19 世纪中叶开始，澳门的报纸媒体在全国率先发展起来，成为澳门广告业发展的媒介和催化剂。

澳门是中国近代报纸的摇篮。1822 年 9 月，澳门出版了中国境内最早的近代报刊——《A Abelha da China》（中文译为《蜜蜂华报》）。《蜜蜂华报》为葡萄牙文周报，逢周四出版，由阿马兰特神父任编辑，于 1823 年 12 月 26 日被查封，共出版了 67 期。《蜜蜂华报》是首份向国外传播中国信息的报纸，对于当时严格执行闭关锁国政策的中国来说，是中国与世界交流的唯一窗口。

随后，《澳门宪报》、《澳门新闻纸》、《镜海丛报》、《知新报》、《濠镜晚报》、《澳门通报》、《澳门时报》等陆续创刊。其中，《澳门宪报》于 1838 年创刊，并于 1850 年开始出中文版。在这份报纸上刊登的中文广告是中国近代最早的中文报刊广告之一，其涉及的内容也十分广泛，数量也十分可观。据统计，1850 年 12 月 7 日至 1890 年 12 月 26 日间的 432 份《澳门宪报》文栏中，几乎每期都有大量的中文广告，包括政府专卖广告和私人商业广告两大类②。

例如，1851 年 1 月 18 日的《澳门宪报》（第九号）中就刊登了一条澳葡政府关于猪肉和牛肉专卖的招标广告："大西洋理事官唛曝哆吗叽吐奉公会命谕各人知悉。因定期出投猪栏，乃是礼拜日不暇办理，今再定本月十九日十一点钟出投猪栏。二十

---

① 许俊基．中国广告史．北京：中国传媒大学出版社，2006. 280

② 查灿长．《澳门宪报》中文广告述评．新闻界，2007（1）：105

日出投牛栏，有愿承充者，依期到议事厅投充可也。道光三十年十二月十二日谕。”①再如，1854 年 12 月 9 日的《澳门宪报》（第八号）上刊登了一则澳门、香港、广州三地之间新式蒸汽机轮船的船期广告：“兹者香港东藩火船公司议定，自此之后，每逢礼拜二、礼拜四、礼拜六日，有火轮船由港（香港）往省（广州），由省来港，礼拜六由省来港之火轮，与礼拜二由港往省之火船，经过澳门下铙（锚）一刻。然后直往。每欲快行到步火船开行之候。不能一时而定，因潮水日日不同之故矣。每船开行之时候，必日日声明于新闻纸内。搭客水脚银照旧一样。船面搭客有遮帐。本公司之火轮船舱位阔大，若有粗货亦可装载，水脚银面议。咸丰四年十月十六日，东藩火船公司大班启。”②

澳门另一家有影响的报纸是康有为的弟弟康广仁和商人何廷光于 1897 年 2 月 22 日合办的《知新报》。康有为和梁启超经常在该报发表文章，提倡言论自由、出版自由、效仿西方，提出变法、兴民权、变科举、办学校、介绍各国新科学技术等。《知新报》内容丰富，议论精辟，畅销全国，不但国内大城市有 40 埠设代销处，还远销到日本、越南、新加坡、美国等地。该报与上海的《时务报》、天津的《国闻报》并驾齐驱，成为当年全国具变法改良思想的三家报纸。

时至抗日战争时期，避居澳门的张大千、关山月等一大批爱国艺术家，以画笔为武器，制作宣传广告，开辟了打击日寇的另一个战场③。这一时期，澳门的报刊媒体也有了进一步的发展，中、外文报业非常活跃，如报纸就有 30 多种，著名的包括《澳门时报》、《大众报》、《新声报》、《朝阳日报》、《平民报》和《民生报》等。由于抗日战争的爆发，大量的商人、学生、居民涌入澳门，给报业和广告业的发展带来了活力和生机。如《大众报》、《朝阳日报》在发布抗日救亡消息、团结各地爱国力量、支援抗战、筹款救灾、创办公益事业等方面，起着巨大的作用④。

三、成熟期（20 世纪 70 年代初—20 世纪末）

长期以来，澳门广告行业业务单一、市场狭窄，只有美术工作者兼做较简单的印刷宣传广告。直至 20 世纪 70 年代初，澳门经济有所发展，招牌广告也因市场需求而增加。随着澳门经济在 80 年代中期至 90 年代初期的起飞，旅游、酒店业开始蓬勃发展，地产市场畅旺，社会及商业机构的数量亦大为增加，社团活动和商业活动变得频繁，刺激了澳门广告业的发展。这期间，广告公司的经营模式有所改变。随着客户对广告质量的要求提高，在包装等方面较为注重，旧式广告公司所经营的招牌广告已经

---

① 汤开建，吴志良．澳门宪报——中文资料辑录（1850—1911）．澳门：澳门基金会，2002. 1

② 汤开建，吴志良．澳门宪报——中文资料辑录（1850—1911）．澳门：澳门基金会，2002. 6

③ 许俊基．中国广告史．北京：中国传媒大学出版社，2006. 281

④ 许俊基．中国广告史．北京：中国传媒大学出版社，2006. 282

不适应发展的需求，渐被淘汰。取而代之的是现在的公关公司、设计公司和制作等不同经营模式的广告公司。

由于澳门的市场规模小，缺乏地区生产的著名品牌，因而没有本地厂商有能力缴付高昂的广告费来进行产品的宣传[①]；而进口品牌也因为市场狭小，在广告经费上投入也不多，使得澳门的广告公司以服务和公民意识的推广为主要业务。服务广告以区内的旅游娱乐事业、酒店服务业和金融银行业为主，受众大多为旅客；而政府也主要通过广告推广公民意识和政令，如肃贪、环保、工业安全、公民责任等[②]。

澳门的立法会候选团体也是澳门的重要广告主。澳门的选举广告较为集中，据澳门特别行政区立法会选举制度及《选举法》第七十五条规定，“竞选活动期”是由选举日前十五日开始至选举日前第二日午夜十二时结束，可供宣传的时间只有十四天。澳门并没有政党政治的传统，社会上公民意识和政治意识尚未成熟，每次选举时组成候选组别的团体，多数是一些平时的功能团体和社会服务团体[③]，其实并没有“政治立场”或“政治取向”，所以每个组别在其“外观上”的表现，其实是差不多的。而澳门地域狭窄，选民人数又不多，所以候选人要争取的支持者，也几乎是一模一样的澳门市民[④]。

四、转型期（21 世纪初开始）

在澳门的经济体系当中，一直以旅游博彩业为地区最重要的收入来源，博彩专营税占澳门政府总收入的六成多。博彩业一枝独秀，成为澳门各产业的龙头。受到澳门市场空间狭窄和经济模式单一的限制，澳门广告业在市场规模和发展空间方面都受到较大的局限。尽管如此，展望 21 世纪，澳门广告业的发展仍有不少契机。

首先，澳门媒体广告收入还不到国民生产总值（GNP）的 1%，与一般发达国家和地区媒体广告基本占 GNP2% ~2.3% 的比例仍有一定距离，这也表明未来澳门广告业的发展尚有很大空间。

其次，从 2004 年 1 月 1 日起，CEPA 允许香港和澳门的服务提供者在内地设立独资广告公司。这为澳门广告企业较其他外资企业更早进入内地市场大开方便之门，也为澳门广告公司今后在广阔的内地广告市场大展拳脚奠定了基础。

再次，国际会展中心是澳门未来的发展方向之一，这也是特区政府明确的施政方略，是促进澳门经济朝向多元化发展的具体措施。2006 年 4 月以来，澳门举办了多

---

① 周道宁．澳门广告业与国内同行协作的需求与前景．广告大观，1999（7）：36

② 胡锦汉．澳门广告业特色．广告大观，1999（2）：21

③ 2001 年澳门参选的组别包括 15 组：根在澳门提名委员会、新民协会、新希望、中层人士同盟、民主新澳门、娱职联谊会、民权协进会、澳门旅游娱乐文化促进会、职工同盟、浩然朝阳促进会、澳门民主民生协进会、同心协进会、繁荣澳门同盟、群力促进会和澳门社会经济改革促进会。

④ 周道宁．中、港、澳电视广告比较研究．澳门：澳门广告协会出版，2002. 153 ~156

场国际会议，例如“国际中医药学术会议”、“国际临床营养研讨会”、“太平洋亚洲旅游协会年会”、“国际青年商会亚洲太平洋区周年大会”和一年一度的“澳门国际贸易投声展览会（MIF）”等。这些大型国际会议为澳门发展成为一个国际会展城市提供了一个良好的实践平台。会展业的兴盛无疑将会带旺公关策划以及标识制作业务，而使其成为未来若干年澳门广告业务的一个发展方向。

随着近年澳门经济的良好发展，以及一系列大型文化体育盛事在澳门举行，澳门广告业也有较大的起色。但纵观整个澳门广告市场，仍然存在着很多不容忽视的问题，例如本土广告产业规模小、缺乏专业人才等，都有赖于澳门广告人和相关人士的共同努力加以解决，以推动澳门广告行业持续健康地发展。

第三节　台湾广告简史

纵观台湾的广告历史，我们可以发现，由于受到中华文化、日本文化以及以美国为代表的西方近代文化的综合影响，台湾广告呈现出鲜明的多元文化表征，台湾广告业示具有了独特的成长脉络。

20 世纪后期，大陆和台湾的广告学者开始对台湾的广告史使用编年、类别、人物等方法进行划分。就编年法而论，又大致有四分、五分之说。“四分法”即将台湾的广告史划为“中华民国”五十年以前的萌芽时期、五十年代的发展时期、六十年代的发展时期和七十年代广告趋向国际化时期（王德馨，1989）；或是掮客及萌芽期（1945—1954）、广告代理孕育期（1955—1963）、广告代理业成长期（1964—1980）、广告代理业国际化期（1981 年迄今）（刘毅志、刘会梁，1998）。“五分法”则是划分为萌芽期（1945—1957）、广告代理导入期（1958—1965）、成长期（1966—1975）、竞争期（1976—1988）、多元期（1989 年迄今）（郑自隆，1999）。考虑到政治因素和经济因素对广告业产生的重大影响，本书采用五分法。

一、萌芽期（1945—1957）

台湾地区的广告历史，可追溯到 1896 年。当时《台湾新报》创刊不久，便有日本所设“总督府”刊登广告，这是台湾最早的报纸广告。其时吸收日本、美国的广告方式，多登载香烟、汽车广告。由于台湾地区的经济文化长期受到日本殖民主义的统治，这个阶段没有发展出中华民族的广告事业。

抗战胜利后，先有龚厂桥兄弟于 1946 年由上海赴台为政府企划，在现在的台北市棒球场所在地举办了“台湾博览会”。1949 年，赵君豪与丁宇人等首创“大陆广告公司”，推销报纸广告版面，这是掮客型广告公司的开始。柯逸鹏兄弟也于 1949 年左右成立蕾克广告公司。1954 年，王石夫创立了东南广告公司；1955 年，高登贵创立艺文广告社，王斌贤创立兴业广告公司；1956 年，史习枚创立联合广告公司。这些广告公司均属同一类型，都以推销报纸版面为主。这个时期报社业务员也同样推销版面，不过，报社业务员因推销版面所获的佣金为20%，而掮客所得仅为10%。这些广告公司除推销版面、承揽广告工程以外，也兼营设计、包装等项目。

在这一时期，台湾的广告内容大多数是药品、杂货、化妆品、布料、烟酒广告。广告语言多采用四字成语，如“货真价实”、“童叟无欺”、“价廉物美”、“包君满意”等。或使用对仗、对称式文字作为标题，如“台湾中华百货公司、欢迎各界莅临参观”。广告画面以商品为主，再辅以人物或辅助性插画，“黑人牙膏”、“火车头牙粉”的广告显示出在当时商标观念已经萌芽。此外，1952 年也有了名人证言广告，评剧名伶顾正秋以签名盖章方式推荐“蝶霜”化妆品。这个时期还出现了促销广告，如“买一送一”、“瓶盖附奖”、“赠送礼券”、“对号还本”等，其中以 1955 年科达香皂举办的“招待顾客环岛航空旅行”最为抢眼。

总之，在台湾的广告萌芽期，由于战乱纷纷、时局迭变，社会的不稳定也直接导致了工商业的不发达和广告业的低迷。相较 20 世纪初的上海广告业，50 年代台湾的广告业在技巧、规模、服务等方面并无多少进步。

二、导入期（1958—1965）

温春雄创办的东方广告社，被认为是台湾第一家综合广告代理公司。温春雄是台湾屏东人，1922 年生，毕业于日本神奈川大学商学系。公司创办时只有 3 个人，即温春雄、简锡奎、胡荣釁，1960 年 8 月“东方广告社”改名为“东方广告股份有限公司”。

台湾几个主要的广告公司在 1961 年之后的几年陆续创办①，主要是受到 1960 年第二届亚洲广告会议的影响。第二届亚洲广告会议该年在日本东京举行，台湾首次组团参加，由郑品聪担任团长，团员有颜伯勤、陈福旺、王超光、吕耀城、钱存棠、许炳棠等人。在东京期间，日本最大广告公司——电通（Dentsu）的社长吉田秀雄积极向台湾团员宣传广告公司对经济繁荣的贡献，并表示愿意协助台湾建立广告代理制度。吉田秀雄的鼓励，再加上当时台湾经济逐渐起步，以及筹备中的台湾电视公司，均有利于台湾广告事业的兴起。

台湾早期广告事业受日本影响极大，除主要客户为日商、主要商品为日货外，创办人大都具有日本教育背景，因此，公司组织与管理风格均沿袭日本，如国华广告公司早期的“十守则”即改编自电通吉田秀雄的“鬼十则”。

在台湾广告导入期，广告业除受日本影响外，受美国的影响也很大。20 世纪 60 年代，美国的营销观念进入台湾，引起了很大的反响。此时，台湾由混乱走向稳定，

---

① 1961 年，陈福旺创立台湾广告公司，许炳棠创立国华广告公司。1962 年，李云鹏、刘毅志、张我风创立国际工商传播公司，钱存棠创立华商广告公司。

加之电视台开播，更多更具规模的广告公司成立，使广告业步入经营代理商阶段。广告公司的创意、设计不断推陈出新，观念也明显领先于客户，帮助广告公司提升了自身的社会地位。

1962年10月10日“台湾电视台”（在台湾简称“台视”）开播，将台湾的广告经营带入了电视时代。

这个时期的广告教育也有了长足的进展。台湾较为正规的广告教育始于政治大学新闻系，该系于1957年开授“广告学概论”，由宋漱石任教，隔年由余圆燕接任；而中兴大学的前身台湾省立法商学院，亦于1958年在企管系中开授“广告学”，由王德馨任教。

台湾第一本有关广告的著作，是温春雄写的《商品销售法》，于1959年出版。而第一本广告学教科书则是由王德馨所著的《广告学》，于1963年出版。

1964年，业界自发举行了“‘中华民国’第一届广告研讨会”，经美援公署顾问B. Howard协助，并经“经济部”、“经合会”、“外贸会”等机构赞助，聘请了美国JWT（智威汤逊）广告公司副总裁W. Elton来台讲学。

三、成长期（1966—1975）

20世纪60年代末至70年代初，台湾当局在内外压力下，决定实行经济自由化政策，由此推动了经济的发展，社会也趋于稳定，与广告业相关的各个行业均出现了欣欣向荣的景象。

在这个时期，台湾的广告公司规模扩大，从业人员大量增加，广告业务也日趋正规化、科学化，广告业得以迅速发展。此时期亦有不少颇具规模的广告公司创立，如1968年秦凯创立美商格兰广告公司，沈达吉创立清华广告公司；1969年，徐达光离开台广，创立东海广告，此公司于1974年改组为联广公司；同年，蒋孝勇创立欣欣传播，除承揽“中华航空”广告外，还承包政府机构的晚会活动，郭承丰也创立了华威广告；而国泰建设公司在1972年成立了国泰建业广告公司。“台北市广告代理商业同业公会”亦于1975年成立，虽然在1958年即有“台北市广告同业公会”组织，但此公会成员绝大部分为广告工程、广告招牌制作业者，性质与广告代理有很大不同。因此，1973年由当时国华广告公司许炳棠发起，邀集较具规模的广告代理业者，包括太洋广告总经理杨基沂、欣欣广告总经理李兴华、东方广告总经理钱存棠、国际工商广告总经理刘毅志、台湾广告董事长陈福旺等八人，组成“台北市八家广告代理业联谊会”，并于当年9月24日召开第一次会议，公推许炳棠为召集人。这就是“台北市广告代理公会”的前身。

当时广告学术交流也非常活跃。1966年，“第五届亚洲广告会议”在台北举行，由“台北市广告人协会”理事长余梦燕担任大会主席，亚太地区14个国家及地区的代表413人到会参加。本次广告盛会，提高了人们特别是商界对广告的认识，获得了当地政府部门对广告事业的支持和帮助。会议激发了广告业同仁为发展广告业务奋发图强的精神，也使得广告业务在经营、创作、技术和其他方面有了长足的进步（在这次主办亚洲广告会议之后，2001 年 11 月台湾又以“It must be Taipei”为举办口号，在台北举办了第 22 届亚洲广告会议）。同时，广告公司本民族的广告意识慢慢觉醒，与台湾民众的民族意识相互应和，使得台湾广告显现出中华民族的广告特色。

在媒体方面，“中国电视公司”（在台湾简称“中视”）于 1969 年 10 月、“中华电视台”（在台湾简称“华视”）于 1971 年 10 月加入商业电视台行列，与“台视”呈三足鼎立之势，同时促进了台湾广告业的向前发展。“台视”于 1968 年创办了电视广告“金塔奖”，聘请广告界学者专家担任评审，在参选广告影片中，按商品类别选出名次分别领奖。“金塔奖”共举办四届，至 1971 年停止①。

在广告教育方面，1968 年台湾政治大学新闻系分组，其中“公共关系广告组”设有“广告运动与企划”、“印刷媒体广告制作”、“电子媒体广告制作”等课程，前两门课程由刘会梁讲授，后一门由陈福旺讲授。另外，台湾第一个广告科系——醒吾商专两年制“商业广告科”也于 1968 年开办，由刘会梁担任科主任。该科于四届后停办。

四、竞争期（1976—1988）

此时期由于“中华民国”与美国断交，迫使台湾政府宣布开放市场，强调经济自由化与国际化，直接或间接地鼓励了外商广告业进入台湾，而使得广告业进入了竞争期。本土广告业者通过与外国广告公司合作或合并的方式，以促成国际化并增进竞争力，因此也有人把这一时期称作台湾广告业的“融合期”。1981 年，国泰建业广告公司与美国 Ogilvy & Mather（奥美）技术合作，并于 1985 年由 O&M 出资 62%、国泰集团出资 38%，改组为奥美广告公司。再有，华威广告公司于 1983 年与美国 GREY（葛瑞、精信）广告公司技术合作，1986 年建立真正的合资关系，1989 年正式改名为“华威葛瑞广告公司”。华商广告公司在钱存棠创立并经营十余年后售与杨敏雄，该公司于 1989 年与美国 Bezell（宝杰）广告公司合资，1997 年改名为“华商宝杰广告公司”。此外，Saatchi & Saatchi（萨奇，台湾译为“上奇”）于 1982 年、Leo Burnett（李奥·贝纳）于 1984 年、Bates World wide（达彼思）、JWT（智威·汤逊）于 1988 年陆续进入台湾市场。

这个时期，由于外商广告公司的快速进入，本土公司面临着强大的生存压力。外国生产商基于全球代理政策的考虑，常采取跨国转移（international transfer）的做法，即母公司的产品交给哪家广告公司代理，则在他国行销时，广告也会交给这家广告公

① 其停办的原因主要是“中视”、“华视”陆续开播，“台视”认为如再独自举办权威性不够，也不易受到业界认同。其间“台视”曾提议改请三台或由“电视学会”继续举办，但因其他台缺乏兴趣而作罢。

司的他国伙伴公司或子公司代理。李奥贝纳公司在台成立时，由于宝洁（P&G）与南侨化工合作，因此李奥贝纳公司也同时合并了南侨投资的南声传播。Lowe & Partners Worldwide（灵狮）广告公司成立时，因英商联合利华（Unilever）投资国联，因此也同时代理国联产品[①]。而本土最大的广告公司联广，也因外商进入台湾市场而流失了一些重要的客户——“靠得住”卫生棉转到奥美，“福乐”奶品转到灵狮，福特汽车转到智威汤逊。这种全球代理政策，使得台湾的本土广告公司遭受强大的冲击，但也促使台湾广告业加入到了国际广告大家庭当中，自身的竞争能力得以增强。台湾广告界资深人士赖东明先生曾表示：“面对外商的冲击，最好的对策就是台湾地区广告业应有走向科学化、国际化的雄心与魄力，并结合本土企业的力量，扩大经营规模及竞争力，真正表现出具有中国文化特质与风格的本土广告。”[②] 此外，在1985年发生了著名的剑桥广告公司两位负责人卷款潜逃的倒闭事件，使得媒体紧缩对广告公司的信用额度，对广告业产生了一定影响。

社会、政治与经济的快速变迁，也间接促成了广告表现的改变。以往以商品特质导向的硬销（hard-selling）方式，逐渐向以消费者为主体、诉求人性、感性的软销（soft-selling）方式转变（如“中华豆腐”的“慈母心、豆腐心”）。环保意识的觉醒，也反映在广告当中（如伯朗咖啡的“保护有翅膀的朋友”，黑松汽水的“响应绿化运动”）。1982年，台湾“省政府农林厅”推出省产水果系列广告（杨贵妃的遗憾、陈兰丽的等待、包娜娜的诱惑等），让政府广告跨出了一大步。而1988年开始，军校招生也改为采用MTV式的广告影片。

1978年，《中国时报》创办了“第一届时报广告设计奖”，当时仅有平面广告一项，第三届改名为“时报广告金像奖”，第五届增设公益广告奖，1990年设立时报亚太广告奖，1992年举办金犊奖，1993年设立世界华文广告奖；1997年奖项合并，只保留时报广告金像奖与金犊奖。时报广告金像奖为台湾最受广告界重视的奖项之一。

1979年，联广公司邀请日本伊东寿太郎来台讲授CIS，并为味全公司设计VI，此为台湾引入CIS观念的开始。同年，台湾广告公司为百吉发机车赴法国拍摄广告新片，这是台湾广告界首次赴海外拍摄广告片。另外，《动脑》杂志也在当年成立“广告人俱乐部”，此俱乐部迄今仍定期举办演讲餐会。

1987年，台北市较具规模的广告综合代理企业成立“综合广告业经营者联谊会”（The Association of Accredited Advertising Agents of Taiwan，简称台湾4A），4A组织为台湾最重要的广告社团之一。

---

① 灵狮环球的前身是Lintas，原为联合利华的广告部门。Lowe由Frank Lowe创立，以颠覆性创意闻名欧洲。2001年，Lintas与Lowe合并，新Lowe目前是全球第四大广告代理网络，在全球81个国家设有191个机构，在亚太区排名前5位。

② 陈培爱．中外广告史（第二版）．北京：中国物价出版社，2001. 140

1988 年，台北市广告代理同业公会印行《“中华民国”广告年鉴》第一辑，至今仍每年持续编印。《广告年鉴》先由刘毅志担任总编辑，后由刘会梁接任，自第八辑（1995 年）起由郑自隆负责编务。

1986 年，台湾文化大学设立了台湾第一个广告学系。次年，台湾政治大学也设立了广告系。

五、多元期（1989 年迄今）

总体而言，1989 年迄今的台湾广告业进入了一个多元化的时代，这主要表现在五个方面：①经营多元化：既有外商广告公司，又有本土广告公司，两者之间经常产生股权上的关系。②既有大型广告代理商，又有个人工作室，规模向两极发展，经营理念也向两极发展。③媒体多元化：不但媒体生态多元，随着专业媒介购买公司的形成，连媒体采购也有多元选择。④广告表现多元化：在科技、媒介发展的影响下，广告的表现形式不再依赖于单一媒体。⑤伴随着信息社会的逐渐成形，消费者趋向分众化、碎片化，对广告业是一个新的挑战。

1989 年，华威葛瑞成立；台广与电通于 1992 年达成协议，由电通买下台广 52% 的股份，之后合并为台湾电通广告公司；而麦肯广告前身为联中广告，是联广与中国信托的合资公司，联中 1982 年开始与麦肯合作，1989 年、1993 年台资陆续退出，麦肯成为美商独资的公司。到 1995 年底，台湾广告代理业营业总额中，美国资本的广告代理商占 48% 左右，日本资本的广告代理商占 22% 左右，台湾本土的广告代理商占 30%。[①] 这些国际化广告公司在台湾的迅猛发展，为台湾广告客户带来了先进的广告理念、广告技术、经营管理方式和服务方式，但跨国广告公司的大量进入也让所有的本土广告公司面临巨大压力，不少公司纷纷倒闭。台湾本土广告公司倒也并未因此而一蹶不振，而是在重新思考定位之后逐渐成熟。90 年代中后期，台湾广告的“国际化”、“科学化”、“本土化”基本形成，广告公司大型化、专业化的程度越来越高，同时也将整合营销传播理论慢慢融入实践，广告公司的运作手段更加多样、视野更加开阔。除此以外，受到经济利益的驱动，台湾广告公司也随着台湾企业的步伐进入大陆，进行跨海广告作业。

在这个时期，台湾“报禁”开放、中功率与低功率电台开放、有线电视迅速普及、电视的频道增多并组成电视连播网、杂志数量大幅上升等因素也使台湾的广告环境出现巨变。随着媒介的增长，广告客户对媒介的需求也有了变化，逐渐产生“媒体集中购买”趋势。除了客户分散委托企划、媒体集中购买外，也出现了专业媒体购买公司（如传立、聚涛、澄丰等），或广告公司间成立媒体购买的策略联盟（如博上与黄禾的“薄荷联盟”）。

① 刘家林．新编中外广告通史（第二版）．广州：暨南大学出版社，2004. 317

在广告教育方面，1995 年台湾辅仁大学大众传播系广告组独立成系；1997 年台湾政治大学广告学系硕士班首次招生，开启了研究所层级的广告教育。此外，1993 年政大广告系举办了“第一届‘中华民国’广告暨公共关系学术研讨会”，以后每年都举办；同年，政大广告系出版《广告学研究》半年刊。1997 年，政大广告系连同文化大学广告系、辅大广告系共同举办了“第一届‘全国’广告系学生提案竞赛”活动，广告实务界在这个时期也开始将培养、教育、锻炼广告人才看做是发展广告事业的第一要务。

在广告内容方面，政治广告的出现成为华人广告界一个独特的景象。1989 年，报纸广告开放；1991 年，“中央选举委员会”征召“台视”、“中视”、“华视”三台的公众收视时段开辟“政党电视竞选宣传”，首创了电视选举广告。1991 年之后，台湾年年都有选举，政治广告也日渐昌兴。1996 年“大选”阶段，更有广告界人士直接涉入，如联广赖东明即组成跨公司的小组负责李登辉、连战的文宣。

通过以上对台湾 60 年来广告业发展历程的回顾，我们可以清晰地看到其中的经验和教训，特别是国际化道路上的得与失，仍然具有现实的借鉴意义。

Chapter 3　　第三章

港澳台广告公司

Advertising Agencies in Hong Kong, Macao and Taiwan

第一节 香港的广告公司

广告公司是指专门经营广告业务活动的企业，是“广告代理商”（Advertising Agency）的俗称，一般分为综合性与专业性两大类。综合性广告公司是可以向广告主提供全面代理服务的广告经营企业，是广告代理制的典型组织形式，一般为大型的4A广告公司；专业性广告公司是社会专业化分工的产物，主要从事某类广告业务或经营广告活动某部分业务，一般有以下几类：广告调查监测公司、广告策划公司、专业媒介代理公司、广告设计制作公司等。

一、香港广告公司发展历程回顾

据有关资料记载，香港第一家广告公司，是创立于1927年11月23日的汤臣广告（即今天的达美高广告）。创始人是两位英籍女士。初期的广告界主脑人物主要是英国人，直到20世纪60年代中期，才有本地广告人出现。当时在香港的外籍广告人多是澳大利亚人，原因是澳大利亚是英联邦国家，他们在香港谋生不需要取得工作证，以致大部分源于美国的国际广告公司多为澳人来港开设。香港广告业的发展，澳人功不可没①。

20世纪90年代，香港的国际广告公司开始本地化，其主要原因是为了降低成本。因为聘任外籍员工要提供住宿费，这是一项很大的额外支出。当他们谈婚论嫁或孩子到了上学的年龄，他们就回国去了，很难长期服务于香港。本地员工较为稳定，且更了解当地消费者。

国际广告公司在内地的发展，香港一直扮演着重要角色。第一批到内地的国际广告公司大都由香港派员。如扬·罗必凯（电扬广告）20世纪70年代初即开始去内地探索，跟着是美怡（麦肯光明）、李奥·贝纳、奥美等。到80年代，积极者不断增加。如精信（精英）、智威·汤逊、达彼思、李岱艾等。90年代初，更犹如雨后春笋，各显颜色。

香港的广告公司具有较高的专业运作能力，在策划、创意、制作等方面拥有成熟的经验和不凡的表现，具备出色的综合代理能力，在亚洲广告界拥有先进的制作技术、卓越的管理、优良的服务，受到同行的赞誉。另外，香港广告业在高素质的人才队伍、发达的信息网络、参与国际广告代理的经验与国际市场的广泛交流与合作等方面，也极具竞争力②。

然而，尽管香港的广告市场十分发达，进入20世纪90年代后，香港专业广告公

---

① 陈天成．香港广告发展断想．国际广告，1999（7）：25

② 杨海军．中外广告史．武汉：武汉大学出版社，2006. 284

司已达上千家，但其市场空间却极为有限，且主要由多家大型国际广告代理公司控制，留给香港本地广告公司的发展机会非常有限。寻找新的经济增长点和市场发展空间已成为未来香港广告公司面临的一个课题。2004 年 1 月 1 日起，内地进一步向香港开放服务业，允许香港公司在内地设立独资广告公司，增进了香港和内地广告资本和人才的交流，给香港广告公司提供了新的增长点和市场发展空间。

此外，随着中国经济的发展，许多内地品牌已经或准备打入国际市场，需要广告公司在建立品牌上给予策略性的支持，这无疑给具有国际视野和实战经验的香港广告公司提供了绝佳的市场表现机会。可以预见，它们将在中国品牌走向世界的过程中，扮演重要的角色。

二、香港广告公司的类型

据不完全统计，香港经营广告业务的公司超过 1 100 家，其中约半数从事广告策划代理及顾问服务，其他包括广告招牌制作以及广告赠品制作公司约 200 家，宣传展览公司约 50 家，广告喷画制作公司 40 多家，电视广告制作公司 20 多家，户外广告制作公司约 20 家，直销市场服务、报纸及期刊广告制作公司，以及网上广告制作公司各 10 余家。

香港广告公司一般可分为三类①：

第一类为香港广告商会会员，即“4As”公司，其中大部分是跨国广告集团，拥有大量的人力资源和优秀的制作设备，客户多为香港大型工商机构，以合约形式包办客户的各类广告。它们所推广的产品或服务范围非常广泛，能够为客户提供全面的综合性代理服务。

第二类是非“4As”广告制作及代理公司，主要客户为较小型的商业机构，相对低廉的收费对这些中小客户而言往往很有吸引力。每个项目以合约形式制作，广告公司以提供电视、报纸、杂志的广告服务为主，也提供展销会筹备服务，如海外和国内房地产广告及展销会。

第三类是另类广告公司。由于很多广告客户把大部分资源放在中国内地，但“4As”广告公司的收费较为昂贵，故宁愿选用其他非“4As”的广告公司。因此，部分“4As”广告公司的高层员工自立门户，创办“另类广告公司”，其制作水准可与“4As”公司相媲美，但成本却低出三成。这类公司的数量在逐渐增加。

香港大型商业机构一般都设有市场推广部门，制订产品推广计划、整个推广计划所需的广告费用、广告概念及内容、使用媒介、广告时段及位置，然后再交由广告公司创作、制作广告及购买广告空间。一般中小型广告公司只负责广告制作及广告代理。

① 2004 年香港经济年鉴. 香港：经济导报社，2005. 289

链接：综合性广告公司的架构[①]

综合性广告公司意即提供全面服务的广告公司，主要是在香港地区的跨国广告公司和规模较大的华资广告公司，集合了市场、广告、公关、调研、促销等多项整合传播的功能。它主要包括三大部门：创作部、客户服务部和媒介部，此外，还有人力资源、财务和会计等部门。

1. **创作部**（Creative Department）

创作部是广告创意的来源，主要工作是负责构思广告及执行广告创作。他们按广告客户的要求，以及客户服务部同事作出的市场分析及品牌策略，创作有说服力的广告。重心人物是行政创意总监（Executive Creative Director，ECD）。一般来说，这个职位每家广告公司只有一人。不过，近年却开始出现 Co - Executive Creative Director，即由两人分工处理不同的客户或联合处理相同的客户。行政创意总监的工作，主要是负责创作部的行政工作，订立创作路线，控制作品水准等。

行政创意总监之下，会根据人手而分为若干组，每组由一位或两位创意总监（Creative Director，CD）或副创意总监（Associate Creative Director，ACD）负责带领，其中一位是文案出身的，另一位则是美术出身的。但也有不少创意总监是身兼两职的。创意总监的工作除了构思广告外，也负责指导及培训下属的工作。

创意总监下会有不同的小组，每小组由一位文案（Superior Copywriter，CW）及一位美术指导（Superior Art Director，AD）组成。基本上，两人是共同构思广告的，但文字修饰方面由文案主理，美术润饰方面则由美术指导主理。由于美术指导的执行工作一般都较繁复，所以大都有一位助理美术指导（Assistant Art Director，AAD）协助执行方面的工作。有经验的文案及美术指导将会晋升为高级文案（Superior Copywriter，SCW）及高级美术指导（Superior Art Director，SAD）。不过，工作性质与以前还是大同小异。

创作部还包括了电视制作（TV Production）、平面制作（Print Production）、画房（Studio）及平面统筹（Traffic）四个小部门。电视制作部设有监制（Producer），主要负责电视广告的统筹，实际广告拍摄的工作则由广告制作公司（Production House）负责，香港的广告公司都不会自行拍摄电视广告。平面制作部设有平面制作经理（Print Production Manager），主要负责跟进平面广告的印制工作。画房设有绘图员（Visualizer）、电脑绘图员（Computer Visualizer）、正稿员（Artist）等职位，负责不同的平面广告制作。平面制作统筹（Traffic Coordinator）则是负责统筹平面制作事宜的。

---

① 本部分主要参考了陈家华，陈霓．广告·公关新思维：与香港业界对谈．香港：香港城市大学出版社，2006. 24

2. 客户服务部（Account Servicing Department）

客户部的主要工作是与客户联络及制定创作指引。重心人物是客户主管（Director of Client Service，DCS），其下是按不同客户划分的不同的客户总监（Account Director，AD）、副客户总监（Associate Account Director，AAD）、客户经理（Account Manager）及客户助理（Account Executive，AE）。

3. 媒介部（Media Department）

媒介部的主要工作是为客户建议合适的广告媒体（例如电视、报章、杂志、海报、直销，等等），并为客户与媒体争取最合理的收费。重心人物是媒介主管（Media Director），下设媒介主任（Media Supervisor）及媒介策划（Media Planner）等不同职位。

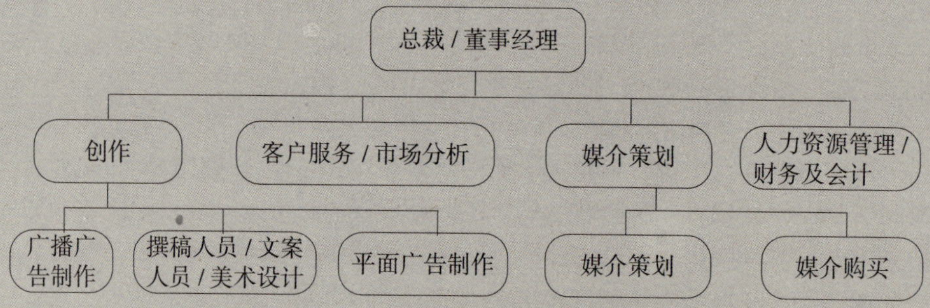

图 3－1　综合性广告公司的架构

三、香港广告人力资源

2003 年 12 月，香港的广告及公关行业共聘用了约 13 000 名技术人员（与广告及公关工作无直接关系的人员如会计等不包括在内）。广告人才的工作环境主要分为三种：广告公司、传媒机构和企业/机构内的广告公关部。任职于广告公司的人数约占业内总人数的 75%。

表 3－1　2003 年广告及公关业人力资源统计一览表

机构类别	经理级	主任级	执行级	辅助/技术级	雇员人数
广告公司	1 528	2 720	5 157	100	9 505
传媒机构内广告/公关/市务部	252	460	754	0	1 466
公司机构内企业传讯/广告/公关/市务部	238	228	327	13	806
公关公司	311	319	391	7	1 028
总计	2 329	3 727	6 629	120	12 805
	18%	29%	52%	1%	100%

资料来源：香港职业训练局。

四、香港的广告行业组织

香港的广告行业组织主要有三家：香港广告商会、香港广告客户协会和国际广告协会香港分会。

1. 香港广告商会

1957 年成立的香港广告商会[①]以行政事务委员会为领导核心，委员由会员公司的管理层代表选出。下设小组委员会为会员及广告业在各方面争取更多福利。

HK4As 由香港大约 20 多家主要广告公司组成。宗旨在于制订及维持广告行业操守，执行业务守则，出任广告公司的纠纷仲裁人及为广告公司和广告从业人员提供交流意见的机会等。

成立香港广告商会的目的包括：

（1）制订标准

推动会员在接触大众、客户及彼此交往中依循行业的最高道德标准；鼓励各公司及商行的广告公司互相联系，借以巩固组织的建立，提供高效服务所需的专门知识及经验，并构思及推动与该等公司及商行相关的服务、专业及财务标准；制订并实际要求 4As 会员遵守专业行为标准；提供仲裁途径，以解决广告公司之间或广告公司与第三方之间的纠纷或问题。

（2）相互协助

为广告行业设立及维持交流平台，以便广告公司与广告行业的其他参与者交换意见及彼此沟通；利用设立的平台提供意见及信息，并协助会员加强业务管理及计划，同时构思及订立方案及计划，为 HK4As 成员提供包括专业、康乐、社交及其他方面的设施及服务；确定及通布涉及一切广告公司专业有关事宜的法律、监察影响广告公司的法例、推广或支持并以任何合法的方式协助有效执行为整体广告公司或广告公司与公众的裨益或以此为目的之一的任何，以及反对订立对广告公司专业不利的法例；表达 HK4As 会员及广告公司的观点并代表彼等进行讨论、谈判及订立协议；组织会议、会面及展览，商讨有关专业事项、利益及责任、宣读文件、讲课、举办课程、编制及更新广告公司名单及名册、派发文件、讲课内容及专业记录、整理参考书籍及文件供会员使用及其他服务，以及广泛收集、整理及发放对广告公司及公众有用或有意义的信息。

（3）进行推广

向社会大众、商界及政府表达及推广在自由商业社会广告所担当的重要社会及经济角色；加深大众对广告的理解与广告对于社会整体的意义，并代表业界就有关对行业的指责向政府机构、消费者组织及其他相关团体作出解释或回应；探讨及汇报广告

---

① 香港广告商会，即 The Association of Accredited Advertising Agents of Hong Kong，简称 HK4As，网址：www. aaaa. com. hk

公司普遍希望了解的事宜以及影响 HK4As 会员的事宜，并代表广告行业就影响该等事宜的改革向有关当局反映意见；全面监察、推广及保障 HK4As 会员以及广告公司的共同利益；通过制订及维持高水平的广告行为标准，从整体上监察、推广及保障公众利益，确保一切广告合法、公道、正当及真实。

表 3－2　香港广告商会会员

全面会员	天高广告有限公司	精英广告有限公司	奥美（香港）广告有限公司
	达彼思广告有限公司	智威汤逊（香港）有限公司	阳狮·香港
	恒美广告有限公司	李奥贝纳广告有限公司	盛世广告有限公司
	电通中国有限公司	LOWE Ltd	TBWA / Hong Kong
	灵智广告有限公司	M&C Saatchi（Hong Kong）Ltd	电通扬雅广告有限公司
	博达广告向广告有限公司	麦肯·光明广告有限公司	
附属会员	Carat Media Services Hong Kong Limited	浩腾媒体	星传媒体
	MAXUS Communications Limited	传立香港有限公司	

资料来源：香港广告商会。

注：附属会员均为媒体公司。

2. 香港广告客户协会

香港广告客户协会[①]成立于 1961 年，由一群对广告业充满热忱的广告专业人士自愿组成，主要作为会员交流意见的平台，并旨在保护广告客户的利益，促进职业水准和道德的提高，协助广告客户向其他行业、传媒与政府表达意见，以及举办会议、研讨会、交流团等，借此促进会员之间的经验分享。

3. 国际广告协会香港分会

国际广告协会[②]于 1938 年成立，由广告公司、广告客户和广告媒体三方成员组成，总部设在美国纽约，分会遍布世界 70 多个国家和地区。

五、香港十大广告公司简介

从表 3－3 我们可以发现，跨国广告公司占据了香港广告公司收入排行榜的前十名，无一例外，香港广告业的国际化程度由此可见一斑。以下我们便对这 10 家广告公司逐一作简要介绍。

① 香港广告客户协会，即 The Hong Kong Advertisers Association，简称 HK2As，网址：www. hk2a. com

② 国际广告协会，即 International Advertising Association，简称 IAA，香港分会网址：www. iaahk. org

表 3-3 2001 年香港十大 4A 广告公司收入一览表

广告公司	营业额（百万港元）	毛收入（百万港元）	增减幅度（%）
奥美（香港）	1 416	212	9.4
恒美广告	1 214	182	-5.5
麦肯·光明广告	906	136	8.5
达彼思广告	878	131	-3.0
智威汤逊（香港）	829	124	-14.6
FCB Hong Kong	810	121	-6.9
精英广告	783	117	4.1
李奥贝纳	532	80	-14.5
灵智广告	481	72	-3.8
天高广告	376	56	-9.7

资料来源：香港广告商会。

1. 奥美广告公司

（1）公司概况

1948 年，奥美广告公司由广告界一代宗师大卫·奥格威（David Ogilvy）和另一位合作伙伴 Mather 共同创办于纽约，公司的名称便是取其两位的姓氏而来。今天，奥美已经从两个员工的小公司成长为全球八大广告事业集团之一，有超过 300 个分支机构分布在世界 100 个国家和地区。奥美共有 7 家附属公司，分别负责广告宣传、直销邮递、公共关系、网页设计及处理、电话直销、平面设计及促销推广。

奥美隶属的 WPP 集团，是世界上最大的传播集团之一。WPP 集团拥有 60 多个子公司，包括智威汤逊、奥美、扬·罗比凯和精英等。凭借 WPP 集团的雄厚实力，奥美已经成为了调研、公关、设计、视觉识别、零售市场营销、促销和新媒体等传媒领域的专家。

奥美的主要客户包括美国运通、福特、壳牌、麦斯威尔、IBM、柯达等。早在 20 世纪 70 年代初，奥美广告收购全世界的宾信（Benson）广告公司，于 1971 年成立香港办事处。多年来，制作了不少脍炙人口的电视广告片，成功地建立了各种品牌的形象，如和记传讯、九广铁路等；其代理的平面公益广告《维港红胶鱼》获得 1996 年金帆奖（详见第十一章）。

中文名	奥美（香港）广告有限公司
英文名	Ogilvy & Mather
地址	香港皇后大道中 99 号中环中心 23 楼
电话	（00852）2568 0161
传真	（00852）2885 3215
网址	www.ogilvy.com

图 3-2 奥美（香港）公司名片

资料来源：香港广告商会。

（2）360 度品牌管家

奥美是 360 度品牌观念的倡导者。奥美认为，要塑造一个非凡的 360 度品牌，必须用 360 度的方式工作。在这个过程中，广告、公关、互动、行动营销、事件营销和直效行销等不同专业领域的人将通力合作，从客观的传播角度出发，选择最好的沟通方式，将品牌信息和品牌经验传达给目标受众。

只有大创意，才能成就一个品牌。奥美的创始人，被称为“广告教父”（又称为“广告教皇”，“The Father of Advertising”）的大卫·奥格威曾经说过：“如果广告没有大创意，那它就像黑夜中驶过汪洋的船只，无人知晓。”奥美全球董事长兼首席执行官夏兰泽女士也说过：“当你有了一个非常了不起的创意时，就会自然而然地开始 360 度运作。”

这就是为什么奥美发展了蝴蝶模型——360 度品牌运作工具。依据这个工作框架，可以发展强大而富有创意的品牌运动，以 360 度的方式来塑造品牌。蝴蝶模型整合了很多业已发展成熟的奥美工具和方法，用来与客户共同推动品牌策略思考，形成一个强有力的伟大创意。然后再据此发展出各种传播创意，与消费者进行全方位接触。这套框架中最后也是最重要的一个环节是活动评估，用以检查品牌活动是否对消费者产生了影响，并对业务起到了促进作用。

2. 恒美广告公司

（1）公司概况

恒美（DDB）广告公司于 1949 年由广告“艺术学派”大师威廉·伯恩巴克（William Bernbach）与道尔（N. Doyle）及戴恩（M. Dane）共同创办于美国纽约，是传播公司奥姆尼康集团的子公司。在 96 个国家里，设有超过 200 个分公司/办事处。

恒美的主要客户包括德国汉高、百威啤酒、人头马等。其代理的电视广告百佳《黄老太篇》获得 1994 年金帆奖，人头马特级干邑《大红灯笼篇》获得 1995 年香港十大电视广告奖（详见第十一章）。

中文名	恒美广告有限公司
英文名	Doyle Dane Bernbach
地址	香港数码港道 100 号数码港第三期 E 区 1201 室
电话	（00852）2828 0328
传真	（00852）2827 2700
网址	www. ddb. com

图 3－3　恒美（香港）公司名片

资料来源：香港广告商会。

（2）DDB 公司的 ROI 品牌工具

一个好的广告应当具备三个基本要素，即 ROI，R 是指相关性（Relevance），O

是指原创性（Originality），I 是指震撼性（Impact）。这三个要素被称为广告的“鬼斧”。在伯恩巴克的领导下，DDB 公司以众多杰出的反传统广告而著称于世。实践 ROI 理论，必须具体明确地解决以下几个问题：

①广告要达成什么目的?

②广告做给谁看?

③有什么利益点可以做?

④广告承诺有什么支撑点?

⑤品牌有什么特别的个性?

⑥选什么样的媒体是合理的?

ROI 过程的结果应该是一个很清楚、很有连贯性的传播策略陈述。它能让创意文稿及媒体计划有更清楚的方向。一个好的策略可以节省许多时间、争议、精力，更重要的是它能让传播更加有效。

3. 麦肯·光明广告公司

麦肯·光明是由美国麦肯世界集团（McCANN-ERICKSON WORLDWIDE）与光明日报社合资组建的专业广告公司。麦肯世界集团始创于 1902 年，总部在纽约。到目前为止，所建立的广告公司遍布全球 132 个国家（地区），有 205 家分公司，有世界上最大最完善的传播服务网络系统。公司的中方股东光明日报社，是中央级的报业集团，社址在北京。其主报《光明日报》是中共中央直属的报纸，已经有 50 多年的历史，在国内外都享有很高的声誉，政治影响力仅次于《人民日报》。麦肯·光明于 1991 年底成立。它一贯秉承“善诠含意，巧传真实（TRUTH WELL TOLD）”的服务宗旨，而且这种全球性的服务理念，也得到了客户的认同。

中文名	麦肯·光明广告有限公司
英文名	McCann – Erickson · Guangming Ltd.
地址	香港铜锣湾希慎道 10 号新宁大厦 23 楼
电话	（00852）2808 7888
传真	（00852）2576 9136
网址	www. mccann. com

McCANN-ERICKSON · GUANGMING LTD.

图 3－4　麦肯·光明（香港）公司名片

资料来源：香港广告商会。

麦肯·光明的主要客户包括强生、雀巢、万事达卡、欧莱雅、可口可乐、国泰航空、统一食品、中国移动等。其代理的国泰航空 60 周年系列电视广告获得 2006 年金帆奖和龙玺（影视及电台类）两项大奖；电视公益广告《这出戏篇》获得 1996 年香港十大电视广告奖（详见第十一章）。

4. **达彼思广告公司**

达彼思广告在1940年由Theodore Bates创立，原名Ted Bates，现公司总部设在美国纽约，隶属WPP集团，全球年营业额超过8亿美元，在72个国家设有165个分公司，全球有7 000多名员工，亚太地区排名第二。

“独特销售主张”（Unique Selling Proposition，USP）是罗瑟·瑞夫斯在20世纪50年代首创的，他当时是美国Ted Bates广告公司的董事长。从60多年前到现在，它作为广告公司恪守的信条，不知影响了多少广告人和客户，闪耀着真理永恒的光辉。

达彼思的客户包括上海通用汽车、必胜客、喜力、汇丰银行信用卡、诺基亚、伊利冰激凌等。其代理的电视广告喜力《超市篇》和《冰桶篇》获得2004年香港十大电视广告奖（详见第十一章）。

中文名	达彼思广告有限公司
英文名	BatesAsia HongKong
地址	香港铜锣湾时代广场苏格兰皇家银行大厦33楼
电话	(00852) 2283 3333
传真	(00852) 2861 3935
网址	www. batesasia. com

图3-5 达彼思（香港）公司名片

资料来源：香港广告商会。

5. **智威汤逊广告公司**

(1) 公司概况

智威汤逊（JWT）创始于1864年，是全球第一家广告公司，也是全球第一家开展国际化业务的广告公司。自成立以来，智威汤逊一直以“不断自我创新，也不断创造广告事业”著称于世。JWT首开先例的顾客产品调查、第一本杂志指南、第一本农业指南、提供给国际投资人的第一本行销指南、制作第一个电台表演秀、制作第一个商业电视传播、第一个使用电脑策划及媒体购买……时至今日，JWT已跻身于世界四大顶尖广告公司之列，在全球各地有300多家分公司。

中文名	智威汤逊（香港）有限公司
英文名	James Walter Thompson
地址	香港鲗鱼涌英皇道979号太古坊香港电讯中心36楼
电话	(00852) 2280 3333
传真	(00852) 2802 4383
网址	www. jwt. com

图3-6 智威汤逊（香港）公司名片

资料来源：香港广告商会。

智威汤逊的客户包括汇丰银行、福特、雀巢、联合利华、联想、中国联通等。其代理的通讯品牌 One2Free 和生力啤酒的电视广告曾多次获得香港十大电视广告奖（详见第十一章）。

（2）全方位创建品牌

智威汤逊的成功，很多地方要归功于发现解决问题的理论和方法。而全方位创建品牌（Thompson Total Branding，TTB）则是其中的代表。这一工具旨在“协助客户提高短期的销售额，并建立品牌的长期价值”。简而言之，它就是将具有洞察力的策略与突破性的创意，天衣无缝地熔结在一起，再发展为创意出色且高度灵活的广告作品，使其能适用于任何媒介。在智威汤逊，TTB 几乎已成为了一种信仰。

链接：TTB 的四个核心要素

品牌已不单单是一个产品，更多时候是由多个变量组成。TTB 包括消费者的洞察、品牌远景、品牌意念、传播计划。

（1）消费者的洞察。

洞察和观察最重要的区别是，观察只是记录人们所做的事情，而洞察则是回答人们为什么会那样做。TTB 认为，只有真正地做到了洞察，才能从根本上了解消费者的动机。这就是最简单的消费者购买程序。

（2）品牌远景。

品牌的远景是品牌最真实的灵魂，品牌远景能够通过策略性的方式将消费者的内心渴望与工厂中生产出的“东西”有机地整合在一起。品牌远景应是使用者驱动力和品牌特质的完美结合。

（3）品牌意念。

品牌意念是立体的、生动的描述，能铸造起消费者和品牌之间的联系，能全方位地向消费者传递品牌形象、品牌所代表的意义及其与众不同的地方。简单说来，品牌的意念是创建品牌的基础。

（4）传播计划。

传播计划即是说，针对一个营销目标，针对一个具体创意，哪一个媒体最适合。

6. 博达广告公司

DRAFTFCB

中文名	博达广告香港有限公司
英文名	Foote Cone & Belding
地址	香港鲗鱼涌英皇道 979 号太古坊濠丰大厦 7 楼
电话	(00852) 2892 8678
传真	(00852) 2892 8797/2892 8798
网址	www. draftfcb. com

图 3－7　博达（香港）公司名片

资料来源：香港广告商会。

博达广告（FCB）成立于 1873 年，是世界上第二家最早的广告代理公司，现隶属美国 IPG 集团。如今，FCB 已经成长为一个强大的全球办公网络，在 110 个国家拥有超过 190 家分公司。

FCB 的主要客户包括香港旅游发展局、希尔顿饭店、海尔、汇源果汁、空中网、摩托罗拉、光明牛奶、上海庄臣、费列罗巧克力等。

7. 精英（Grey，内地称“精信”）广告有限公司

精英广告公司 1917 年在美国成立，总部位于纽约，是纽约最大的广告传播集团，在中国内地及香港地区，精英多年来一直排名前十位。精英追求“创意商业智慧激亮品牌”，通过具有创意的整合传播，为客户建立领导品牌，创造最高的商业效益。

精英的主要客户包括中美史克、宝洁、英美烟草、达能、玛氏、箭牌口香糖、假日酒店、康师傅、雅芳、华纳兄弟等。其代理的香港地产街电视广告《白白猪揾屋篇》获 2000 年“香港十大电视广告”最高荣誉大奖（详见第十一章）。

中文名	精英广告有限公司
英文名	Grey HongKong
地址	香港鲗鱼涌太古坊德宏大厦 19 楼
电话	(00852) 2510 6888
传真	(00852) 2510 7541
网址	www. grey. com

GREY hong kong

图 3－8　精英（香港）公司名片

资料来源：香港广告商会。

8. 李奥贝纳广告公司

（1）公司概况

李奥贝纳广告公司是美国广告大师李奥·贝纳创建的，于 1935 年成立于美国芝

加哥，是美国排名第一的广告公司，也是全球最大的广告公司之一。在 80 多个国家设有将近 100 个办事处，拥有一万多名员工，集品牌策划、创意、媒体于一体，在中国为国际及国内的知名客户提供全方位的广告服务。2002 年，它被世界第四大传媒集团阳狮国际收购。

Leo Burnett

中文名	李奥贝纳广告有限公司
英文名	Leo Burnett
地址	香港太古湾道 14 号太古城中心第 3 座 6 楼
电话	(00852) 2567 4333
传真	(00852) 2885 3209
网址	www. leoburnett. com

图 3－9　李奥贝纳（香港）公司名片

资料来源：香港广告商会。

李奥贝纳的主要客户麦当劳、宝洁、可口可乐、迪斯尼、万宝路、Kellogg 和 Nintendo 等，曾为“万宝路”牌香烟创立男性香烟的性格和美国西部牛仔的形象，把在美国市场上占有率不及 1% 的香烟，推到世界销售量的第一位。在香港，李奥贝纳代理的电视广告宜家家俬《斜眼篇》获得 2003 年香港十大电视广告奖；维记牛奶《课室篇》同时获得 2004 年龙玺影视（非酒精饮料类）金奖和 2004 年香港十大电视广告两项大奖（详见第十一章）。

（2）李奥贝纳的品牌信任系统

李奥贝纳广告公司的品牌信任系统（Brand Belief System，简称 BBS），是受创造信念的概念驱动的，因为真正的忠诚比购买行为更重要。BBS 把信徒（Believer）定义成那些呈现信任态度和忠诚购买行为的消费者。像伟大的人类关系，这里存在真实的亲情关系，相互的信任，甚至是一种很深的持久的密切关系，在品牌和它的真正信徒之间。

品牌信任途径：每个品牌的故事最终是为了保持品牌的连接，使它的信任永存，不管随着时间的改变要面临多少挑战。品牌信任途径是如何把这种联结（纽带）和故事联系在一起的？它需要一个三部分的法则。

链接：品牌信任途径三阶段

（1）“发现”阶段。品牌信任纽带统一成一体的力量，并定义品牌和信徒之间的关系。这是创造有吸引力的、持久的品牌故事的关键。

（2）“铭记”阶段。提炼所有从发现得来的知识，使之创造出最有吸引力的品牌故事，然后区分这个品牌故事在哪里得到最强的共鸣——在合理的方法和正确的人中。目标是保护品牌信任永远联结。

（3）最后阶段。聚焦于丰富品牌的联结，甄别品牌未来的信念构成机会。

9. 灵智广告公司

灵智广告公司是全球第五大广告公司，在全球75个国家建立了分公司，拥有1万多名员工。通过执行综合方案及对“创新生意点子”（Creative Business Ideas，CBI）的坚持，灵智为许多著名企业成功建立品牌形象，包括沃尔沃汽车、戴尔电脑、法国航空、伊利、康师傅、辉瑞制药等众多知名品牌。

EURO RSCG WORLDWIDE

中文名	灵智广告有限公司
英文名	EURO RSCG
地址	香港北角英皇道338－348号华懋交易广场二期32楼
电话	（00852）2590 1800
传真	（00852）2516 5411
网址	www. eurorscg. com. hk

图3－10　灵智（香港）公司名片

资料来源：香港广告商会。

在香港，灵智创作了许多脍炙人口的经典广告，如获得1994年十大电视广告奖的铁达时《天长地久篇》和维他奶《背影篇》，获得1996年十大电视广告奖的维他奶《网络情缘篇》，以及获得2003年金帆奖的So－net宽频系列电视广告等（详见第十一章）。

10. 天高广告有限公司

（1）公司概况

天高（内地与中广联成立的合资公司叫“天联”，BBDO）成立于1897年，总部位于美国纽约，是全球最大的传播集团奥姆尼康集团的全资子公司。BBDO环球网络公司是世界排名第二的广告公司，323家分公司遍布全球77个国家，雇员超过

17 000 人，2000 年被评为全球最佳广告公司，年营业额高达 149 亿美元。在广告业内外，其在品牌建设方面的突出成就和创意获奖一样闻名遐迩，除被冠以 2000 年和 2001 年“全球广告代理公司”之外，BBDO 还在 Gunn 报告中被评为过去六年全球获奖最多的广告公司。BBDO 的主要客户包括联邦快递、Visa、百事、肯德基、戴姆勒—克莱斯勒等。

中文名	天高广告有限公司
英文名	BBDO Hong Kong
地址	香港太古湾道 12 号太古城中心第四期 1501 室
电话	(00852) 2820 1888
传真	(00852) 2877 2167
网址	www. bbdo. com

图 3－11　天高（香港）公司名片

资料来源：香港广告商会。

（2）BBDO 的广告哲学

BBDO 的广告哲学是“THE WORK，THE WORK，THE WORK”。第一个 THE WORK 是指 is where the brand meets the consumers（品牌令消费者满意的地方）；第二个 THE WORK 的意思是 is what touches their hearts and minds（打动消费者心灵的东西）；而第三个 THE WORK，则是 is what leads to sales（促进销售的东西）。简单的三句话却包含了无穷的思想，简洁有力的概括无形中鼓舞着每一个 BBDO 人为之努力，将对消费者的洞察进行到底，将以消费者为本的理念贯彻到底。

第二节　澳门的广告公司

据不完全统计，澳门本地注册的广告公司有 300 多家，比较活跃的有四五十家[①]，包括公关策划、平面设计、制作装饰、礼品订购、媒介代理等五大类型[②]。

一、公关策划

目前从事公关策划的公司大约有 10 家，其主要业务包括市场推广和活动策划两方面。由于澳门缺乏本地品牌，所以在市场推广方面，房地产公司和进口品牌代理商均是其主要客户。活动策划业务的客户包括三个部分。其一，政府部门对公民意识的

① 杨海军．中外广告史．武汉：武汉大学出版社，2006. 286

② 胡锦汉．探索澳门广告业．澳门：澳门广告学会出版社，1999. 7～9

推广，例如肃贪倡廉、城市清洁、警民合作和交通安全等。其二，文化交流和体育竞技活动策划，例如澳门国际音乐节、国际烟花会演、各类研讨会、澳门格兰披士大赛和世界女子排球大奖赛澳门站赛事等。其三，企业和团体庆祝活动的筹办，例如开幕式、周年庆典和各类宴会等。

二、平面设计

印刷媒介是澳门最常用的宣传途经，包括报纸、海报、传单、企业简介、刊物编辑和书籍出版等，设计工作量极大。据不完全统计，澳门从事平面设计的公司大约有50家。按员工人数可以分成三个等级，5名以上的属较大规模，大约有5家；3～5名的估计有10多家；但1～2名的却占大多数，估计达到30家以上。

设计公司提供的服务包括前期的创意设计和后期分色胶卷及印刷的监制。前者是设计公司主要的服务项目，由内部直接执行；后者则依赖分色制版及印刷公司代行，设计公司收取部分监制费用。由于澳门本地专责从事分色制版的公司并不多，所以很多设计公司都会将此工作交往香港及内地执行，前者为了确保质量，后者则为了降低成本。印刷工序大部分采用本地公司。

三、制作装饰

此类型公司主要面向公关策划及平面设计公司，通过他们的转介，向客户提供服务，包括横幅制作、橱窗布置、招牌灯箱、装潢工程、展览布置及舞台制作等。据估计，此类公司在澳门大约有60家以上。近年来，由于澳门有较大规模的会议展览场地，当地的会议和展览活动日趋活跃，使此类公司获得了较大的发展空间。

四、礼品订购

近10年来，澳门经济蓬勃发展，促使礼品馈赠成为商品促销的新手段，礼品订购公司随之兴起。目前从事此类业务的公司大约有20家，经营范围包括三类：①一般纪念品，如锦旗、金属纪念牌、钥匙扣等；②业务礼品，如印刷品、装饰文具、皮革制品等；③广告礼品。

五、媒介代理

澳门地域狭小，本地大众传播媒介并不需要通过代理公司推广其业务，所以澳门没有一家纯粹以媒介代理为业务的公司，它们都会兼营其他业务，例如设计和公关策划等。

代理的媒介在澳门区内的以户外广告媒介为主，比如殷皇子马路与南湾街的大型广告牌，中华广场的三面体广告牌及巴士广告等，均有其代理公司；也有一些是代理国内媒介的，例如拱北口岸新联检大楼启用前的长廊灯箱或某些省市发行的区域地图等；以及代理香港大众传媒，例如香港两家电视台的广告和报纸杂志广告等。

第三节　台湾的广告公司

一、台湾的广告代理制的发展历程

台湾较具规模的广告公司在1961年时就已出现，但严格地说，台湾地区是从1962年起才建立起比较完整的广告代理制的。广告代理制一经建立，即刻令当时的从业人员产生了“忽如一夜春风来”的感觉，广告业的前景顿时开阔了许多。

自台湾派员参加第二届亚洲广告会议后，当时与会的企业界代表黄圆球联合陈福旺、徐达光率先在1961年2月创办了台湾第一家广告代理公司——“台湾广告公司”。三个月后，同样参加了这次会议的企业界代表许炳棠、王超光创办了“国华广告公司”，该公司随即与《联合报》等签订了代理合同，使台湾地区现代广告代理制真正开始推行。许炳棠可以说是“台湾地区广告代理业制度的首创推行者和开拓者”①。国华广告推行代理制之初还是受到了很大阻力。当时，各报社、广播电台以及一般的广告业务员都纷纷反对，认为推行广告代理制后将会使他们失去很多广告客户，直接影响部门广告收入和个人经济收入，所以许多报社和广播电台与许炳棠会商，劝其暂缓推行。许炳棠深知如果不能获得各传媒的支持，广告代理制便无法实行，于是力邀在新闻界有很大影响的原“中央社”创办人萧同兹担任国华广告的董事长。在萧同兹的帮助下，代理制才得以顺利推广②。

从广告量的增长情况来看，在代理制实施之后的10年间，台湾广告业迅猛发展，速度远高于同期其他地区水平，也高于本地区GNP的成长率。这种发展固然和其他因素有关，但也部分证明了代理制实施后对广告业的总体影响。

20世纪60年代末到70年代是台湾经济起飞的时期；在广告界也是本土广告公司深化实施广告代理制的时期。包括清华广告、东海广告、联广广告、志上广告、上通广告在内的大批广告公司享受到了代理制带来的初步成果，同时也感受到了引入代理制后的诸多变化。

首先是使得台湾的广告业逐步规模化、规范化，不但学习到由日本传来的先进know-how（操作手法），也将营销与企划植入岛内。这就令广告主逐渐认识到广告业的职业性与重要性，广告量因此得以快速增加。以报纸广告而言，在代理制未建立之前，几乎看不到整版、半版甚至四分之一版的广告，代理制实施后则经常看到。这又促使台湾商品流通加快，形成良性循环。

---

① 樊志育．中外广告史．台北：台北三民书局，1989.133

② 颜伯勤．二十五年来广告量研究．台北：“中央”日报社出版部，1987.86

其次是提高了从业人员的职业素养，改进了广告的制作技巧，开发了更多的媒体形式，增强了广告的传播效果。从业人员的社会地位也因之比以前的“掮客”有了较大的提升，专业培训的渠道也逐渐构筑成形，从业人数快速增加。

再次是引入市场调查环节，还将广告业内各项工作细化、剥离，为形成合理的分工体系打下了基础。另外，代理制的引入也在一定程度上缓解了各广告公司价格上的恶性竞争。

然而，任何事物都具有两面性。在进入20世纪80年代后，随着跨国广告公司的大举进入和其他传播方式地位的提高，广告业内以及与其他行业之间的竞争力度加剧，广告代理制的核心内容——佣金制缺乏弹性的弊端便显露出来。广告代理制的实施方式同样在岛内成为利益各方争论不休的议题。

二、台湾跨国广告公司与本土广告公司的力量对比

在台湾广告业发展的竞争期和多元期，有两个时间点应引起注意：一个是1986年前后，台湾突然全面开放外资自由进出，使得跨国广告公司名正言顺进入台湾；第二个是20世纪90年代末，大型媒介代理公司形成。

表3-4　台湾广告代理制发展历程

时代/阶段	社会背景、特征	广告、媒体特色
20世纪50到70年代广告代理萌芽期	●国共关系紧张与对峙 ●人民生活清苦勤劳 ●免于饥饿、无消费的时代 ●经济开始自给自足 ●消费产品开始成长 ●低消费时代 ●经济开始起飞 ●大众消费时代 ●大企业逐渐形成	●媒体作业掮客化 ●媒体低普及率、广告投资低 ●广告社、招牌社、美术社风行 ●广播媒体首先风靡，后期则为电视媒体风靡时期 ●1960年之后综合广告代理商开始较有规模地成立 ●1961年国华广告公司与《联合报》签订媒体代理契约，可以视为广告代理制度确立的滥觞，媒体作业开始有购买制度 ●市场调查、营销观念引进广告作业 ●开始有媒体监看及收视率调查
20世纪80年代广告代理起飞期	●经济自由化、国际化 ●外商大量进入台湾 ●政治解冻、社会生命力破蛹而出 ●大众消费分解	●外商广告代理商涌入，广告代理商迈入转型期 ●媒体计划观念引进、创意技巧创新户外媒体、新媒体兴起

（续上表）

时代/阶段	社会背景、特征	广告、媒体特色
20 世纪 90 年代之后广告代理成熟期	●分众及个性化的时代 ●贸易国际化、两岸关系正常化 ●多元化、民主化社会的来临 ●质量的时代	●ABC（发行公信）制度建立、媒体数据科学化、精确化 ●广告代理商朝向两极化、精致化 ●全传播观念的来临，强调整合营销传播 ●创意本土化、作业技巧国际化

资料来源：侯东成．广告业的自我组织逻辑．载于文化产业：文化生产的结构分析（张苙云主编）．台北：远流出版公司，2000

表 3－5　1961—1970 年台湾广告量的增长

年份	广告总量（万元）	广告量增长率（%）	GNP 增长率（%）
1961	21 400	29.69	6.83
1962	27 200	27.10	7.85
1963	30 700	12.87	9.37
1964	38 850	26.55	12.31
1965	45 200	16.34	11.01
1966	56 030	23.96	9.01
1967	68 000	21.36	10.56
1968	86 300	26.91	9.07
1969	109 700	27.11	9.00
1970	144 880	32.07	11.27

资料来源：根据颜伯勤．二十五年来广告量研究．台北："中央"日报社出版部，1987.291，以及历年《"中华民国"经济年鉴》整理。

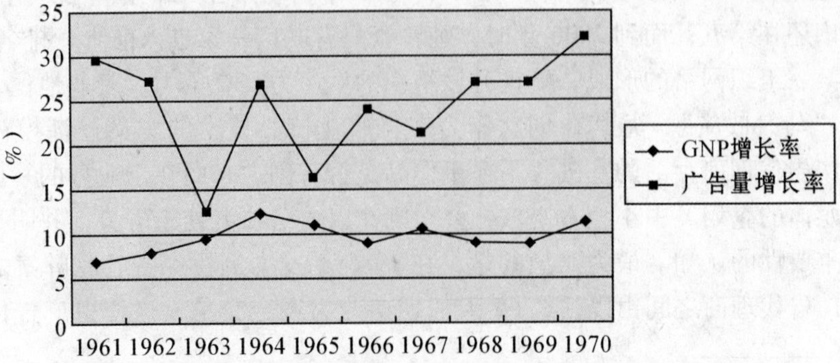

图 3－12　1961—1970 年台湾广告量增长率与 GNP 增长率之比较

资料来源：根据颜伯勤．二十五年来广告量研究．台北："中央"日报社出版部，1987.291，以及历年《"中华民国"经济年鉴》整理。

1. 综合性广告公司

吸引跨国广告公司到台湾发展的因素主要有五个[①]：①台湾经济高速增长，人均收入以及具有较高消费能力的中产阶级持续增加；②台湾政府受到美国压力，持续降低进口关税，再加上台币对美元的升值，使进口货品售价降低，民众消费能力则相对大幅提升；③台湾政府为追求经济自由化与国际化，陆续开放其服务业市场，其中包含广告业；④当地企业为了应对岛内日益增强的市场竞争，以及增强在国际上的品牌知名度，对拥有 know-how 和全球网络的跨国广告公司的需求日益殷切；⑤一系列的政治与媒体改革措施逐渐实施，如解严、解除报禁、开放电子媒体等，使媒体的广告空间大增。

跨国广告公司进入台湾的过程可以分为五个阶段：①各项广告相关业务合作，如早在 1962 年，华商广告公司与日本五洲报业株式会社、日本国际广告公司建立合作关系；②各项广告相关技术交流，如 1981 年国泰建业广告公司与美国奥美国际广告公司建立技术合作；③公司股权的重新分配，如 1986 年新台广告公司与上通 BBDO 公司合资；④外资掌握公司的 51% 股权；⑤经营权完全转移给外资，如 1986 年南声传播公司与李奥贝纳公司合并。

到了 20 世纪 90 年代中期，全球前 20 大广告公司已在台湾悉数登场。1985 年，跨国广告公司的市场占有率仅有 8% 左右；而在不到 10 年的时间里，跨国广告公司通过五个阶段“五部曲”的娴熟演奏，使其在台湾的整体市场占有率迅速达到 80%。台湾广告业被跨国广告公司垄断的一个结果是，不但来台外国企业的广告业务大部分交由跨国广告公司代理，而且本土最有实力的一些企业的广告业务也被跨国广告公司承揽。本土企业的不信任使得原本蓬勃旺盛的本土广告公司前途难卜。在本土广告公司当中，1995 年，联广排名全台湾前十大广告代理商第二位，清华第八，华商第九；1996 年，联广第二，东方第十；1997 年、1998 年，联广第二，国华第十；到 2000 年时，联广还在第五；而到 2006 年时，纯台资只有联广一家进入前十，排名第八。

通常某一组织网络的形成，能提升该组织的生产力、竞争力、产业地位，并造成产业内的“马太效应”。尤其在创意作为广告产业核心技术的意义逐渐模糊的局势下，大型广告代理商存活的基础，不在于作品是否有创意，而在于业务的掌握、财务的控管和媒体的企划。中小型本土广告公司则在以上诸项上处于劣势，并明显缺乏对财务规划重要性的认知。最为典型的是，在 1985 年发生剑桥广告卷款弊案之后，各大媒体与广告代理商之间由以往约 65 天的期票改为现金交易，这使得广告代理公司

① 参见 Goldstein, C. The Selling of Asia, Far Eastern Economic Review. 1989, June 29: 60 – 63; Hu, G. S. Entry and Performance of Transnational Advertising Agencies in Taiwan, Asian Journal of Advertising, 1998, 8 (2): 100 – 123 以及陈宇卿．跨国广告集团对广告代理业的影响．郭良文（主编）．台湾的广告发展．台北：学富文化事业有限公司，2001

普遍面临财务调度的压力，也意味着广告代理公司开始要面对规模经济、控制成本、财务考虑、资本调度等企业管理的重要议题。再加上1987年政府又实施营业加值税制度，彻底改变了广告业与媒体之间的关系，广告业由以往的媒体代理变成客户代理①。1995年，相互广告公司因周转不灵停业的事件则明确显示出，没有财务依靠、管理不善的广告公司，即使市场评价好、经常获得广告奖项、有稳定的客户也会倒闭。所以说，综合广告代理公司唯有进一步发展成复杂的整合营销传播集团，掌握规模经济与财务优势方能立足于市场。而相对应的，中小型广告代理商如果不能靠联合起家，就得将其核心的技术能力发挥到极致才能存活，否则只有依赖价格竞争最终拼得血本无归。

跨国广告公司在人力培养上是不遗余力的，其方法的先进性、系统化以及资金投入往往令本土广告公司难以望其项背。例如，台湾智威汤逊公司的每一位新进人员都需要接受10个月的新生训练，新人需到各部门去实地参与不同性质的工作，待训练完毕后，公司再视其专长特质分配到最适合该员工发挥的单位。这段期间，员工不上工作线，公司照样支付工资。

表3-6　2000年与2006年的台湾前十大广告主比较（单位：万元新台币）

	2000年		2006年	
排名	企业名称	广告投放量	企业名称	广告投放量
1	宝洁	176 618	远雄集团	124 500
2	联合利华	126 309	宝洁	70 410
3	统一企业	112 624	台湾莱雅	45 806
4	台湾花王	90 681	台湾留兰香	42 572
5	远传电信	66 426	统一企业	41 763
6	麦当劳	60 212	远传电信	39 042
7	中华电信	58 712	中华电信	38 291
8	裕隆汽车	53 082	联合利华	37 039
9	台湾留兰香	51 025	中华汽车	36 332
10	福特汽车	49 043	台湾花王	34 497

资料来源：根据《“中华民国”经济年鉴》（2000）和广告杂志编辑部．广告杂志，2007（总189）：21提供的资料改写，原数据来源于润利艾克曼公司和AC尼尔森公司。

① 其中的差别在于，媒体开给广告公司的收据，由全额含佣金变成净额扣除佣金，这使得广告公司需向广告客户收取报酬，成为客户的代理。

表 3-7 2000 年与2004 年的台湾前十大广告商品比较（单位：万元新台币）

	2000 年		2004 年	
排名	企业名称	广告投放量	企业名称	广告投放量
1	台湾大哥大	34 975	东森购物	92 527
2	远传电信	26 852	家乐福	44 656
3	诺基亚移动电话	23 422	7-11 统一便利店	39 012
4	远传储值易付卡	23 306	亚太行动宽频	30 149
5	EXTRA 无糖口香糖	20 788	远传电信	27 539
6	最佳女主角美容世界	20 770	台湾大哥大	25 166
7	爱立信移动电话	19 994	全家便利商店	27 281
8	摩托罗拉移动电话	19 533	中华电信移动电话	20 208
9	家乐福	18 390	尼桑汽车	18 483
10	绿箭口香糖	16 196	维士比（WHISBIH）	17 583

资料来源：根据《"中华民国"经济年鉴》(2000) 和《"中华民国"经济年鉴》(2005) 改写，原数据来源于润利艾克曼公司。

表 3-8 台湾地区 2006 年综合广告代理商排行榜前十大广告代理商资料（单位：万元新台币）

2006 排名	公司名称	年度毛收入			员工人数（人）	人均毛收入	资本额	国外合作情形	
		2006 年	2005 年	增长率（%）				母公司/控股集团	外资比例（%）
1	李奥贝纳	38 750	36 905	5	155	250	500	Leo Burnnett /PUBLICIS	100
2	台湾电通	37 032	38 915	-5	209	179	4 200	日本电通	52
3	奥美	29 700	34 900	-6	135	220	2 500	O&M/WPP	70
4	麦肯	26 400	29 000	-9	120	220	4 500	McCann/IPG	100
5	萨奇	23 500	25 269	-7	96	244	800	Saatchi& Saatchi / PUBLICIS	100
6	智威汤逊	23 000	37 000	-38	90	250	2000	JWT/WPP	100
7	国华	22 000	25 000	-12	103	214	10 000	日本电通	80
8	联广	20 900	20 807	0.4	95	220	19 500	-	0
9	华威葛瑞	20 500	23 400	-12	82	250	2 000	GREY/WPP	25
10	BBDO 黄禾	19 580	22 600	-13	89	220	3 030	BBDO/OMNICOM	100

资料来源：动脑杂志编辑部. 动脑，2007（总372）：40

广告业竞争目前已发展成为全球网络的竞争。在影响广告设计人员创意表现的信息收集使用上，拥有全球资源的外商公司显然有较强的优势。台湾智威汤逊公司以网络连接该公司在全世界各地的228 个办公室，只要台湾的任何一个同事有关于某一广告的任何问题，都可上网去和任何一个本公司员工进行对话交流，做到集思广益。又例如，台湾电通在1997年2月曾与萨奇、奥美、华威、灵狮、华商等广告公司一起比稿，争取预算庞大的太平洋电讯大哥大广告代理，结果台湾电通广告公司赢得最后胜利。它之所以能成功，主要得力于全球网络优势。为了准备这一项广告的提案，该公司把全球112个办公室曾经做过的大哥大广告的底稿全部收集起来分析比较，从中再设计出更好的创意作品。

2. **媒介代理公司**

在1986年左右成立合资广告公司的阶段，外资主要是对广告公司本身产生影响；而在20世纪90年代末台湾的媒体集中购买阶段，外资影响力扩散到包括广告主、媒体和广告公司的整个本地广告市场。

媒介购买公司的外资化速度是非常快的，1995年，第一家外资的专业媒体代理公司“传立媒体”成立，1999年一年之内就新成立10家专业媒体代理公司。而且，在台湾每年前十大广告代理商承揽广告的金额中，媒体发稿金额平均约占七成，广告制作费平均占两成，其他费用平均占一成。这代表着媒体发稿的佣金是大型广告代理公司的生存命脉，广告制作费用与其他金额只是附带性收入，但后者却可能是中小型广告公司主要的获利来源。

表3-9　2004年台湾部分媒体代理商发稿量统计（单位：千万元新台币）

公司名称	员工人数		发稿量		
	2004年	2003年	2004年	2003年	成长率（%）
凯络媒体	110	92	549.00	482.79	13.71
媒体库	51	33	387.00	221.00	75.11
贝立德	84	80	–	371.00	–
星传媒体	32	30	240.00	–	–
宏将	40	35	154.23	120.72	27.76
彦星传播	35	–	109.40	–	–
台湾博报堂媒体	20	19	65.00	61.00	6.56

资料来源：广告杂志编辑部．广告杂志，2005（总167）

20世纪90年代，在台跨国广告集团仍旧在资金和技术上占有优势，在媒体代理方面的技术优势地位更加显著。跨国广告集团的做法是改变游戏规则：切割服务项目，分段收费，使媒体部门从一个负责作业而不赚钱的部门，变为一个需要争取业务和营利的公司。其影响可分为三方面：①对于综合广告公司的影响最大，它在业务上少了媒体部，就会将服务模式转型为营销顾问业务，并与营销顾问公司、小型广告公司或创意工作室直接展开竞争；在收入上则需要建立新的收费方式才能生存，如收取专业服务费。②对于传媒而言，面对媒体代理公司以量制价的谈判优势，其利润将会减少；因广告的计价以收视率作为指标，于是收视率成为广告市场关注的焦点。因此，外商主导的媒体代理公司强力媒体营销使得节目广告化，已借由购买媒体时段的方式购买媒体，不仅在广告时段、而且在节目中传播商品信息，使传媒变成倚赖广告生存的“广告媒体”。③对于广告主而言应是获利者，他们对于广告公司的服务可不再采取一次性购买的方式，而改为分段购买，亦即只购买广告公司策略规划的服务，再自行发包给小型创意工作室发想创意，媒体企划及购买则交给大型媒体购买公司[①]。

三、台湾著名广告公司简介

广告公司如果按照公司资本形式来分，可划为跨国广告公司在地分支机构与本土广告公司两类。1984 年之后，本土广告公司与跨国广告公司在台湾分支机构的力量对比发生了根本性的变化，全球化浪潮的冲击使台湾本土广告公司丧失了原有的独占地位，并在资本较量下变为较为弱势的市场挑战者。因此，本节将着重介绍国际 4A 在台状况，而对本土广告公司仅选择有标志性和较具特色的企业予以关注。

1. 智威汤逊广告公司

（1）公司概况

智威汤逊广告公司台湾分公司是于 1988 年成立的 100% 外资企业，五年内便跻身全台前三大广告代理商，2001 年更以 27.8 亿新台币的营业收入跃升为台湾第一名的广告代理商，同时也是《动脑》杂志评选的“2003 年台湾最佳广告公司”及《广告杂志》评选的“2002 年度风云广告代理商”，但近年来发展势头趋缓。

表 3－10　台湾智威汤逊广告公司概况

员工人数	160～200 人左右
毛收入（2006 年）	23 000 万元新台币
主要客户	和泰汽车、台湾固网、“交通部观光局”（日本线）、全家便利商店（形象、商品促销）、戴比尔斯钻石等

资料来源：台湾智威汤逊广告公司 http：//www. jwttpi. com. tw

（2）台湾智威汤逊的优势与特点

①从业理念。坚持为客户做“对”的事，并自诩成为“台湾最具创造力与影响力的品牌领航员”。从前端的策略规划开始到创意的发想与品牌全营销规划的执行，为客户提供不仅是“好”，同时更是“对”的服务，协助客户建立品牌永久价值，达成销售目标。近年台湾广告主因经济不景气而大幅削减广告预算，代理商大部分都诚

① 陈宇卿．台湾广告代理业外资化的两阶段比较．（台湾）“国科会”计划“老板变伙计：跨国广告集团与台湾广告业结构转型”（NSC89－2412－H－128－016）和“媒体代理公司之诞生：跨国广告集团第二波改变台湾广告市场结构”（NSC90－2412－H－128－003）之部分内容，2000、2001

惶诚恐地接待广告主，但智威汤逊却以说真话的态度、坚持做“对”的事来面对顾客，并不畏惧得罪客户丧失生意契机。这大概也为公司的营收从短期来看带来了一些负面影响。

②涉及产业多，客户跨国化。台湾智威汤逊在IT/信息、汽车、娱乐、金融、食品、航空、传播通讯、体育用品等诸多产品与服务领域拥有丰富的客户资源和广告研发经验，其主要客户大致来自亚洲环太平洋沿岸的中国内地、台湾、香港、韩国、日本、泰国、新加坡、马来西亚、菲律宾、印度以及澳大利亚。

③强调作业体系并专注数字化的经营手段。台湾智威汤逊在广告策略、市场调查、项目管理、后续维护等多方面严格遵守智威汤逊总公司全球化的作业标准和流程，其策略性和执行力都堪称一流。同时，随着网络社会的到来，台湾智威汤逊还比较注重网站的策略性营销，运用网络互动、实时的特性，使消费者能在主动参与的过程中自行建立品牌忠诚度。

④奖项斩获甚丰，市场知名度高。智威汤逊广告产品的优良质量得到了绝大多数业内人士和客户的称许。无论是台湾、亚洲还是世界范围内，台湾智威汤逊在平面、立体、海报、广告牌、促销、公共服务、媒介版面运用等诸多方面都曾问鼎多项大奖。

⑤智威汤逊有别于其他广告代理商，特别设置了策略规划部门。

2. 奥美广告公司

（1）台湾奥美的沿革

创立于1971年的国泰建业广告公司，在1981年开始与奥美进行技术合作。1985年6月，国泰建业广告公司部分资深员工与世界奥美以30%：70%合资，并将公司名称改为奥美广告公司。

（2）台湾奥美的优势与特点

①优秀的传播团队。有着令其他公司羡慕不已、具备各种技能的优秀传播团队，熟谙由奥格威创立的品牌形象理论和由此阐发的“360度品牌管家”手法，通过对产品、形象、顾客、通路、视觉、声誉6个相互关联的品牌资产的扫描，进行品牌检验并描绘出品牌DNA。

表3-11　台湾奥美广告公司概况

员工人数	170~200人左右
毛收入（2006年）	29 700万元新台币
主要客户	联合利华、摩托罗拉、NIKE、台北银行、远传电信、eBAY、统一、7-11、屈臣氏、葛兰素史克、耐斯、东元、英美烟草、南山人寿等

资料来源：台湾奥美广告公司 http://www.ogilvy.com.tw

②集团分工精细，能提供非常完善的整合营销传播服务。台湾奥美从1985年开始，将公司内部机构不断剥离重组。20年后，台湾奥美已经发展成包括奥美广告、奥美公共关系、奥美顾客关系营销、奥美视觉管理、群策营销发展、捷音电话营销、奥奇关系营销、21世纪公关顾问等多个子公司的大型广告集团。其服务内容也从单纯的创意、制作、发布演化为涵盖媒体企划购买、公关活动企划执行、促销活动执行、企业声誉管理、一对一营销咨询、传播规划关系联结、视觉识别之规划及设计、数据库系统与应用技术整合等，基本上具备了为客户提供一站式全方位服务的能力。

③借助互联网络，建立了智能资产的传承系统。奥美公关亚太香港总部建立的“向日葵”内部知识管理系统，是在香港、台湾地区的台北、新加坡同步实施的。系统中储存了各分公司的员工数据、客户数据、提案、跨国案例研究、市场知识、新产品开发纪录等相关档案。各个地区的奥美公司都可以随时使用最新的奥美家族资源，为所有员工提供及时的专业知识和学习信息。这样一来，广告行业员工离职带来的know－how流失问题就可以得到最大的控制。

④重视培训和知识传递。奥美广告公司的知识传承工作在广告界享有盛名，这些大都是由内部的训练完成的。无论是每两周一次的夜间专业训练，还是专题的短期训练（管理、品牌、创意思考），抑或三大梯次的密集训练，都为公司员工的技能增长提供了充分的机会和空间。对于一些较具潜质的员工，台湾奥美也会派遣至美国、日本、欧洲进行考察学习。值得一提的是，在20世纪90年代，由台湾奥美最早引入大陆的《奥美的观点》一书轰动一时，为大陆广告业加速向专业化方向发展提供了大量的实践指导。

3. 台湾电通广告公司

台湾电通以业绩领先、区域性结盟及完整的情报沟通网受到众人瞩目。无论是在业绩还是在进取心方面，台湾电通是任何一个竞争者都不敢小觑的强劲对手。

（1）台湾电通概况①

1960年，由日本电通协助联合广告公司创立台湾广告公司，1995年台湾广告公司与日本电通合并，更名为台湾电通公司，由日本电通拥有台湾电通52%的股份。

表3－12　台湾电通广告公司概况

员工人数	约200人
毛收入（2006年）	37 032万元新台币
主要客户	TOYOTA汽车、台湾大哥大、台湾固网、花王、华歌尔、全家便利商店等

资料来源：台湾电通广告公司 http：//www. dentsu. com. tw

① 参见台湾电通网站 http：//www. dentsu. com. tw

（2）台湾电通的优势与特点

①来自母公司雄厚的资源和技术支持。日本电通成立时间超过100年，是现在世界上规模最大的单体广告公司。在台湾电通的客户结构中，日商占了相当大的比例。基于全球化广告策略的影响，如果当年没有和日本电通合资，今天台湾电通的客户名单中，可能就见不到TOYOTA和花王的名字。因此，身为日本电通的海外分公司，台湾电通也就拥有了许多本土广告公司可望而不可即的资源。

②优秀的管理哲学。台湾电通的企业目标是成为质、量皆为台湾第一的广告公司。为了达成这个目标，台湾电通严格遵循着由日本电通第四代社长吉田秀雄在1951年创立的“鬼十则”：

A. 工作必须主动去寻找，不应该被指派后才去做，要有主动性。

B. 工作应该抢先积极去做，不应该消极被动，那不是广告人应该做的。

C. 积极从事大的工作，小的工作只会使你的眼睛更加狭小。

D. 目标应该放在困难的工作上，完成困难的工作才能有所进步。

E. 一旦开始工作，千万别放弃，要有不达目的决不罢休的工作态度。

F. 争取主动，因为主动与被动之间有着很大的差别，经过长久的考验，会有迥然不同的结果。

G. 要有计划，只有立下长期计划才会有忍耐性，才会花工夫去做，才能产生朝正确方向前进的希望和毅力。

H. 信任自己！如果不信任自己，工作的时候必定不会有魄力，就难以坚持不懈，也不会稳重。

I. 应该时时刻刻动脑，全面地观察和思考，注意四面八方，不容许有一丝空隙，这就是服务。

J. 不要怕挫折，挫折才是进步之因，是推动力的源泉，否则将会变得懦弱无能。

③组织内部优势。日系企业的经营文化强调照顾员工，提供稳定的升迁制度以及较好的待遇，人的价值在公司里占有绝对优势。台湾电通几乎每年都派遣员工赴总公司进修，以提高所谓“仁坚力”，亦即人类的力量。高层和中层领导者必须亲临一线作战，也只有这样，公司集体才能够形成令竞争对手敬畏的凝聚力和向心力。不同于一般广告公司，台湾电通不鼓励培养明星广告人，他们重视的是整体战斗力的成长。

④成功的经营目标。

A. 客户第一，重视质量。在台湾电通的经营理念中，最重要的人就是客户；最重要的事，就是提供给客户最新、最适当、最具效益的服务。台湾电通不是以创意闻名，它的崛起象征着讲求全面服务的时代已经来临。而在此时，纯粹的数量已不是最终目标，服务的质量才是第一位的。

B. 争取明星产业中具有成长潜力的客户①。1998 年，台湾的六家电信业者同时起跑，1997 年还排不上名次的移动电信服务业，翌年便蹿升为台湾第三大广告产业。该年度台湾的前三大广告商品中，电信业者就占了两名，台湾电通的客户台湾大哥大就是其中之一。到了 2000 年，台湾大哥大的广告量更跃居台湾 100 大广告商品的第一名。当成药是台湾最流行的产业时，台湾电通就争取武田制药成为它的客户；当电器用品当红时，台湾松下就成了他们的目标。另外，机车业的三洋机车、汽车业的 TOYOTA、电信业的台湾大哥大，在台湾电通全方位的服务下，日后几乎都是业界的第一品牌。

4. 萨奇广告公司

（1）公司概况

表 3－13　台湾萨奇广告公司概况

员工人数	约 130 人
毛收入（2006 年）	23 500 万元新台币
主要客户	宝洁、远传电信、家乐福、汇丰银行、luxus 汽车、惠普、施贵宝、味全、南山人寿、泰山、苹果日报等

资料来源：台湾萨奇广告公司 http：//www. saatchi. com. tw

萨奇广告（Saatchi & Saatchi，台湾译为“上奇”）于 1988 年来到台湾发展。十几年前，台湾广告界还处在强调以创意取胜的年代，而当时的萨奇就开始将着眼点放在广告效果上。成功创造出“高中老师”、“台湾女孩”及“陈博士”等广告角色的萨奇广告，在承揽额及广告作品上都有不错的表现。

（2）台湾萨奇的优势与特点

①专业分工，讲究细节。萨奇最鲜明的管理风格，就是明确界定各工作单位的权限与分工。为使各部门可以更有效地发挥作用，它还特别设立了“办公室管理”部门。萨奇更依照客户类别组成七大创意团队，每个团队就像一个小公司一样，自行控制创意质量及财务盈亏。

②控制时间，讲究效率。萨奇员工必须填写以 15 分钟为一个单位，一天总共 32 单位的时间表，作为公司经营成本的依据。此外，创意人员也须填写及详细地说明广告当中每个元素的使用理由。

③刻意经营大型客户。萨奇的客户都是“亿元俱乐部”的会员，无论是宝洁、远传还是汇丰银行，每个客户的年度广告预算几乎都超过 1 亿元新台币，这也是萨奇

① 吴明纯，黄思远．台湾广告代理商之竞争互动及其关键成功要素．（台湾）国际暨南大学国际企业学系企业专题竞赛个案报告，2004

刻意经营的结果。

5. 意识形态广告公司

（1）公司概况

台湾意识形态广告公司是由郑松茂先生于1987年创建的，初期只有4个员工和2个客户。在创始之初，意识形态大胆地将社会议题和其客户司迪麦口香糖的产品定位相结合，制作出以“猫在钢琴上昏倒了”为主题的广告，引发了社会的广泛讨论，并获评为美国好莱坞IBA（International Broadcasting Award）国际广告奖最佳年度广告影片。1992年，意识形态的人均广告承揽额达到2 000多万元新台币，相当于美国前十大广告公司的平均水平，居台湾地区之首。同年，意识形态的作品——中兴百货“家庭生活万岁篇”（1991）入围法国嘎纳国际广告奖，成为当时台湾广告界少数获得国际广告大奖肯定的作品之一。1992年、1997年，意识形态两获“年度风云广告代理商”称号，它也是1998、1999年在创意方面得奖数最多的广告代理商。

表3－14　台湾意识形态广告公司概况

员工人数	约30人
毛收入（2003年）	16 541万元新台币
主要客户	裕隆汽车、中兴百货、黑松、TOSHIBA、东元、司迪麦口香糖、亚太行动宽带电信、ATT Group等

资料来源：作者根据相关资料整理。

（2）意识形态广告公司的优势与特点

①本土定位。台湾广告学界在20世纪80年代末到90年代初，一直流行以商品意识形态解读意识形态的广告作品，加入了很多符号学分析以及文本分析。但事实上，意识形态是在美学方面注入了最多的精力，使其广告作品的美学风格呈现出一种有别于美式系统的、独树一帜的广告思想。而曾经拍摄过司迪麦和中兴百货电视广告的黄蕙清则认为，意识形态也不像是早期台湾广告公司一味模仿日本风格的作法。因此，台湾意识形态实际上是找到了台湾广告的本土地位，也扭转了台湾广告的“意识形态”。

②组织扁平化，充分吸收外部脑力资源。意识形态广告公司的组织架构是一种高度的扁平化，高层和资深人员直接参与流程，对客户品牌建立及创意进行全程监控。他们将大量的执行工作外包，如果下游公司有更好的想法，意识形态也不会固执坚持原先的方案。在拍片时也不会像其他广告公司那样在现场监片，而是交由导演自行发挥。

③广告的出发点。意识形态董事长郑松茂早年曾在联广广告公司行销企划部从事

调查工作。这些工作使他认识到，市场调查只是试图通过许多片段来拼凑市场的全貌，往往失真。因此，意识形态不怎么相信市场调查，反而喜欢借用其他行业的观点或是从广泛的书籍阅读当中找出广告创作的灵感。在公司文案人员近似“资讯狂”的工作方法下，意识形态总能找出别人没想到的全新角度来诠释商品。

他们对视觉美学的要求几乎到了近乎偏执的地步，这是意识形态最大的特色。独特的风格与品味也是意识形态广告的另一大看点。

（3）存在的主要问题

①广告特色所带来的批评。大陆和台湾地区对于意识形态的广告也是毁誉参半。有业内人士指出，意识形态过分玩弄广告的悬疑，其实是不讲求策略性的表现手段，当然也就忽略了产品的特性。意识形态创意总监许舜英执著于价值观、符号学与解构主义，对美学和影像传递极为坚持，而这样作出的广告有时确会造成阅听者无法解读、信息传递无效的后果。

②忽略管理。意识形态过分仰赖公司文化，认为只有有问题的公司才需要管理，而这一点实际上也是存有疑问的。

③进攻性较弱。例如在对大陆业务的开拓以及网络化等趋势开始时，意识形态表现的兴趣都不高，公司的管理与经营风格也较为守旧。

6. 太笈策略广告公司

（1）公司概况

太笈策略成立于1993年，由资深广告人洪志勋与新光集团副董事长洪文梁合资创办。成立之初，太笈策略即以不到新台币300万元的制作费，为7-ELEVEN与台湾世界展望会合办的“饥饿三十”活动创造出当时破纪录的捐款1.2亿元，并因此连续两年获得“国际营销传播卓越奖”（MCEI）全球第一名。2000年，全球网络泡沫和岛内经济不景气使大量客户纷纷削减广告预算。但由于营销出色，太笈策略当年毛收入增长138%，营业收入也上升了82%。为此，太笈策略还获得了“2000年度台湾最佳广告公司”称号。

表3-15　台湾太笈策略广告公司概况

员工人数	约35人
毛收入（2003年）	17 380万元新台币
主要客户	统一超商、三洋现代汽车、新光三越百货、台新银行、维力食品、统一企业、阿瘦皮鞋、星巴克、格上租车、第一银行信用卡、PUMA等

资料来源：作者根据相关资料整理。

（2）公司特色

①策略至上，十分注重营销效果。虽然创意是使广告公司成名的最快方法，但是

太笈策略相信，策略才是事业经营成功的关键，所以太笈策略的创意很朴实。在产品定位策略与产品区隔方面，由于太笈策略注重营销，因而可以称得上是比较精准的。洪志勋坦言，成立公司的动机就是希望成为一个被客户敬重的策略营销伙伴，而不是一家只会创意、不懂策略的广告公司。

②讲求机动性。广告公司需要机动性，所以不能有太多的层级。对于组织人数的刻意控制，使得太笈策略的机动性和配合度都能符合需求。在广告方案的开始阶段，太笈策略便由市调、业务、创意人员共同面对客户，只有媒介人员是在策略完毕后才介入。其操作方式和服务方式呈现出全线出击的态势，而非其他公司那样前后相继的链式流程。

③与客户的沟通。因为了解策略与通路，能充分领会客户想法，所以太笈策略成功得到了客户的信任与尊重。大多数客户认为，太笈策略能够有效地扮演广告公司兼营销顾问的角色，可以很好地完成从广告到销售再到品牌建立的一系列任务。

小资料：全球五大广告集团

一、奥姆尼康集团（Omnicom Group）

1891 年，George Batten 在纽约成立 Batten 传播公司。1919 年，Bruce Barton 与 Roy Durstine 在纽约成立 Barton & Durstine。1920 年，Barton，Durstine 与 Alex Osborn 合并；1928 年，Batten 传播公司与 Barton，Durstine Osborn 合并成立 Batten，Barton，Durstine & Osborn（BBDO）。

1949 年，Bill Bernbach 和 N. Doyle 离开 Grey，与 M. Dane 共同创建了 Doyle Dane Bernbach（DDB）。1982 年 Bernbach 去世后，DDB 的继任者开始把目光从艺术转移到了资本运作上。1986 年，DDB 与 Needham，Harper & Steers 合并成 DDB Needham。1986 年，DDB Needham 与 BBDO 合并，建立了 Omnicom 集团。

1968 年，Jay Chiat 和 Guy Day 建立了 Chiat/Day 广告公司。Chiat/Day 一直崇尚放荡不羁的创意，它因此赢得了许多客户，也失去了许多客户。1994 年，试图降低运营成本、提高工作效率的 Chiat/Day 又出惊人之举，把原来的办公室改成仓库，让员工拎着笔记本、手机回家，实行虚拟办公。但事与愿违，虚拟办公导致工作效率更低、大批员工离职。1995 年，Chiat/Day 被 Omnicom 收购，并与 Omnicom1993 年时收购的 TBWA 合并，形成现在的 TBWA/Chiat/Day（李岱艾）。

表 3－16 奥姆尼康集团下属子公司

<table>
<tr><td rowspan="6">Omnicom Group
奥姆尼康</td><td rowspan="3">Global Advertising Brands
全球广告运作公司</td><td>BBDO Worldwide（天高）</td></tr>
<tr><td>DDB Worldwide（恒美）</td></tr>
<tr><td>TBWA Worldwide（李岱艾）</td></tr>
<tr><td>Diversified Agencies Services（DAS）
多元代理服务系统</td><td></td></tr>
<tr><td rowspan="2">Omnicom Media Group
（OMG）宏盟媒体集团</td><td>OMD Worldwide（浩腾媒体）</td></tr>
<tr><td>PHD Network</td></tr>
</table>

资料来源：作者根据相关资料整理。

二、WPP 集团（Wire & Plastic Products Group）

1987 年，Martin Sorrell 以 5.66 亿美元收购著名的智威汤逊公司，及其下属的公关公司 Hill & Knowlton（伟达）。1989 年，以 8.64 亿美元收购了奥美广告公司。2000 年以不可思议的 47 亿美元收购了扬·罗比凯广告公司及其旗下的博雅公关、品牌形象设计公司——Landor（朗涛）。除了这三大国际性的广告公司，在不同国家、地区 Martin Sorrell 还收购了一些与广告相关的公司，其中包括位于 2002 年世界十大广告集团之列的博报堂（拥有该集团 25% 股份）、旭通（拥有该集团 20% 股份）以及 Cordiant 传播集团、2002 年 6 月收购中国本土公关公司西岸咨询（以奥美公关名义入股 60%）、2003 年 7 月 28 日与日本博报堂（WPP 有 20% 的股份）入股上海广告公司（WPP 与博报堂各占 25%，中方东浩集团占 50%）等。

表 3－17 WPP 集团下属子公司

<table>
<tr><td rowspan="4">Wire & Plastic Products Group，WPP</td><td>J. Walter Thompson（智威汤逊 JWT）</td></tr>
<tr><td>Ogilvy & Mather（奥美）</td></tr>
<tr><td>Y & R Advertising（扬·罗比凯）</td></tr>
<tr><td>Grey Global Group（精英/精信）</td></tr>
</table>

资料来源：作者根据相关资料整理。

三、IPG 集团（Interpublic Group）

1902 年，Alfred W. Erickson 成立；1911 年，H. K. McCann 成立；1930 年，两家公司合并为 McCann-Erickson（麦肯公司现在的全称）。1960 年，McCann Erickson 在 Marion Harper Jr. 的带领下成为股份公司，公司也改名为 Interpublic（IPG），并在 1971 年上市。IPG 下一步就是寻找合适的收购对象，灵狮成为第一个猎物。

1928 年，联合利华（Unilever）下属的广告公司——Lintas（Lever International Advertising Services，灵狮）成立。Frank Lowe 在 1981 年在伦敦创建 Lowe 集团，1990 年该集团被 IPG 收购。1999 年，Lowe & Partners 与 Lintas 合并；2000 年改名为 Lowe Lintas & Partners Worldwide；2002 年 1 月，又改名为 Lowe & Partners Worldwide（励富）。

2001 年 3 月，在经过了与 Havas 的一番角逐后，IPG 以 21 亿美元收购 True North 传播集团。世界广告史上的元老之一的 FCB（博达）正式被纳入 IPG 的帐下。

表 3－18　IPG 集团下属子公司

Interpublic Group，IPG	Foote，Cone & Belding Worldwide（博达 FCB）
	Lowe Lintas & Partners Worldwide（灵狮）
	McCann Worldgroup（麦肯）
	The Sports and Entertainment Group（体育娱乐集团）

资料来源：作者根据相关资料整理。

四、阳狮集团（Publicis Group）

Publicis 初期是巴黎一家专做平面的广告公司，于 1926 年由 Marcel Bleustein 创建，后来随着业务的扩展成为全面代理的广告公司，并在 1946 年后进入英国、德国、美国等市场。阳狮在创办人 Bleustein 的带领下稳步前进，在资本运作上没有什么太大的动作。1996 年，Bleustein 谢世，列维（Maurice Levy）上任，阳狮开始兴风作浪了。阳狮先是在 2000 年 2 月收购了美国的 Fallon，2002 年 3 月 7 日又收购了拥有李奥贝纳（Leo Burnett）、达美高（D'Arcy）的 Bcom3 广告集团。

在 BCom3 被阳狮收购之后，2002 年 10 月，阳狮正式宣布关闭达美高公司。达美高拥有宝洁、可口可乐、百威啤酒等知名客户，在全球拥有超过 6 000 名雇员，是 2001 年全美第 11 大、世界第 14 大广告公司。达美高在中国市场以较小的投入获得了可观的回报，在 2001 年香港 4A 广告公司中营业额排名第八位。但因为在阳狮的全球战略中，达美高所担负的作用有限，就这样，一个有着骄人业绩的百年老店被资本淹没了。

1970 年，Maurice Saatchi、Charles Saatchi 兄弟与 Tim Bell 创立 Saatchi & Saatchi 公司。1995 年，因为公司股票在股市大跌，发行的巨额的可转换债券又使公司雪上加霜，Saatchi 公司董事会忍无可忍，赶走了创始人 Saatchi 兄弟。兄弟二人又建立了 M&C Saatchi 广告公司分庭抗礼。同年，为了摆脱 Saatchi 兄弟的阴影，Saatchi & Saatchi 改名为 Cordiant。1997 年，Cordiant 管理层决定把公司分隔为 Cordiant 传播集团（主要包括达彼思）和 Saatchi & Saatchi 两个独立运作的公司分别上市。2000 年，Saatchi & Saatchi 被阳狮收购。

表 3－19 阳狮集团下属子公司

Publicis Group 阳狮	Saatchi & Saatchi（萨奇广告）
	Leo Burnett Worldwide（李奥贝纳）
	Publicis Worldwide（阳狮环球）
	Bcom3 Group（Bcom3 集团）

资料来源：作者根据相关资料整理。

五、电通（Dentsu）

1901 年 7 月，电通的前身——日本广告和电报服务公司（JATS）成立，提供新闻和广告代理服务；1936 年，新闻业务从公司剔除。1955 年，JATS 正式改名为电通（Dentsu）。1980 年代，在亚洲与扬·罗比凯成立电扬广告，并在 1986 年成为首位进入中国内地的外资广告公司。虽然电通已经控制了日本 30% 的广告市场和 40% ~50% 的电视广告市场，但相比其他国际广告集团，它在国际市场的资本运作相对谨慎，并且收益甚微。集团 95% 的收入都来自日本本土。

Chapter 4　　第四章

港澳台广告媒体

Advertising Medias in Hong Kong, Macao and Taiwan

第一节　香港的广告媒体

香港是一个通讯和资讯都非常发达的城市，各种传播媒体蓬勃发展。据《2004年香港经济年鉴》统计，截至2004年底，香港的媒体包括46份日报、多份电子报、799份期刊、两家提供免费电视服务的私营公司、3家收费电视服务持牌机构、13家非本地电视节目服务持牌机构、1家兼备广播和电视的政府电台，以及两家商业电台。香港拥有最先进的电讯科技，加上国际对香港事务的关注，所以不少国际通讯社、分销全球的报纸和海外广播公司都纷纷在香港设立亚太区总部，或设办事处，或派驻记者①。

表4－1　2004年香港各媒体的广告总支出（根据正式广告价目表）②

	2004年（百万港元）	所占比例（%）	较2003年增长（%）
无线广播电视	14 030	34.5	3
有线电视	2 692	6.6	63
报纸	15 055	37.1	12
杂志	6 215	15.3	28
电台	1 041	2.6	6
户外及其他	1 581	3.9	28
总计	40 614	100.0	

资料来源：AC尼尔森媒介研究。

表4－2　1984年与2004年香港四大媒体广告投放额比较

	1984年（亿港元）	所占比例（%）	2004年（亿港元）	所占比例（%）	较1984年增长（%）
电视	13.81	62.52	167.22	42.84	1 110.86
报纸	5.09	23.04	150.55	38.57	2 857.76
杂志	2.13	9.64	62.15	15.92	2 817.84
电台	1.06	4.80	10.41	2.67	882.08
总计	22.09	100	390.33	100	

资料来源：1984年/2004年香港经济年鉴．香港：经济导报社，1985/2005

至于香港广告开支的媒体分布，从表4－1可知，2004年香港媒体广告总开支的排名依次是报纸、无线广播电视、杂志、有线电视、户外及其他、电台。比较1984

① 2004年香港经济年鉴．香港：经济导报社，2005.287

② 转引自2004年香港经济年鉴．香港：经济导报社，2005.288

年和2004年四大媒体的广告投放额（见表4－2）可以发现，虽然电视、报纸、杂志和电台广告投放额的排名格局在过去20年中没有发生变化，但各媒体广告开支占总开支的比例已有较大改变。电视和电台媒体所占比例分别由1984年的62.52%和4.80%下降至42.84%和2.67%；而报纸和杂志媒体所占比例则分别由1984年的23.04%和9.64%上升至2004年的38.57%和15.92%。作为平面媒体的报纸和杂志广告开支总额，已超过作为电子媒体的电视和电台广告开支总额，成为第一大广告开支媒体了。

一、报纸媒体

1. 概况

香港的报业是香港大众传播业中历史最悠久的行业。香港最早的报纸是1841年发行的英文《香港公报》，最早的中文报纸是1853年出版的《中外新报》，而第一份纯粹由华人资本经营的中文报纸则是1874年诞生的《循环日报》①。

香港的政府不办报，报纸都是私营的，报业竞争异常激烈，几乎年年都有报馆倒闭，也年年都有报纸问世。如今在香港发行时间最长的报纸，当属英文《南华早报》，创刊于1903年，发行至今已有90多年的历史。

截至2004年底，香港有21份中文日报、13份英文日报（包括一份以盲文印制的报纸及其网络版）、7份中英双语日报和5份其他语言的报纸。中文报纸中，有14份以报道香港和世界新闻为主、4份集中报道财经新闻、其余专门报道赛马消息。规模较大的报刊，分销范围远至海外华人社会，有些更在香港以外地区如美国、加拿大、英国、澳大利亚等地印行外地版。在所有香港报纸中，《文汇报》、《大公报》、《东方日报》和《太阳报》等四家报纸可以直销内地。

香港还是一些亚太区刊物的业务基地，如《远东经济评论》和多份财经杂志。《金融时报》、《亚洲华尔街日报》、《今日美国》、《国际先驱论坛报》和《日本经济新闻》等也在香港刊印。内地中资集团创办或支持的报纸有《大公报》、《文汇报》、《香港商报》和《新晚报》等。

祖国内地和台湾的报纸，也可以自由在香港发行。北京的《人民日报》及其海外版、英文《中国日报》和广州的《南方日报》、《广州日报》、《羊城晚报》，还有《深圳特区报》、《深圳商报》等，每天都在香港发售。台湾的报纸也可以当天运到香港销售②。

据香港中文大学亚太研究所在2003年8月到12月进行的调查显示，最多人看的本地报纸依次是《东方日报》、《苹果日报》、《明报》、《太阳报》、《星岛日报》、

① 张云枫．发展香港的新闻与出版业．发展论坛，1997（7）：17

② 周毅之．香港的报刊．北京成人教育，1997（6）：47

《经济日报》。2004 年经香港出版销数公证会审核销量的部分报纸销数（平均净销量）如下：《经济日报》（8.079 8 万份）、《明报》（9.580 8 万份）、《苹果日报》（34.534 0 万份）、《南华早报》（10.089 3 万份）、《亚洲华尔街日报》（8.051 2 万份）①。

在传统报纸激烈竞逐的缝隙中，2002 年免费报纸开始强劲登陆香港。瑞典传媒集团 Kinnevik 凭借其在欧美成功的办报经验，创办了香港第一家免费地铁报纸《都市日报》。它秉承了瑞典《地铁报》"提供每天人们最基本的信息消费"的宗旨，以准确的市场定位和有效的经营策略，创办 14 个月后就实现盈利。《都市日报》在港的赢利模式，引起香港报业的仿效。《头条日报》、《AM730》、《TAKE ME HOME》等免费报纸相继出版。免费报纸的异军突起，使传统报纸的广告市场受到影响，被迫降低广告价格以求生存，导致香港报业整体广告价格因恶性竞争而不断下降②。

亚洲金融风暴和 SARS 以后，香港印刷传媒的广告收益开始大幅增长。据 AC 尼尔森媒介研究广告开支报告的数字显示，2004 年按未折扣广告价格计算，商业广告总开支超过 400 亿港元，其中报纸和杂志的广告支出占 52.4%，达 212.7 亿港元。

2. 香港报业的特色③

相比其他地区，香港的报业有如下几点特色：

（1）种类繁多、观点纷呈

在众多的报纸中，以报道香港、中国内地和世界新闻为主的报纸占多数，同时还有集中报道金融财经新闻的报纸，此外还有不少专门报道影视圈消息、娱乐新闻和赛马消息的报纸。由于香港长期以来在政治、经济、地理上形成的独特地位，各种利益集团和各种政治观点均可在香港办报，因此使得香港的报纸表现出观点纷呈。

（2）版面丰富、内容庞杂

综合性中文日报一般每天至少出对开十大张，多则每天二三十张。每天的版面多分为 A、B、C、D……若干大"叠"。人们希望得到的各种信息、观点和服务，几乎都可以从不同报纸的不同版面上或同一报纸的不同版面上得到；人们希望表达的各种兴趣、观点和爱好，也都能在不同的报纸或不同的版面上得到表达或宣泄。一份香港报纸很像是一个色彩斑斓的万花筒。一般说来，香港的综合性报纸，如《东方日报》、《苹果日报》、《太阳报》等，每天的版面内容可分为四大叠，第一叠为新闻版；第二叠为财经版；第三叠为娱乐版；第四叠为副刊、专刊版。

（3）注重新闻报道的新、快、活、短

香港各家报纸特别是综合性日报，强调对新闻事件报道的迅速、及时和独家采

① 2004 年香港经济年鉴．香港：经济导报社，2005. 288

② 傅强．香港报业：刀光剑影中的世纪嬗变．新闻实践，2007（4）：61

③ 本部分主要参考了明安香．香港的报业：社会多棱镜—香港新闻传播事业纵览之二．新闻战线，1997（4）和黄镜棠．我看香港同业办报．传媒观察，2003（2）

访。为此不惜花重金采用最先进的新闻传播新技术、新装备，不惜人力、物力、财力。在抢发重大新闻报道时，例如在报道1996年的钓鱼岛事件时，一些港报就动用了直升机、海轮直至直播卫星等现代化“十八般”武艺。但是，为了抢新闻，不尽准确的消息、哗众取宠的消息乃至某些捕风捉影的消息也时见报端，成为香港新闻媒介的一个诟病。再是短新闻担纲。20世纪50年代，在香港报纸上，2 000字一篇文章算长文；20世纪60年代，1 000多字已经嫌长了；20世纪80年代以后，流行的是500字以下至200字的作品。新闻短，就能确保报纸拥有相当的信息量。

（4）注重编排、印刷考究

版面编排上注重大字标题，做到标题醒目；注重大幅照片，做到图片清晰。再加上彩色印刷、纸质优良，在印刷质量上超过了许多发达国家的大报。在文字上，香港中文报纸一律使用繁体字。行文则以规范的汉语为主，但香港的新闻和广告撰稿人经常不太遵守标准现代汉语的语用常规，在其文本中夹杂许多粤语口语的表达方式和英语单词，成为典型的“三及第”文体，具有香港特色。

（5）报纸发行以零售为主

香港报纸的固定订户较少，除机关单位订阅的报纸由报贩派送外，市民一般都在街上报摊买报。因此，香港的报纸多采取间接发行的方式，即由报社把报纸包给总代理商，总代理商分发给区代理，区代理再卖给各报贩。也有直接发行的，即由报社在港、九、新分区设立若干经销点，再通过报贩直接销售给市民。报纸的零售方式有利于报馆直接掌握读者和市场的脉搏。

3. 香港免费报纸的营销策略①

继首份免费报纸《都市日报》于2002年在香港面世后，星岛新闻集团的《头条日报》及地产界著名商人施永青私人投资的《AM730》，也先后于2005年7月12日和8月1日创刊。

第一份免费报纸《都市日报》问世时，并不被香港报界看好，他们普遍认为香港报业市场已经饱和。然而，《都市日报》却在创刊后14个月开始盈利，1年就赚了近4 000万港元，发行量也将近30万份，稳居香港报业第4位。

在三份免费报纸的影响下，香港传媒报业受到了前所未有的挑战。全港发行量最大的东方报业集团，股价一度下跌了4.6%。而排名第二的《苹果日报》见势不妙，连忙宣布改版，让副刊走年轻化路线，以挽留年轻读者。

为什么免费报纸能在竞争激烈的香港报业市场生存和发展？

（1）明确的目标受众

免费报纸把目标瞄准那些城市里的年轻上班族，他们是最先尝试新产品的人，有较好的文化教育背景，读报时间少，更喜欢通过网络了解新闻。

① 本部分主要参考了刘劲松．香港免费报纸的经营策略．新闻界，2006（4）

据《都市日报》的一项调查数据表明，64%的《都市日报》读者年龄介于15～44岁之间，32%的读者拥有大学学历，76%的读者为上班族。美国学者的一项调查也显示，免费报纸的读者比传统付费报纸的读者更年轻；大多数免费报纸的读者会读一种或更多的付费报纸；而大部分免费报纸的读者都是忠诚读者。

（2）巧妙的内容定位

免费报纸的文章简洁、易读；偏重年轻人，为特定人群服务。《都市日报》为每天8开24版，其中新闻内容只有10个版左右，多刊登精简易读的新闻。该报编辑部编采人员少，主要借助通讯社、网络及其他媒体的稿件。其他两份免费报纸也是小报形式，内容上关注快速新闻，涉及当地新闻，国内、国际新闻，以及娱乐、体育、电影、天气服务等内容。这种简单易读甚至是导读式的内容定位，是与传统付费报纸的厚报形象有很大差异的。

从广告定位上来说，《都市日报》比较注重吸引那些全球性的、以年轻人为对象的广告主——比如，该报的主要广告客户是银行、金融机构等，会刊登一些适合年轻人群追求创新生活方式的心理的广告。抓大品牌是该报广告营销的特色。《头条日报》的广告客户多数是实用性质的，如电讯、财务公司；《AM730》的广告客户则比较广泛，但是都集中在为年轻人服务的产品上，这与免费报纸的目标读者有关。

（3）密集的发行渠道

为了方便读者，特别是吸引那些没有时间读报纸的年轻的上班族，《都市日报》在2002年创办伊始，就与地铁公司签订了独家出版及发行免费日报的合约，3年内独家在地铁内发送报纸；2005年，该报又与地铁公司续签了5年合约，继续在香港43个地铁站内独家派发。《头条日报》和《AM730》创办后，《都市日报》又增加了地上大约50个派发点。

《头条日报》的发行实行全覆盖，派发时间是每周一至周五早晨7时至9时30分，街头有专人派发，商场、九广、东铁等则摆于报纸架上供取阅；《AM730》也可以随手取阅，并形成密集覆盖。

二、电视媒体

1. 概况

香港的电视发展始于1960年代，从那时起，香港家庭电视机拥有率不断攀升，加上1970年代本地制作的电视节目大受欢迎，电视媒介对于广告的意义越来越大。根据广告媒体支出的记录，报纸一直稳居广告市场最高占有率，直到1976年下跌至39.2%，而电视广告则上升至53.8%，正式取代报纸成为最大的广告媒介[①]。

如今，香港观众可以收看到超过159条本地和非本地的电视节目频道以多种语言

---

① 黄少仪．广告·价值·消费：香港电视广告廿年（1970—1989）．香港：龙吟榜有限公司，2003.17

播出的节目。这些节目包括4个免费地面电视频道、130个收费电视频道，以及多个免费卫星频道。

香港现有两家免费电视节目服务持牌机构，即电视广播有限公司和亚洲电视有限公司，各获牌照播出一个粤语频道和一个英语频道。此外，香港还有3家广播机构提供收费电视节目服务。香港也是亚太区的广播枢纽，13个持牌机构通过卫星为亚太区的观众提供超过100个电视频道①。

2. 香港电视业三巨头

（1）电视广播有限公司

电视广播有限公司（即无线电视，简称TVB）于1967年11月19日正式启播，是全港首家商营无线电视台。其下属的两个频道——翡翠台（中文台）和明珠台（Pearl，英文台），每年播放近1.5万小时的节目，为香港超过205万个家庭免费提供电视娱乐节目，是全球制作华语节目最多的电视台。

（2）亚洲电视有限公司

亚洲电视有限公司（Asia Television Limited，ATV），简称“亚洲电视台”或“亚视”，是香港两大无线电视台之一。它不仅是香港第一家电视台，而且是全球第一家华语电视台。其前身是1957年5月29日由“丽的呼声有限公司”创办的“丽的映声”，早期为黑白有线电视台，1973年4月6日起更名为“丽的电视”，同年12月正式经营无线电视（彩色）。1983年改为“亚洲电视有限公司”（简称ATV）。亚洲电视现设有本港台（中文台）和国际台（World，英文台）两个频道，其自制的节目每年超过3 000小时，发行到欧亚美三大洲超过30个国家。

（3）香港有线电视有限公司

香港有线电视有限公司（前称九仓有线电视有限公司），于1993年10月31日启播，曾获得香港政府批准约达10年的专营权。香港有线电视有限公司是现时香港最大的收费电视台。现在有线电视拥有24小时播放的新闻台、娱乐台、电影及足球、国际频道等。

链接：“无线”和“亚视”双城记

作为香港两大免费电视台，“无线”和“亚视”似乎是天生的对头，从创办之初开始从来没有停止过争斗。对他们来说，只有赢了收视率，才能得到电视广告商的青睐，获得更多的广告收入，形成电视台的良性经营。

创台之初，两台都依靠综合文艺节目和播出电影来吸引观众。发展到20世纪

① 2004年香港经济年鉴．香港：经济导报社，2005.288

七八十年代，两台开始自己制作电视剧集。电视剧集素来是“无线”的王牌武器，不管是“亚视”还是它的前身“丽的电视”都曾多次试图挑战其霸主地位。

1981 年，两台均全力制作武侠剧集，并安排在黄金时段播出。这场恶性竞争最后导致两家电视台开始播出一些渲染暴力的不健康节目，并令港英当局颁布新法例，规定每天晚上 7 时至 8 时半为“合家欢”时间，不能播出有暴力、色情、黑话等“儿童不宜”的镜头。

1982 年 9 月，随着股权的变更，“丽的电视”正式改名为“亚视”，两家电视台的战事从此不断升级。进入 90 年代，双方大规模对抗的次数越来越多，休战期也越来越短。

虽然“亚视”在剧集选用和收视方面仍然处于弱势，但自 1990 年代后期开始，“亚视”通过一系列的新颖节目给“无线”造成了相当大的威胁。1997 年“亚视”《还珠格格》的“小燕子”旋风让“无线”吓了一跳；2001 年“亚视”的游戏节目《百万富翁》更令“无线”如临大敌，频频变阵。它不仅创造了一个收视神话，而且掀起了收视大战的高潮，其影响甚至波及内地。

更加令人关注的是，两台都已经把目光投射到广阔的内地市场，有意把战火延伸到毗邻的广东地区，抢食内地的广告大蛋糕。“无线”旗下的 TVB8 频道已经拿到了“准生证”——获准在内地有限制的落地。而“亚视”目前有两成广告来自内地，还以超过 50% 的幅度在增长。

两家电视台的生存和发展主要依赖广告收入，没有广告，便没有电视台和电视节目的存在。广告费的定价是依据收视率的不同时间来划分等级的。如无线翡翠台每天共分 7 段时间，最高一段的时间是每晚 6：55 至晚上 10：55，最低一段时间是早上 6：45 至早上 9：50 及午夜的 1：40 以后。每段时间在卖给广告客户的时候又分为七等价格，一级与七级的差额在 3 倍以上，对新老广告客户的优惠待遇不同。两家电视台的广告时间分段标准和价格等级大致相同。电视节目每段时间里均可接受 10、15、20、30、45、60 秒 6 种规格的广告片。

两家电视台除了大量的商业广告外，“香港政府”还经常利用其播放环保、戒烟、禁毒、反贪、交通安全、职业安全等内容的社会公共教育广告。此类广告主要由政府有关部门出资，同时也得到广告公司和一些大企业的赞助，电视台则经常采取免费或减费的办法予以播出①。

三、广播媒体

1. 概况

在香港白热化的媒体竞争中，广播始终保持着其特有的魅力。一份调查资料显

---

① 陈培爱．中外广告史．北京：中国物价出版社，1997. 207

示，94%的香港人有收听广播电台节目的习惯。其中，88%的人表示他们最少一星期收听一次广播节目。从一般现象上看，香港人，无论是名人还是老百姓，似乎都十分钟爱广播。政府要员、经济巨头若要发表高见，首选也是广播①。

电台节目很受香港市民的欢迎，其中资讯节目更是受到市民的喜爱，这些节目以听众通过致电电台发表意见，或者邀请名人发表个人意见或评论，以吸引听众。资讯节目甚至成为一种热潮，3家电台均开设了此类节目，并且将节目的时间延长以满足听众的需要。

截至2004年，香港有13个电台频道，其中香港电台（简称“港台”）占7个，香港商业广播有限公司和新城广播有限公司各占3个。各台广播节目均可免费收听。其中香港电台是公营电台，但编辑方针独立，使命是为市民提供高质量的资讯、教育和娱乐节目；而另外两个商营电台同样也提供咨询、教育和娱乐节目。

2. 香港的三大电台②

（1）商业电台

香港商业电台，简称“商台”，由香港商业广播有限公司经营。该台开播于1959年8月，经费来源主要靠广告收入。“商台”设有两个用粤语广播的中文台（商业一台、商业二台）和一个英语台（英文商业台）。中文台用超短波广播，英文台则用中波广播，全天24小时播出。商业一台是信息台，以播出新闻、时事、财经节目为主，插播广播剧、谈话、音乐节目。商业二台主要以学生和年轻听众为对象，播出流行音乐和轻松的谈话节目。英文台是纯音乐台，每小时播放新闻提要和天气消息。

（2）新城电台

香港新城电台是香港政府批准成立的第二家商业电台。1991年6月创办时由和黄、德宝电影有限公司、嘉禾电影有限公司和美国广播集团（THE INDEV GROUP）合资经营。1996年6月，该台的全部股权归和黄、长实拥有。新城电台有三套节目，均有独特的节目形式。劲歌台、金曲台以超短波播出，采讯台以中波播出。劲歌台，又称“新城997”，是以青年人为对象的粤语台，播送中西流行音乐及介绍时尚文化的信息娱乐节目。金曲台，又称“精选104”，用双语广播，为成年听众播出现代音乐、谈话节目，以25岁以上的听众为对象。采讯台是双语广播信息台，以播放英语新闻及时事节目为主，插播粤语、普通话及菲律宾语节目。

（3）香港电台（兼办广播和电视的政府电台）

香港电台（Radio Television Hong Kong，RTHK）是香港政府营办的公营广播电台，简称港台，于1928年6月30日在原“香港广播会”（或称“香港无线电学会”）的基础上开办，开始用英语报道新闻，听众主要是白种人及受过“欧化教育”的华

---

① 桂园．香港广播的三大特性．中国广播电视学刊，1999（2）：67

② 本部分主要参考了张萍．回归后的香港广播电视业．世界电影，2000（5）：70～82

人。1929年10月，港英当局正式宣布该台为政府电台，台号为GOW。从1938年起，该台才增设中文（粤语）节目，并正式成立香港第一个中文广播电台——ZEK中文台。1948年正式定名“香港广播电台”（Radio Hong Kong）。1957年中文台开始全天广播，1960年英文台开始全天广播。1970年电视部成立，制作公共事务电视节目，供商业电视台播出。1976年4月，该台英文名称改为Radio Television Hong Kong，中文名称未变。

该台的主要中文台（第一台）和英文台（第三台）每天24小时滚动播出节目，属下的7个台均已发展为各具特色的电台。第一、二、五台用粤语广播。第一台以新闻、信息为主；第二台为青年人而设，播送轻松有趣的信息娱乐及谈话节目；第三台用英语广播，播送形形色色的新闻、娱乐节目；第四台是双语广播台，以播送古典音乐和演艺节目为主；第五台主要播送教育、文化及非主流兴趣节目；第六台全日转播英国广播公司对外广播节目；第七台从1997年3月31日开始成为普通话台。

香港电台称，普通话台的节目方针是以本地大众口味和国际事务为重点。在每日播出的“长Phone万里行”节目中，主持人用长途电话与全球汉语普通话电台的节目主持人谈论一些大家都感兴趣的话题。该台每日均播出祖国大陆、香港特区和台湾地区的报章摘要，每隔一小时播放一次新闻报道，并在下午1时和6时播放财经消息。

香港电台的网上广播站全天24小时直播港台6条电台频道的节目。港台网上广播站平均每天登陆人数达1 600万，其中约有45%来自外地①。

香港电台是公营广播机构，每周制作约10小时的电视节目，以补商营电视节目的不足。香港电台电视节目的内容大致分为时事、纪实、戏剧、信息和社群服务、综合和儿童青少年节目，以及一般教育节目。根据香港广播事务管理局对经营牌照的规定，“无线电视”和“亚洲电视”须播放香港电台的电视节目。

四、杂志媒体

香港的杂志有周刊、双周刊、月刊、双月刊、季刊等，文字分为单语种（中文或英文）、双语种（中、英文）和三语种（中、英、日文）等。漫步香港街头，在茶楼酒家的门口或交通要道的街角、码头、车站，到处可见报摊，几百种报纸期刊平铺或直立架上，花花绿绿的杂志封面甚为引人注目。总的说来，这些杂志的档次和文化品位良莠不齐，大致包括如下五种类型：

①时政性杂志。如《紫荆》、《明报月刊》、《镜报月刊》、《广角镜月刊》、《新闻天地》等。

②经济类杂志。如《经济导报周刊》、《信报月刊》等。

---

① 2004年香港经济年鉴．香港：经济导报社，2005. 287

③娱乐性杂志。如《明报周刊》、《香港周刊》、《清新周刊》、《城市周刊》等。

④文艺性杂志。如《香港文学》月刊、《美术家》双月刊、《良友》画报、《中国旅游》画报等。

⑤色情类杂志。如《龙虎豹》、《黄皮书》、《奇艳录》等。

在香港地区，除当地办的杂志之外，国际有实力的杂志出版公司多在那里分设经营机构或出版自己刊物的当地版本。香港杂志通常以市场为导向，以抢眼为第一，市场决定杂志的经营方向，读者喜好决定杂志的选题。因为地方小，人口少，加之面对报纸、电视等传媒的竞争，香港出版的杂志发行量一般较少，上万份的凤毛麟角，竞争相当严酷，多数生存环境不佳①。

五、户外媒体

香港的户外广告是全世界最大的。最早列入吉尼斯世界纪录大全的广告牌，位于东区海底隧道九龙方向的出口，原来是矗立在中旅协记货仓顶上的“万宝路”香烟广告。该广告牌高逾64米，宽16米多。这一纪录之后被“乐声”、“太古汽水有限公司”等相继刷新。香港户外广告牌最集中的地方要属铜锣湾、旺角和尖沙咀等繁华商业区。这些都是广告业界认可的最好的位置。其他地方的广告牌数量不多，价值也低得多。

香港是著名的不夜城，入夜以后，霓虹灯广告便铺天盖地而来。九龙弥敦道，港岛铜锣湾都是霓虹灯广告最为集中的街区。

除了出租车之外，香港的地面交通主要靠双层大巴。在闹市区不宽的马路上，两层楼似的双层大巴，涂满了五颜六色的广告画，让人眼花缭乱。最具有本地特色的流动广告，要属香港岛的双层有轨电车。电车车站密，穿越多条繁华大街，车速又慢，所以广告宣传的效果尤为明显。1973年，香港电车第一次卖广告，美国西北航空公司的大幅宣传画被刷上了车身，自那以后，电车广告越卖越火，广告收入占了电车公司总收入的1/5②。

香港地铁是世界上最繁忙的地下大动脉。据调查，香港人通过地铁接触广告的比率不比电视低。地铁车站里的广告，不仅密度大，而且很讲究设计，许多获奖作品给人留下深刻的印象，像东芝冰箱和空调、立顿柠檬茶、佐丹奴等，都是上乘之作。

香港户外广告市场每年大约有10%的增长。对于一个基数已经相当可观的市场而言，这个数字相当难得③。

---

① 孙顺华、查灿长、刘悦坦、刘艳秋．中外广告史．济南：山东大学出版社，2005. 119

② 晓理．香港广告不夜城．中国第三产业，1999（10）：13

③ 曾小彤．扫描香港户外市场．国际广告，2007（2）：120

六、其他媒体

1. 网络广告

自20世纪末开始，互联网开始进入人们的生活，香港的网络广告也随之出现在人们的视野中。近年来，网络广告占香港广告总开支的份额稳步增长，由1999年的0.05%上升至2004年的1.9%。随着网络生活方式的进一步普及，预计未来网络广告的份额还将进一步增长。

2. 邮寄广告

邮寄广告也是香港地区的主要广告媒介之一。在一般市民的信箱里，经常会收到各种商业目录、宣传小册子、宣传信函和广告明信片等。邮寄广告主要偏重于宣传机器设备、贵重药品、照相机、演唱会及搬家公司等①。

3. 电梯广告

21世纪初叶的香港，广告已发展到无孔不入，人们上班必经的电梯大堂，也成为香港新崛起的广告媒体。2004年前后，面世短短一年的电梯大堂广告便覆盖全港超过200幢商业大厦，让人们可以在电梯大堂欣赏广告片（播放广告的电视播放机，设置在电梯按钮上方）。为什么要在电梯大堂播广告呢？这跟香港人的生活越来越忙有关。开创电梯媒体业务的Focus Media Hong Kong，其母公司Media House Asia Limited的合办人、主席兼行政总裁黄维基说："他们（都市人）在家时间少，看广告的时间就更少，电梯大堂广告的诞生，就是希望'带电视给人'。"根据Focus Media Hong Kong的价目表，广告由早上8时播放到晚上10时，每日共84次，每10分钟一次，每个广告一个月广告费超过20万元。香港一家主要媒体策划公司的负责人认为，电梯媒体有长远发展潜力，因为写字楼客户群有很高的购买力。

第二节　澳门的广告媒体

一、电子媒体

澳门广播电台最早设立于1930年，1948年由政府收购，目前只剩下官商合办的澳门电台。电视台则起步较迟，直至1984年5月13日才正式开播。1988年5月成立的澳门广播电视有限公司，是澳门政府和私人机构合办的电视传媒机构。澳门电台和电视台均以中葡文两个频道广播，播出时间为全天24小时。

由于澳门的电子媒体起步较晚，水平也较香港有很大的距离，加之澳门市民以收看香港电视节目为主，澳门的电子传媒非常不发达，这方面的广告水平多年来也停滞

① 陈培爱．中外广告史（第二版）．北京：中国物价出版社，2001.173

不前，电视因此无法成为强势广告媒体，间接使印刷媒体及举办活动成为主流的宣传方式①。

二、平面媒体

澳门的平面媒体是广告传播的主要途径，其中又以报纸为主。澳门报业发达，目前共有 8 家中文日报，发行量 5 万 ~6 万份。发行量排前三位的依次是《澳门日报》（创刊于 1958 年）、《华侨报》（创刊于 1937 年）、《大众报》（创刊于 1933 年）。此外，还有《市民日报》、《星报》、《正报》、《现代澳门日报》、《华澳时报》，三份葡文日报，一份英文日报。中文周报五份，葡文周报一份。其中《澳门日报》的广告量最大。

杂志方面，则有官方的《澳门杂志》、私营的《澳门月刊》、英文的《Macau Business》等。此外，平面媒体的其他形式（如海报、传单等）也是澳门广告的主要媒介，因此平面设计也成为当地广告工作的重要部分。

澳门 8 家中文报纸有如下共同的特点②：

其一，头版本地化。头版头条，如果没有类似“9·11”那样轰动国际的恐怖袭击、全国十届人大选出新的国家领导人等大事，各报基本上都是当地新闻，尤其是突发新闻。

其二，社论日常化。澳门每家中文报每天都有一篇“社论”或署名的评论，个别大报每天的评论多达两三篇，从不间断。

其三，文风简短化。港澳读者生活紧张，因而报纸文风朴实，突出一个“短”字。一般超过 1 500 字的稿件，宜在文内加小标题；长文章最好分“上、中、下”分日刊出；太长则属杂志稿，不刊为宜。

其四，版面时尚化。版面设计绚丽多彩，不再出现灰蒙蒙一大块。通过美术设计突出大标题、大照片，激发读者的视觉冲动。

其五，管理规范化。尽管澳门各中文报的电子化设备有新有旧，科技含量各有不同，但彼此在公平竞争中交流协作，不存在你死我活的“割喉战”。

众多的葡文报刊是澳门传媒的另一特色。由于历史的原因，葡文报纸在澳门的历史比中文报纸更为久远，1822 年就有了中国境内出版的第一家外文报纸《蜜蜂华报》，此后《澳门钞报》、《直报》等葡文报刊相继刊行。至今，《澳门人报》、《今日澳门》、《澳门晚报》等多家葡文报刊仍并存。但由于澳门特定的环境，葡文报刊的

---

① 胡锦汉．探索澳门广告业．澳门：澳门广告协会，1999. 6

② 改写自李成俊．澳门华文媒体发展新趋势（第二届世界华文传媒论坛讲演稿）http：//news. xinhuanet. com/newmedia/2003 -09/23/content_ 1095158. htm，2007 -09 -20

发行量极少，平均发行量为 2 000 份左右[1]。

三、户外媒体[2]

澳门的户外广告一般来说可分成下列几种：灯箱、横幅、海报街招、路牌、招牌、楼宇外墙、商店橱窗、电话亭、企业车辆、的士车辆和巴士车身等。

由于城市环境所限，灯箱可设立的地点及灯箱的面积受到限制。横幅和海报街招只能在事先准许的地点张贴。路牌广告的理想地点一般只能以招牌的形式出现，连离岛在内，大面积且人流量大的地点只有殷皇子马路与新马路的交界点。楼宇外墙面积大容易被看到，但由于在澳门法律中，大厦外墙的拥有权属于小业主，所以只有取得全部小业主的同意才可以在外墙制作广告，正因为手续复杂，楼宇外墙广告在澳门受到局限。的士车身及电话亭的广告展示面积较小，在澳门的使用率并不高。

澳门户外广告的主流是巴士广告。目前澳门有两家巴士公司，即“澳门新福利公共汽车有限公司”和“澳门公共汽车有限公司”，自 1992 年开始，两家公司都提供巴士车身和车厢内广告位置的出租服务。澳门巴士广告的最大优点在于覆盖面广。由于巴士的路线遍布澳门及两个离岛各主要大街小巷，加之澳门的马路多数比较狭窄，行驶车速也不快，巴士停站次数频繁，街上的行人和其他汽车的乘客都很容易清楚地看到巴士广告的内容。如果遇上交通堵塞，巴士广告在受众面前展示的机会就更多，时间会更长。随着澳门新道路的使用和离岛城市的不断发展，巴士的路线也会相应地增加，这也意味着巴士广告的覆盖面将会随着城市的发展而不断扩大。

澳门巴士广告的租用期一般为 3 个月到 1 年，也可以作更短的租期，但需要缴纳附加费。广告的使用位置为巴士车身的中间部分，包括两边、车尾和车身大包围，但不包括车头。跟香港的巴士广告相比，澳门巴士租期都较短，可能与当地没有大型企业的长期性广告有关。而且巴士广告的使用位置只局限于车身的中间部分，而香港则可以应用于全车的每一部分，甚至连车顶也不例外。

第三节　台湾的广告媒体

作为世界上媒体分布最为密集的地区之一，台湾媒体的竞争激烈程度超乎想象，这种竞争对台湾广告业的发展有着正面或负面的巨大影响。在这一节里，我们将对台湾主要广告媒体的发展及其广告经营作一梳理。

---

① 柳旭东．澳门新闻传媒概览．新闻知识，1999（12）：6

② 本部分主要参考了刘学聪．走进大街小巷——谈澳门巴士广告的发展．载胡锦汉．探索澳门广告业．澳门：澳门广告协会，1999. 19～27

一、报纸媒体

从1990年开始，台湾的报纸媒体经历了快速增长期，同时也承受了发展中的阵痛。

1. 从数量来看

1991年时有237家，至2004年增长为733家。然而，报纸数量的增加并未带来报业生态的全新改变。从20世纪90年代后半期起，虽然形成了党报系、联合报系、中时报系、自由时报报系等报业集团，基本上能够以产业化形式运营，但外部环境的恶化使报业的发展急转直下，不仅各报平均广告量锐减，而且即便是台湾排名前三位的报纸也多少存在营运危机，更不用说游离于主流之外的其他报纸（AC尼尔森所做的台湾媒体调查显示，报纸媒体的接触率从1991年的76.3%逐年下降到1999年的62%，报纸整体市场的发行量及广告量这几年也都在逐渐衰退当中）。对于这种现象，资金雄厚者尚可勉力支撑，实力不济者只能裁员、减薪直至关门大吉。财政方面的问题直接导致了20年来报纸版面的紧缺，也迫使台湾报纸的广告安排发生了从追求数量到追求质量的转变。

2. 从内容来看

台湾报纸的分类比较齐全，定位较为清晰，政治、国际、财经、社会、环保、宗教、消费、体育、女性等都有代表性报纸，副刊和特刊也体现出本土性、知识性和生活化的特点。这些市场定位不仅有助于报纸甄别发行人群，更有助于通过消费者群体找到广告客户。

3. 从形式上看

进入21世纪的头几年，以《中晚捷运报》、《风报》、《捷运快报》为代表的免费报纸对台湾报业产生了一定程度的影响。这种报纸大多集中于公交车站附近，是一种纯粹的“以广告养发行，以发行求广告”的经营模式。

4. 注重营销手段以应对艰难形势

20世纪90年代以来，各报在促销方面日日推陈出新，折价、赠机票、送金币、附电影票、带软件，直到大件的家电、汽车。读者自然受惠，但对于媒体和广告主而言则是一把“双刃剑”。

5. 结合新科技，开创新型报业

经过近年来的大浪淘沙，生存下来的报纸基本上都在硬件建设上面投入更多的资金，同时实现了全面的自动化，许多传统报纸也纷纷向网络进军。另一方面，各报纸之间也使用连纵之手段达成了多元化的经营目标，以此规避单纯依赖广告收入而带来的风险。

6. 广告量集中，全量震荡强烈

在台湾地区每年的报业广告总额中，联合报系和中时报系两大集团广告量约占全台报业广告市场份额的80%，其中联合报系约占45%，中时报系约占35%[①]。但是，虽然这两大报系的市场优势地位已经形成，整个报纸行业广告量的下降趋势却因各种因素的综合作用而难以扭转。在总体下降的趋势中，又有比较大的波动和反弹。

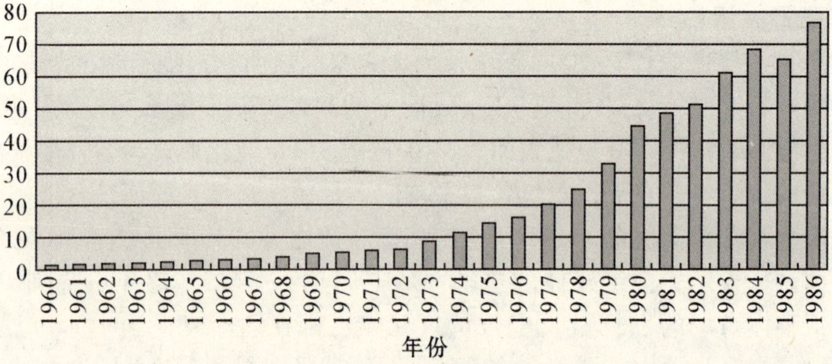

图4－1　台湾1960—1986年报纸媒体广告量变化图（单位：亿元新台币）

资料来源：根据颜伯勤．二十五年来广告量研究．台北：“中央”日报社出版部，1987提供之数据整理。

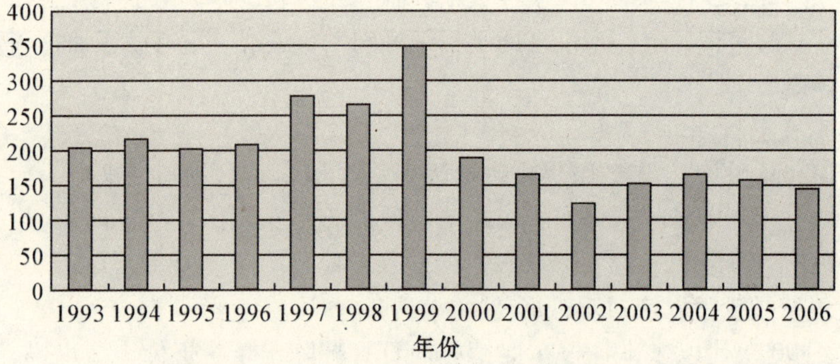

图4－2　台湾1993—2006年报纸媒体广告量变化图（单位：亿元新台币）

资料来源：根据《“中华民国”经济年鉴》、历期《动脑》杂志、《广告杂志》以及润利公司提供之数据整理。

① 刘家林．新编中外广告通史（第二版）．广州：暨南大学出版社，2004. 223　但随着这两个报系一些报纸的倒闭和新报纸的出现，此比例近年来略有变化。

表 4-3 2006 年台湾总广告量统计

媒体别			2006 年广告量（亿元）	2005 年广告量（亿元）	增长率（%）	市场占有率（%）
电视	无线	Terrestrial TV	79.49	83.69	-5.02	7.69
	有线	Cable TV	176.21	187.46	-6.00	17.04
	制作费	Production Fee	22.80	24.00	-5.00	2.21
报纸		Newspaper	144.51	157.08	-8.00	13.98
杂志		Magazine	79.58	86.70	-8.21	7.70
广播		Radio	33.00	29.66	11.44	3.19
小计			535.59	568.59	-5.80	51.81
户外广告		Outdoor	45.64	50.71	-10.00	4.41
派夹报广告		Flier	139.00	125.23	11.00	13.45
店头广告		POP	12.47	13.86	-10.00	1.21
黄页媒体		Yellow Page	9.47	9.43	0.40	0.92
展场广告		Display	87.00	87.00	0.00	8.42
网络广告		Internet	35.80	29.40	21.77	3.46
直效行销		DM	48.30	42.00	15.00	4.67
外销广告		Export	27.00	30.00	-10.00	2.61
行动广告		Mobile	17.47	15.60	12.00	1.69
活动行销		Event	42.50	50.00	-15.00	4.11
杂项		Others	33.59	37.33	-10.00	3.25
小计			498.24	490.56	1.57	48.19
总计			1 033.83	1 059.15	-2.39	100.00

资料来源：《动脑》杂志编辑部. 动脑，2007（总 370）：47

二、电视媒体

台湾的电视媒体可分为无线和有线两种。无线电视是从 1962 年起开始发展的。当年 2 月 14 日，台湾第一家电视台——公营的教育电视台开播；10 月 10 日，“台湾电视公司”（简称“台视”）成立；1969 年 10 月 31 日，“中国电视公司”（简称“中视”）开播；1971 年 10 月 31 日，“中华电视台”（简称“华视”）开播；1997 年 5 月 5 日，“民间全民电视公司”（简称“民视”）新闻台开播；1998 年 7 月 1 日，“公共电视台”（简称“公视”）开播。在有线电视方面，自从 1969 年开始出现俗称的“第四台”的有线传播系统之后发展很快。1993 年，台湾“有线电视法”和“有线电视节目播送系统暂行管理办法”相继发布，台湾“行政院新闻局”即依相关规定把全台湾划分为 51 个有线电视经营区。截至 2003 年年底，全台 51 个经营区中，已有 46 个经营区共计 64 家有线电视正式运营，其中又以 TVBS、三立、八大等电视台最为活跃。台湾的电视覆盖率现已达到 99% 以上，有电视频道数量 100 多个。

台湾“广播电视事业发展基金”每年所做的“电视收视行为大调查”显示，台湾电视媒体的收视高峰多集中在晚上 7～10 点，晚 9 点之前是无线电视的天下，而晚 9 点之后则是有线电视的江山。但是，电视的总体收视率逐年走低：1999 年，台视、中视、华视、民视四大电视台周一至周五的收视率还有 73%，到 2002 年便降至 52%。在这种全球性的电视媒体收视率下降的趋势下，台湾电视观众的忠诚度倒还是比较高的。根据 2001 年底台湾“广播电视事业发展基金”的调查，四家无线台的忠诚指数都在六成以上，而以本土频道为定位的民视，观众忠诚度更高达九成。有线电视则以 TVBS、TVBS－N 与三立台湾台的忠诚度为最高①。

从广告量来看，台湾电视创立的第一年（1962 年），电视广告量在媒体广告总量当中只有 0.5%，而当时的报纸广告量在媒体广告总量当中占到 54%，连广播广告也有 19% 的份额。1964 年，电视广告超过杂志广告，成为第三大广告媒介；1967 年，电视广告超越广播广告，成为第二大广告媒介。到 1972 年，电视广告已与报纸广告并驾齐驱。及至 1994 年，电视媒体的广告经营额首次超过报纸媒体，不过 1995 年又被报纸超越。从 1996 年起至今，电视媒体的广告投放额一直稳居首位，其中大部分贡献在 2000 年之后由有线电视作出。

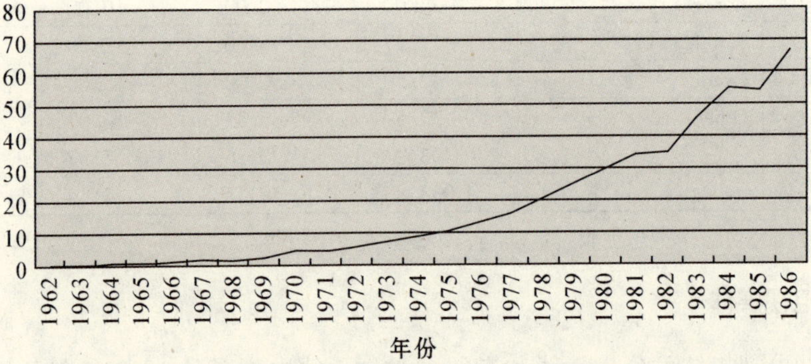

图 4－3　台湾 1962—1986 年电视媒体广告量变化图（单位：亿元新台币）

资料来源：根据颜伯勤．二十五年来广告量研究．台北：“中央”日报社出版部，1987 提供之数据整理。

① “中华民国”经济年鉴（2002）．台湾：经济日报社（编印），2003. 740；“中华民国”经济年鉴（2003）．台湾：经济日报社（编印），2004. 727

表 4-4　台湾 1991—2006 年电视媒体的有效广告量（单位：亿元新台币）

年份	总量	无线电视广告收入	增幅（%）	有线电视广告收入	增幅（%）
1993	249. 84	237. 31	-	12. 53	-
1994	290. 62	240. 18	1. 21	50. 44	302. 56
1995	181. 20	155. 20	-35. 38	26. 00	-48. 45
1996	186. 27	137. 20	-13. 14	49. 07	88. 73
1997	323. 69	151. 40	10. 35	172. 29	251. 11
1998	348. 32	177. 58	17. 29	170. 74	-0. 90
1999	322. 40	176. 80	-0. 44	145. 60	-14. 72
2000	306. 70	130. 02	-26. 46	176. 68	21. 35
2001	277. 04	115. 60	-8. 63	161. 44	-11. 09
2002	321. 75	98. 16	-15. 09	223. 59	38. 50
2003	330. 14	87. 86	-10. 49	242. 28	8. 36
2004	340. 09	86. 28	-1. 79	253. 81	3. 06
2005	295. 15	83. 69	-3. 00	187. 46	-26. 14
2006	278. 50	79. 49	-5. 02	176. 21	-6. 00

资料来源：根据《“中华民国”经济年鉴》、历期《动脑》杂志、《广告杂志》以及润利公司提供之数据计算整理。

有线电视诞生 4 年后，广告收入超过无线电视，并在媒体广告营收不景气的情况下与报纸共同支撑着半壁江山。

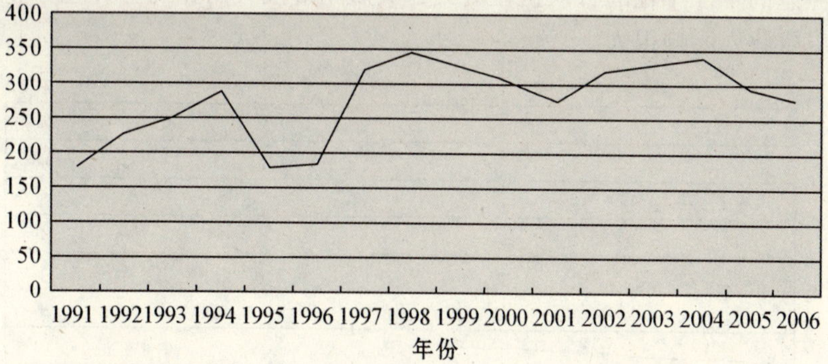

图 4-4　台湾 1991—2006 年电视媒体广告量变化图（单位：亿元新台币）

资料来源：根据《“中华民国”经济年鉴》、历期《动脑》杂志、《广告杂志》以及润利公司提供之数据整理。

三、广播媒体

1949年国民党政府退至台湾后，国民党党属的“中央台”、“中国广播公司”、“空军台”、“军中台”也随之撤迁。1950年时，岛内只有十余座电台。1993年2月至2002年，台湾当局分10个梯次开放广播频率，共批准新建电台151家，绝大部分都是属于民营性质的中、小功率调频电台。这些新民营电台凭借清新的形象和较佳的讯号品质，有效开发了年轻化的听众市场。至2002年底，台湾持有经营执照的广播电台共174家217台（含分台）。

面对竞争激烈的媒体市场和受众多方面的需求，台湾电台的定位从过去以地区和专业为区隔转向以人的价值观念和生活状态为区隔。同时，为了扩大或保存现有市场规模，降低营运成本，许多新设立的电台纷纷采取节目联播、策略联盟或以联播网形态进行经营，成为前所未有的现象。

广播在台湾曾经是仅次于报纸的第二大广告媒介，但已在其他各种媒体的夹击下逐渐衰落。早期，台湾公营电台的经费是由政府资助的，不接纳广告。但是“中国广播公司”从1962年起，开始在每天的节目时间里也插播广告，引起了当时民营广播电台的不满。而“中国广播公司”我行我素，日后更发展成为广播业界的第一大媒体。到1994年，台湾广播广告营业额为34亿元新台币，其中“中国广播公司”就占去14.65亿元[①]。2003年2月，台湾“广播电视事业发展基金”的“2002年广播收听行为大调查”结果显示，目前台湾收听广播的听众比例占台湾人口的45%左右。值得注意的是，年轻的听众正在流失，听众年龄段有明显的上升趋势。这对于广播媒体的广告收入影响很大。

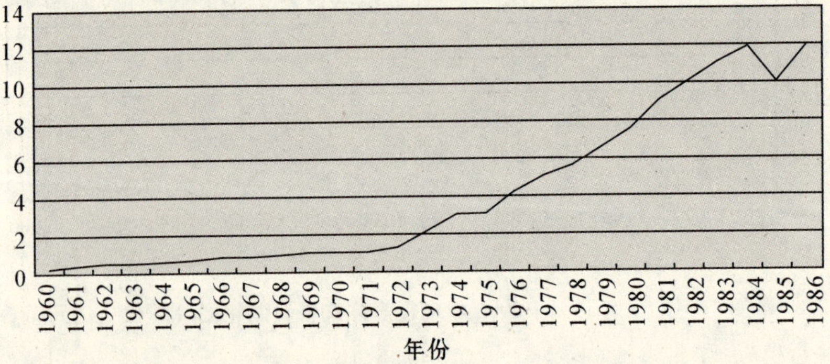

图4-5　台湾1960—1986年广播媒体的有效广告量（单位：亿元新台币）

资料来源：根据颜伯勤．二十五年来广告量研究．台北：“中央”日报社出版部，1987提供之数据整理。

① 刘家林．新编中外广告通史（第二版）．广州：暨南大学出版社，2004.226

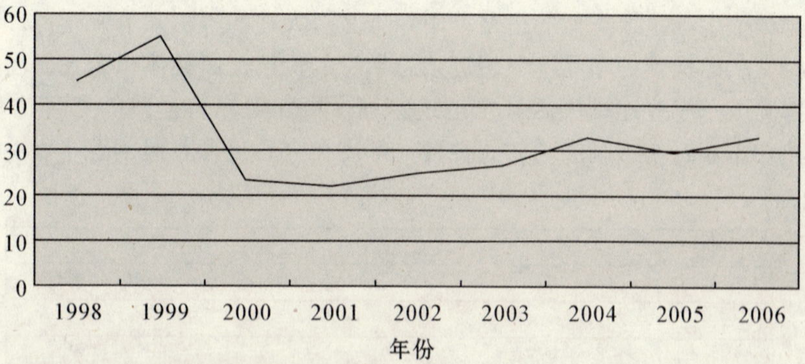

图 4－6　台湾 1998—2006 年广播媒体的有效广告量（单位：亿元新台币）

资料来源：根据《"中华民国"经济年鉴》、历期《动脑》杂志、《广告杂志》以及润利公司提供之数据整理。

四、杂志媒体

台湾地区的杂志种类与数量都很惊人，2002 年最多时曾达 8 140 家，至 2004 年也有 4 185 家之多①，其中约有 70% 在台北出版。根据台湾"行政院新闻局"出版处的统计，这些杂志大概可分为 25 类，以财经工商类所占比例最大。但从发行上来看，由于人口基数的限制，发行量超过 10 万份者只有三五家而已，实际上在书店公开陈列发行的也仅有 600 余种，且发行量普遍较低。而 AC 尼尔森所做的台湾媒体调查显示，台湾杂志媒体的接触率也是逐年下降，已从 1991 年的 40.5% 降到 1999 年的 33.6%。

从广告收入来看，在 1961 年，台湾的杂志媒体只有 428 万元新台币。1985 年，杂志广告超过广播广告成为第三大媒介。到了 2000 年，杂志广告收入达 72 亿元，较 40 年前增长了 1 680 倍，在传统媒体中增长率居于首位。其中，排名第一的《时报周刊》每年广告收入约有 4 亿元，是第二名《天下》的两倍多。

进入 21 世纪后，台湾的杂志业也面临着不少的问题。一是岛内经济状况不好，许多广告客户纷纷减少广告预算，杂志则首当其冲。目前有些广告客户即使刊登广告，也不愿支付现金，而是希望以产品进行置换，而杂志业也只好接受。二是网络媒体的进入也压缩了期刊广告增加的空间，虽然最基本的收益还在增加，但上涨的空间已相当狭小。原本广播、电视、报业等传统媒体已经吃掉了大部分广告市场，互联网的出现更给这种状态雪上加霜。如何借助网络期刊拓展广告的空间，将是期刊生存和发展不容回避的问题。三是外来资本介入业界，率先冲击和控制的就是广告市场，使原本市场份额弱小的期刊在广告运作上更是一筹莫展。四是为了扭转这种局面，杂志

① "中华民国"经济年鉴（2005）. 台湾：经济日报社（编印），2006. 636

不得不在营销上走与报纸类似的道路，用降价又送大礼的方法来争取读者，但效果并不明显。不少杂志提供的赠品不但超过杂志本身的价格，而且体积庞大，在利润少又占空间的情况下，有些连锁书店甚至拒绝陈列。再加上销售通路的“拜访费”年年攀升，也让杂志业者伤透脑筋。如此种种，都需在今后统筹兼顾、逐一解决。

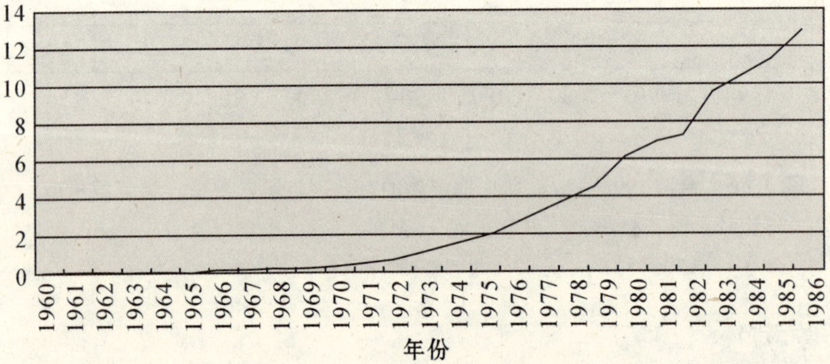

图 4－7　台湾 1960—1986 年杂志媒体广告量变化图（单位：亿元新台币）

资料来源：根据颜伯勤．二十五年来广告量研究．台北：“中央”日报社出版部，1987 提供之数据整理。

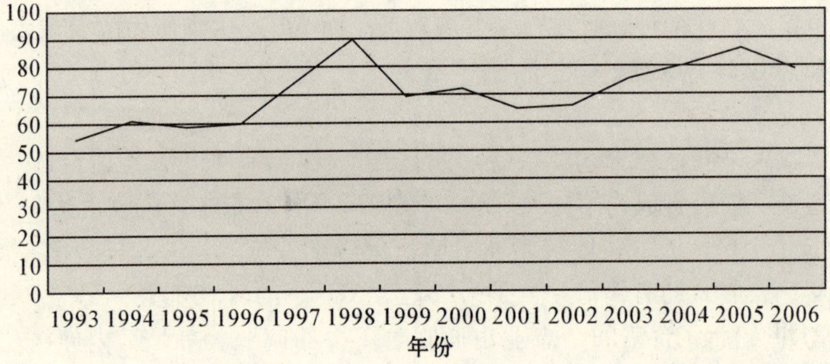

图 4－8　台湾 1993—2006 年杂志媒体广告量变化图（单位：亿元新台币）

资料来源：根据《“中华民国”经济年鉴》、历期《动脑》杂志、《广告杂志》以及润利公司提供之数据整理。

五、网络媒体

由于台湾的商业化程度较高，因此许多媒体都被用作商业广告传播途径，如网络、手机、户外、交通、夹报、店头、电话簿、展场、直效行销等，而广告界人士亦十分注意推动新媒体的开发。此处只就网络媒体作一简介，其他省略。

台湾于 1994 年 8 月开始推动“资讯通信基本建设计划”（NII），先于新竹工业园区试验并和台湾学术网络（TANet）相连，后于1995年5月正式开放供普通用户安装的ISDN设备，目前网络已遍布全岛。据“财团法人台湾网路资讯中心”公布的调查报告显示，截至2007年1月15日，台湾地区上网人口约为1 523万人，整体上网率达67%，其中宽频网络使用人数约1 240万人，占总人口数的63%。就住户上网方面来看，约有75%的家庭（551万户）可以上网，67%的家庭（493万户）实际使用宽频上网。台湾民众宽频上网、无线上网、移动上网都呈现上升趋势，但无线上网只有近两成，移动上网不到一成，仍有许多开发的空间。

根据台湾知名网站“番薯藤”搜集34 000个样本所做的调查，在2000年，台湾网络用户平均每天收到5.5封广告信件，而未来台湾地区以中文为主的新闻讨论群组势必将逐渐成长，这些新目标对象的出现与形成，将会扩大电子邮件广告的发行范围。赠奖促销活动是吸引网友点选Banner的最主要原因，其次为商品信息。另外，动画式广告是最具吸引力的广告形式。并有超过七成的网友表示会通过网络搜集商品信息，作为购物或选择服务时的参照。

近年来台湾广告业发展一般，唯独网络广告逆势上扬。网络广告收入在2005年约有近20亿元新台币，而据台北市互联网广告暨媒体经营协会（IAMA）估算，2006年网络广告营收达37.48亿元，其中关键字广告就占了10亿元，成长也相当迅速。岛内现已形成五大主要广告联播网，包括HiAD联播网（10类/60个网站）、Double Click联播网（6类/31个网站）、24/7 Media联播网（15类/78个网站）、Cyber OneAD联播网（6类/30个网站）、以及AD Cast联播网（8类/39个网站）。联播网的联盟网站之网友背景资料，是提供广告主选择目标对象网站的重要参考依据。此外，有台湾学者在比较了网络广告与四大媒体的异同性后指出，网络广告的“一对一营销力”高，而传统四大媒体在这方面的能力均低；网络广告的“广告传播范围”最广，而杂志广告的传播范围最窄；就“广告时间性”而言，网络广告最有弹性，其次为电视广告；网络与广播的“广告刊播费用”与“广告制作成本”较低，其他媒介费用均较高；网络广告的“客户数据库”能力高，四大媒体在这方面的能力均低，客户数据库的搜集与建立能力是网络广告的一大特色①。

另一方面，原来的传统媒体也开始纷纷加入网络行列。台湾第一家上网的媒体是权威级别的《中国时报》，于1995年9月建立网站，这标志着台湾的媒体形态走入了新的阶段。1997年1月，“华视”的“华视全球信息网”开通，在岛内率先使用网络实时播放技术，随后众多的媒体相继创立自己的网站，掀起了传统媒体上网的一波热潮。在2001年的网络泡沫破灭之后，存留下来的媒体网站大都找到了前进方向，并将其视为多元化经营的一个有效组成部分，广告手段也比以前大为增多。

① 萧湘文．台湾广告媒介的发展．台湾的广告发展（郭良文主编）．台北：学富文化事业有限公司，2001.64～93

Chapter 5 第五章

港澳台广告教育

Advertising Education in Hong Kong, Macao and Taiwan

第一节　香港的广告教育

一、香港广告教育概况

香港广告行业的竞争归根结底是人才的竞争。据统计，香港广告业雇佣员工有11 000多人，但香港的广告教育大学学额相对并不足够。截至2005年，香港的8所大专院校中，只有香港浸会大学提供三年全日制的广告课程。

香港为本地的广告业人才提供4种不同类型的培训：大专院校新闻传播学院的学位课程、大专院校非新闻传播学院的学位课程、大专院校非学位的广告学培训课程、广告专业团体的短期课程①。

1. 大专院校新闻传播学院的学位课程

全港8所大专院校都提供新闻传播学士学位课程，而内有广告学科的有6所。在这6个本科课程中，以中文大学的新闻与传播学院和浸会大学的传理学院所提供的广告学训练最为全面。

2. 大专院校非新闻传播学院的学位课程

绝大部分非传播学位的课程都属于市场、商业或管理的专业训练。它们既有的专业范畴与训练已花去不少时间，故而一般不会给本质属于说服传播的广告学更多培训。

以上两类广告学科的培训课程，无论是新闻传播学院，还是非新闻传播学院开办的，素质上都有一定程度的保证，因为学位课程的学科，必须经过严格的学术评审才能通过。它们都有一个或一个以上的学术专业支持或互补，对师资的学术水平有一定要求，学校也有较多的资源购买图书和设备，校外考试委员的督察对课程的学术水平也起了督导的作用。

2003年秋季以前，香港所有与广告学有关的学位课程，都属于学士学位，内容集中在广告行业较为实务的训练。直到2003年秋天，香港中文大学新闻与传播学院才开设香港有史以来第一个广告学的硕士课程。

3. 大专院校非学位的广告学培训课程

香港有8所大专院校提供非学位的广告课程。绝大部分属于高级文凭或以下程度（94%），或是晚上上课的校外持续进修课程。当中以香港大学的SPACE小区学院和浸会大学的持续进修学院最为积极，提供了近2/3（62%）的这类培训。这类课程的学期较短，在晚上上课也较具弹性，但是缺少学位课程的各项优点。

4. 广告专业团体的短期课程

香港有5个跟广告行业有密切关系的专业组织，包括香港广告业商会（HK4A）、

---

①　梁伟贤，李少南．香港的广告人才培养．中国广告，2005（3）：132～133

香港广告客户协会（HK2A）、香港管理专业协会（HKMA）、香港市务学会（HKIM）和英国特许市务学会香港分会（CIMHK）。当中只有香港广告业商会为有兴趣进入广告专业工作的人士，每年举办一次为期 12 周、每周两堂广告实务入门课程。

二、香港著名大专院校的广告教育简介①

1. 香港浸会大学

香港浸会大学传理系是香港最好的新闻与传播系（Best Journalism and Communication）。香港浸会大学创立于 1956 年，是一所香港特区政府资助的公立大学。1968 年传理学系成立，设新闻、广播电视和公共关系三个系；1987 年开办传理学社会科学学士（荣誉）学位课程。1991 年传理学系升格为传理学院（School of Communication），现设有三个学系：电影电视系、新闻系及传播系，下辖组织传播、电影电视、数码图像传播、新闻（分中文、国际及广播电视三个方向）、公共关系和广告五个专业。多年来，香港的传媒机构十分支持传理学院的活动与发展，为该院学生在暑期提供各种实习机会。

表 5-1　香港浸会大学广告组学生必修课程

	第一年	第二年	第三年
与广告有关的课程	●公关原理及实务 ●广告原理及方法	●广告写作 ●广告媒介策划 ●从消费行为看广告及公关 ●公关及广告工作坊 I ●广告设计及视觉表达	●公关广告宣传计划 ●公关及广告案例 ●社会传播及广告 ●公关及广告工作坊 II ●公关及广告荣誉项目
		（可选公关及广告专题：公关及广告公司管理；进阶广告设计及视觉表达；进阶广告写作；其他公关组所修读的学科。）	
传理学院课程	●传播概论 ●公开演讲 ●基要平面设计传播	●传播理论 ●传播研究 ●传媒法则及道德	

资料来源：香港浸会大学传理学院。

注：①课程中文名称由陈家华、陈霓（2006）翻译；②主修公关及广告的学生于第二年分为广告组和公关组，此课程结构适用于广告组的学生。

① 本部分参考了陈家华，陈霓．广告·公关新思维：与香港业界对谈．香港：香港城市大学出版社，2006. 35～41 及各高等院校网页的相关介绍。

香港浸会大学公关广告课程的所有教授均获得博士学位。2005 年，香港浸会大学的广告公关课程经国际广告协会（International Advertising Association，简称 IAA）鉴定为达到国际专业水准的营销传播课程，成为中国境内第一个获 IAA 认可的公关广告课程，毕业生将同时获得 IAA 的营销传播文凭（Diploma in Marketing Communication）。截至 2004 年，全球有 51 所大学的广告公关课程为 IAA 所认可。

传理学院设有 6 个学生工作坊，分别为“新报人”、“新影人”、“新公关广告社”、“传播坊”、“数码坊”和“新广播人”。“新公关广告”是一个专为公关广告专业学生而设的工作坊，成立于 1974 年。它的运作跟一般的广告公司相仿，提供客户服务、创作、公关、媒介及调查服务。学生可以从参与工作坊工作中，得到宝贵的工作经验，使他们对公关广告行业有更深入的认识，使课堂学习与实践相辅相成。

浸会大学公关广告课程还有一个特点，就是三年级的荣誉项目/毕业论文（Honors Project），学生需要独立为一个广告客户，准备一份一年的广告公关宣传计划书，内容包括市场分析、宣传目标、创意设计或媒介策划、宣传项目编排、财政预算及宣传计划后评估。项目考察学生的独立处事、研究分析和创意能力。历年的宣传计划非常出色，有些甚至被学者选入广告案例教材。

表 5－2　香港浸会大学广告课程与国际广告协会（IAA）要求课程的时数比较

学科	IAA 要求课程的时数	香港浸会大学的时数
市场学原理	30～50	30
消费者行为	15～25	35
传播理论	15～25	45
市场/广告研究	25～35	45
广告原理	30～50	35
广告策略及管理	25～35	30
广告创意、文案、设计及制作	25～35	90
媒介策划	25～35	35
广告及社会	10～15	20
国际市场学/广告学	10～15	20
综合营销传播宣传计划	30～50	45
市场传播专题	30～50	45
机构暑期实习	相当于一学期	每周 40 小时 ×4 周
总计	300	500（不计暑期实习）

资料来源：陈家华，陈霓．广告·公关新思维：与香港业界对谈．香港：香港城市大学出版社，2006. 36 以及国际广告协会网站。

浸会大学传理学院自 1996 年开办传理学文学硕士（Master of Arts in Communication），学制为一年全日制或两年兼读制，学生须修够最少 24 个学分方可毕业。2004 年起，课程首次在中国内地及香港以外其他地区招生。2004 年共录取 92 名学生，其中 2/3 为香港本地学生，1/3 是中国内地及海外学生，全日制和兼读制各半。除了传播学理论与研究方法等必修课外，学生可以选择媒介研究或综合传播管理其中一个专业。综合传播管理注重机构/公司的传播行为，开设公关、广告及危机管理等理论及技能学科。媒介研究专注社会变迁中的大中华地区传媒结构与传媒操作情况，主要培养高素质的媒介从业人员和管理人员。两个专业课程都与新媒体技术的发展和应用紧密相连。

表 5-3　香港浸会大学传理文学硕士综合传播管理及媒介研究课程结构

必修科目	专业 A：综合传播管理	专业 B：媒介研究
传播学理论基础	跨文化传播	中华社会的传播与媒介
传播学研究方法	企业传讯研究	媒介法律与操守
媒介与社会	组织传播	大众传播问题个案
	传播宣传工作坊	新媒介工作坊
	广告管理	媒介经济学
	公关多媒体写作	
	战略公关和危机管理	
	消费者透析	
	国际广告	
	研究报告	

资料来源：香港浸会大学传理学院。

2. 香港中文大学

香港中文大学新闻与传播学院自 1965 年起开设新闻与传播学学士课程，该课程分为 6 个主修范围，包括新闻、广播、广告、公关、多媒体的电讯、传播学及创意媒体。自 2005 年起，学院开办广告学社会科学硕士课程（Master of Social Science in Advertising），该课程旨在为广告界培养专业及优秀的广告人才，强调培养学生的理论、管理、创意、分析及研究能力，使学生能有效地计划、筹备及推行各类型广告活动。学制为一年全日制或两年兼读制，学生须修完最少 30 学分方可毕业。

表 5-4　香港中文大学公关广告本科生课程

公关专业写作	广告管理	互动媒体设计与发展
公关专题（一）	公关专题（二）	广告及公关研究
广告专题（一）	广告专题（二）	广告写作与制作
策略客户管理	公关案例和宣传活动	财务公共关系

资料来源：香港中文大学新闻与传播学院。

表 5-5 香港中文大学广告学硕士课程结构

必修科目（21 学分）	应用传播研究、广告及传播理论、创意作品：欣赏及策略、广告法则与伦理、传媒分析与策划、客户企划与管理、品牌与市场传播
选修科目（9 学分）	传播研读专题（一）、传播研读专题（二）、传播研读专题（三）、互动多媒体设计及制作、公关关系专题（一）、公关关系专题（二）、广告专题（一）、广告专题（二）、广告撰稿及制作、公关案例和宣传活动、创意媒体写作、新媒体艺术、广告制作、新媒体广告、传媒产业策略分析、媒介管理、传媒经济学、危机管理、大中华区公关策略、文化传播、公关关系：理论与技巧、中国广告学、综合传播策略研究、当代传播论题研究、消费行为与受众分析

资料来源：香港中文大学广告学社会科学硕士课程简介。

3. 香港城市大学

香港城市大学英文与传播系自 2005 年起开设整合策略传播学士学位课程。课程设计由五部分组成，见表 5-6。学生须修满 20 个学科才可毕业。

表 5-6 香港城市大学英文与传播系整合策略传播（荣誉）文学士学位课程结构

课程部分	学科
传播基础	传播学概论、国际传播、定量传播研究方法
广告公关	广告学概论、广告写作、公关学概论、公关写作
整合传播	整合策略传播、说服传播基础、传播管理、视像传播、危机传播、策略媒体策划
市场学及传播	整合营销传播原理与实务、市场学概论、消费者行为
媒体传播	媒体与社会、媒体写作
选修科目（选修两科）	互联网传播学、影片制作、暑假实习计划 I、暑假实习计划 II、中文传播媒介及广告学

资料来源：香港城市大学英文与传播系。

4. 香港其他大学及专上学院①广告课程

表 5-7 香港浸会大学持续教育学院市场营销及广告学文凭课程结构

必修科目	选修科目（选两科）
创意启发及商业行政人员表达技巧	市场营销与互联网
市场管理：理论与实践	服务市场学
消费者行为学	企业活动的商务推广
市场研究学	客户服务管理

① 专上学院广义指中学以上的学术机构；狭义则指中学以上的学术机构，但不包括大学，例如香港树仁学院、珠海学院等。此处指后者。

（续上表）

必修科目	选修科目（选两科）
综合营销传播	行政人员会计学
中港广告业环境	中国市场学
广告原理及推广	商务演讲专探
广告创意文案	职业英语写作专修
媒介策划	初级普通话
广告管理	中级普通话
	高级普通话

资料来源：香港浸会大学持续教育学院。

香港浸会大学持续教育学院有广告学专业证书课程（Professional Certificate in Advertising）。学生修完课程后可以申请入读衔接课程市场营销及广告学文凭（Diploma in Marketing and Advertising）。修完这个文凭后可以直接入读南澳洲大学（University of South Australia）的商业学学士课程（Bachelor of Business）。

第二节　澳门的广告教育

澳门的广告教育可分为职前教育和在职培训两方面，职前教育主要指的是大专院校的系统教育，而在职培训则包括各类短期课程、研讨会和参观活动等。

澳门的大学教育中还没有设置广告专业的学位课程，仅有一些相关的专业，比如澳门大学的传播系，提供新闻与公共传播和英文传播方向学士学位，以及传播与新媒体文学硕士学位；此外，还有澳门理工学院的平面设计学系、公共关系学系等。这些相关专业培养出来的人才基本能够满足澳门广告市场的需求。值得一提的是，由澳门管理专业协会和澳门生产力暨科技转移中心合办的广告高级专业文凭课程，自1997年开办以来，为澳门广告人才的培养提供了更多的机会。

为澳门本地提供广告相关的在职培训的机构主要有澳门理工学院艺术高等学校、澳门生产力暨科技转移中心、澳门管理专业协会、澳门业余进修中心、澳门设计师协会和澳门广告学会等。培训课程侧重在平面设计与电脑软件应用方面①。

① 胡锦汉．澳门广告业的人才培育．广告大观，1999（3）：44

表5-8 澳门大学传播系英文传播方向课程设置

第一学年			
课程名	第一学期学分	第二学期学分	总学分
传播学（一）：人际间和小群体传播学	3	–	3
传播学（二）：大众媒介	–	3	3
传播技术（一）和（二）	3	3	6
英语必修课（根据入学考试成绩而定）			
英语 022/023 或 150/151 或 292/293 或 310/311 或 410/411	3	3	6
英语 122/英语 123　英语研究导论（一）和（二）	6	6	12
英语 124/英语 125　文学研究导论（一）和（二）			
定量方法			
基础宏观经济学	3	3	6
基础微观经济学			
或			
大学数学导论			
统计分析（一）			
总计	18	18	36
第二学年			
课程名	第一学期学分	第二学期学分	总学分
传播媒介（一）和（二）：当今事件和媒介	3	3	6
传播学（三）：跨文化传播	3	–	3
公关关系	–	3	3
视觉传播和设计	–	3	3
广告学	3	–	3
聚焦英语技能：口语/公关演说	3	3	6
自由选修	6	6	12
总计	18	18	36
第三学年			
课程名	第一学期学分	第二学期学分	总学分
视频制作（一）：技术	3	–	3
传播学（四）：媒介关系	3	–	3
传播技术（三）：视听	–	3	3
视频制作（二）：节目制作	–	3	3
新闻学（一）和（二）	3	3	6
英语研究选修课	3	3	6
自由选修课	6	6	12
总计	18	18	36
第四学年			
课程名	第一学期学分	第二学期学分	总学分

（续上表）

工作坊	3	3	6
传播学（五）：高级跨文化传播	3	–	3
传播学（六）：说服的伦理与实践	–	3	3
英语研究选修课	3	–	3
自由选修课	9	12	21
总计	18	18	36

资料来源：澳门大学社会与人文科学学院传播系。

注：原表为英文，中文表达由作者翻译。

表 5-9　澳门大学传播系传播与新媒体文学硕士课程设置

第一学年		
6门必修课		
课程名称	学时	学分
大众传播理论	3	3
大众传播研究方法	3	3
大中华地区文化与传播模式	3	3
国际与跨文化传播	3	3
公众舆论学	3	3
新媒体传播研究	3	3
选修课（任选两门）		
新闻学与电子新闻专题	3	3
广告学专题	3	3
公关关系学专题	3	3
大众传播法规	3	3
传播与社会变迁	3	3
媒体功能与管理	3	3
多媒体设计与应用	3	3
英语专业写作	3	3
		总计：24 学分
第二学年		
毕业论文		

资料来源：澳门大学社会与人文科学学院传播系。

第三节　台湾的广告教育

广告教育与业内的知识传递是衡量广告行业专业化程度与成长状况的重要指标。台湾广告业历年来的发展，为台湾广告教育奠定了坚实的基础。反过来，台湾的广告教育又为广告业的发展提供了源源不断的智力支持。这两者之间业已形成稳定的良性循环。

一、台湾广告教育的演进与特点

与发达国家的广告教育发展类似，台湾地区的广告教育在早年也依附于新闻教育或是商学教育。1957 年，台湾政治大学新闻系最早在新闻学中开设“广告概论”；1958 年 3 月，台湾法商学院首次开授“广告学”课程，紧接着其他学校也陆续开始授课；1968 年，私立醒吾商专成立两年制的“商业广告科”，并创办《广告人》刊物，共出版了 8 期。

政治大学与文化大学新闻系先后在 1968—1970 年间于广告学之外，增开“广告运动与策划”及“印刷媒体广告制作”等课程。此时已有政治大学、辅仁大学的一些学生，先后在教授指导下进行广告学术研究和论文撰述。初期大多以新闻与传播媒体角度为重点，有些也从营销角度进行广告的相关研究。

进入 20 世纪 70 年代，跨国广告集团纷纷在台湾设立分公司，电视台也先后开始播放广告，进行大规模广告教育的时机渐趋成熟。教授“广告学”课程的学校科系与日俱增，如政治大学企业管理系、逢甲学院企业管理系、静宜文理学院商学系、成功大学企业管理系、淡江文理学院、台中商业专科学校、侨光商业专科学校、岭东商业专科学校、建国商业专科学校、淡水商业管理专科学校等院校，都将广告学列入教学范围之内。另外还有台湾师范大学美术系、文化大学美术系、大同工学院工业设计系、明志工专工艺科、台北艺专美术系以及台湾地区 146 所高级商业职业学校，都在这个时期开始教授“广告企划”课程。中国文化学院的“中华学术院”也于 1971 年创立“广告研究所”，并与中国文化学院推广教育中心合作，从 1972 年 6 月 15 日起举办了为期 3 天的“台湾第一届电视广告研讨会”，且于 1974 年出版了《广告学刊》第一期；辅仁大学的大众传播学系于 1973 年成立了广告组。台湾南荣大学的董事长沈达吉先生曾撰文称此时期为“广告专业知识与技术教育的阶段”。

台湾如此众多的大专院校在 20 世纪六七十年代开设广告学课程，同其整体经济与生活水平提高、大众传播事业快速发展，以及政治环境改善等各种因素息息相关，见表 5 - 10。而其中最主要的原因在于台湾经济迅速发展，亟须大批具有营销与广告专业知识的人才。

表 5 - 10　台湾 20 世纪六七十年代广告业影响因素一览表

时间	事件
1961 年	广告总额逾 2 亿新台币 台湾广告公司成立，国华广告公司成立
1962 年	台视开播 国华与日本电通缔结合作关系
1964 年	台湾经济第一次出超

（续上表）

时间	事件
1965 年	日本电通在台成立办事处
1967 年	中视开播
1969 年	广告总额达 10 亿元新台币
1972 年	人均所得逾 400 美元
1973 年	广告总额逾 23 亿元新台币
1976 年	广告总金额逾 42 亿元新台币 人均所得逾 1 000 美元
1980 年	广告总额逾 100 亿元新台币 人均所得逾 2 000 美元

资料来源：根据刘建顺．台湾的广告教育概况与体验．台北：中国文化大学广告系．（台湾）中国广告学刊，1995（总 1）和丁俊杰．三谈我国广告教育存在的问题．央视网站“电视批判”栏目，http：//www. cctv. com/tvguide/tvcomment/tyzj/zjwz/4997. shtml，2007－8－20 中相关资料整理。

进入 20 世纪 80 年代，台湾岛内营销观念由生产导向转为营销导向，第三产业快速兴起，跨国大型广告公司纷纷涌入台湾，广告事业进入到一个新的境界。同时，政府降低了广告教育的准入门槛，客观上使台湾广告教育跃升到了一个新的层次。1986 年 7 月 1 日，台湾的中国文化大学广告系正式成立并招收第一届学生，台湾广告教育正式迈入广告专业学术（理论与实务）教育阶段。1987 年 8 月，政治大学广告系也告成立，这两所大学的广告学系，为台湾地区广告媒体、广告公司、广告厂商提供了比较优秀的广告人才，也使得广告从业人员的素质比过去有了很大提高。与此同时，世新大学、铭传大学、淡江大学、辅仁大学的类似专业也都先后改组为广告系或正式成立广告学系。1994 年，文化大学还增设了夜间部的广告学系。到 1997 年，政治大学又设立了广告学研究所，并开始招收硕士生①。

1990 年之后，台湾广告教育相关系所的发展都具有相当的规模，并表现出以下的种种现象和特色：

①由于传播环境在“报禁”解除后大为改观，传媒产业对于广告专业人才的需求甚为殷切，给应届毕业生提供了大量的就业机会。较为广阔的就业前景又吸引了更多的和更高知识水平的在校学生选择广告专业。

②随着社会整体经济水平的提高，在各校院系的积极努力以及教育主管部门和社会力量的支持之下，各广告专业的硬件设施也在不断增添。以文化大学为例，文化大学设有 10 个学院 59 个学系，是台湾地区学系最多、学科最完备的综合大学之一。文化大学广告系借助学校资源优势，拥有电视广告剪接系统、广播广告制作系统和电视

① 刘家林．新编中外广告通史（第二版）．广州：暨南大学出版社，2004. 224

广告动画制作系统，还配设平面多媒体制作中心、广告与产品摄影中心、广告与产品冲印中心、广告图书数据中心等部门及各种所需设备，使广告系学生能从中获得全方位的、更为贴近实用性的广告教育。

③由于社会工作人员的平均学历逐渐上升，且广告的学术研究也较过去更受重视，因此各大学广告专业纷纷设立广告学类研究所。在研究方向和手法上，也由过去单纯的对广告内容的文本分析转向多元化，如量化研究、批判研究、媒体研究等，在此过程中也更为重视对其他学科最新研究成果的吸收与转化。

④重视师资队伍的建设。台湾广告教育界规定，对新聘专任教员，从1992年起具有博士学位者才予以考虑。这项规定促使广告专业教师队伍加快更替进程，保证了更高的教学水平。一大批留学欧洲、美国、日本的年轻学者返回台湾任教，他们把更为先进的教学理念和研究方法带入岛内。另一方面，由各广告系所培养出来的优秀学生在经过一段时间的实务工作后，也已反哺广告教育，无论是专任还是兼职，都提升了教学品质和效果。

⑤课程内容的安排比较系统，循序渐进、反复权衡，在调整过程中一再斟酌课程内容的衔接与次序，综合考虑学生兴趣与实际需求等问题，课程设置渐臻完善。为保证学生能够将课堂所学知识与实践尽量结合，很多系所都聘请广告界资深实务人士担当教学任务。如在文化大学广告系的课程规划中，就规划好若干课程一定由专业杰出人士讲授。赖东明教授（联广公司董事长）、柯一正教授（著名导演）、沈吕百教授（智得沟通董事长）、张百清教授（智得沟通总经理）、李志恒教授（实力媒体）、黄文博教授（相互广告公司创意总监）、陈敏明教授（著名摄影家）、潘家森教授（“中央印制厂”厂长）及黄识铭教授（资行市场系统顾问总裁）等都在受邀之列。在以广告专业课程为主的前提下，还适当提高了其他应用传播学课程的比例，使学生在将来的工作中能够胜任广告、公关、市场营销、新闻媒体经营等方面的工作。所有四年级学生都要参加毕业实习与毕业展，以检验四年所学，及格者方能毕业。

⑥广告学术界并不满足于现状，各系所之间以及两岸间的学术交流更为活跃，并积极主动地参加广告行业的各种活动。在此应该指出的是，学术界的实证性研究结果更加坚定了岛内广告从业者将目光转向大陆的信心。

⑦大幅度增加对广告教育的投入，加快人才培养步伐，以高校广告专业为基地，逐步建立起广告专业技术资格认证制度。适度调整广告专业教育规模与结构，及时更新广告教学内容。

⑧特别珍惜并有效运用各界的协助、关怀与捐赠，以发挥最大功效。还以台湾文化大学为例，文化大学广告系的成长与发展也得益于广告界与热心人士的支持与赞助。例如联广公司赖东明董事长伉俪捐赠的“明梅广告策略提案竞赛奖学金”，除举办提案竞赛外，还聘请专家对获奖者加以训练，以符合专业标准，再向全系学生演

出，形成了一种提案的传统与教育方式，深受各界赞赏。另有“电子广告媒介创意策略竞赛奖学金”，是由讲授“电子媒介广告制作”的老师柯一正与杨宝辉等人捐赠授课薪资设立的，完全配合课程进度办理，收到了非常好的效果。

⑨通过各种竞赛奖学金与活动，鼓励与培养学生自信乐观、积极主动、开拓进取的精神，敦促学生不断成长为一股具有专业水准与道德勇气的进步力量来服务社会。

表5－11　中国台湾之大学广告专业相关系所一览表（排名不分先后）

政治大学/广告学系、研究所	元智大学/信息传播系
辅仁大学/广告传播系 /大众传播研究所	朝阳科技大学/视觉传达系 /传播艺术系
文化大学/广告系 /大众传播系 /资讯传播系	岭东科技大学/视觉传达设计系、研究所 数字媒体设计系、研究所 /流行设计系、研究所
铭传大学/广告学系 /数字资讯传播学系 /数字媒体设计学系 /传播管理研究所 /商业设计系、研究所	台湾艺术大学/图文传播艺术学系 /应用媒体艺术研究所 /视觉传达设计学系 /多媒体动画艺术学系
世新大学/公共关系暨广告学系 /资讯传播系 /传播管理学系 /传播研究所	台湾昆山科技大学/公共关系暨广告学系 /视觉传达设计系、研究所 /视讯传播设计系
大叶大学/视觉传达设计系 /人力资源暨公共关系学系	树德科技大学/视觉传达设计系 /应用设计研究所 /流行设计系
台南科技大学/视觉传达设计系 /商业设计系	台湾昆山大学/公共关系暨广告学系
淡江大学/大众传播系、研究所	云林科技大学/视觉传达系
实践大学/媒体传达设计系	台中科技大学/商业设计系、研究所
中原大学/商业设计系	高苑科技大学/资讯传播系
景文科技大学/视觉传达设计系	万能科技大学/商业设计系
台湾师范大学/大众传播研究所	环球技术学院/公共事务设计系
长荣大学/大众传播系	台湾交通大学/应用艺术研究所

资料来源：根据郑贞铭．20世纪中国新闻学与传播学——台湾新闻传播事业卷．上海：复旦大学出版社，2005．177～178以及梁庭嘉．如何大做广告．汕头．汕头大学出版社，2004．201中相关资料整理。

二、台湾高等院校知名广告系所简介

1. 文化大学新闻传播学院广告系①

文化大学广告系作为台湾第一个成立的综合性大学广告系，为台湾广告界培养了大批人才，在台湾颇负盛名，有“广告界充满文化”之美誉。它被文化大学列为中长期发展计划的重点，其近期目标是在5年之内建成台湾地区最完备、最多元化的广告教育中心。文化大学广告系在1971年就曾在“中华学术院”成立广告研究所，举办广告研讨会，出版广告年刊。在联广公司等广告相关团体与机构的赞助下，还于1985年成立“台湾广告史研究中心”，开始有计划、有系统地从事台湾广告史料的搜集、保存、整理，以及杰出广告人的介绍与出版工作。

表5-12　文化大学广告系2006—2009年课程规划

学习领域	专业必修科目
新闻学院必修	媒体素养、传播理论、传播研究方法、传播统计学、传播伦理与法规
广告系必修	广告学概论、营销原理、消费行为与广告心理、创意原理、广告英文或广告日文、广告策略与企划、广告专题讲座、广告专题制作与实习
广告策略企划学群必修	广告媒介、媒体计划、营销研究
广告表现创作学群必修	设计基本原理、广告文案写作、广告设计
创意产业营销学群必修	创意产业营销、生活创意产业、文化创意产业、地方产业创意营销

表5-13　文化大学广告系主要师资力量（截至2006年12月31日）

姓名	学历	任教科目或研究领域
罗文坤	政治大学新闻研究所硕士	广告识别系统、广告创意策略、平面广告文案写作、电子广告文案写作、营销传播管理、品牌经营、创意原理
洪硕延	奥地利维也纳应用美术大学博士	美术、设计、视觉传达设计、美术创作
王和庆	（暂缺）	色彩学、版面编排、视觉传播专题讲座、印刷媒介广告制作、专题制作与实习
钮则勋	政治大学政治学博士	广告法规与伦理、广告策略与企划、公众营销与公关管理、公共关系个案、政府公关、竞选广告专题、公益广告专题、广告与社会

① 根据文化大学广告系 http://adv.pccu.edu.tw/所提供资料编写。

（续上表）

姓名	学历	任教科目或研究领域
张文瑜	美国明尼苏达大学经济学博士	中外广告史、文化传播、广告英文、广告英语、阅听人分析、广告学
陈燕玲	政治大学心理学硕士	项目管理、管理学、国际营销传播、广告信息处理专题、传播营销学、品牌经营、广告学、广告经济学
漆梅君	（暂缺）	广告学概论、消费行为与广告心理、广告专题制作与实习
胡光夏（兼职）	美国宾夕法尼亚州州立大学传播学博士	产品规划
蔡淑梨（兼职）	美国壬色列理工大学企业管理博士	营销管理、策略营销
何清辉（兼职）	德国纽伦堡专业大学传播设计硕士	创意原理
李明哲（兼职）	世新大学传播研究所博士	网络营销与广告、社会营销、消费者行为学、广告学
柯一正（兼职）	美国哥伦比亚学院电影硕士	电子媒介广告制作

该系现有“广告策略与经营”及“广告创意表现”两个专业方向，且分专业方向招收不同专长的学生。未来预计开设的广告教育课程将分为三大学群：广告策略企划、广告创意表现以及创意产业规划，并计划继续发展公共关系、传播行销两个新专业。目前每年招收三个班的学生，包括全日制的“广告策略与经营组”及“广告创意表现组”，和以营销传播实战为重点的“推广进学部”广告系一个班。广告策略企划开设经济学、广告心理学与企业经营方面的课程，从专题研究的角度，切入探讨不同个案中的广告策略应用与经营。广告创意表现课程则专注于创意与设计的表现，所主修的课程内容包含色彩学、艺术史、音乐概论、视觉传播、动画制作与各种艺术概念在创作方面的表现。

2. 政治大学广告学系/研究所①

政治大学广告学系于 1987 年 8 月正式招生，硕士班亦于 1997 年起招生。首任系主任由赖光临教授担任，其后又由王石番教授、郭贞教授、郑自隆教授、孙秀蕙教授、祝凤冈教授及赖建都教授出掌系务，而王石番、郭贞、郑自隆、赖建都等人在台湾广告学界俱为一时之翘楚。

在“教学与研究并重、学术与实务合一”的办学方针指引下，政治大学广告系着力培养学识、品德、判断力兼具的广告与公共关系新人，训练在新世纪中“最杰

① 根据政治大学广告系 http：//www. ad. nccu. edu. tw/所提供资料编写。

出的广告、营销、创意与公关实务研究领导人才”。并且，政治大学广告系还十分重视广告学以及公关学的理论研究，它通过《广告学研究》期刊的出版（约每年两期）、广告暨公共关系国际学术与实务研讨会（每年一届，2006年是第十四届）的举办与其他渠道的宣传，业已成为台湾广告学研究的学术重镇。

表5－14　政治大学广告系2004级课程规划

课程类别		科目名称和内容	最低应修学分数
校级课程	基础语言通识 一般通识	包括中国语文4～6学分、外国语文4～6学分。分为人文学、社会科学、自然（生命）科学，各4～12学分。	28～32
院级课程	院共同必修	含下列6科，分别是：大众传播概论（全学年，共4学分）、大众传播史（一学期，3学分）、媒介写作概论（一学期，3学分）、视听传播（一学期，3学分）、传播理论（一学期，3学分）、传播研究方法（一学期，3学分）。	19
	院共同选修	如传播英文、现代文选、传播法规等科目，可视当学期开课状况及个人兴趣自行选修。	自由选修
	工作坊	为无学分之短期训练，旨在提供修习本院各项课程前所需的基本技能，如排版、绘图、摄影、流动影像与声音制作等。	无学分
系级专业学程	公共关系学程	公共关系概论、公共关系实务等。	18
	广告企划学程	广告学、营销学、心理学、整合营销传播、广告企划等。	24
	跨媒体创作学程	毕业制作专题、艺术理论与赏析、应用设计、绘画表现、数字艺术、表演艺术、流动影像表现等。	24
自由选修		学生可依照个人兴趣能力与人生目标选修。	自行规划

在课程安排上，该系以“广告营销”与“公共关系”为本科培养的核心理念。自1998年起，此系配合政治大学传播学院学程规划，规定最低毕业学分为128学分。除校级、院级必修科目及自由选修科目外，学生必须在本系“广告企划”、“公共关系”与“跨媒体创作”三个专业方向的学程中至少选修一个学程，并依规定修满相关学分才能毕业。

对于研究生培养的课程设置，除在研究生一年级有广告学原理与研究方法两门必修课外，还有如下的一些选修课目。

表 5－15　政治大学广告系研究生选修课程

主题	课程名称
广告学术理论	广告心理、说服理论、公共关系理论、消费行为
广告伦理与法规	广告伦理与法规、广告与批判理论、广告与社会
广告创意	影像传播研究、广告创意研究
广告媒体	网络广告研究、广告媒体企划研究
广告研究方法	进阶量化分析、广告效果研究
广告经营与管理	广告管理与营销策略
全传播策略规划	整合营销传播
专题研究	国际广告研究、跨国性推广活动研究、国际营销传播、跨文化消费行为研究、竞选广告专题、市场分析与广告企划、广告信息处理专题、公共关系管理专题、广告史专题、媒介营销、企业沟通

注：学分数均为 3 学分。

表 5－16　政治大学广告系主要师资力量（截至 2006 年 12 月 31 日）

姓名	学历	任教科目或研究领域
赖建都	美国宾夕法尼亚州州立大学科技艺术博士候选人	网络广告、数字艺术、广告创意与设计
郭　贞	美国密西根大学博士	消费行为、传播理论、研究方法
郑自隆	政治大学政治学博士	竞选广告、广告效果评估
祝凤冈	美国纽约市立大学博士	广告策略与企划、营销研究、媒体策略与企划
孙秀蕙	美国威斯康星大学博士	公共关系、民意调查
黄懿慧	美国马里兰大学博士	公关理论与管理、公关议题与危机管理
游本宽	美国俄亥俄大学硕士	影像美学与创作
张卿卿	美国威斯康星大学博士	广告学、营销学
陈文玲	美国德州大学博士	创意策略、广告企划
陈忆宁	美国德州大学奥斯汀分校博士	公共关系、传播研究方法、政治传播
吴岳刚	美国德州奥斯汀大学广告研究所硕士	广告设计、平面设计、视觉设计与说服、广告图文关系
罗文坤（兼职）	政治大学新闻研究所硕士	产品规划
庄伯仲（兼职）	美国韦恩州立大学博士	广告与营销于新媒体之应用、计算机中介传播

3. 辅仁大学广告传播学系①

该系前身为辅仁大学大众传播学系之下的广告组（设立于 1984 年），于 1997 年

① 根据辅仁大学广告传播学系 http：//www. adpr. fju. edu. tw/news. htm 所提供资料编写。

升格为广告传播学系。此系以培养具有“全人教育”思想与专业素养的广告传播人才为目标，以传播基础学科、一般基础学科及营销管理学科为三大基础方向，并努力在课程设置中体现这一“全人”特点。

表 5－17　辅仁大学广告传播学系课程规划

基础学科	一般基础学科	国文、外文、英语听讲、历史与文化、信息科学概论、大学入门、社会学、心理学、经济学、人生哲学、企业管理、美学、摄影作品导读、军训、专业伦理、通识教育、人文、自然科技、社会科学、体育
	营销管理学科	营销个案研究、营销原理、营销策略、社会营销、消费行为、市场调查、电子商务与网络营销、服务营销、品牌管理、顾客关系管理、财务会计分析
	传播基础学科	媒介批评、大众传播理论、大众媒介与社会、传播统计、传播统计实习、传播研究方法、传播统计计算机应用、印刷原理与印前作业、电视原理与制作
专业学科	广告企划	媒体企划、媒体企划实务、广告学、广告法规、广告创意导论、专业实习、广告效果测定、广告基本设计、专业实务制作、广告策略与企划、印刷媒介与广告制作、广告影片企划与制作、整合营销传播、广告文案、广告项目活动企划、广播广告企划与制作、网络广告制作与设计、广告管理专题、广告个案研究、广告项目活动展示设计、政治广告、广告影片后期制作、论文写作方法、论文提报方法、广告英文
	公关企划	专业实习、论文写作方法、论文提报方法、专业实务制作、公关概论、公关个案研究、游说与政府公关、公共关系管理、公关写作、公关策略与企划、公关实务制作、公共关系与媒体策略、政策营销与政府公关
	多媒体企划	影像阅读与解析、基础摄影、进阶摄影、应用摄影、专题摄影、摄影设计、专业实习、计算机书册广告设计、专业实务制作、计算机数字影像设计、计算机影像处理、计算机插画设计、计算机绘图、CI 制作、特殊影像研究、3D 动画、计算机排版、论文写作方法、论文提报方法

为了鼓励、帮助在校学生安心学习，辅仁大学广告传播学系还多方争取奖学金项目，现有校级和社会人士提供的辅大书卷奖、王惕吾新闻系所奖学金、世界广播奖学金、国泰人寿奖学金、董显光新闻奖学金、潘公展新闻奖学金、萧同兹新闻奖学金、陈博生新闻奖学金、沈吕百急难救助金等，共计 14 种。

表 5-18　辅仁大学广告传播学系主要师资力量（截至 2006 年 12 月 31 日）

姓名	最高学历或现职	任教科目或研究领域
吴宜蓁	美国南伊利诺伊大学新闻博士	公关策略与企划、公关概论、公共关系专题、危机传播专题
陈尚永	美国威斯康星大学麦迪逊分校大众传播学博士	传播研究方法、大众媒介与社会、电视原理与制作、大众传播理论、专业实务制作、电视问题研究、广告理论研究 、市场调查、论文写作方法
洪雅慧	美国威斯康星大学麦迪逊分校大众传播学博士	广告学、广告文案、广播广告、广告法规、政治广告、传播统计计算机应用、政治传播
萧富峰	政治大学企业管理研究所博士	经济学、营销原理、营销策略、服务营销、品牌管理
张佩娟	美国密执安州立大学广告学硕士	企业管理、社会营销、专业实务制作、广告文案、广告企划（辅）、广告策略与企划、广告项目活动企划、广告效果测定、项目实习、广告法规、专业伦理
尤英夫（兼职）	联合律师事务所律师	广告法规
谢明顺（兼职）	玄奘大学兼任副教授	专题摄影、特殊影像研究
吴秋美（兼职）	台北市政府新闻处副处长	公关写作、政策公关与政策营销
朱诣璋（兼职）	凯络媒体总经理	媒体企划、媒体企划实务
赵政岷（兼职）	《中国时报》副总编	营销个案研究
芮家楹（兼职）	可口可乐对外事务部经理	公关企划
黄文博（兼职）	就是广告公司总经理	广告创意导论、创意实务
尤元靖（兼职）	精英公关公司副总经理	公关写作、公共关系管理
陈薇雅（兼职）	麦当劳助理副总裁	整合营销传播

4. **铭传大学传播学院广告系**[①]

铭传大学广告系成立于 1999 年。该系依循铭传大学传播学院“整合传播”的教学模式，在既有的大众传播与营销管理的基础上，结合传播科技培养兼具创意、人文

① 根据铭传大学传播学院广告系 http：//www. mcu. edu. tw/department/comm/adv/web/index. htm 所提供资料编写。

素养、社会责任的广告与公共关系的管理人才。该系本科的一、二年级，主要修习传播学院的传播专业核心课程。自三年级起，课程设计着重于广告与公共关系理论、广告与公共关系实务、管理营销与网络广告等四种专业人才的培育。铭传大学广告系从2003 年起每月举办研讨会并不定期出版《传播管理学刊》杂志（2006 年底出至第 7 卷第 3 期）。

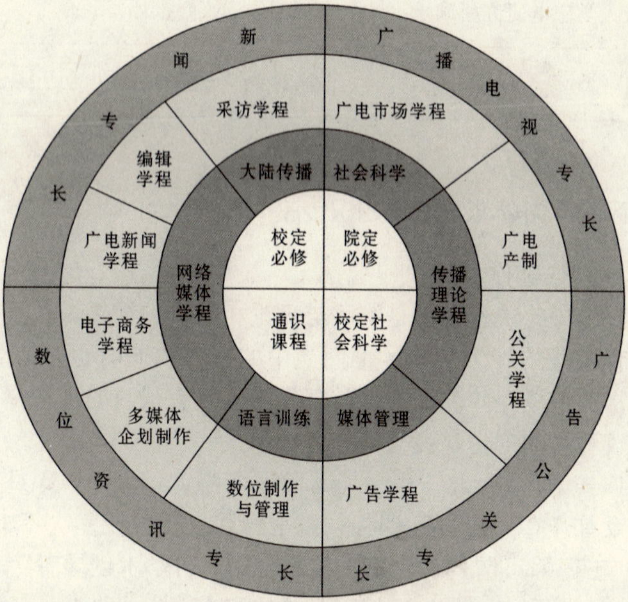

图 5－1　铭传大学广告系课程设计图

资料来源：铭传大学传播学院广告系网站，http：//www. mcu. edu. tw/department/comm/adv/web/index. htm

表 5－19　铭传大学传播学院广告系主要师资力量（截至 2006 年 12 月 31 日）

姓名	学历	任教科目或研究领域
陈耀竹	台湾交通大学管理科学研究所博士	营销人力资源管理、广告策略、决策分析
刘大贝	美国南加州大学公共管理学博士后研究	管理理论与实务、媒介经营管理
黎佩芬	美国德州大学奥斯汀分校广告学博士	公共企划、广告营销、消费者行为
陈佳慧	淡江大学管理科学研究所博士	企业管理、经济学、媒介经济学、会计学
方凤山（兼任）	美国堪萨斯大学新闻学院硕士	新闻理论

（续上表）

姓名	学历	任教科目或研究领域
蒯　亮（兼任）	美国加州索诺马大学企业管理研究所硕士	媒介经营与管理
赵　麟（兼任）	美国哈佛大学肯尼迪学院硕士	传播法规、国际关系
陈　才（兼任）	美国雪城大学广电研究所硕士	电视制作、媒介批评
王长安（兼任）	美国爱荷华大学电影电视研究所硕士	电影评论、电影史

三、台湾地区的广告著作与业内知识传递

1. 台湾地区的广告著作

台湾地区广告学科的快速发展是实践与理论相结合的结果。在发展进程当中，台湾涌现出一批卓有成就的广告学者，他们当中的很多人同时也是广告业界的知名人士，有着比较丰富的实战经验。因此，其著作不但具有很高的理论深度，亦具有很强的可操作性。比较著名的广告学者与著作有以下一些：

王德馨著《广告学》（台北三民书局，1959 年版）。1958 年 3 月，台湾省立法商学院企业管理学系首开“广告学”课程，由王德馨担任教授，次年 10 月，他出版了这本《广告学》。王德馨可谓是“台湾一位最早的广告学术创导者”（樊志育语）。

杨朝阳著《广告的科学》（台湾朝阳堂，1982 年版）。此书是杨朝阳的力作，曾连续发行 29 版，是台湾广告从业人员及广告学专业学生必读必备的专业书籍。杨朝阳的其他专著还有《广告战略》、《广告企划》、《实用创意法——商品开发、行销广告发展的新潮流》等。这些书都曾被列入台湾朝阳堂“行销 · 广告选书”及“企业人实用系列”等系列丛书中，久踞畅销书排行榜前列。

辅仁大学与中国文化大学教授颜伯勤著有《广告的经营管理》（台北新闻记者公会，1977 年版）、《广告学》（台北三民书局，1978 年版）、《广告》（台北允晨文化实业公司，1984 年版）、《店面广告学》（台北三民书局，1987 年版）、《二十五年来台湾广告量研究》（“中央”日报社出版部，1987 年版）、《成功广告 80 例》（中国友谊出版公司，1991 年版）等。

辅仁大学大众传播学系教授、国际广告协会台湾分会秘书长刘毅志编译有《怎样创作广告》（台北天一图书公司，1987 年版）、《广告活动策略新论》（中国友谊出版公司，1991 年版）、《广告攻心战略——品牌定位》、《广告媒体研究》、《广告写作艺术》（中国友谊出版公司，1991 年版）等。

曾任教于醒吾商专商业广告科的樊志育著有《广告设计学》（台北三民书局，

1973 年版)、《广告学新论》(台北三民书局，1973 年版)、《店面广告学》(台北三民书局，1976 年版)、《广播电视广告学》(台北三民书局，1983 年版)、《中外广告史》(台北三民书局，1989 年版)、《广告学原理》(台北三民书局，1992 年版) 等①。

政治大学的郑自隆著有《竞选文宣策略——广告、传播与政治行销》(台北远流出版公司，1992 年版)、《竞选广告》(台北正中书局，1995 年版)，孙秀蕙、冯建三合著有《广告文化》(台北扬智出版公司)，新闻研究所的彭芸教授著有《政治广告与选举》(台北正中书局，1992 年版)，郭贞教授翻译的《广告目标与效果测定》(台北滚石文化出版公司，1997 年版)。

文化大学的蓝三印、罗文坤教授著有《广告心理学》(台北天马出版社，1979 年版)，刘建顺著有《现代广告概论》(朝阳堂文化事业股份有限公司，1995 年版)，纽则勋著有《政治广告：理论与实务》(台北扬智出版公司，2005 年版)。佛光传播学研究所的胡光夏教授著有《国际广告产业研究》(台北五南书局，2002 年版)。

台湾业界人士结合广告实务所撰写的著作同样硕果累累。资深广告人、联广董事长赖东明著有《广告之路》(台湾新生报社，1981 年版)，是作者从事广告事业 20 年的经验之谈。此外还著有《30 年广告情：赖东明谈广告、行销、传播》(台湾英文杂志社，1994 年版)，译有《成功的广告活动》、《一个广告人的自白》、《摘星的男人》、《广告鬼才——吉田秀雄》等书。

智得沟通广告公司董事长沈吕百著有《30 秒的感动——广告见真情》、《你今天工作的心情好不好——广告人情绪管理》等书，智得沟通广告公司总经理张百清著有《台湾 CI 战略》、《日本 CI 战略》、《企业形象 (CIS) 另类主张》、《CIS 发展与国别模式》、《12 类 5 因素透析房产广告创意作品点评》等书。

奥美中国整合行销传播集团副董事长庄淑芬著有《奥美有情》，并主持编译了《奥格威——未公诸于世的选集》、《如何做广告》、《奥美的观点》等书籍。陈俊良曾著有《广告媒体研究》一书，普遍被采用为媒体计划培训教材。

资深广告人黄文博著有《广告游戏》、《鸡蛋里挑骨头》、《越活越灵光》、《关于创意我有意见》、《去它的广告营销》、《让顾客掏腰包的策略营销》等书。周绍贤著有《最 high 的广告创意》、《引爆创意 54 个奇招》、《广告 IQ 大放送》等。

此外，获得过较好评价的书籍还有：范可钦著《做个创意大爷》(台北平安文化，1999 年版)、庄丽卿著《认识广告》(台北远流出版公司，1995 年版)、邱莉玲著《广告阳谋——广告创意大公开》(台北时报文化出版公司，1999 年版)、张成华著《赢在简单——广告创意人的工作哲学》(台湾商周出版社，2000 年版)、黄守全

① 以上部分主要参考了刘家林. 新编中外广告通史 (第二版). 广州：暨南大学出版社，2004 一书中的相关内容。

著《广告鲜频道》（台北时报文化出版公司，2001 年版）、邱丘著《创意不正经》（台湾星定石出版公司，2001 年版）等。

2. 业内重要刊物、奖项和培训

台湾地区广告专业及学术研究刊物主要有《动脑》、《广告杂志》、《广告年鉴》、《广告创作年鉴》、《广告学研究》等。

《动脑》由赖东明先生发起，创刊于 1977 年 7 月 1 日，至今整整 30 年，在两岸三地具有很大影响。《广告杂志》于 1991 年 2 月正式出版。以上两种均为月刊。《广告学研究》由政治大学广告学系编辑出版，每半年一期。

1984 年，台湾地区出现了第一本《广告年鉴》（哈佛企管，1984 年 1 月），收录了 1983 年台湾的优秀广告作品，但仅出一期。1989 年 6 月，由“特别是广告代理商业同业公会”编纂的台湾地区第二本《广告年鉴》出版，内容包括时报广告金像奖获奖作品简介，以及台湾地区广告业 40 年大事记等。此后每年出版一册，为我们研究和了解台湾广告业生态提供了宝贵资料。另外，台北印刷与设计出版社还每年编辑有《广告创作年鉴》，收录台湾每年优秀的广告设计作品。

在业内奖项方面，除嘎纳（Cannes，台湾又译为坎城、康城）、莫比、克里奥、纽约、伦敦、艾菲这些国际性的广告大奖之外，具有较大影响力的广告奖项还有：龙玺环球华文广告奖、时报世界华文广告奖、时报广告金像奖（限台湾地区）、时报广告金犊奖、亚洲户外广告大奖、亚太广告奖、亚洲平面设计大赏、4A 自由创意奖、TAA 广告策略竞赛、流行广告金句奖（限台湾地区）、流行广告金句奖“学生金句奖”（限台湾地区）等。

由台湾《中国时报》出资兴办的“时报广告金像奖”是台湾历史最久、最具权威的一项广告评鉴活动。自 1978 年创办以来每年举行一次，从未间断①。时报广告金犊奖更成为业界对广告新生力量表示认可的一致标准。

在培训方面，各个广告公司除想尽办法搜罗现有人才之外，以 4A 为首的公司也比较重视内部人才的培养。它们通过各种培训机制，结合内部资源与外部资源，定期或不定期地对员工的专业素质进行提升。以台湾奥美的前身国泰建业为例，在台湾尚未完全开放广告业市场之前，国泰建业与奥美合作，每年要付将近两百万的费用用于员工培训。广告名人庄淑芬在 20 世纪 80 年代中期，即曾扮演过将外在知识转化成能被内部员工理解的知识的跨界人（spanning boundaries）角色。当时，庄淑芬亲自翻译整理每篇文章，为奥美建立起严谨的训练系统和培养出一批批广告界精英。华纳唱片总经理周建辉、雅虎奇摩总经理邹开莲等，现今不少传播界的 CEO 级人物，过去都是奥美人。2003 年 2 月，全球奥美将原仅属于奥美客户关系营销顾问的知识网站“Truffles”改版成全球奥美人跨专业、跨地域的知识平台，有系统地呈现奥美在各领

① 刘家林．新编中外广告通史（第二版）．广州：暨南大学出版社，2004. 244

域的理论、方法、工具和应用，并设有不同的虚拟社群，鼓励所有奥美人上网交流与搜寻“知识”。虽然由于文化之间的差异依然存在，但是这种开放性的“知识传递”视野是值得肯定的。奥美不但设有集团训练总监，各传播技能也各设有训练负责人，它在训练上的投资及经验的累积传承在业界可谓独一无二。人力资源中心通常会汇总平常所收集的员工培训需要和建议，并向集团训练总监反映目前状况，同时提出相关人员的训练建议①。

① 张金海，程明．广告经营与管理．北京：高等教育出版社，2006. 117

Chapter 6　　第六章

港澳台广告监管

Advertising Supervision in Hong Kong，Macao and Taiwan

第一节　香港的广告监管

香港是个高度自由竞争的社会，但其强调对广告业的严格管理，这也是香港广告业得以蓬勃、有序发展的重要保障①。香港的广告监管主要包括相关法律规定、消费者监督和行业自律三大部分。三部分相辅相成，形成了一个比较完整的广告监管体系，为香港广告业的持续健康发展奠定了坚实的基础。

一、与广告监管相关的法律规定

香港监管广告的政府机构主要有影视及娱乐事务管理处、广播事务管理局、广播事业检讨委员会、电影检查委员会、医务卫生处等。其中影视及娱乐事务管理处（简称电检处）是最重要的广告管理机关②。

香港并没有一部专门的广告法，但在其他专业法律中有很多严格的关于广告的规定。主要包括两大类：第一类是专项广告管理法规，如《电视业务守则——广告标准》、《电台业务守则——广告标准》、《香烟及烟草广告标准》、《物业广告标准》、《医药广告标准》、《广告与儿童标准》、《戏院广告标准》等；第二类是散见于各专业法律法规的与广告管理相关的条例，主要包括《商标条例》、《公众娱乐场所条例》、《药剂及毒药条例》、《诊疗所条例》、《吸烟条例》、《不良医药广告管理条例》、《商品说明条例》、《售卖货品条例》、《版权条例》、《毁谤条例》、《赌博条例》、《博彩税条例》、《性病条例》等20多项。

1.《电视业务守则——广告标准》和《电台业务守则——广告标准》

电视和电台受众人数多，广告影响力大，因此影视及娱乐事务管理处制定了《电视业务守则——广告标准》和《电台业务守则——广告标准》，其中《电视业务守则——广告标准》是香港最重要的广告专业管理法规（详见附录一）。

电视和电台广告标准的规范主要分三方面：第一是针对广告的真实性，第二是针对个别高风险及社会文化较敏感的产品类别，第三是针对特定对象（如儿童）所作出的规定③。

标准规定电视和电台广告必须合法、健康、真实及清楚表明为广告。广告表达方式要庄重及有良好品味，不得贬抑对手。如广告内容使用“最快”、“更有效”等绝对性比较性用语，必须提供事实根据。例如，描述产品为“最畅销”，则需要呈交独立人士进行的研究调查作为佐证，广告内容也需要显示研究的资料来源和进行日期。

---

① 吕蓉．广告法规管理．上海：复旦大学出版社，2003. 253

② 邓荣芳，刘海波．港、澳、台地区的广告监管．中国广告，2006（12）：110

③ 陈家华，陈霓．广告·公关新思维：与香港业界对谈．香港：香港城市大学出版社，2006. 43

针对个别产品类别的规范，以下商品不能在电视台和电台发布广告：香烟及烟草、枪械、占卜星相业、殡葬业、无牌职业介绍所、提供博彩提示的机构或人士，特定医疗服务如整容手术、宗教、政治、工业纠纷及以男伴或女伴吸引顾客的娱乐场所。

以下商品属特别类别产品，有特定广告内容或广告播放时段限制：含酒精饮品、药品及治疗方法、女性卫生产品、避孕套、财经及保险、教育课程、物业及电影。风险高的产品如投资进修课程等，会限制内容的承诺部分，例如，基金广告必须列明基金价格可升可跌及不能提出承诺，教育课程广告不能作出就业机会或任职薪酬回报等承诺。

从2003年起，广管局放宽电视广告的限制，允许电视台接受广告商以节目冠名的赞助，同时也允许电视台剧集、综合节目、游戏节目内加入产品及服务赞助商的产品展示（Product Placement）广告。但新闻节目、教育电视节目、宗教节目则不接受产品展示的广告宣传。

为保护儿童观众起见，广告不得播放会引致儿童心理、心理或道德观念受损的内容，也不能利用儿童天真及诚信的本性，达到宣传目的，有儿童出现的广告，儿童必须在安全的环境下及有良好的态度行为。儿童节目不接受产品展示广告，以避免儿童节目太商业化。

2. **《香烟及烟草广告标准》**

《香烟及烟草广告标准》规定，香烟广告只可以说服吸烟者转吸或继续吸所推销的牌子，但不可以鼓励非吸烟人士吸烟、鼓励吸烟者吸更多香烟或无节制吸烟；香烟及烟草广告只能以成年观众为广告对象，儿童和青年都不能在广告中出现，也不得在接近儿童节目的时间或为年轻人而设的节目时间播映；不能以运动员、娱乐界知名人士或其他对市民具吸引力的人士为推荐者；不得以家庭为背景，显示父母在孩子面前吸烟；香烟广告表现不得令人觉得吸烟是值得一试的新体验，或将吸烟描述为受欢迎及成功人士必备条件；必须在广告中标有健康警告语句等。

3. **《医药广告标准》**

《医药广告标准》规定，医药广告内容必须事先经医务卫生处处长批准，不得以医生、护理人员、医院或有关医学团体、组织名义推荐药品，不得声称或暗示某一类病症“全部”可以由该种药品治愈，不得声称某药品或治疗方法为“最有效”、“最安全”、“最快”或用类似的绝对性或比较性形容词；不得使用渲染疾病痛苦的词句或图片；不得直接或间接鼓励大众不加选择地、不必要地或过量地使用药品；不得发布香烟、头发和头皮治疗所、验孕服务、医学代验服务等药品或服务广告。

4. **《儿童广告标准》**

《儿童广告标准》规定，在专为儿童观众播映，或可能有大量儿童观看的电视节目内，不得播映任何会引致儿童生理、心理或道德观念受到损害的广告，或利用儿童天真无邪及诚信本性以达到目的的商品或服务广告。根据这个原则，该标准对有可能引起儿童生理、心理或道德观念受到损害的10个方面作出了具体、详细的规定。例如，规定不得鼓励儿童进入陌生的地方或与陌生人交谈，以便领取赠券、包装纸、签条等；不得引致儿童相信如缺少所宣传的物品，即会不及其他儿童，遭人轻蔑嘲笑；儿童和少年不准参与烟酒广告的播出；不能出现儿童将身体伸出窗外或桥边，或攀登峭壁等危险情况；不得表现儿童能触摸到的药物、消炎剂、防腐剂或腐蚀性物质；不得表现儿童使用火柴或可能引起灼伤、触电或其他伤害的各种煤气、石蜡油、汽油、机械或电动的设备等。

5. 消费者监督[①]

利用消费者对广告业进行监督，是香港广告管理的一个重要内容。为了维护消费者的正当权益，香港于1974年4月成立了"消费者委员会"，下设投诉、咨询、研究试验、刊物编辑等4个组，还设立了7个咨询中心，任何消费者均可打电话、写信或亲自上门，向"消费者委员会"投诉、咨询有关商品及服务中的问题，对工商企业的不法买卖行为和欺骗性广告宣传进行监督和揭露。

广播事务管理局（广管局）成立于1987年9月，负责制订及执行广播业务守则，处理与广播内容及广告有关的投诉，并对违例个案作出惩处。广管局共有12名成员，其余3名则是政府人员。广管局现在采用媒介自我检查制度，由电视台和电台自行审查广告内容，作出播放决定。广告播放后，任何人士如有不满，可向广管局投诉，由该局按投诉情况的严重性作出审议，决定是否允许该广告继续播放。审议程序包括广管局职员调查投诉表面证据是否成立，成立的话则提交投诉委员会处理，经电视台及广告商提出抗辩，并邀请市民代表及专业人士提供意见，最后作出决定。如认为投诉成立，广管局会按事件的轻重向电台及电视台发出劝谕、强烈劝谕、警告、严重警告、发出更正或道歉声明或罚款，最严重的惩罚为暂时吊销或撤销牌照。不过香港自开埠以来，从未有过电台和电视台因播放不合法广告而被吊销牌照的现象。

广管局依靠市民协助审查广告的内容，通过市民投诉来衡量当时社会的品味及道德标准。近年来由于市场竞争激烈，广告人为了标新立异，往往使用较为出位的方法，以引起市民讨论和关注。电讯网络商SUNDAY 2000年的"的士司机撞鬼篇"广告，播放后的两个星期内收到1 823宗投诉，是香港史上首个收到千宗投诉的电视广告。观众认为这则广告不适当地使用恐怖手法，令观众及儿童受惊，结果被广管局评为恐怖，对成人及儿童均有滋扰，并发出"严重警告"，最后广管局决定终止播放该广告。

从表6－2中可见，市民对电视广告中使用鬼怪、暴力和色情最为敏感。市民的

① 本部分主要参考了陈家华，陈霓．广告·公关新思维：与香港业界对谈．香港：香港城市大学出版社，2006. 42～48

品味及道德标准不断改变，而广管局既要维护社会道德，又要保护商业言论自由，因此，管理机构只能按当时社会大多数人可接受的标准来量度广告内容，使社会对广告的不满程度降至最低。

香港人除了投诉广告表达外，也关注电视广告内容的真实性，表 6－3 列出近年有关失实声称的电视广告个案，分析显示失实声称多与健康产品有关，相信这是因为这类产品近年大行其道，广告客户争相采用超乎合理期望的声称，以吸引消费者的注意。

至于报纸杂志广告，由于现在没有政府部门专门负责监管，广告内容往往出现夸大失实的情况。消费者委员会的工作目标包括研究产品及服务能否为消费者提供正确资讯，所以也关注虚假广告。卫生署卫生防护中心关注市面上的不切实际的减肥广告宣传，并提醒市民要当心。

表 6－1　香港市民对电视广告的投诉数字一览表

年度	投诉数字
1991	106
1992	90
1993	92
1994	189
1995	676
1996	598
1997	333
1998	849
1999	1 486
2000	2 499
2001	1 077
2002	1 450
2003	743
2004	1 288

资料来源：广告事务管理局；影视及娱乐事务管理处。

表 6－2　1995—2004 年接到投诉最多的电视广告

广告		播出年份	投诉宗数	投诉事项	广管局审决
SUNDAY 电讯	的士司机撞鬼篇	2000	1 921	恐怖	严重警告
SUNDAY 电讯	电钻篇	2002	525	恐怖、暴力	警告
Jolly Shandy 饮品	少女尖叫篇	2004	480	烦扰、对青少年有坏影响	严重劝谕
嘉士伯啤酒	美腿篇	1995	319	贬低女性	不采取行动
SUNDAY 电讯	批打价篇	1998	275	暴力	不采取行动
城市电讯	IDD1666 鬼篇	1998	213	恐怖	表面证据不成立

（续上表）

广告		播出年份	投诉宗数	投诉事项	广管局审决
SUNDAY 电讯	脱靴篇	2001	196	猥亵	表面证据不成立
城市电讯	今世唔收篇	1999	185	迷信、恐怖	表面证据不足
苹果速销	外星人篇	1999	176	恐怖	劝谕在合家欢时段以外播放
SUNDAY 电讯	推出服务	1999	143	暴力	表面证据不成立
城市电讯	市场解放篇	1998	143	暴力	强烈劝谕在合家欢时段以外播放
E－trade 投资网站	撞车篇	2001	129	暴力	罚款
SUNDAY 电讯	豪三子篇	2001	126	主题差、猥亵	表面证据不成立
SUNDAY 电讯	眼球篇	2001	125	恐怖	劝谕在合家欢时段以外播放
生力啤酒	真男人	1995	111	色情	不采取行动

资料来源：广播事务管理局；影视及娱乐事务管理处。

表 6－3　被指声称失实的电视广告案例

广告	播出时间	声称	调查结果	审决
白金油	2005 年 1 月	将“功效多疗效快”及“有前香港总督府致函”放在一起	滥用当时最高权力机构发出的信件误导观众	警告
Fancl Extra Slim up	2004 年 7～8 月	产品含有燃烧脂肪的物质 HCA，有助减肥	有关 HCA 能减轻体重的测试，多项研究结果皆未有定论；消脂不等同减肥	劝谕
Fancl 深层补湿液	2003 年 11 月	产品独有 LML 再造因子，养分可以渗到底层	LML“再造因子”只是化学成分 Polyquaternium-51 的一种独特配方，而 Polyquaternium－51 是日本化妆产品普遍采用的成分，并非独有	劝谕
7 纤燃	2004 年 8 月	减体重同脂肪高达三倍	声称令人产生误解，没有说明比较基准	强烈劝谕
钻石能量水	2004 年 8 月	产品能将水分子团变得细小，更容易被人体所吸收	没有医学或科学文献支持	强烈劝谕
锌铷整体助长器广告及广告杂志	2003 年 12 月	有助增高及提供十年保用	没有科学客观证据研究报告支持，广告客户提供的个别使用者感谢信只属主观证据	强烈劝谕

（续上表）

广告	播出时间	声称	调查结果	审决
惠氏金装奶粉	2004年1月	含AA和DHA成分，有助脑部发育	声称不能成立	轻微违规
“安儿健A+” “安儿宝A+” “安婴宝A+”	2003年9月	含AA和DHA成分，有助脑部发育	没有临床研究根据	强烈劝谕
香港驾驶学院	2003年10月	声称“全包四千八，包到你合格”和“无限次免费重考保障”	套餐并不包括模拟驾驶课程及运输署收取的费用，重考保障仅为期一年	劝谕

资料来源：广播事务管理局。

3. **广告行业组织自律**

香港广告监管的一个重要方面是其广告行业组织的自律。事实上，香港的广告行业组织在行业自律、提高服务水平、防止不正当竞争方面都发挥着重要作用。这些行业组织主要有：香港广告商会、香港人广告客户协会和国际广告协会香港分会等[①]。它们是政府与广告经营单位联系的桥梁：一方面，政府利用这些广告组织贯彻广告管理法规、条例、标准，引导各会员公司遵守政府法律、法规；另一方面，这些广告组织又代表会员公司向政府有关职能部门反映广告业界的意见和要求，维护广告业界的利益，帮助公司搞好经营管理，加强各公司间的交流及协调，督促、加强各成员公司的自律[②]。例如，香港广告商会规定：“会员必须同意遵守香港政府及‘4A’所颁布有关一切广告内容及意旨之香港广告标准。”

第二节　澳门的广告监管

澳门是少数几个制定了专门广告法的地区之一。完善的法律体系加上广告行业的自律，保证了澳门广告业的健康有序发展。澳门涉及广告管理的法规包括以下六种（详见附录二）：

一、《澳门法律第七/八/九/M号广告活动之条文》：澳门管理广告活动的基本法律，共4章33条，规定了广告的定义，广告的原则，户外广告的审批，广告的禁止内容和禁止做广告的对象等很多项；对涉及妇女、儿童、青少年的广告、机动车辆广告、药物药剂产品及治疗广告、房地产广告作了特别规定；并特别指出含酒精饮品及香烟广告是受管制的广告；

① 有关香港广告行业组织的介绍参见第三章第一节中的相关内容。

② 刘家林．新编中外广告通史（第二版）．广州：暨南大学出版社，2004. 257

二、《澳门商法典有关广告之条文》：规定了签署合同的广告主体之间的权利和义务；

三、《澳门市政厅行政执照处对有关招牌及广告牌之规定》：规定了招牌和广告牌申请人需要提供的文件和支付的费用；

四、《澳门政府卫生局药物事务处对有关医药广告之规定》：规定了申请医药广告应提供的材料；

五、《澳门政府邮电局对直接邮递宣传之有关规定》：规定了邮递广告的申请和费用；

六、《澳门政府财政局对广告宣传缴纳印花税之规定》：规定了需缴交广告费用2%印花税的情况。

在澳门，广告管理是这样规定的：医药卫生广告等由卫生司负责；旅行及旅游方面的由旅游司负责；其他的一般由经济司负责[①]。

第三节　台湾的广告监管[②]

台湾的广告业在短短的三四十年时间里便走完了西方广告业一百多年的历程。但是，20 世纪 60 年代末自农业社会转入工业社会后，台湾一方面是经济持续大幅增长、人民消费能力增强、寻求商品信息的需要加大，另一方面是广告业高速发展[③]而广告环境却日显恶化、媒体职业道德水平不断下滑。在激烈的市场竞争背后，是竞争各方完全不顾商业道德与社会公德，纷纷采取不正当手段，在广告战中一较高下：或采用“王婆卖瓜”式的自吹自擂，或用不实手法欺骗消费者，或设计伪劣食品广告蒙骗顾客，或制作假药广告坑害用户……一时间，虚假广告泛滥成灾，成为社会公害。广告从业人员的总体形象大大受损，广告行业也成为台湾社会遍感愤懑和大众舆论公开声讨的对象。迫于公众的呼声和社会的压力，同时为了规范广告行为、促进广告业良性发展，台湾地区的各级行政主管部门和相关行业组织不得不开始着力解决广告管理这道难题。

经过 20 世纪 70 年代中期到 90 年代中期这 20 年间向美、日、英等发达国家的不断学习与摸索创新，台湾现今的广告管理体系已基本形成：

第一，制定了比较完善的广告管理法律、法规体系。在这个体系中虽然没有一份

① 邓荣芳，刘海波．港、澳、台地区的广告监管．中国广告，2006（12）：111

② 广告监管相关法律条文参见附录三．注 1：附录中所列条文均已经过整理，只将各法律法规中涉及广告管理的部分列出。注 2：台湾部分文章仍遵从中国古时从右向左的书写方式，凡文中所称之“如左”，均与大陆现代汉语中的“如下”同义。

③ 1962 年，台湾的广告经营总额为新台币 2 亿多元，到 1971 年时已经达到约 16 亿元，增长近 7 倍。仅 1971 年电视广告量就增长了 19.5%。

专门针对广告的成文法，但是仍然以配套法律法规搭建起了一个行之有效的约束框架，其中主要包括《卫星广播电视法》、《公共电视法》、《电视广告制作规范》、《广告物管理办法》、《化妆品管理条例》、《食品卫生管理法》、《健康食品管理法》、《医疗法》、《消费者保护法》、《药事法》、《电影法》、《出版法》等几十项。这些法律、法规起到了以下作用：首先是确立了广告的基本原则及发布标准；其次是授权有关政府部门加强对广告的管理；三是规定了处理违法广告的程序；四是明确了处罚的原则。

第二，充分发挥了广告行业的自律作用。台湾的行政部门对广告行业自律比较重视，广告行业自律组织也十分积极地配合政府加强对广告的管理，维护广告业的信誉。台湾的广告行业组织主要有台北市广告代理商同业公会、台北市广告业经营人协会、台湾广告主协会、国际广告协会台北分会，以及台北市媒体服务代理商协会、各新闻媒介的专业协会等；主要的自律规则有《广告人自律纲要》、《报业道德规范》、《无线电广播道德规范》、《电视道德规范》，《新闻事业广告规约》、《会员承揽广告协约》等。从总体上看，这些规则主要是要求组织成员遵守有关广告方面的法律法规、坚持广告的真实性原则、新闻与广告不得混淆等，对促进广告管理、引导广告健康发展起到巨大作用，均比较合理可行。

第三，消费者保护组织的事后监督。台湾的消费者保护组织为保护消费者的合法权益，会站在消费者的立场上对广告进行日常监督，发现违法和虚假广告，即向有关部门举报投诉，同时针对广告活动中存在的问题，向有关主管部门提出建议。

第四，以媒介为重要控制环节。媒介是广告传播的载体，任何广告都要通过媒介的传播才能与广大公众见面。台湾的有关部门一方面要求媒介严格把关，以有效地制止虚假、违法广告；另一方面若发现虚假、违法广告，立即通知所有媒介，使该违法广告不能进一步危害社会，损害消费者的利益。

第五，严厉制裁违法广告，尤其是虚假和误导广告。台湾对违法广告的处罚有两个特点。首先是处罚方式灵活多样，主要表现在：既有广告行业自律组织对违法广告的处罚，又有政府对违法广告的处罚；既有通报批评等对当事人名誉方面的处罚，又有经济乃至刑事方面的处罚。这些处罚措施不仅使违法者自取其辱，而且使其牟取非法利益的企图化为泡影。其次是重罚虚假广告和误导广告，主要表现在：①确立广告主的首要责任，即广告主对其广告所产生的负面影响应承担首要责任。②采取严厉的处罚措施。例如，台湾当局在2006年修改有关法规，大幅提高了对违规药品广告的罚款额度。非药品如刊登广告宣称具有疗效，刊播广告的非药商及媒体最高可被处以2 500万新台币的罚款，保健食品如夸大宣传称具有疗效最高可被处以200万新台币的罚款，而且可以连续处罚。

一、以规范媒介为出发点的相关广告法规

台湾地区的广告管理主要由各行政部门实施。药品、食品广告由卫生行政主管部门管理，实行内容审批制度；房地产广告由“建设委员会”管理；报刊、广播、电视广告由“行政院新闻局”[1] 管理，电视广告实行事前审查制度。

1967 年颁布实施的《广告物管理办法》是一项标志性的法规。20 世纪 70 年代中期、90 年代初期和后期以及 21 世纪初期是台湾地区广告相关法律法规颁布、修正的四个高峰。

以规范媒介为出发点的相关广告法规主要由以下一些构成：《广告物管理办法》、《卫星广播电视法》、《广播电视法》、《广播电视法施行细则》、《广播节目制作规范》、《广播广告制作规范》、《广播电视节目供应事业管理规则》、《广播电视广告内容审查标准》、《有线广播电视法》、《公共电视法》、《电视广告制作规范》（已废止）、《电视节目制作规范》（已废止）、《广播电视广告送审注意事项》、《有线电视广告制作标准》、《电影法》、《出版法》、《招牌广告及树立广告管理办法》等。

1. 广播电视电影类

《广播电视法》于 1976 年 1 月 8 日公布实施，最近的修正时间是在 2003 年 12 月 24 日，共计 6 章 45 条[2]；《广播电视法施行细则》对《广播电视法》进行了更详细的解释，于 1976 年 12 月 30 日公布，最近的修正时间是在 2005 年 5 月 23 日；《有线广播电视法》于 1993 年 12 月 20 日公布，最后修正于 2003 年 12 月 24 日；《有线广播电视施行细则》最后修正于 2003 年 5 月 24 日。其中第三十一条是“本法[3]第四十五条第二项所定广告时间，不包括同频道节目之预告。本法第四十五条第三项所定标示，应明显可辨识，并于广告开始时全程叠印”；第三十二条是“本法第四十六条所称定期，指每年四月及十月”；《公共电视法》最初颁布于 1997 年 5 月，最后修正于 2005 年 6 月。其中第四十一条是：“电台不得播送商业广告。但电台策划制作之节目，接受赞助者，得于该节目播送结束时，注明赞助者之姓名或名称”；《卫星广播电视法》颁布于 1999 年 2 月 3 日，最后修正于 2003 年 12 月 24 日。

除以上的“法”之外，台湾还有一些由“行政院新闻局”制定的、具有法律效力的各种“规范”，如《广播电视广告内容审查标准》、《有线电视广告制作标准》、《电视广告制作规范》（已废止，略）、《广播电视广告送审注意事项》、《广播节目制

---

① “行政院新闻局”的职能类似于大陆的国家新闻出版总署和国家广电总局部分权责的混合，由于台湾没有专门针对广告的成文法，因此实际上“行政院新闻局”在对涉及广告管理的立法和解释上具有非常大的权力。

② 附录中所列条文均已经过整理，只将各法律法规中涉及广告管理的部分列出，以备广告业界人士查阅。另，台湾部分文章仍遵从中国古时从右向左的书写方式，凡文中所称之“如左”，均与大陆现代汉语中的“如下”同义。

③ 指台湾当局颁布的《有线广播电视法》。

作规范》、《电视节目制作规范》（已废止，略）、《录影节目带制作规范》（已废止，略）等。

《有线电视广告制作标准》于1994年3月9日由“行政院新闻局”发布，共有八条；《广播电视广告送审注意事项》共有五条规定；《广播节目制作规范》于1988年8月19日颁布，广告管理内容约涉及5条。

2. 户外及平面类

此部分的法律法规主要包括《广告物管理办法》、《出版法》（已废止，略）部分内容、《招牌广告及树立广告管理办法》等，数量较少。其未尽部分当由各报社、杂志社、出版公司的内部审查规定协调补充。

《广告物管理办法》是为户外广告专门制定的管理规章，在1977年由“行政院”公布；《招牌广告及树立广告管理办法》于2004年6月17日公布，共有16条。

《出版法》自1930年12月制定公布，立即成为当时的国民党政府限制新闻、出版自由的工具；进入20世纪80年代中后期，《出版法》的政治控制功能逐渐弱化。至1999年1月，在台湾社会各界的强劲压力下，实施长达69年的《出版法》被废止，其间共修订6次。其中第三十五条规定：“以更正辩驳书、广告等方式登记载于出版品者，应受第三十二条至第三十四条规定之限制。”而第三十二条是“出版品不得为下列各款之记载：一、触犯或煽动他人触犯内乱罪、外患罪者。二、触犯或煽动他人触犯妨害公务罪、妨害投票罪或妨害秩序罪者。三、触犯或煽动他人触犯亵渎祀典罪或妨害风化罪者”。第三十三条（诉愿事件登载之限制）是：“出版品对于尚在侦查或审判中之诉讼事件，或承办该事件之司法人员，或与该事件有关之诉讼关系人，不得评论；并不得登载禁止公开诉讼事件之辩论。”第三十四条则是：“战时或遇有变乱或依宪法为急速处分时，得依‘中央’政府命令之所定，禁止或限制出版品关于政治、军事、外交之机密或危害地方治安事项之记载。”

二、以确保商业活动正常运行和社会稳定为目的的相关广告法规

此部分法律、法规大致包括以下一些：《台湾地区与大陆地区人民关系条例》、《药事法》、《医疗法》、《食品卫生管理法》、《健康食品管理法》、《化妆品管理条例》、《消费者保护法》、《公平交易法》、《商标法》、《专利法》、《烟酒管理法》、《电信法》以及与这些法律配套实施的施行细则等。

《台湾地区与大陆地区人民关系条例》颁布于1992年7月31日，对两岸广告业的发展具有根本性的影响。之所以说此法令对两岸广告业发展具有重大影响，是因为台湾当局根据此法规定，能够以正式法规的形式，避免大陆借在岛内开办广告公司之机间接进行经济渗透，或是趁便进行所谓的“间谍”活动。台湾当局近年来对TVBS电视台的打击与排斥，沿用依据亦出于此。2004年1月1日，台湾“行政院”放宽了限制，颁布了《大陆物品劳动服务在台从事广告的管理办法（草案）》，其中详细

规定了在台湾地区进行广告活动的条件。“得在台湾地区从事广告活动”的项目为：一、依台湾地区与大陆地区贸易许可办法，准许输入的大陆地区物品；二、依大陆地区出版品电影片录像节目广播电视节目进入台湾地区或在台湾地区发行销售制作播映展览观摩许可办法，取得许可的大陆地区出版品、电影片、录像节目或广播电视节目；三、台湾地区旅行业于大陆地区办理的观光活动业务。至于“不得在台湾地区从事广告活动”的项目则是：一、招揽台湾地区人民、法人、团体或其他机构于大陆地区投资；二、不动产开发及交易；三、婚姻媒合；四、专门职业服务，依法令有限制广告活动者；五、未经许可的大陆地区物品、劳务、服务或其他事项，已许可后经撤销或废止许可者，亦同；六、依其他法令规定，不得从事广告活动者。

此外，《消费者保护法》颁布于1994年1月11日；《消费者保护法施行细则》颁布于1994年11月2日；《公平交易法》公布于1991年2月4日，最后修正于2000年4月26日，涉及广告的条款主要是第二十一条和第四十一条；《商标法》最后修正于2003年5月28日；《专利法》最后修正于2000年5月19日，涉及广告的条款主要是第八十三条“发明专利权人或其被授权人或特许实施权人登载广告，不得逾越专利权之范围。非专利物品或非专利方法所制物品，不得在物品或其包装上附加‘请准专利’字样，或足以使人误认为请准专利之标示”；《烟酒管理法》发布于2000年4月19日；《烟酒管理法施行细则》也于2004年6月29日由台湾“财政部”修正公布；《电信法》最后发布于2002年7月10日①，涉及广告的条款主要是第八条“电信之内容及其发生之效果或影响，均由使用电信人负其责任。以提供妨害公共秩序及善良风俗之电信内容为营业者，电信事业得停止其使用。擅自设置、张贴或喷漆有碍景观之广告物，并于广告物上登载自己或他人之电话号码或其他电信服务识别符号、号码，作为广告宣传者，广告物主管机关得通知电信事业者，停止提供该广告物登载之电信服务”。

从世界范围来看，对于医药、医疗、食品、化妆品的广告管理都是各国和各地区广告管理的重中之重，台湾地区也不例外。台湾从1960年公布“取缔伪药劣药禁药办法”后，又陆续出台了《药事法》、《医疗法》、《食品卫生管理法》、《健康食品管理法》、《化妆品管理条例》等法规。《药事法》源于1970年通过的《药物药商管理法》，1993年改为现名，2004年3月30日最后修正；与之相配套的《药事法施行细则》颁布于1973年4月4日，最后修正于2005年2月16日。

《医疗法》于1985年颁布实施，最后修正于2005年2月5日；衍生的《医疗法施行细则》最后修正于2006年6月20日；《食品卫生管理法》公布于1975年，最后修正于2002年1月30日，涉及广告管理的内容有四条；1999年，台湾吸收了日本、

① 马英九任台北市市长之初，对当时台北街头猖獗的“牛皮癣”小广告即以此法为主要依据，严肃整治，收效甚好。

美国和中国大陆的经验，颁布了《健康食品管理法》，将健康食品管理纳入法制化轨道，《健康食品管理法》最后修正于2002年1月30日；《化妆品管理条例》公布于1972年2月28日，修正于1991年5月27日，涉及广告管理的内容有两条，《化妆品管理条例施行细则》第二十条也规定，“化妆品广告之内容，应依《化妆品卫生管理条例》第二十四条第一项规定，不得有下列情事：一、所用文字、图画与核准或备查文件不符者。二、有伤风化或违背公共秩序善良风俗者。三、名称、制法、效用或性能虚伪夸大者。四、保证其效用或性能者。五、涉及疾病治疗或预防者。六、其他经‘中央’卫生主管机关公告不得登载宣播者”。

由于医药、医疗、化妆品等产品与服务之后存在巨额利润，各国不法商人皆挖空心思制作各种违法广告，以达到其不可告人的目的。台湾的广告管理在此问题上也长期受到困扰。

据“卫生署”公布的2006年1月至4月针对电视媒体疑似违规广告的监控结果，平均每小时就有0.11件疑似违规医疗健康相关广告，其中又以食品违规最严重，占60%以上，宣称疗效则以美容、减肥居冠。据“卫生署”统计，2006年1至4月间，计监录电视媒体广告537小时，其中有61件疑似违规，而最夸张的是，其中又以邀请艺人主持甚至邀请医疗人员代言的节目性广告最多，共有45件，占疑似违规广告的73.8%。在违规比率方面，电视媒体以食品的65.75%最高，大多是将食品夸大不实，并宣称具有壮阳、瘦身功效或糖尿病疗效；违规广告宣称效能类型则以美容、减肥瘦身、新陈代谢、性功能、丰胸为前5名。

为尽量减少上述情况的发生，台北市卫生局定期为广告业者和相关厂商举办法律法规讲座，并整理出一些违法案例和知识点以帮助加深理解。例如，台北市卫生局规定，在宣称预防、改善、减轻、诊断或治疗疾病或特定生理情形时，广告中不得有治疗近视、恢复视力、防止便秘、利尿、壮阳、强精、治失眠、降血压、改善血浊、清血、调整内分泌、补肾、滋肾、固肾、健脾、补脾、和胃、养心、补心、强心、润肺、养肝、泻肝、润肠、活血、改善更年期障碍、消渴、消滞、平胃气、肝火、防口臭、改善喉咙发炎、消肿止痛、消除心律不齐、解毒等词语。在化妆品广告中，不得有漂白、快白、美白、幼白、超级、超高级、唯一、第一、强力、纯中性、独特、收敛、防晒、含抗UVA及UVB物质、隔离紫外线、杀菌、预防（治疗）青春痘、促进细胞活动、活化细胞、淡化黑色素、瘦身、燃烧脂肪、塑身、雕琢肌肤、修补皮肤组织、增强免疫（抵抗）力等词语。

三、行业自律性质的道德规范

台湾制约广告刊播的道德规范主要有五个方面。一是广告必须真实。台湾的《新闻事业广告规约》、《报业道德规范》、《无线电广播道德规范》和《电视道德规范》都明确规定，广告必须真实，不得夸张，如有怀疑，必须即时查证，对于所有虚假广告一律禁止刊播。二是禁止广告新闻化。三是禁止诲淫虚假的医药广告。四是广告要有美感。五是刊播广告的时间、空间篇幅不能过多。新闻界在自行制定的道德规范中，虽未有明确而具体的规定，但是在实际运作过程中，还是存在着相对客观的尺度①。

台湾有关广告行业自律性质的道德规范主要包括《综合广告业经营者自律纲要》、《新闻事业广告规约》、《新闻记者信条》、《报业道德规范》、《无线电广播道德规范》、《电视道德规范》、《电视广告规范》（后演变为《净化电视广告规范手册》）、《广告人自律纲要》、《会员承揽广告协约》等。此外，一些新闻媒体也纷纷制定本单位的广告处理规则，也颇具道德自律意义。如“中国广播公司”、正声广播公司、台湾电视公司、“中国电视公司”、“中华电视台”、《“中央”日报》、《联合报》、《经济日报》、《中国时报》、《工商时报》、《中华日报》等，其广告经营相关文件或称“规范”、“准则”，或称“处理办法”、“章则”、“规则”②。

在《报业道德规范》中，广告条目位于第七部分，有六款；在《电视道德规范》里，涉及广告的内容有三款；《电视广告规范》则有较大篇幅的专门规定；《无线电广播道德规范》涉及广告的内容在第六部分，共三款。《净化电视广告规范手册》是台湾电视学会在《电视广告规范》的基础上为净化电视广告而专门编集的。《手册》内容分为电视广告“制作”和“播映”两部分，此外还将各类商品广告的管理办法详细收集作为附文③。

以上这些自律规范，在台湾广告业的发展过程中起了很大的作用，至今仍为业内人士所遵循引用。随着外部环境的变化，自律规范自然也会随之调整；但有一点可以肯定的是，无论台湾广告业发展到何种阶段，广告道德规范在广告监管中的作用和力量都是必不可少的。

---

① 张昆．论报禁开放前台湾略的新闻道德观念．第六届两岸传媒迈入二十一世纪学术研讨会宣读论文，武汉大学媒介发展研究中心，http：//media. whu. edu. cn/NewsDetail. asp？id＝298，2005－11－21

② 参见樊志育．广告学（革新版）．台北：三民书局，1996. 391～408

③ 参见王多明．中国广告词典．成都：四川大学出版社，1996. 383～387

Chapter 7 第七章

香港宏观环境变迁对广告业发展的影响

Effects of Macro-Environmental Transition on Development of Advertising Industry in Hong Kong

第一节　解读香港广告行业的重心波动

香港经济是世界经济的一个奇迹，她以不到全球十万分之一的面积和千分之一的人口，创造着全球第二位的人均对外贸易值和世界第一的转口贸易总值。现代意义上的香港经济，始于20世纪50年代，经历了三次重大的经济转型。第一次是在20世纪50年代，香港从转口贸易港发展为以轻纺工业为龙头的出口加工业基地；第二次是从20世纪70年代末开始，由于制造业迁移内地，为香港发展以房地产和金融业为主的服务业让出了空间；1997年底的亚洲金融风暴使香港陷入了战后罕见的衰退，迫使香港经济结构作出痛苦的调整，但也为香港新经济时代的来临提供了历史性契机。当前，香港正处于以知识经济为目标的第三次历史性飞跃的关键阶段，而2004年1月1日开始实施的《内地与香港关于建立更紧密经贸关系的安排》（简称CEPA）则为香港的这个历史性的飞跃提供了新的重要动力。

从图7-1可以看出，香港的经济自1971年以来一直保持高速增长，GDP从1971年的218.7亿港元上升至2004年的12 098.1亿港元，增长了59倍。受经济发展的影响，香港广告业发展迅猛，30多年以来连年增长，广告总开支额由1971年的2亿港元上升至2004年的447.07亿港元，增长了223.5倍。即使在1997年亚洲金融风暴以后，香港经济停滞不前，甚至GDP出现负增长的情况下，广告业虽受到一定影响，但仍然保持向上增长趋势（见图7-2）。

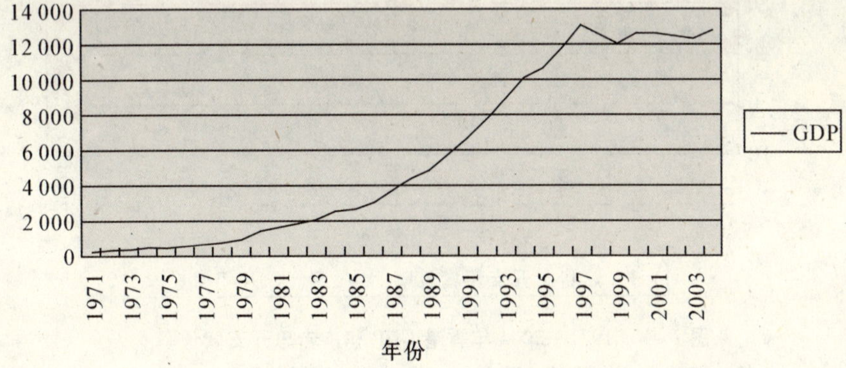

图7-1　1971—2004年香港GDP

原始数据来源：1971—2004年香港经济年鉴．香港：经济导报社，1972—2005

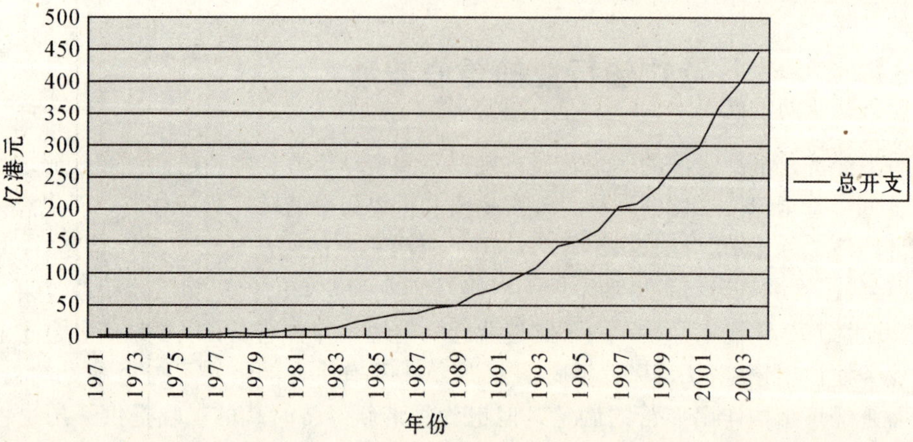

图 7-2　1971—2004 年香港广告总开支

原始数据来源：1979—2004 年香港经济年鉴．香港：经济导报社，1980—2005 和冼日明、游汉明．广告在香港：经济、社会、法律及管理层面之剖析．香港：香港大学出版印务公司，1986

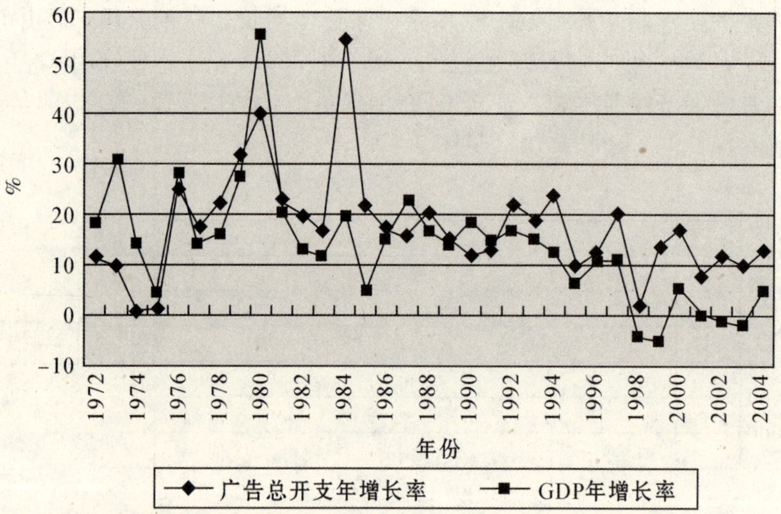

图 7-3　1971—2004 年香港 GDP 和广告总开支增长率

原始数据来源：1971—2004 年香港经济年鉴．香港：经济导报社，1972—2005 和冼日明、游汉明．广告在香港：经济、社会、法律及管理层面之剖析．香港：香港大学出版印务公司，1986

广告总开支年增长率和 GDP 年增长率走势基本保持一致（见图 7-3），可见广告业的发展主要受到经济状况的影响。GDP 增幅最大的一年是 1980 年，达 55.9%；

最小的一年是 1999 年，为 -5.1%。而广告总开支增幅最大的一年是 1984 年，达 54.7%；最小的一年是 1974 年，为 0.8%。

广告行业的发展受到众多因素的影响和制约，除了经济状况这一最主要的因素之外，还包括政治、法律、技术、消费者生活方式和重大突发事件等，香港宏观环境的每一个方面的剧烈变化，都会或多或少地体现在广告行业的发展轨迹上。事实上，香港广告业自 1979 年以来，广告开支总额时高时低，呈波动状态；广告的行业开支和广告的客户开支十大排行榜上也是各领风骚三五年，你方唱罢我登场。我们关心的是，每次广告行业波动背后的最主要的原因是什么。以下从多个角度，结合宏观环境的各个影响因素，解读自 20 世纪 80 年代以来，香港广告行业的数次重心波动。

一、重心波动一（1984—1985）

原因：生活方式的变迁　关键词：休闲

由表 7-1 可见，1984 年香港的消闲商品（包括旅行社、航空公司及酒店）开支仅列十大行业之末，1985 年迅速飙升至榜首；而 1984 年排名榜首的食品广告开支排名从 1985 年开始总体呈下降的趋势，显示随着香港经济的发展、生活水平的提高，市民的消费生活方式重心已由“吃”转向“玩”，社会有闲阶级队伍壮大，市民总体生活品质上升到了一个新的层次。消闲商品广告主不失时机，大量投放广告，故而成就了 1984—1985 年行业广告投放重心的演变。

二、重心波动二（1990—1991）

原因：法律环境的更新　关键词：香烟

1990 年 12 月 1 日开始，香港的电视台、电台和电影院等相继禁止播放香烟广告。香烟广告开支金额由 1990 年的 3.4 亿港元大幅下跌至 1991 年的 1.7 亿港元[①]。从这年开始，香烟行业跌出了广告开支十大行业的排行榜，再也没有回来过（见表 7-1）。此外，从十大广告客户排行榜上可以发现，1985—1990 年万宝路均高居榜首，从 1991 年开始，就再也没有香烟广告客户进入十大（见表 7-2）。从这一典型个案可以看出，任何广告法律环境的变更，都将直接影响到整个广告行业的发展态势。

三、重心波动三（1992—1993）

原因：内地市场的辐射　关键词：房地产

香港经济跟内地经济有着千丝万缕的联系。1992 年，内地的外销楼盘增加，掀起内地的房地产热潮。同年，香港房地产广告增长超过一倍，达 11.03 亿港元。1993 年内地楼盘广告开支增长一倍，攀升至行业广告投放排行榜第一位（见表 7-1），达

① 1991 年香港经济年鉴．香港：经济导报社，1992. 140

8.28亿港元。可见，内地市场的发展对香港市场有着非常重要的影响，市场环境的变化也直接导致了广告行业投放格局的变动。随着《内地与香港关于建立更紧密经贸关系的安排》（CEPA）的实施，香港与内地的经济联系将更加紧密，内地市场的辐射对香港总体经济走势，继而对广告行业发展态势的影响也将更为显著。

四、重心波动四（1997—1998）

原因：经济状况的影响　关键词：金融风暴

自1971年开始，香港广告开支总额都呈上升趋势，无一例外，但增幅最小的要数1998年（见表7-3）。受1997年亚洲金融风暴的影响，1998年香港经济出现衰退现象，GDP呈负增长。不少企业纷纷收缩开支，大幅削减广告预算，令依赖经济兴衰表现的广告业表现欠佳。1998年，香港广告支出总额为208.03亿港元，仅比1997年微增1.98%，为30多年来增幅最小的一年。扣除各广告公司在收费上普遍给予客户较大折扣的因素后，1998年广告实际开支其实是倒退的①。广告行业的整体发展状况主要受经济发展水平的影响和制约，在1997—1998年的这次亚洲金融风暴中，这一规律表现得尤为明显了。

五、重心波动五（1998—1999）

原因：创新产品的普及　关键词：手机

通讯器材和流动通讯服务的广告开支在1999年大幅攀升至十大广告开支行业的榜首（见表7-1），说明当时手机通讯已经进入市场普及阶段，大量的手机生产商和通讯服务商进入市场，激烈的客户竞争拉高了整个行业的广告开支。从这一个案不难看出，技术的革新为市场带来创新的产品，而创新产品为消费者所普遍接受需要广告的“推波助澜”。因此，在创新产品的生产商和服务商为争夺客户而进行激烈市场竞争的过程中，相关行业的广告开支额便相应地需要大幅提升了。

六、重心波动六（2003—2004）

原因：重大事件的突发　关键词：SARS

2003年，受到SARS（非典型肺炎）的严重影响，许多行业的广告开支都大幅下跌，如房地产业广告开支比2002年同期下跌了14.02%。相反，家居用品和医药保健品为了促销产品乘势增加广告投放，令广告开支增幅分别达到28.11%和27.79%。2004年，美容及瘦身业的广告开支升幅高达48.7%，主要原因是，2003年该行业受SARS的严重打击，2004年开始恢复元气，所以呈现大幅上涨态势。由这一事件及广告行业的相应波动现象可见，重大事件的突发可以改变整个社会的消费需求格局，相

① 1998年香港经济年鉴．香港：经济导报社，1999. 218

关产品和服务供应商的广告投放也会采取扩张或紧缩的策略，各行业广告投放额度也不可避免地随之发生较大幅度的波动。

由此看来，无论是经济环境的起伏、法律环境的变更、重大事件的突发，还是消费者生活方式的转变、创新产品的普及等，无一不对广告业的兴衰产生着重要的影响。反过来看，广告业也会对上述影响因素产生反作用力。例如，广告对商品的普及起到了至关重要的推动作用，进而加快了人民生活方式的转变；再如，广告行业的巨额开支为 GDP 的增长作出了贡献等，都是广告业对社会发展产生正面影响的有力证据。当然，诸如虚假宣传等不良广告也会给社会发展带来负面影响，则不在本章论述范围之内。具体可参见“香港的广告监管”一节。

表 7－1　历年香港十大广告开支行业一览表（1979—2004）

排名 年份	1	2	3	4	5	6	7	8	9	10
1979	香烟	酒类	汽水	—	—	—	—	—	—	—
1981	香烟	酒类	汽水	—	—	—	—	—	—	—
1983	食品	时装	香烟	药物	酒类	电器	家庭用品	钟表	金融	消闲商品
1984	食品	时装	香烟	药物	酒类	电器	家庭用品	钟表	金融	消闲商品
1985	消闲商品	食品	零售商品	饮品	香烟	化妆品	个人用品	电器	药物	酒类
1986	消闲商品	零售商品	食品	香烟	个人用品	化妆品	地产	饮料	酒类	药物
1988	娱乐项目	零售商品	食品	香烟	个人用品	厕具用品	电器	银行金融	地产	药品
1990	海外旅游	香烟	钟表	物业租售	电影、演唱会及戏剧	餐厅俱乐部	洋酒	百货公司	传播器材及服务	影视器材及配件
1991	消闲商品	零售	浴室洁具	食品	电器	个人用品	物业	工商用品	服装	财务银行投资
1992	消闲商品	房地产	零售	浴室用品	个人用品	电器	食品	工业用品	财务投资银行	服装
1993	海外楼宇	杂项	旅游	传讯设备及服务	住宅楼宇租卖	电影、演唱会及话剧	手表	汽车	信用卡	餐厅和俱乐部
1994	房地产	消闲服务	零售	杂项	工业用品	浴室用品	食品	财务投资银行	电器	汽车
1995	消闲服务	地产	杂项	零售	浴室用品	工业用品	财务投资银行	食品	个人用品	电器
1996	消闲服务	零售	杂项	地产	财务投资银行	工业用品	浴室用品	食品	个人用品	药物

（续上表）

年份＼排名	1	2	3	4	5	6	7	8	9	10
1997	消闲服务	地产	零售	工业用品	杂项	财务投资银行	浴室用品	食品	个人用品	药物
1998	消闲服务	工业用品	杂项	零售	地产	财务投资银行	食品	浴室用品	药物	饮品
1999	通讯器材和服务	流通电话服务和器材	超级市场	海外旅游	房地产	媒介本身宣传	内地楼盘	餐饮/会所	唱片	信用卡
2000	消闲服务	零售业务	银行金融	—	—	—	—	—	—	—
2001	内地楼盘	餐厅会所	媒体自我宣传	海外旅游	本地楼盘	信用卡	保健饮品	护肤品	教育	快餐店
2002	楼盘	内地楼盘	面、眼部护理产品	旅行社	头发护理产品	银行投资	餐厅及快餐	美容纤体健康食品	珠宝手表及奢侈品	美容、纤体中心
2003	地产	家居用品	食品	娱乐	医药保健	银行投资	化妆护肤	零售	美容瘦身	食肆
2004	家居用品	银行投资	化妆护肤	医药	美容瘦身	食品	娱乐	地产	零售	食肆

资料来源：根据1979—2004年香港经济年鉴．香港：经济导报社，1980—2005提供资料整理。

注：①消闲商品指的是旅行社、航空公司及酒店；②表中“－”代表资料缺失；③若干年份的资料缺失，故未列入。

表7－2 历年香港十大广告客户一览表（1985—2004）

年份＼排名	1	2	3	4	5	6	7	8	9	10
1985	万宝路	康泰旅行	精工表	健牌香烟	总督香烟	中邦集团	永安百货	星晨旅行	麦当劳	浪琴手表
1986	万宝路	康泰旅行	维他产品	健牌香烟	星辰旅行	精工表	永安百货	万事发烟	麦当劳	乐声
1988	万宝路	乐声	康泰旅行	万事发烟	麦当劳	新华旅行	精工表	花王	健牌香烟	声宝
1989	万宝路	康泰旅行	万事发烟	花王	麦当劳	乐声	东芝	声宝	健牌香烟	新华旅行
1990	万宝路	声宝	花王	康泰旅行	麦当劳	万事发	新华旅行	健牌香烟	沙龙	乐声
1992	声宝	花王	麦当劳	乐声	非烟万宝路	康泰旅行	和记通讯	庄生	万国宝通银行	新华旅行
1997	惠康超市	麦当劳	百佳超市	中原地产	和记电讯	汇丰银行	爱立信	宇宙表	雅涛居	数码通
1998	香港电讯	和记电讯	汇丰银行	数码通	麦当劳	百佳超市	恒生银行	Sunday	康泰旅行	强生
2001	麦当劳	碧桂园	有线电视	汇丰银行	百佳超市	电讯盈科	箭牌	恒生银行	惠康超市	康泰旅游
2002	麦当劳	电讯盈科	汇丰银行	百佳超市	碧桂园	长江实业	新鸿基	太太药业	康泰旅行	胡礼
2004	麦当劳	汇丰银行	电讯盈科	P&G－Olay	新鸿基	胡礼	百佳	优之良品	康泰旅行	P&G SKII

资料来源：根据1985—2004年香港经济年鉴．香港：经济导报社，1986—2005提供资料整理。

注：①表中“—”代表资料缺失；②若干年份的资料缺失，故未列入。

表 7-3　2004 年香港十大广告行业与广告客户开支一览表

排名	行业	总开支（亿元）	广告客户	总开支（亿元）
1	家居用品	12.32	麦当劳	1.620
2	银行及投资	11.21	汇丰银行	1.230
3	化妆及护肤品	10.34	电讯盈科	1.180
4	医药	10.30	P&G-Olay	1.150
5	美容及瘦身	10.16	新鸿基	1.090
6	食品	9.68	胡礼	1.000
7	娱乐	9.24	百佳	0.997
8	地产	8.80	优之良品	0.994
9	零售	7.82	康泰旅行	0.984
10	食肆	6.98	P&G SKII	0.979

资料来源：根据香港经济年鉴．香港：经济导报社，2005：290~291 相关资料整理。

第二节　香港公益广告与社会变迁

一、香港公益广告概况

公益广告（Public Services Advertisement），在香港也被称为“政府宣传短片”（Announcements in the Public Interest，简称 API）。作为亚洲广告业的中心之一，香港不仅商业广告发达，公益广告的表现也十分出色。走在香港的大街小巷，随处可以看到大大小小的公益广告。在街角的大屏幕上、在街头的自助免费资料册上、在义工们街边派发的传单上，处处都是公益广告的领地。内容从“请珍惜你的选举权”到“垃圾分类——就是这么简单”，从“急需 O 型血”到“扶助老弱，从细处做起啦”，从“改善服务态度，多一个笑容”到“我们会渡过难关，香港明天更美好”，无所不有。除了大量的商业广告外，两家商业电视台还会经常播放戒烟、禁毒、伦理道德、社会义务、交通安全、防盗防火等内容的社会公共教育广告。这些广告的创意和制作相当严谨真切，效果动人。此类广告的出资者主要是政府有关部门，同时也得到广告公司和一些大企业的赞助，电视台则经常采取免费或减费的办法予以播出①。

香港特区政府新闻处是香港公益广告的主要管理部门。该处担任政府的公共关系顾问，负责政府的新闻、出版及宣传工作。政府新闻处是政府与传播媒介之间的桥梁，并通过传媒提高市民对政府政策、决定和工作的认识。

政府新闻处分为 4 个科，分别是本地公共关系科、宣传及推广科、香港以外地区公共关系科和行政科。本地公共关系科督导决策局和部门新闻组的工作，该科负责找出争议，指导各新闻组制定公关策略，并加以监督并提供意见。宣传科负责政府刊物

① 尚恒德．大陆人眼中的香港广告．中外第三产业，1993（5）：31

出版及广告工作，同时负责执行政府各类宣传运动及大部分创作设计和摄影工作。香港以外地区公共关系科负责制定和推行政府的国际公关关系及联络沟通策略，该科与香港特区政府驻外经济贸易办事处合作，建立及推广香港特别行政区在国际上的形象。该科管辖下的香港品牌管理组负责宣传香港的形象标志——香港品牌，目的在于将香港包装成为一个城市品牌，宣传香港是国际都会、理想商业之都和热门旅游点。

香港广播事务管理局要求大部分持牌机构每小时播出一分钟指定的宣传内容，而对有线电视、NOW 宽频及银河卫视，则要求每两小时播出一分钟指定宣传内容。2002 至 2003 年，电视台共播出 74 000 分钟政府宣传片，电台共播出 105 000 分钟政府宣传片[①]。

表 7－4 列出各政府部门于 2004 年的广告支出。卫生署、康乐及文化事物署及职业安全健康局播放的宣传广告最多；表 7－5 列出政府宣传片的媒介投放分布，显示 2003 年政府宣传的媒介使用以报纸和电视为主，2004 年改为以九巴的 Roadshow（路演）为主[②]。

表 7－4　2004 年政府决策局及部门的宣传广告支出[③]

政府决策局及部门	总金额（港币 $ '000）	所占比例（%）
卫生署	53 223	19
康乐及文化事务署	30 412	11
职业安全健康局	30 268	11
教育统筹局	18 570	6
劳工处	15 015	5
民政事务局/总署	13 594	5
卫生福利及食物局	11 789	4
政制事务局	11 633	4
香港房屋委员会	9 631	3
资讯科技署	8 442	3
房屋及规划地政局	6 507	2
运输局/运输署	6 370	2
社会福利署	4 614	2
机电工程署	4 218	1
食物环境卫生署	3 668	1
旅游事务署	3 609	1
职业性失聪补偿管理局	2 849	1
工商及科技局	2 807	1
其他	48 953	18
总计	286 172	100

资料来源：admanGo（2005－05－31）

① 数据来源：香港政府新闻部，2003

② 陈家华，陈霓．广告·公关新思维：与香港业界对谈．香港：香港城市大学出版社，2006. 33

③ 转引自陈家华，陈霓．广告·公关新思维：与香港业界对谈．香港：香港城市大学出版社，2006. 32

表 7-5　香港政府宣传片的媒介投放分布一览表①

	2003 年（港币 $' 000）	所占比例（%）	2004 年（港币 $' 000）	所占比例（%）
电视	47 091	19.3	15 917	5.6
有线电视/卫视	5 921	2.4	8 881	3.1
报纸	66 373	27.2	70 731	24.7
杂志	11 131	4.6	10 009	3.5
电台	39 049	16.0	38 864	13.6
戏院	0	0.0	0	0.0
地铁	32 013	13.1	23 544	8.2
巴士站/电车站	10 770	4.4	8 641	3.0
RoadShow	23 467	9.6	90 671	31.7
其他	7 947	3.3	18 914	6.6
总计	243 761	100.0	286 172	100.0

资料来源：admanGo（2005-05-31）

二、香港公益广告与社会变迁

香港在社会发展的过程中，难免会遇到各种各样的社会问题，这时，政府往往会采用公益广告的方式对其加以引导和解决。因而，随着香港社会的变迁，公益广告宣传的重点也随之变更。回顾过去半个多世纪香港的公益广告，我们便不难发现这种关联。事实上，我们一方面可以通过研究公益广告的主题变化，来考察香港社会的发展历程；另一方面，我们也可以通过香港社会价值的变迁，来体会公益广告在构建和谐社会中的重要作用。以下我们便简要回顾从 20 世纪 50 年代至今，香港政府投放的具有重要历史意义、反映社会变迁、并成功引导社会风尚的公益广告。

1. 无偿献血

香港红十字会从 1952 年开始推动没有报酬的自愿捐血，也一直是唯一提供血液给全港医院病人使用的机构。但是在 20 世纪 50 年代，香港大部分市民都不能接受没有报酬的自愿捐血。因此，香港红十字会便开始制作一些教育资料短片，告诉市民人的血液可以再生，少量捐血并不影响健康，以鼓励更多的人捐血。但这样的宣传还不足以吸引大量的市民来进行这项活动，香港的血库常常出现血液短缺的情况，以至于很多病人本来可以得到救助，却因为失血过多而引致死亡。

20 世纪 70 年代末、80 年代初，大量的香港市民居住在木屋区，多个家庭同用一个电源，经常会因为超负荷用电而引致火花，因此火灾频生。这些火灾所带来的问题之一是大批人员伤亡。在这种情况下，香港需要大量的血液帮助有需要的人。从 80

① 转引自陈家华，陈霓．广告·公关新思维：与香港业界对谈．香港：香港城市大学出版社，2006.34

年代开始，香港红十字会制作一系列的宣传短片，例如“盼世上同和应”和“捐血救人，益己益人”等。直到80年代的末期，香港红十字会改原来的私有经营为政府公营模式，政府开始投入大量资金，邀请最受欢迎的演艺明星作为捐血广告的代言人。如1994年是张学友；1996年是盖鸣晖、吴美英；1997年是陈晓东；1998年是许志安、陈慧琳；1999年是郑经翰等。公益广告利用明星作为代言人，令市民对广告传达的信息有更深刻的印象，因为他们的名气和以身作则都会使观众对广告的认同感大大提高。

2. 交通问题

从20世纪60年代末开始，香港港口开始向集装箱（或称为货柜）运输发展。1969年，尖沙咀九龙仓码头靠泊第一艘来港的集装箱船，它标志着香港集装箱运输业的开始。此后集装箱运输业便以惊人的速度迅猛发展，交通越来越繁忙。当时市民对交通规则的认识还十分贫乏，同时街道又不够宽敞，交通灯的设立也并非现在这样完善，路牌和交通灯在很多人眼中根本形同虚设，人与车争道、车与灯赛跑、人与灯竞争等险象环生的镜头不时在香港各大街道上出现。随着交通事故越来越频繁，港英政府开始加大宣传交通安全的力度，呼吁民众遵守道路交通规则。

那时，路上、报纸、电台、电视台，甚至学校上课之前，都会看到或听到“慢慢走，勿乱跑，马路如虎口，交通规则要遵守，安全第一，命长久”的交通安全宣传口号。香港商业电台还把这则宣传广告编成儿歌，让儿童们可以朗朗上口，也便于民众记忆。这种言语简单通俗又像顺口溜的交通安全宣传，让不少市民深受教育，深刻体会到遵守交通规则的意义。

3. 清洁香港运动

清洁香港运动是从20世纪70年代开始的。为了配合政府的行动，公益广告设计了一个“垃圾虫”形象。垃圾虫是乱扔垃圾的人制造的：“一片草地，经过此处的男男女女随手将吃剩的食物或包装材料扔在草坪上，草坪渐渐凸起，变成一个绿色的可以行走的动物，其身上的垃圾变成一个个红色的凸起的粘状物，垃圾虫蹒跚走出镜头，原来的绿地成了裸露的水泥地。”广告的目的在于用“垃圾虫”这样的负面形象引起市民的反感，从而阻止垃圾虫的行为，让乱扔垃圾的人在香港绝迹。

进入20世纪80年代，虽然大部分街道的清洁程度已大大改善，但政府仍然觉得不可松懈，须推出更有新意的宣传手法，提醒市民继续努力。在1981—1984年间，广告中出现了一对“怒目而视”的眼睛，配以“乱抛垃圾、人见人憎”和“香港更清洁、社会更健康”等语句，提醒市民保持香港清洁，让市民时刻警觉乱扔垃圾是惹人讨厌的行为。到了20世纪80年代中期，清洁香港运动已深入社会每一个角落，宣传亦转为以爱心为主题，在一些海报上采用一颗心为标志及“清洁香港、人见人爱”为标语。1987年，当局希望市民自发投入清洁运动的行列，宣传重点转到社区参与和市民的自觉精神上来。很多市民都对清洁香港运动的宣传歌曲《一于响应》

耳熟能详，这首歌在80年代相当流行，时刻提醒着市民关注和保持环境清洁。

4. 计划生育

从1950年至1971年，香港人口增长有八成是自然增长，其关键原因是香港正值战后婴儿出生高峰期。在这种环境下，控制人口持续高速增长刻不容缓。

于1950年9月成立的香港家庭计划指导会（简称“家计会”），前身是成立于1936年的香港优生会。50年代香港失业率高企，人口高速增长，家计会积聚战前的经验，继续致力于家庭计划指导的工作。在家计会的各项宣传活动中，给人留下印象最为深刻、影响最为深远的要属1975年的“两个够晒数”的公益广告。其倡议的每个家庭两个孩子的理念，至今仍为大多数市民所认同和奉行。在这则广告中，由已故音乐才子黄霑创作的广告歌词不断重复着“两个就够晒数”：“两个就够晒数，两个就够晒数，生女也好，生仔也好，两个已经够晒数。无谓追，无谓追，追得到也未必好，追唔到呢，生坏肚。两个就够晒数，两个就够晒数。”歌词内容简洁、信息清晰，潜移默化地把“两个孩子”的观念烙在受众的脑海中[①]。广告画面是一对夫妇在海里划船，最后因为船上子女太多支撑不了，喻义有些家庭为了生儿子，不顾经济条件，最后影响整个家庭的生活水平。歌词挑战了中国家庭重男轻女的传统观念，引起社会各界关注计划生育的问题。此后，“两个就够晒数”更成为民间“俚语”，这则公益广告也成为香港广告史上的经典。

与此同时，家计会开始制作针对男性的广告。1977年制作的“模范男士”正是把关注点放在如何实行家庭计划的细节上，即争取男人的支持，提倡现代社会新型的行为，教导男性如何做一个负责任的丈夫。

从1973年至1975年间，两个孩子是最理想的子女数目的观念被广泛认同，使家庭平均人口从1971年的4.5人下降至1976年的4.2人。虽然小家庭观念的落实和出生率的下降不能全归功于家计会的广告，但不可否认的是，家计会的广告实实在在地令核心家庭的观念，深深印于民心，对舒缓香港的人口密度、房屋、教育、卫生、福利和其他社会服务均有莫大的帮助。

5. 反贪

香港廉政公署（ICAC）成立于1974年2月，该机构通过有效执法、教育及预防工作，肃贪倡廉，致力于香港的公平正义和安定繁荣。廉政公署并不隶属于政府公务员架构，廉政专员直接向特别行政区行政长官负责。

为了针对不同阶层、不同对象做好宣传，廉政公署每年都会制作2~3个宣传短片，以不同的主题传播信息。同一主题的宣传短片推出后，还用报刊广告和海报配合，拓展宣传面。短片宣传效果很好，对鼓励市民举报贪污十分奏效。

贪污行为往往是秘密进行的，因此很多贪官都怀有“天知地知，你知我知”的

① 黄少仪. 广告·价值·消费：香港电视广告廿年1970—1989. 香港：龙吟榜有限公司，2003. 21~22

侥幸心理，以为可以“瞒天过海”。但廉署却执著地向社会传达这样一种信息：法网恢恢，疏而不漏，罪行一旦被揭露，后果只有一个，就是接受法律的制裁。

香港廉署在不同时期制作的广告片意味深长——《探监日》（1983）和《纸袋》（1987）细腻地将贪污者在犯法后终日诚惶诚恐、寝食难安的心情暴露无遗。《囚车》（1985）和《新衣》（1990）则刻画出贪污者面对可能入狱后果的悔恨心情。这类广告是利用阻吓的手法，让观众认识到贪污带来的耻辱和祸害。在《纸袋》中，广告片的画面上是一名遭蒙头的疑犯，在廉署官员的押解下，沿途被记者争相采访，路人围观，更有其家人的失声哭泣，让市民深切感受到贪污行为所招致的恶果。这则广告是香港廉署首个在广告创作比赛中获奖的广告。

反对贪污必须有广大市民的参与和支持，着重培养廉洁新一代，无疑是香港廉署工作不可或缺的一个重要方面。在1995年的系列广告《黑白不分》、《指鹿为马》和《同流合污》中，廉署煞费苦心地告诫市民做人必须分清黑白、明辨是非。2000年，廉署推出广告《廉洁新世纪》，通过接力赛跑，表现将“合力打击，贪污绝迹”的决心薪火相传。2001年又推出了《合作伙伴》，鼓励市民与廉署成为反贪伙伴，同心同德打击贪污犯罪行为。

好的作品自然能够打动人，优秀的廉政广告也必然会深得民心。廉署的广告都是由廉署官员根据社会情况和反贪策略定下主题，交由广告公司构思创作，其间双方反复推敲，直至确保达到教育市民的预期效果。如此精心制作，难怪赢得掌声一片。廉政广告曾获得不少广告创作大奖，其中包括《黑白不分》、《指鹿为马》、《同流合污》和《贪污游戏》，这些广告的口号均为“香港胜在有ICAC”，言简意赅地道出了廉署在维护香港社会廉洁公平方面作出的贡献。

如今的香港，被世人冠以“反贪典范之都”，在多项国际性调查中名列亚洲地区“清廉城市”前茅。可以相信，通过香港廉署的廉政广告以及其他多元化的宣传教育工作，廉洁文化已经在香港牢牢扎根。

6. 艾滋病

传统的中国人思想保守，认为性是一件害羞和尴尬的事情，所以家长普遍很少向孩子提起这个话题，也不会直接将这方面的知识教给子女。1986年香港录得第一宗女性感染艾滋病病毒的个案，在这之后数年间，女性感染艾滋病病毒的人数急剧上升。政府认为性知识除了可以通过学校的教育，家长也是一个很好的渠道，所以就从这方面着手，以故事的形式传达广告信息，令观众更容易接受。

1990年12月之前，香港并没有专为女性而设的艾滋病预防计划。为了响应当年的世界艾滋病日的主题，艾滋病教育及宣传委员会举办了一次以女性为对象的研讨会。1992年，一部以女性为对象的政府宣传短片问世。其后，香港卫生署艾滋病服务组还为女性制作了宣传小册子和展板，让女性从多个渠道、多个层面了解和认识防范艾滋病的重要性和方法。

7. **九七回归**

1997年7月1日零点，在全世界无数目光的聚焦下，中华人民共和国国旗和香港特别行政区区旗在香港会展中心大会场内冉冉升起。香港回归是中国人民洗雪百年国耻的大喜事，是完成祖国统一大业的重要步骤，也是国际通过谈判方式解决历史遗留问题的范例。

可是经历从1842年到1997年的殖民统治，香港人建立了一套特有的身份价值。面对九七回归的冲击，过去的身份又再次令香港人困惑起来。由于香港人一直在充满了殖民色彩的地方长大，对国家和民族并没有深切体会，所以，在香港回归祖国后，政府为了加强市民的民族意识，投入了不少这方面的广告宣传。

8. **家庭暴力**

随着香港人口、社会和经济的急剧变化，家庭的凝聚力不断削弱，婚姻破裂、离婚、单亲家庭个案等持续上升，促使家庭暴力事件增多。数据反映虐偶个案由1998年的1 009宗上升至2002年的3 034宗；而全港14%的家庭有不同程度的冲突事件。事实上，举报数字往往只是冰山一角，被虐者通常开始会忍气吞声，直到忍无可忍才去举报。

家庭暴力事件和家庭惨案已屡见不鲜，杀亲、自杀的严重个案或由民间团体揭发出来的家庭暴力案件也时有发生。家庭暴力已成为社会普遍关注的问题。由于传统观念的影响、生活圈子的缩小、生活习惯的改变，导致很多家庭纠纷不能得到及时的化解。

家庭是社会的基石，而爱护家庭是社会的核心价值。鉴于此，香港政府致力于通过不同渠道，例如传媒推广和地区活动，宣扬建立和谐家庭的价值观、伦理关系和个人责任。其中一部分是制作四套政府电视宣传短片和电台广播信息，以“和谐家庭”为主题，宣扬“身教”、“和谐”、“关怀”、“承担”的家庭价值。有一则广告的旁白是：“赢了场架，输了个家，值得吗？请停止一切家庭暴力。”个中道理，令人深思。

9. **健康卫生**

2003年SARS爆发后，公众对保持环境清洁卫生的意识不断提高。而随地吐痰和乱扔垃圾不但对环境造成滋扰，而且危害公众健康。政府采取“绝不容忍”的态度，严厉执法，并投入大量的健康及环境卫生的公益广告，以提醒市民环境卫生和个人健康的密切关系。

此外，由于不少市民，尤其是儿童，都有肥胖的问题，卫生福利及食物局便加强宣传均衡饮食的力度。实际上，由肥胖引致疾病是当今许多国家和地区都面临的严重问题，为了改变这一现状，政府需要重新培养市民的健康饮食习惯。香港政府为了提高儿童和家长在这方面的认识，投入了多个关于均衡饮食的公益广告。

10. **环保问题**

香港现正面临空气污染问题——路边空气污染和区域性的烟雾问题。路边空气污染主要来自柴油车辆的废气；而区域性的烟雾问题则是由香港和珠江三角洲地区的车辆、工业及发电厂排放的污染物引起。晴天的时候亦被烟雾所掩盖，以致一年中蓝天白云的日子非常短，导致香港人普遍患有呼吸道疾病，加重医疗开支，并使一些有意到港设立地区总部的公司打消此念头。

为了改善香港的空气质量，政府于2006年推行名为“蓝天行动”的环保计划。“蓝天行动”由环境保护署主办，口号为“全城投入，为蓝天打气”。在2006年7月25日的典礼上，便优先播放了两段30秒长的政府电视宣传短片，由环境运输及工务局局长廖秀冬博士讲述治理空气污染的区域协作和让市民认识个人如何为改善空气质量出一份力。

“蓝天行动”的意义在于唤醒社会各阶层人士更关注香港的空气污染问题，让他们明白要解决这个问题，社会的每一分子都要切实行动、积极参与。这是一个全民觉醒的运动，已收到不错的效果：学校采取环保措施减少用电；商界和市民加入节约能源行动，并取得良好成果；驾驶人士也更自觉停车熄匙。

从以上十大公益广告宣传主题我们可以看到，香港的公益广告能与时俱进，随时代潮流而变，准确把握社会脉搏，适时而有针对性地发布有教育意义的信息，引导香港社会朝着健康、有序、和谐的方向发展。可以毫不夸张地说，香港的公益广告是一部教科书，它教给市民正确的公民价值和行为准则；香港公益广告是一面镜子，从这里我们可以看到社会发展的脉络；香港的公益广告是一轮太阳，它的光芒照射在香港社会的每一个角落，驱散一切阴暗与丑恶，使整个社会变得光明和美好。

毫无疑义，公益广告在香港过去半个多世纪的社会发展过程中起着举足轻重的作用；我们也有理由相信，在未来的日子里，公益广告还将一如既往地在社会生活中扮演重要的角色，为香港的繁荣稳定作出新的贡献；同时，也为世界其他国家和地区树立了公益广告服务社会、改造社会的典范。

小资料：香港广告业大事记（1980—2004）

年份	事件
1980	●随着中国对外经济政策的日渐开放，内地和香港的广告业务往来拉开序幕。该年3月李奥贝纳广告公司与广东省广告公司达成协议，受委托为广东省广告公司在加拿大及东南亚各国的主要代理。
1981	●许多行业都不景气，但广告业却一枝独秀，主要原因是在经济不景气的情况下，居民的购买力日益衰弱，而市场上的商品种类却越来越多，竞争激烈，因而经销商非靠大力宣传不足以开拓或保持原有市场。

（续上表）

年份	事件
1982	●香港经济衰退，但广告业的营业额仍持续增长20%； ●年底开始，所有出现在电视、电台和报纸杂志上的香烟广告，都必须附加“吸烟有害健康”的警告。电视烟酒广告的限制播映时间延至晚上八时半才能播出。
1984	●香港4A广告创作大奖创立。
1985	●很多广告商将广告媒介转往报纸，主要是电视收费大幅提高，令很多小型广告商难以负担在这种电子媒介上的花费。此外，越来越多的公司开始采用直邮广告作为推销商品的办法，以降低广告费用。
1986	●广告公司的收购、合并和重组频频出现。例如，天高、恒美和鼎霸三家广告公司合并；国际灵狮广告公司与世基广告有限公司于年底合并。
1987	●由于港府于1986年宣布分期管制电视香烟广告，外墙广告开始成为烟商的重点宣传途径。
1988	●移民增加，加上台湾市场开放，香港广告专业人士流失不少，促成香港广告业本地化； ●年内香港广告业受世界性并购的影响，如恒美广告由两间广告公司合成，远东杰湛与宏光合并等，使得广告公司的规模变得更为庞大。
1989	●直销广告蓬勃发展，主要是由于商业的推广加上一些相关研讨会的举办，令公众对此行业加深认识； ●广告业经营除面对内部消费疲弱的市场外，人力资源短缺也是较为被关注的问题。为此，广告商协会特地举办训练课程，为业内培训人才。
1990	●12月1日开始，电视台和电台不允许播放香烟广告，电视台和电台也因此蒙受损失。同时，港府又大幅增加烟草税，令烟草商需要重新调整他们的市场策略，有些烟草商预期香烟销售将会大幅下跌，唯有减少广告开支； ●人才流失率在过去两三年维持在40%左右，构成广告业发展阻力。原因除了台湾广告业发展迅速引起当地的广告公司来港挖墙角外，新加坡及加拿大也极欲吸纳香港人才。
1991	●本年度为媒介多元化的一年，卫星电视、新城电台和户外电子广告系统等的出现，为广告客户提供多种选择； ●为了开拓市场，香港不少大型广告公司相继进军中国内地，年内已有6家广告公司拥有可观的中国业务，总收入达3 500万港元，占香港广告商会会员总收入的4%； ●由于电视台、电台和电影院相继禁止播放香烟广告，香港广告金额由1990年的3.4亿元下跌至1991年的1.7亿元； ●为弥补禁播香烟广告后的损失，6月，无线电视试播“求知广场”，开启了电视播放分类广告的先河。

（续上表）

年份	事件
1992	●内地的外销楼盘增加，掀起内地房地产热潮，房地产广告因此激增一倍以上，达11.03 亿元，其中 90% 以上的广告刊登在报纸上； ●汽车市场竞争激烈，连一向不大推出广告的名牌汽车也支出庞大广告费，较上年增加 34.1%，达 3.59 亿港元； ●年内增加了数个传播媒介，如《东周刊》、“Recruit”、“Windows” 等； ●香港广告牌制作协会正式成立； ●香港广告业经过近十年的发展已经出现饱和现象，为了寻求发展空间，广告公司纷纷北上，所有香港广告商会的 20 家广告公司，都已经在内地开设办事处，或在香港成立中国内地广告业务发展部门。
1993	●内地楼盘广告开支继 1992 年大幅增长后，本年度更攀升至十大广告行业的第一位，达 8.28 亿元。
1994	●位于红磡中旅协记货仓外墙，介绍中旅集团在深圳华侨城的 3 个景点的广告牌“深圳湾之旅”，成为全世界最大的电脑外墙喷画广告牌； ●香港十大电视广告奖创设。
1995	●香港广告公司 20 年以来最艰难的一年。一方面，香港广告界本来就缺乏人才，由于内地广告行业的崛起，缺乏经验，故而向香港吸纳人才，造成香港广告人才更为紧缺，由此抬高了广告界的薪水，使公司经营成本上升；另一方面，由于市场不景气，上市的新产品比往年少了许多，广告公司的营业额没有机会增加，租金又不能减少，许多公司出现严重的收支不平衡现象。为渡过难关，一些中小公司干脆全力投入内地发展，将香港作为后勤基地。
1997	●进入下半年，特别是第四季度以后，香港受到金融风暴的影响，企业倒闭裁员等不利消息接连涌现，表现在广告业上，部分行业受生意疲弱影响而削减广告开支，但另一些行业因竞争激烈反而增加广告开支； ●港府完全禁止各种形式的香烟广告和相关的赞助活动。
1998	●受到金融风暴后遗症的影响，不少企业纷纷紧缩开支，大幅削减广告预算，令依赖经济表现的广告业表现欠佳。1998 年广告支出为 208.03 亿元，较上年微增 1.98%，扣除广告公司在收费上普遍给予客户较大的折扣的因素后，当年的广告实际收益其实是出现倒退的。
1999	●网络广告飞速发展，年收益达 1.36 亿元，较 1998 年增加 2.41 倍，占全港广告开支的 0.05%，其中横额广告占五成； ●龙玺环球华文广告奖在香港创设。
2000	●本年度香港的整体广告开支达 276 亿元，在亚太区仅次于中国内地和韩国，排名第三位。
2001	●香港广告商会发表的 2001 年业绩报告显示，该会会员全年在香港区的营业额及总收入分别减少了 6%，分别减至约 106.69 和 15.5 亿元。

（续上表）

年份	事件
2002	●3 月，中国内地企业开始进军香港广告市场。
2003	●SARS 疫情令广告客户纷纷缩减广告开支，本地广告市场陷入前所未有的低潮，直至 6 月份，当疫情渐渐受到控制后才得以恢复； ●“自由行”效应刺激本地消费，给疲弱的消费市场注入一支强心剂，也令第三季度的广告市场恢复生气，比 2002 年同期增长 15.1%。
2004	●本年度广告市场受到经济复苏、通缩缓和、失业率下降、CEPA 和自由行等正面因素影响，加上股市、楼市在第四季有不俗表现，作为经济探热针的广告市场呈现一片好景象； ●3 月起，由于 CEPA 的实施，香港企业在深圳设立新的广告公司，不再需要《广告经营许可证》。

资料来源：根据 1979—2004 年香港经济年鉴．香港：经济导报社，1980—2005 和其他相关资料整理。

Chapter 8 第八章

台湾政治、经济、传媒环境对广告业的影响

Effects of Political, Economic and Media Environment on Advertising Industry in Taiwan

每一国家或地区广告业的发展都有其自身的特点和规律，台湾地区也不例外。自1960年跨进广告业导入期算起，台湾现代广告业的发展已有约50年的延续。如果只从广告市场的四大主体（即广告主、广告公司、广告媒体、广告受众）来对台湾广告业进行考察，则眼光限于一隅，无法产生更为深刻的认识。因此，我们还需要结合影响整体广告业发展的外部因素，系统地对台湾广告业进行剖析。

对于台湾经济状况的了解，可以更好地解答广告主之广告投入变化、广告公司之成长壮大、广告受众消费能力与趋势等问题。而对于政治格局的了解，则有助于解读台湾传媒业发展进而明晰广告业与传媒之间的依存关系，并可与其他相关因素结合，预测广告业的未来走向。

第一节　台湾政治、经济环境对广告业的影响

一、台湾政治经济发展回顾

1949年12月8日，国民党政府全面退守台湾。1949年5月宣布在台湾地区实行《戒严法》，在台湾全岛实行戒严体制。国民党当局还加强对新闻、广播、出版等机构的严密控制，制定了《戒严时期出版物管理办法》，规定"诋毁国家元首者"、"混淆视听，足以影响民心士气或危害社会治安者"、"挑拨政府与人民情感者"等类出版物均予以查禁。这种戒严体制直到1987年7月蒋经国宣布解除戒严令方告终止。

进入20世纪60年代之后，台湾从发展内向型经济为主转向发展外向型经济为主，大力发展劳力密集的出口加工工业，拓展对外贸易，以带动整个经济的发展。这一时期，台湾经济发生了根本性的变化：第一，经济结构上完成了从农业经济向工业经济的转变。第二，内向型经济转变为外向型经济。第三，重工业得到发展，纺织、电子、电器工业发展尤为突出。总之，60年代至70年代初，是台湾经济飞速发展的时期。

20世纪70年代，台湾在经济方面受两次石油危机的影响表现出衰退迹象，并始终处在剧烈的通货膨胀当中。物价上涨的同时，外贸也出现了逆差。大批企业倒闭或裁减人员，使失业率逐年上升。面对严重的经济衰退，台湾当局采取了在稳定中求发展的策略，制定了各种调整措施。当物价渐趋稳定之后，台湾当局又于1975年制订了1976—1981年"六年经济建设计划"。六年经建计划的主要任务是调整经济结构，从以轻工业为主逐步过渡到以重工业为主，从劳动密集型工业逐步过渡到技术密集型工业。在推展六年经建计划的同时，台湾当局又于1973年宣布进行"十大建设"，并于1979年全部完成。"十大建设"的推展，对缓和台湾经济衰退、降低失业率与经济复苏，具有一定促进作用。继"十大建设"之后，台湾当局又宣布进行12项建设，还于1979年在新竹创建了类似美国硅谷的科学工业园区，这是台湾当局为促进

工业由劳动密集型向技术密集型转变而采取的一项战略性措施。

进入20世纪80年代之后，台湾经济保持了较高的发展速度，从1980到1987年，国民生产总值年均增长7.9%。李登辉主政时期，台湾经济一波三折。20世纪90年代初，由于贸易保护主义抬头和台币贬值的影响，出现了连续三年的经济低迷；从1994年以后，台湾经济又进入了相对高速的增长时期；受1997年亚洲金融危机的冲击，台湾经济也受到了很大的影响，从此又有两三年的时间，台湾经济处在低迷时期；20世纪最后两年的台湾经济一直处在正常低水平增长状态，2001年，台湾经济首次出现衰退。2004年陈水扁续任"总统"，台湾的经济更是降到了50多年来的最低点。与此同时，两岸在经贸关系上往来频繁，祖国大陆已经成为台湾地区贸易顺差的主要来源地。

表8-1　台湾地区政治经济大事记（1947年至今）

年份	事件
1947	台湾发生"二二八事件"。
1949	国民党政府退守台湾。实施地方自治，宣布在台湾地区实行《戒严法》。
1950	蒋介石复"总统"职，重组国民党权力核心。"二二八事件"的重要人物陈仪被枪决。推行稳定经济的三项政策。
1951	"报禁"开始。推展土地改革。
1953	制订了第一期四年经建计划。
1971	联合国驱逐国民党代表，"外交"阵线大溃决。
1975	蒋介石病逝。
1977	发生"中坜事件"。国民生产总值（GNP）突破1万亿新台币。
1979	台美"断交"。发生"美丽岛"事件。十大建设完成，在新竹创建科学工业园区。
1980	实现利率自由化。
1983	经济克服衰退，开始迅速复苏。多家上市公司发生财务问题。
1984	发生"江南命案"。成立"反伪冒委员会"，消费者保护运动兴起。国民生产总值突破2万亿新台币。
1985	爆发因"十信"弊案波及整个台湾的金融风暴。成立"经济革新委员会"。
1986	贸易顺差达到往年最高。股指突破千点大关。民进党创立。
1987	宣布解除台湾地区戒严状态，开放党禁。正式开放台湾民众赴大陆探亲。外汇汇兑自由化，台币大幅升值。
1988	蒋经国病逝，李登辉继任中国国民党主席。"行政院"大幅改组。"报禁"解除。股票涨幅居全球之冠。国民生产总值突破3万亿新台币。
1989	股市登峰造极，引发投机风潮，房地产价格狂飙。
1990	股指暴跌80%，15年来工业首次减产，民间投资负增长。国民生产总值突破4万亿新台币。
1992	成为GATT（WTO前身）观察员。大陆宣布对台商开放内销市场。人均GNP首次超过一万美元。两岸达成"九二"共识。国民生产总值突破5万亿新台币。

（续上表）

年份	事件
1994	为加入 WTO 全面制定经济自由化政策。提出“亚太营运中心”方案和时间表。财政收支连续三个年度出现巨额赤字。
1995	进出口贸易金额均超一千亿美元。金融与股市重挫。国民生产总值突破 6 万亿新台币。
1996	首次全民直选台湾领导人。李登辉对台商提示，对大陆投资要“戒急用忍”，两岸经贸陷入低潮。
1997	遭受亚洲金融危机影响，台币贬值。两岸关系略见缓和，台湾企业前往大陆投资者日众。省营事业开始民营化。国民生产总值突破 8 万亿新台币。
1999	“9·21”大地震对经济造成冲击。李登辉抛出“两国论”，对两岸经贸造成巨大影响。网络业与电子商务蓬勃发展。国民生产总值突破 9 万亿新台币。
2000	陈水扁继任，政党轮替。网络产业大起大落。
2001	经济成长首次出现衰退，失业率攀升到 5% 以上、民间投资衰退 23%。经济不景气，电子资讯业加速向大陆投资。自然灾害频发，再度重创台湾经济。
2002	经济复苏，但失业率再创新高到 5.17%。通货紧缩阴影笼罩。加入 WTO。
2003	爆发 SARS 疫情。失业率居高不下。国民生产总值突破 10 万亿新台币。
2004	陈水扁连任，大陆通过《反分裂国家法》，两岸政治气氛低迷。金融市场陆续爆发“博达事件”等多起企业掏空案。
2005	国民党副主席江丙坤率团访问大陆，国民党主席连战访问大陆，亲民党主席宋楚瑜访问大陆。国民生产总值突破 11 万亿新台币。

资料来源：根据历年《“中华民国”经济年鉴》及其他相关资料整理。

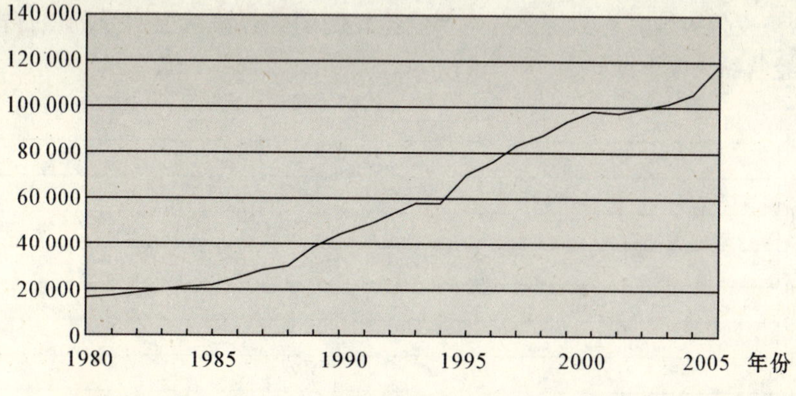

图 8－1　1980—2005 年台湾地区人民生产总值（GNP）变化趋势图

（单位：亿元新台币）

资料来源：根据历年《“中华民国”经济年鉴》整理。

注：受外向型经济体系影响，台湾地区投在境外的资本和劳务的收入大于外国投在台湾地区的资本和劳务的收入，故国民生产总值（GNP）大于国内生产总值（GDP），选用 GNP 可以更好地表示其经济形态。其中部分数据未见记载且基期发生变化，推算得出。

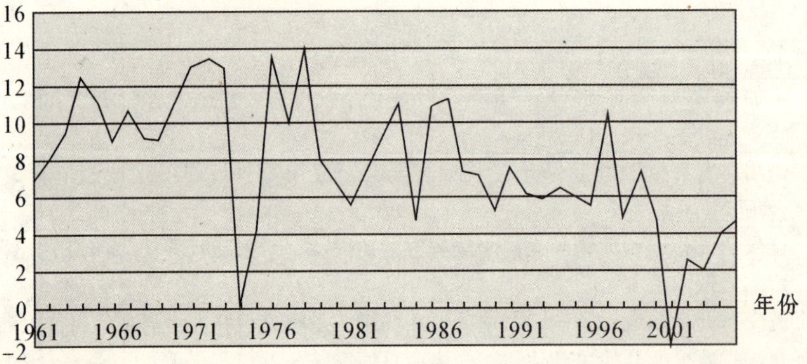

图 8-2　1961—2005 年台湾地区人民生产总值（GNP）增长率的变化趋势（单位:%）

资料来源：根据历年《"中华民国"经济年鉴》整理。

注：其中 2001 年的 GNP 增长率按大陆统计为 -2.18%［杜强，林伟民，张丽．台湾经济边缘化问题之剖析．亚太经济，2004（1）］，根据 2000 年数据计算则为 -0.08%。结合当年 GDP 数值应选 -2.18%。

二、台湾广告业波动脉象

1971 年至今，台湾广告业经历了一个飞速发展的时期。台湾广告开支总额从 1 亿发展到 10 亿，用了 11 年的时间；10 亿到 20 亿，用了 3 年；20 亿到 100 亿，用了 5 年；100 亿到 200 亿，用了 7 年；200 亿到 1 000 亿，仅用了 8 年。但从图 8-3 我们可以看到，在 1999 年，台湾广告业的发展出现了一个拐点，其原因在于 1999 年 9 月 21 日台湾发生大地震，致使台湾原本就比较脆弱的经济状况遭受沉重打击，连带着广告业经营额大幅下跌。

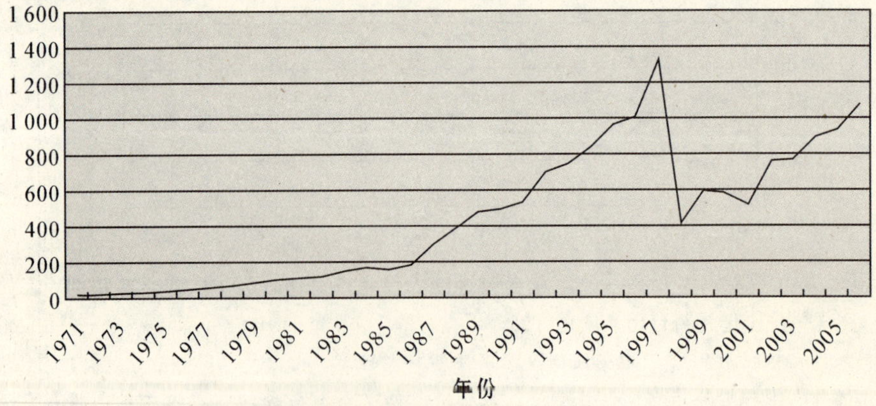

图 8-3　1971—2006 年台湾广告量的变化（单位：亿元新台币）

资料来源：根据颜伯勤．二十五年来广告量研究．台北："中央"日报社出版部，1987；《"中华民国"经济年鉴》、历期《动脑》杂志、《广告杂志》以及润利公司提供之数据整理。其中1998、2005年的数据可能有误，据《动脑》杂志的计算，2006年应比2005年衰退2.39%。

台湾从1986年开始全面开放市场，允许外资自由进出，跨国广告公司便随其客户纷纷登陆。在21世纪之前，台湾经济一直稳定增长，外汇储备居世界前列、劳动生产率高、物价较平稳等经济因素拉抬起台湾强劲的购买力。同时，台湾人口密度高、赢利企业众多、第三产业所占比重大，这些因素综合作用促成台湾广告业的兴隆，同期的广告支出总额与日俱增。以1995年为例，台湾广告投资金额约为GNP的1.34%，超过日本，与韩国接近，世界排名约为第六或第七。而广告总量的世界排名也从1980年的第十六名提升至1999年的第十三名①。到2005年时，台湾经济总量是世界第18位，大陆是第5位，而同期大陆广告经营额是1 416.3亿人民币，台湾941.89亿新台币（约合235.5亿人民币），是大陆的六分之一。以台湾两千三百万人口计算，其广告投放力度已相当惊人。

然而，进入21世纪后，台湾的广告总量虽然仍在上升，但速度已经放缓。可以预见，台湾广告业在不久的将来会碰到"天花板"，出现饱和现象。其主要原因如下：

首先，台湾居民对商品的需求渐趋饱和，加之人口有限，且经济属于外向型，广告拉动内需的能力基本已到极限，因此大多数外资企业和本地企业在台湾市场上采取防守策略，而将资源转往大陆地区。2006年，消费者在进行购买行为的同时，花费了新台币2 089元接收广告信息，但较2005年的2 329元减少了240元。另一方面，行销者在每户家庭的广告费投入约为新台币6 463元，较2005年的7 270元减少了807元②。这大概也是台湾广告业渐趋饱和的一个佐证。

其次，媒体数量供需失衡。台湾媒体没有实施总量管制，尤其24小时的新闻频道数目明显过多，这就使得媒体之间为了争夺广告而互相杀价，广告公司的收入又是根据媒体费用按固定代理价格计算，整个广告业的利润空间就被降低。而且，绝大多数的媒体也不通过ABC来公布收视率、发行量等核心数据，这又使得广告主对媒体的实际效用产生怀疑，进而将营销费用重新分配。

再次，广告业自身也存在一定的局限。商业竞争发展到今天，一个企业的成败早已不是单凭几个广告就能决定的，越是复杂的竞争环境，营销传播组合就越重要。从全球范围来看，广告业的作用和地位已受到公关业、咨询业等相关行业的威胁，越来越多的原有利润来源被其他行业和机构所瓜分，导致广告业的整体收入下降。

① 胡光夏．依赖理论与国际广告的再审思：从依赖到汇合．"中华传播学会2000年会暨论文研讨会"宣读论文

② 广告杂志编辑部．广告杂志，2007（总191）：39

第二节　前紧后松：台湾传媒的历史演变

对于台湾传媒的历史发展，有的新闻学者将其分为八个阶段，分别是：台湾最早的传媒、日据时代的传媒、光复初期的传媒、“国民政府”来台后的传媒、稳定中求发展的传媒、快速发展的传媒、政治逐步解放下的传媒以及进入全面竞争阶段的传媒[①]。另一种划分方法则是广告学者从广告业发展的视角出发，认为单就广告媒介而言，可简单分为“解严”前的广告媒体与“解严”后的广告媒体发展两种状况[②]。前一种方法过于繁复，而后一种方法又似过于简单，因此，笔者倾向于把1949年与1988年作为两个分界点，将台湾媒体发展划为三个阶段。但无论怎样划分，台湾百年来的媒介发展都是台湾百年来社会、经济、文化、政治等诸多方面共生互动的结果，有过辉煌的巅峰，也经历过黯淡的低谷。

一、国民党政府退据之前的台湾传媒

台湾最早的传媒出现于清朝治理台湾时期，1885年的《台湾府城教会报》可称为台湾现代报纸的雏形。1895年中日甲午战争之后，日本开始对台湾的殖民统治。在此期间，日本殖民政府生怕报纸的舆论宣传作用，对发行、采编实施了十分严格的控制措施，不但强力推行日文，还将审查权和印刷权收归几千里之外的日本东京；1944年，日本殖民政府把当时的6家报纸[③]合并成一个《台湾新报》，当时台湾人口约350万人，而《台湾新报》发行量尚不足20万份。此时，台湾存有极少量的电台。在这50年里，日本将台湾作为战略资源供给地和原材料生产地，并不愿岛内发展除农业渔业之外的产业，因而也不存在中国企业做广告的余地。另一方面，日本将其商品大量输入台湾，故报纸中所含广告绝大部分均为日货广告。

1945年，日本无条件投降后，国民党中央宣传部在台湾光复初期指示台湾的“宣传委员会”进行了大量积极的管理工作，实行“创刊不需许可、言论不受检查”的自由言论制度，报纸、杂志、广播媒体的数量开始快速增长，传媒业出现了一个短暂的繁荣期：仅1945年下半年就有23家报纸与通讯社相继创立；到1946年底，全省有99家报纸和杂志登记，实际发行的有50家。至1949年国民党政府退据台湾时，又有5家报纸进入市场。

---

① 黄擎松．台湾传媒发展综述．世界华文传媒年鉴．北京：世界华文传媒年鉴社，2003. 112～119

② 萧湘文．台湾广告媒介的发展．台湾的广告发展（郭良文主编）．台北：学富文化事业有限公司，2001. 64～93

③ 这6家报纸是：《台湾日日新报》、《兴南日报》、《台湾新闻》、《台湾日报》、《高雄新报》、《东台湾新报》。

1947年2月28日，台湾发生“二二八事件”，“行政长官公署”认为报业是祸源之一，先后查封十余家报社，大量的新闻从业人员被杀、被捕、被通缉或是无故失踪。此事件和其后的大规模整肃给台湾传媒业带来了空前的浩劫，迫使台湾的传媒人才大批流失。也正是因为这个原因，与媒介发展关系密切的广告业才刚开始起步，便又不得不陷入停顿了。

二、实行报禁时期的台湾传媒

1951年6月，台湾当局为了管制言论，颁布“从严限制登记”训令，禁止民间创办报纸。此后一直到1988年报禁解除，30余年里岛内维持31家报纸数量不变(在31家报纸中，台北《忠诚报》和金门《正气中华报》是国民党“军报”，不对外发行，因此实际只有29家报纸。在20世纪70年代台北《大众日报》停刊后，市面上能见到的是28家[①])。在这个时期，台湾最有影响力的报纸是国民党党营的《“中央”日报》、台湾“省政府”的《台湾新生报》与《中华日报》，三家党营或公营报纸在国民党退据台湾初期几乎控制了整个报业市场。根据当时的统计资料，在1950年，党营及公营报纸的销售量占报纸总销售量的90%[②]，其余私营报纸多处于挣扎残喘之境地。当时最受反对且影响深远的政策，莫过于后来所称的“一报五禁”：

①“限证”：1951年6月10日，“行政院”以节约用纸为由，对新媒体的出现实行“从严限制登记”。1952年11月，台湾当局又公布《出版法施行细则》，与上述训令相互配合，明示岛内各地“调整”报纸与杂志数量。在“报禁”开放之前，台湾报纸虽不能增加，但可购买或迁移，于是一张张的登记证就变成了报纸媒体的“救命符”，售价可达近亿元新台币。而登记证的不断转移也使报纸的所有权集中，形成了台湾的党、政、军、联合报系、中时报系五大集团。

②“限张”：台湾当局于1950年12月底，以“国际风云险恶”、台湾纸业公司的新闻纸产量供不应求为由，规定各报减缩篇幅，最多以一大张（对开）为限；1967年4月，台湾当局放宽报纸篇幅为两大张半，最后放宽为三大张。实际上由于经济形势好转，从1973年起，“限张”规定已名存实亡，各报都以其广告多寡自由决定出版张数。到1974年3月，因受能源危机影响，国民党政府又对各报的发行张数进行了严格限制，一些广告较多的报纸也不得不减少篇幅。

③“限印”：台湾当局另于1961年6月规定：“新闻纸社必须在核准登记之发行所所在地发行，不得在印刷所所在地发行出版品。”此规定严重阻碍了报纸的发行业务。

① 刘家林．新编中外广告通史（第二版）．广州：暨南大学出版社，2004. 221

② 黄擎松．台湾传媒发展综述．世界华文传媒年鉴．北京：世界华文传媒年鉴社，2003. 114

④“限纸”：报社不得自由购买白报纸，必须通过主管机关统一核发。

⑤“限价”：报纸不能自主定价，必须经有关单位同意核准方可实施。

及至20世纪60年代，台湾经济开始初显起飞迹象，人口增加、教育普及、人民购买力提升等客观条件的出现也为媒体发展提供了基础。到了70年代，台湾成为“亚洲四小龙”之一，媒体也具备了形成媒介集团的经济条件。80年代，台湾的平均经济增长率约为10%，而广告的平均增长率是22.43%，十年间总量增加4.56倍①。此外，这段时期广告费用的增加与地区人民平均所得的增加也呈正相关：1971年至1980年，台湾国民平均所得从360美元增至1 720美元，增加了3.78倍；广告费用的平均负担，从新台币98元6角7分增到459元5角7分，增加了3.66倍。广告费用的国民平均负担与国民平均所得的增加几乎相等②。传媒在当时经济高速发展的支撑下，广告收入自然也大幅增加。以报纸为例，在解除“报禁”之前，全台报纸的日销售量已达350万份以上，读者数量应在700万以上③。从广告量来看，1950年全台所有报纸的广告收入是1亿230万元新台币，1966年是2亿3 050万，1970年是5亿1 080万④，1987年解除戡乱令时，广告收入达到126亿2 712万。38年间，报纸广告收入增加100倍。

实行报禁的这段时期也是其他媒体慢慢健全机能的时期。20世纪40年代末，岛内共有杂志157家。当“报禁”开始后，一部分新闻人士转移阵地开拓杂志出版事业，杂志的种类与数量渐续增加，1961年时已有686家⑤，广告金额是428万元新台币。到1970年，台湾已经具备现代经济雏形，随着政治议题的关注度提高，政治类杂志的发展也日趋旺盛，并开始对时事舆论产生举足轻重的影响。到1980年，台湾杂志突破2 000家，仅在大台北地区登记的杂志就有1 500家。这10年间不但大量的国际杂志开始被引进，而且杂志的内容也开始不断分化，新闻报道、女性杂志、时装、科学、财经各类别都深受社会喜爱。杂志的广告金额在1985年时已达11亿2 500万元，是25年前的263倍。

广播业方面，随着“国民政府”抵台的电台仅有10家，到1961年时发展到38家，党营“中广公司”是当时的绝对主力。1959年，台湾当局也开始限制广播事业的发展，“行政院”以电波干扰问题严重为由，停止民营电台的增设。1961年的38家到1971年仍为原数，只不过输出功率10年间上升2倍。到1981年，台湾地区共有134座电台，发射总功率超过470千瓦，几乎是1950年的100倍。但从总体来看，1988年之前的广播事业主要还是以改善节目品质为主，数量的增长比之其他媒体不

① 王天滨．台湾新闻传播史．台北：亚太图书出版社，2002.326
② 王惕吾．联合报三十年的发展．台北：联合报报社，1981.197～198
③ 郑贞铭．20世纪中国新闻学与传播学——台湾新闻传播事业卷．上海：复旦大学出版社，2005.17
④ 楚崧秋．新闻与我．台北：东大图书公司，1995.99
⑤ 吴迪．台湾杂志业的历史、现状与发展趋势．中国出版，1999（3）：61

太显著。如果参照其广告投资额，广播广告投放量在 1961 年是 4 494 万元新台币，1985 年则为 11 亿 9 816 万元，是 1961 年的 26.7 倍。

在这个阶段，电视媒体的出现和发展可谓是台湾传媒业及广告业的惊天大事。20 世纪 90 年代以前，台湾共有三大电视台：第一家电视台"台湾电视公司"诞生于 1962 年 4 月 28 日，由台湾官方和岛内民营企业及四家日本企业共同投资，以纯商业方式经营。刚开始时每天播出 5 个小时，主要在北部地区收视，但到 1969 年才出现彩色电视讯号；1969 年 10 月 31 日"中国电视公司"首播，此举转变了原先台视独家垄断的局面；"中华电视台"首播于 1971 年 10 月 30 日，是由台湾当局"国防部"和"教育部"兴办的。到了 1975 年，台湾地区基本上完成了覆盖全省的电视网络，画面也由黑白转为全部彩色。进入 80 年代后，台视、中视、华视无论在节目制作还是广告方面都有长足的进展；在 1963 年，电视的广告投放额只有 706 万元新台币，1964 年就升至 2 400 万元；1967 年突破 1 亿，1969 年突破 2 亿，1986 年时高达 66 亿 9 370 万。24 年间，电视广告投放额上涨 940 多倍。

表 8－2　台湾媒体 1967—1986　20 年间广告投放量比较（单位：万元新台币）

	报纸	电视	杂志	广播	户外	电影院	其他
1967 年	28 000	11 200	1 500	8 500	9 200	3 600	6 000
1986 年	758 174	669 370	128 800	119 816	18 210	16 820	71 780
总体增幅（倍）	26.85	59.77	85.87	14.10	1.98	4.67	11.96

资料来源：根据颜伯勤．二十五年来广告量研究．台北："中央"日报社出版部，1987 相关数据整理。

注：一是在本书采集到的台湾广告业数据当中，颜伯勤先生《二十五年来广告量研究》所提供的数据是得到大多数人认可的。但是自 1990 年以后，台湾的广告业数据的提供者并不唯一，如台北市广告商业同业公会、《动脑》杂志、《广告杂志》、润利艾克曼公司、AC 尼尔森公司等都在每年发布监测报告，所得数据不尽相同，有甚者会相差数百亿新台币。这一方面是由于统计数据口径不同、方法不同，如迟至 1999 年《广告杂志》才将媒介代理公司的营业额计入广告总量；而另一方面也是各方利益博弈的结果。所以，本章中所引用的数据会出现前后不一的情况，有时也经过了作者调整，因而仅供参考，不具有最终裁断力。二是作者身处大陆，在资料收集上遇到一定困难，故 1987—1992 这 6 年间有部分数据缺失。

三、解除报禁之后的台湾传媒

1988 年 1 月 1 日，台湾当局解除"报禁"，台湾的传媒开始因为政治上的解放而进入了空前的发展阶段。

1. 媒体数量上的变化

在 1987 年时，只有 31 家报社、3 家无线电视台、17 家广播电台以及 100 多家在市场上销售的杂志[①]。当时受限于政策法规，四大媒体多年来数量上不见增减，规模上也难以扩大。及至全面开放后，平面媒体的兴办几乎成为全民运动，新的报纸和杂志不断涌现。1987 年底，登记在册的报纸有 31 家，到 2004 年共有 723 家[②]；杂志从 3 354 家增为 4 185 家[③]，2002 年最高时达到 8 140 家。报纸的发行量也在不断上升，1990 年是 450 万份，而根据大陆记者的调查，2005 年时台湾自动售报机卖掉的报纸每天就在 350 万份到 400 万份之间[④]。报纸的张数也从 3 大张增至 6 大张，最后干脆取消了限制，也不限新闻与广告的比例。在广播方面，1993 年政府取消了曾实行多年的禁办新电台的规定，又将 28 个原先由军方控制的调频广播频道向社会开放，由申请开办新电台者投标取得广播频道。这样，到 1997 年为止，全台湾的广播电台达到了 51 家，其中只有 10 家是由政府或军方拥有的，其余的全是私营电台[⑤]。到 2003 年 6 月，合法存在的广播电台有 174 家，2005 年政府又将 150 家“地下电台”转为合法电台。电视方面，1993 年，多年来一直被列为“非法存在”的有线电视被合法化，禁办新电视台的法规也被取消了。随后，全岛范围的电视网由原来的 3 个增加到 5 个。到 1998 年，台湾已有 140 多个有线电视系统，每个系统播出 70 ~ 100 个频道，形成了发达的有线电视网，电视在人口中的普及率从 1991 年的 18% 增长到 1998 年的 80%，这一增速成为亚洲国家和地区之冠[⑥]。另外，自 20 世纪 90 年代以来，台湾的三大电视公司（中华电视公司、中国电视公司和台湾电视公司）以分布在世界各地的 3 000 万华人、华裔为主要观众，大幅度地增加了电视节目的出口量。仅从 1990 年到 1995 年，台湾电视节目的出口量就增长了 191%，如此迅速的增长率在全球传媒业也是少有的。

---

① 此处数据援引自萧湘文．台湾广告媒介的发展．台湾的广告发展（郭良文主编）．台北：学富文化事业有限公司，2001. 67. 但根据《“中华民国”经济年鉴》（1981 年）第 513 页数据显示，截至 1980 年 12 月 31 日，获准登记的杂志共计 1 982 种。此外，台湾各家统计数据往往不一，敬请读者在使用数据时多加留意。

② 《“中华民国”经济年鉴》（1988）．台湾：经济日报社（编印），1989. 758

③ 此为《“中华民国”经济年鉴》（2005）．台湾：经济日报社（编印），2006. 635 提供数据。而根据黄擎松．台湾传媒发展综述．世界华文传媒年鉴．北京：世界华文传媒年鉴社，2003. 119 提供资料来看，此项数据在 2000 年就已经达到 6 641 家。

④ 此数据源自张国宁．走近台湾报业．今传媒，2005 年（9）；尽管 ABC（发行量稽查局，Audit Bureau of Circulations）在台湾设立了办事处，但是台湾报纸发行量的数据仍然是各家报馆自己公布的，因此难知确切数字。在 2005 年 5 月 31 日，世界报业协会于汉城举行的世界报业大会上发布了世界日报发行量前 100 名排行榜，台湾有 5 家上榜，分别是自由时报（第 35 名）、联合报（第 47 名）、中国时报（第 48 名）、苹果日报（第 99 名）、民生报（第 100 名，2006 年底已停刊）。台湾报纸的发行量可见一斑。

⑤ Li, S, 1995, Newspapers Are Surrendered by the Fire of Criticism, Commonwealth Magazine (July): 26 – 28; Government Information Office (GIO) Achieves (1998) (Taipei: The Republic of China Government Information Office)

⑥ Yu, S, 1995, DDP – Backed Company Wins License for Fourth Television Station, The Free China Journal (June 23): 2.; Huang, J, 1996, Cable Cat's Cradle, Free China Review 46 (2): 4 – 15; Media in Taiwan Develops in Step with Free Society, The Free China Journal (May 21, 1999): 7

2. 媒体质的变化

报禁解除之后，台湾广告主可利用的传媒大大增多。对于传统大众媒体来说，就必须一方面应对新媒体（如网络和移动媒体、免费媒体）和异质媒体的冲击，另一方面应对大量同质媒体的冲击，因此也必须顺应发展形势作出调整或变化。这主要体现在以下几点：

（1）媒体广告经营运作的思路和方法发生改变

在以往，大众媒介的采编部门和其他部门在形态上是各自为政、互不干涉。特别是采编部门，为了维护新闻的独立性和公正性，对广告主通过经济手段干预新闻报道的手段十分警惕，只要不是媒体经济出现大的问题，就不会在版面和时段上向代表广告主的广告部门作出让步。面对这种情况，媒体的广告人员要不就以高额的广告量作为谈判筹码，要不就以私人交往来为广告主获得更多的传播空间。随着媒介市场竞争日趋激烈，这种情形也慢慢地发生了变化。媒介开始不断扩充版面、时段，并由更高层出面协调内部各个部门的运作，对运营形态作出弹性调整，如广告打包、新闻减让、节目打开、增加广告方式、联合促销等。

在广告部门的职能上，媒体也开始产生变化。以前的媒体广告部门只需进行简单的编排、设计即可，而今日的媒体则将自己视作广告客户整合营销传播的一个环节，并加深了与广告主在营销方面的合作。无论纸质媒体还是电子媒体，广告部门都会尽可能地与广告主共同分享资源，在联合促销、举办活动、广告制作方面为广告主提供一切便利条件。同时，随着媒介可控制版面和时间的增大，广告部门也和广告公司媒介人员密切合作，开发出不少颇具创意的媒体运用方式。

以报纸媒体为例，当 1997 年手机等电信市场开始发动广告战时，爱立信（Ericsson）就通过一份报纸 6 个版面同时传达广告信息，并在报头下以“折折看”引起读者的注意，让读者在用报纸进行的折纸游戏中体会爱立信手机的轻巧和可折叠性能。此外，以往报纸的夹页广告或宣传单经常被读者忽视遗弃。为了提高信息的接触率，许多报纸改为采用新闻纸印刷，用 4 个整版或 8 个整版刊登广告，夹页的顶端同样有报名和日期，并以“某某专刊”之名而非一般惯称的“广告”，感觉上似已成为报纸整体的一部分。这种“专刊”的安排是以前没有的，而且可以让读者的排斥心理大为降低。

（2）广告与新闻之间的关系重新定位

从 1994 年台湾当局修订了《广播电视法施行细则》之后，以往新闻报道时段中不容许广告出现的情况被改变，现在的新闻和气象预报时段中亦可插播广告，有些甚至在新闻中由主播直接为其节目或相关媒体做宣传，这就使新闻和广告之间的界限越来越模糊，为广告主代言的倾向越来越强烈，呈现出“新闻广告化”和“广告新闻化”的情形。1998 年，时任台湾日报社长的颜文闩曾指出，“部分报社为了抢占市场位置，不惜自我漠视媒体的专业道德，或以低价促销血拼，或在报道品质上未予控管，甚至走偏锋以满足读者的偷窥欲，沦落为八卦新闻，媒体本身的专业权威被人等闲视之，乃至轻蔑”①。

（3）财政问题严重

在媒介竞争白热化的今天，为了追求收益业绩，各个媒体都开展了一系列的促销活动，其中最突出的当属以《自由日报》、《联合报》、《中国时报》、《苹果日报》等为首的报纸媒体，随报赠送的物品从苹果一直飙升到汽车。在这种态势下，一些地方报纸、公营报纸和部分自身存在问题的报纸根本无法承担如此之高的费用，广告营收逐年下降便在所难免。而即便如此，一些以前卓有影响的报纸包括《中时晚报》（2005年11月）、《大成报》（2006年3月）、《“中央”日报》（2006年6月）、《台湾日报》（2006年6月）、《星报》（2006年11月）、《民生报》（2006年12月）相继停刊。

3. **媒体广告量的变化**

将1987年和1995年的大众媒体广告投放量作一纵向比较，我们便不难发现，各媒体的广告投放在报禁前后发生了较大变化：报纸和电视媒体广告投放量分别增长了1倍多；广播媒体广告投放量增长了2倍多；而杂志媒体广告投放量则增长了3倍多。

从1995年到2004年，媒体广告投放的基本趋势是，报纸、无线电视、广播呈下降态势，而有线电视和杂志则呈上升态势，其中有线电视的广告投放量更是增长了8倍多。

表8-3　台湾大众媒体1995与2004年有效广告投放量比较（单位：亿元新台币）

年份	报纸	无线	有线	杂志	广播
1995	200.72	155.20	26.00	59.41	39.68
2004	165.24	86.26	253.81	80.64	32.67
增幅（%）	-17.68	-44.42	876.19	35.73	-17.67

资料来源：根据《“中华民国”经济年鉴》（2005）. 台湾：经济日报社（编印），2006.637，以及《动脑》杂志、《广告杂志》、润利公司提供之数据整理。

表8-4　台湾五大媒体1996—2004年9年间的有效广告量（单位：亿元新台币）

年份	1996	1997	1998	1999	2000	2001	2002	2003	2004
有效广告量	410.94	485.86	618.77	593.39	589.26	528.78	533.98	583.82	618.64
增长率（%）	-	18.23	27.35	-4.10	-0.69	-10.26	0.98	9.33	5.96

资料来源：根据《“中华民国”经济年鉴》、《动脑》杂志、《广告杂志》，以及润利公司提供之数据计算而得。

① 颜文闩. 完成一项“不可能任务”. 动脑，1998（总262）

4. 媒体广告质的变化

在媒体的多元化与商业化的潮流下，媒体内容偏重于娱乐和感官刺激，对广告品质的控制能力也连带着有些丧失。报禁解除后，许多夸大不实的广告以及色情广告充斥于各类媒体。根据1993年的一项研究，在36天的取样时间段里，有25家大小报纸平均每天登载580多条色情广告，总数高达18 000多个。如果以各个报纸的阅读率分别计算，则有将近80%的读者“非常有可能接触到色情广告”①。又如夜间有线电视频道通常有付费电话色情广告，据1999年几个“立法委员”在公听会上公布的数据，某频道在3个月内播放色情电话广告达26万多秒，平均每天播放50多分钟。除了有64%的青少年曾经看过这些色情广告，其中还有44%的人有过拨打经历②。在许多报纸上还常见到色情广告甚至地下钱庄的广告，网络上的非法广告更是不胜枚举。除了以上妨害社会风气的广告之外，在有线电视的发展过程中也出现了盖台广告的乱象，引发了媒体、广告主、广告公司对广告刊播权益的争议。目前，许多信号传输者都已避免这种现象的出现，但在台湾中南部地区仍时有发生。

此外，广告制作水平随着科技发展的提高而上升亦是质变的重要体现。再有，相伴于宏观经济中的各产业比例不断分配，媒体广告投放也在不断变化。在报禁开放之前，排名靠前的广告企业和商品多为药品、食品、日用品、家用电器、摩托车等，而在报禁解除、人均GNP超过1万美元之后，电信、汽车、房地产、零售、物流类的企业和商品广告迅速占据了广告市场份额，药品、食品广告则悄然归隐。

第三节　两岸广告业之交流

在改革开放后，大陆首先开始允许台湾地区的工商企业广告和寻亲广告在大陆刊播。而由于政治原因和两岸“三通”（通邮、通航、通商）尚未实现，台湾新闻传播主管部门“原则上”不同意媒体刊登大陆广告，也“希望”尽量避免。但部分媒体迫于生存压力，仍刊载少量大陆广告作为经济补充。据资料记载，早在1990年2月，台湾自立报系就刊登过一则浙江与香港合资的旅游公司的广告；3月，福建省广告公司通过《自立晚报》在香港与大陆的总代理——香港洲际广告公司于《自立晚报》刊登福建闽东电机集团广告；7月8日，《民众日报》第一版登载了河北省邀请台湾企业和个人赴河北投资的广告；7月31日，在《自立晚报》第一版中，又出现了浙江省丝绸进出口公司的广告，广告词为“身着故乡衣，情暖故乡人”③。以上种种都在当时引起了两岸各界很大的反响。实际上，台湾当局并没有明令禁止这种行为，而

---

① 赖治怡．强猛有力又如何？．广告杂志，1998（总32）

② 萧湘文．台湾广告媒介的发展．台湾的广告发展．台北：学富文化事业有限公司，2001.78

③ 陈培爱．中外广告史（第二版）．北京：中国物价出版社，2001.158

刊登过大陆广告的媒体也没有受到“新闻局”的查询和警告。当年，中国国家工商局和对外经贸部批准厦门市广告公司和厦门商业广告公司代理进入台湾地区的商品广告业务。不过，根据1992年台湾方面颁布的《台湾地区与大陆地区人民关系条例》，大陆的资本并不能直接进入台湾地区进行广告公司的开设和相关广告业务活动。

两岸的广告交流是植根于商品、服务以及投资往来的，但同时也离不开两岸广告界与传媒界知名人士的鼎力支持。在《自立晚报》刊登福建闽东电机集团广告之后不到两个月的时间里，先有以当时台湾联广副董事长身份的赖东明为团长的台湾广告界15人代表团，应中国广告协会的邀请，走访北京、上海、杭州，考察当地的广告业发展情况；后有台湾广告业14人考察团在大陆进行了两周的观光考察。隔年之初，台湾《商业周刊》和自立报系代表也来厦访问，受到当地政府的热情接待。在对大陆政局和经济发展做出有利判断之下，1991年2月12日，台湾《自立晚报》又用整个彩版刊出由厦门商业广告公司代办的大陆7家工商企业广告，刊登广告的厦门华景花园售楼处当日就接到台湾地区查询购房事宜的传真。2月24日是农历羊年正月初一，大陆近200家企业又委托厦门商业广告公司在《自立晚报》上刊登两个整版广告，向台湾人民拜年。如此众多的大陆企业及其产品通过台湾媒介在当地发布广告，于两岸分隔后尚属首次。1991年10月厦门经济特区创办10周年时，台湾《自立晚报》以四个整版和两个半版专题介绍厦门，邓小平1984年视察厦门时的题词也醒目地出现在第一版。当天的《自立晚报》在台引起轰动，印刷3次仍供不应求。据统计，从1991年到1995年，厦门工商业在台湾地区各种媒体刊登广告约750次，费用达千万元人民币。大陆对台广告也从侧面宣传了中国改革开放的成就，为早日实现“一国两制”、完成祖国统一大业做出了特殊的努力和贡献①。随着海峡两岸广告交流日渐频繁，以及考虑到1995年2月1日中国《广告法》施行后情况会发生变化，国家工商行政管理局和国务院台湾地区事务办公室于1994年7月联合发出《关于加强海峡两岸广告交流管理的通知》，对台湾地区企业和个人在祖国大陆发布广告以及大陆企业去台湾地区发布广告做出了具体规定，以进一步推动两岸广告业的合作与交流。台湾也相应地出台了相关规定。

从1991年起，两岸广告界的交流和访问日益增多。在台湾广告界首先访问大陆之后，厦门市广告公司总经理吴连城也应邀赴台湾考察，成为“大陆第一位到台湾地区的广告人”。经过两岸广告界短期的非实质性接触，大陆与台湾的广告交流很快步入正轨，开始向纵深发展，这主要体现在两个方面。

一、开展了以交流广告经验、共促业界进步为主要内容的各项活动

其一是举办各类研讨会，进行学术交流。1993年，福建省广告协会、《中国广

---

① 陈培爱．中外广告史（第二版）．北京：中国物价出版社，2001.161

告》杂志、台湾《动脑》杂志、福建电视台联合主办了"'93海峡两岸广告媒体研讨会"，会议在福州举行。1996年1月18日到25日，由台湾文化大学广告学系、福建省广告协会、台湾《动脑》杂志与《旅行家》杂志联合主办的"'96年两岸广告研讨会"在台湾新光摩天大楼举行，福建省广告协会代表团前往参加，会上就广告代理制、媒介广告经营、新技术在广告设计中的应用、闽台广告界今后如何开拓领域等问题进行了深入探讨。由于这是两岸隔绝40多年来大陆广告界人士首次赴台参加活动，因而受到两岸广告界的广泛关注。随着大陆与台湾民间的了解逐渐加深，此后类似活动络绎不绝，成为两岸广告思想与实践经验交流的重要途径。

其二是两岸广告奖项的开放式评比，为广告业界、特别是有志于从事广告职业的在校学生提供了一个展示才华的舞台和踏入广告行业的阶梯。

二、广告人员的流动

受台湾地区在1992年李登辉时期制定《台湾地区与大陆地区两岸人民关系条例》的制约，大陆广告从业人员赴台从事广告行业的困难较大。相比而言，大陆地区的有关规定则较为宽松。另一方面，岛内经济低迷而大陆经济前景光明，广告业方兴未艾。在这两个主要因素的影响下，与跨国广告公司在东亚地区工作重点倾斜的思路一致，许多台湾广告人也纷纷把目光投向大陆。他们不但在大中华区各地间因广告活动而来回穿梭，甚至有人还定居在北京、上海、广州等城市，并让其后代接受大陆教育。这些台湾广告界的重量级人物在大陆广告界的言传身教，无疑会促使大陆广告业向专业化方向加速行进。

小资料：台湾广告四十年（1959—1999）

年份	事件
1959	●温春雄创立东方广告社，加入亚洲广告协会 ●王德馨《广告学》出版
1960	●首次出席亚洲广告会议 ●出现广告量统计
1961	●台湾、华商、国华广告公司成立，与《联合报》、《"中央"日报》订立广告代理合约 ●中兴大学企管系加入广告学课程 ●广告额过2亿
1962	●华商广告公司与香港华商广告公司、日本五洲报业株式会社、日本国际广告公司建立合作关系 ●"台视"创立并首倡全面实行广告代理制
1963	●广告额过3亿

（续上表）

年份	事件
1964	●台北市广告代理商协会举办第一届广告研讨会
1965	●台湾广告公司成立东京办事处 ●电通台湾支局成立 ●台湾新生报举办第一届“报纸广告最佳设计”竞赛 ●台湾旅美学者杨朝阳被选为美国年度十大杰出广告新闻人物 ●广告额过4亿
1966	●东方广告公司加入国际广告协会（IAA），成为正式会员 ●第五届亚洲广告会议在台北举办 ●广告额过5亿
1967	●香港美灵广告在台湾设立分公司 ●广告额过6亿
1968	●清华广告公司、美商格兰公司成立 ●“台视”举办第一届电视广告“金塔奖” ●广告额过8亿
1969	●广告额过10亿
1970	●东海广告公司（联广前身）成立
1972	●国泰建业广告公司（台湾奥美前身）成立 ●远东广告公司在《中国时报》刊登全台湾百货业第一张整版广告 ●国华广告出版《广告关系法规》 ●广告专业刊物《广告时代》创刊
1973	●广告额过20亿
1974	●联广、志上广告公司成立 ●黄奇锵发起益利市场研究顾问公司，以日记调查法试办电视收视率调查 ●联广公司实施年度大调查
1975	●华威广告公司成立 ●广告额过30亿
1977	●台北市广告代理商同业公会第一届第六次理监事会议通过实施《会员承揽广告协约》 ●《动脑》杂志创刊 ●广告监测专业公司“润利”成立 ●广告额过50亿
1978	●《中国时报》举办第一届广告设计奖 ●《经济日报》举办第一届“金桥奖”
1980	●联广公司启用电脑进行媒体计划，计算GRP、CPM ●广告额过100亿
1981	●国泰建业广告公司与美国奥美国际广告公司建立技术合作 ●由联广公司与“中国租赁公司”合资成立联中广告公司（麦肯前身）

（续上表）

年份	事件
1982	●凯诺国际广告公司（萨奇前身）成立
1983	●华威广告公司与美国 Grey（葛瑞，又名精信）合作
1984	●太洋广告与日本第一企划合作，更名为太一广告公司 ●联广与 TED BATES（达彼思）进行技术、业务合作 ●恒中广告并入李奥贝纳公司，成为直属美国总公司的分公司
1985	●华商与 Benton & Bowles 签订技术合作 ●东方广告与日本东急签约合作 ●广告量首次出现负增长
1986	●南声传播公司与李奥贝纳公司合并，新台广告公司与上通 BBDO 公司合资
1987	●意识形态广告公司成立 ●广告业经营者联谊会（4A）成立 ●广告额过 200 亿
1988	●第一家纯日资西恩广告公司成立 ●志上广告加入英国 WCRS 集团 ●华威更名为华威葛瑞 ●广告额过 300 亿
1990	●美国盖洛普调查公司在台湾设立分公司 ●第十三届时报广告金像奖首次邀请台湾以外的亚太地区广告同业参加
1991	●第一届“4A 创意奖”举行，意识形态夺标 ●开放电视竞选广告 ●烟草广告全面禁止 ●广告额过 500 亿
1992	●举办第一届时报广告“金犊奖”、时报分类广告“金格奖” ●台湾广告公司与日本电通合资
1994	●开放大陆商品来台刊登广告 ●举办第一届“广告流行金句奖” ●禁止有线电视播放烟酒广告 ●相互广告公司倒闭
1996	●有线电视首次加入电视“金钟奖” ●政治大学广告系研究生班开始招生
1998	●黄禾广告与博上广告合组媒体购买公司“薄荷策略联盟” ●广告额过 1 000 亿
1999	●媒体服务公司“浩腾媒体”成立 ●媒介集中购买公司“捷盟媒体”、“尚扬媒体”成立 ●萨奇与达彼思合组媒介集中购买公司“实力媒体” ●“4A 创意奖”与《自由时报》合办，更名为“4A 自由创意奖” ●台湾发生“9·21”大地震，广告量大减

资料来源：根据杂志编辑部．动脑，2000（总 291）提供资料整理。

Chapter 9　　第九章

台湾的政治广告

Special Focus：Political Advertising in Taiwan

第一节　政治营销与商业营销的异同

政治广告的研究，是政治学、传播学、社会学、营销学、新闻学、广告学、心理学、公共关系学、研究方法等学科的跨领域综合研究。在很多时候，一听到“政治广告”，许多人就会认为这是一种“以钱买权、以权生钱”的模式，进而与一般的商业营销等同起来，这种认识是不全面的。

按照美国与台湾地区一些学者的研究观点，我们可以用市场营销学中最基本的4P's架构，对“商业营销”与“政治营销”作出比较①。

一、相同点

1. 产品

①两者有着相同的营销过程，都是通过一些组织机构（如公司、政党、派系等），面对不同来源的竞争（比如类似的商品，同类选举的候选人），为了得到“市场”占有率，去争取核心成员以及潜在“消费者”的资金或政治支持；②商业广告强调产品的功能属性，政治广告强调候选人的优点，两者的共同点是都建立在选择该项产品（即将候选人视为选民所选择的产品）的实际利益之上，每个候选人及产品必须发展出不同的“卖点”；③为了获取更多的市场占有率（选票），每个公司（政党）都必须创造出优于其他竞争者的差别利益以吸引现有或潜在消费者（选民），并与竞争者相区别。

2. 定价

在定价过程中，不管是商业营销还是政治营销，都是以消费者或选民为最终的决定者，因此在绝大多数情况下（市场经济下或民主国家中）也少有垄断价格。并且，在“购买”的决策过程中，消费者和选民所经历的社会与心理过程（如理解、决策、信息扩散、社会化）都比较近似。

3. 通路

两者都通过人际接触（如人员推销、在选区中走访拉票等），与大众传媒构成合力，力求达到最优投入产出比状态。

---

① 对于此部分内容，可参考以下著作：

郑自隆．竞选文宣策略——广告、传播与政治行销．台北：远流书局，1992

王汝女（译，自 Gray A. Mauser）．政治行销．台北：桂冠出版公司，1992

Philip Kotler（1997），Gary Armstrong. *Marketing*：*an Introduction.* Prentice Hall

郭岱君（译）．选举必胜方程式——美式选战揭秘．台北：智库出版公司，2000

郭于中．2000 年“总统”选举三组候选人竞选文宣策略与电视广告表现之相关性研究．（台湾）中山大学政治学研究所硕士论文，2001

4. 促销

无论是政治营销还是商业营销，两者的产品都需要经过各种的物质形态与非物质形态的“包装”。同时，两者都必须通过促销活动，让消费者接受产品背后的认知、情感、态度、取向。

二、不同点

1. 产品

①商业营销的产品是具象的物品或是抽象的服务，而政治广告营销的产品是候选人及其政治理念。在购买方式上，商品交换一般直接使用等价货币，而政治营销的消费者（选民）则在短期来看是用选票对政治营销的产品表示认可，其功能要大大弱于货币；②由于产品的区别相对较大，因此，商业营销比较容易通过各种营销手段来改变消费者的态度，而政治营销要改变选民的态度却是一件很不容易的事情；③由于两者的产品特性不同，竞争环境也有所不同。政治营销是在短期里决出胜负，除了一般民选属于“单记不可让渡选举”（single non - transferable vote），可以依照得票顺序直至应选名额被填满为止来产生多名当选人之外，重要的高级选举基本上只会产生一组候选人，不是当选就是落选，属于“零和博弈”（zero - sum game）；相对地，商业营销的竞争者通常是共存于一个竞争环境中的，属于非零和的结果。

2. 定价

由于政治与商业营销产品的不同，使得两者在“定价”上也有所差别。商业营销可以清楚地告知消费者产品的价格，消费者能作出直接的比较。但由于政治营销的产品是候选人及政策，会受到政治文化以及其他因素的强烈影响，选民不太会轻易地对不同候选人的政治决策作出权衡。

3. 通路

对于商业营销而言，“通路”是指企业生产商品或服务的分销渠道。在这个分销渠道中，可能会具有多个渠道成员，如制造商、批发商、中转商、零售商等，也时常要考虑到仓储与运输的问题。而对于政治营销来说，因为其产品的抽象性，“通路”受到了很大的局限，绝大多数要依靠人际、组织和大众传播的渠道进行渗透。特别是对于政治广告更是如此：产品制造者（政党、候选人、传媒、广告公司等）相互混合，营销通路大大简化，产品多为一站式到达。

另外，政治广告信息的传递时间与方式受到更多的法律法规的限制，这在客观上对通路的有效性提出了更高的要求。

4. 促销

由于政治营销的时间与资金限制更甚于商业营销，在接触限定的目标群体时，政治营销的策划者必须比普通的商业营销策划者更加努力。但是，在对宣传工具的控制能力上面，政治营销策划者要远弱于商业营销策划者。

虽然促销的手段大致相同，但消费者在由于听信过当或虚假的商业营销宣传而作出购买行为后，仍然会因为市场上存在同类商品的原因，主动或被动地降低抱怨情绪。然而，如果政治营销的目标一旦达到却又不如选民所想象的那样，则选民会因为政治局面的难以变更、自身环境的难于好转，对政治营销的促销产生强烈的不信任感和自我的挫折感。并且，这些感觉将会螺旋式加剧。

商业营销的促销时间较长，这对于售买双方而言都会有一个思考缓冲。而政治营销的进行则基本上是瞬间凝聚力的爆发，这样短时间的思考、决策和非胜即败的投注特色是商业营销所不具备的。

如果单就商业广告和政治广告作比较，则有以下不同之处①：

首先，比起一般的商业产品宣传来说，竞选广告的宣传期更短、强度更大，是否成功的标准也更高。商业广告只要占据一定的市场份额如20%即告成功，而政治竞选则必须获得目标群体中大多数人的认可。

其次，相对于许多消费品的持续销售来说，受众对政治广告宣传效果的回应只反映在竞选日的当天（虽然在竞选过程中不断有民意测验以预测的方式显示选民对竞选宣传的反映，但全部竞选过程的目标只在于选举当天的选民投票）。这种营销终结日的概念极大地影响了竞选者的营销策略。

第三，从目标人群的定位来看，成功的政治宣传要包括老人投票者和低收入投票者，而这两类人群难得被商业营销公司锁定。

第四，竞选要求较大程度的受众参与。选民要身体力行去某投票点投票，这可能打乱他的日常活动。而且选民必须以合法的方式投票才有效，因此争取多数选民的有效投票成为竞选宣传的终极目标。

最后，竞选广告不同于一般商业宣传的特点还在于，政客们在花钱与选民沟通的时候，他们也要想办法通过与选民沟通来募集竞选经费。

第二节　台湾政治广告发展历程回顾

政治广告从严格意义来讲，指的是依据商业价格购买与使用广告时段，向广大受众传递政治信息的一种行为②。政治广告的影响多直接从媒体而来，是由来源（通常是一候选人或政党）通过大众传播媒介向受众传输政治信息，继而影响其政治态度、信念或行为的传播过程。政治广告的影响，可分为认知、情感和行为三个层面。认知即知道、理解的过程；政治广告的情感成分是否发挥，效果要视人们对政治信息来源者的评估而定；行为方面的具体影响是选民投票支持，或是捐款给竞选总部、说服他

① 许静．美国总统竞选中的媒介传播．http：//www.chuanboxue.net/list.asp？unid＝675，2007－06－07

② 布莱恩·麦克莱尔（Brian McNair）．政治传播学引论．北京：新华出版社，2005.9

人等。

政治广告使用传统四大媒介始于何时已不可考。但早在1928年，一位美国《巴尔的摩太阳报》（Baltimore Sun）的记者在其写的一本著作当中，抨击了1924年美国大选时两党候选人花了太多的经费，购买大都市报纸的版面用以刊登竞选广告，把竞选人当作一般商品一样地出售①。同时，广播中的政治广告也应运而生，那时最受欢迎的政治广告是很戏剧化的描述，再配上一些音乐以及名人的支持言论。而政治广告成为普通民众的关注对象和学者的研究对象，则是始于1952年1月，当年美国总统大选共和党候选人、亦即后来的美国总统艾森豪威尔在广告天才罗瑟·瑞夫斯的策划下，首次在电视上播出竞选广告。

然而，政治广告的存在必以民主政治制度的存在为前提。国民党退守台湾之后，以蒋介石、蒋经国为首的政府奉行集权政治长达近四十年。在此期间，国民党完全拥有媒介资源，无须在法律上对外开放，以免其他政党运用媒体。比如，1980年制定的《选举罢免法》规定，候选人、助选员及任何人均不得利用大众传播工具刊登广告或为候选人宣传，但既然媒体（尤其是电视）偏向执政党，则这个规定对其并无不利，却可以阻止在野力量进入传媒②。20世纪80年代，台湾的政治紧张局面随着台湾经济融入国际一体化而逐渐松动。在岛内岛外环境的综合变化影响下，由“美丽岛事件”而备受世人关注的民进党于1986年正式登上政治舞台，与国民党分庭抗礼。1988年1月李登辉仓促接班，在其进行权力布局的同时，更是充分利用了当时台湾岛内要求改革的社会压力，逐步铲除蒋介石与蒋经国统治台湾所遗留下的政治体系。在此过程中，李登辉处心积虑运用了媒介与政治的互动关系，不但将代表自我意志的大量政治思想化入日常的宣传报道，也慢慢扶持起以“台独”为主要目标和诉求点的民进党，使民进党在1989年台湾“三项公职人员选举”之时，借开放电视、广播之外的大众传播媒介供候选人使用的机会迅速成长壮大③。1991年，经过各种政治势力的折冲争议，“中央选举委员会”于“第二届国民代表选举”时，尝试向三大电视台各购买90分钟，以先审后播方式，播放国民党149分12秒（占55%）、民进党65分15秒（24%）、社民党31分15秒（12%）、非政党同盟24分18秒（9%）自制的广告宣传片。但由于是单方面的静态传播，“首次”的新鲜感仍然没有激发选民观看的意愿，三台总收视率只在20%左右。1992年，李登辉又违背民意，用立法手段将“台独”言论“合法化”，客观上使台湾的政治宣传内容更加复杂。

---

① Kraus, S. and D. Davis (1976), *The Effects of Mass Communication on Political Behavior*, The Pennsylvania State University Press: 67

② 冯建三. 广告与政治经济体系 （台湾）政治大学传播政治经济学授课稿

③ 1989年5月13日，民进党向台视提出付费播出电视广告的请求，要求在黄金时段播出灯片形象广告台词三句，“这是民进党的党旗，请支持它变成执政党党旗，民进党谢谢您”，但未被接受。

表 9-1　台湾选举使用大众传播媒介时间表

	选举名称	“选举罢免法”规定	民间自行使用
1989	三项公职人员选举	报纸、杂志	
1991	第二届“国大代表”选举	报纸、杂志、电视竞选宣传	
1992	第二届“立法委员”选举	报纸、杂志、电视竞选宣传	有线电视
1993	县市长选举	报纸、杂志	有线电视、卫星电视
1994	第一届台北“市长”选举	报纸、杂志	有线电视、卫星电视、BBS
1995	第三届“立法委员”选举	报纸、杂志、电视竞选宣传	有线电视、卫星电视、BBS、WWW

资料来源：庄伯仲、郑自隆. 竞选文宣新媒介——台湾政治性资讯网路现况研究（1995）. 广告学研究，1996（总7）

1989年之后，除国民党、民进党在台湾诸多媒体上借助政治选举之机互相攻守之外，社会民主党、非党派同盟以及无党派独立参选人等各种政治势力也开始通过传媒，加强各自政治主张的宣传力度。经过十余年的衍变，台湾的政治广告无论从操作手法还是分析研究，都已迅速向以美英为代表的西方发达资本主义国家靠拢。从个人来看，不管是政坛元老还是新进人物，均在历次各级选举中将政治广告视为宣扬人品、宣传政见、增强阵营信心的必备武器。1992年“立委”选举，候选人经费低则千万新台币，高则可达两三亿。再以1994年的首次“省市长民选”为例，因被认为是1996年台湾地区领导人选战的预演，所以主要政党共投入了总额至少2.3亿的广告经费。自此之后，政治广告的投入一发不可收拾。1996年3月，李登辉自导自演台湾“全民公投”，“李连（战）配”候选依仗着媒体优势强化曝光率，选举宣传费用高达20亿至30亿。

表 9-2　1994年台湾地区“省市长”及“民意代表”选举广告支出统计（单位：新台币万元）

政党	有线电视（第四台）	联意卫星电视（TVBS）	台视、中视、华视	报纸	合计
国民党	7 500	1 841	259	1 461	11 061
民进党	5 000	1 804	0	1 779	8 582
新党	2 500	761	0	303	3 563
合计	15 000	4 406	259	3 542	23 206

资料来源：润利公司，转引自《广告杂志》，1995（1）：23。其中新党第四台广告额为推估，原资料未说明。

在十余年的发展过程中，各党派的政治广告宣传经历了从无序到有序、从单向传播到双向互动、从注重数量到注重效果、从自操自办到借助外力的种种变迁。台湾的政治人物已经习惯借助于一些广告技巧，通过媒体把他们的思想传递给选民，并使台湾的现代政治成为广告的重要实践领域。而这种种变化，有很大一部分要归功于台湾广告界的鼎力相助。

第三节　台湾政治广告传播者与受传者分析

政治广告是在资本主义社会中，各政党及各利益集团为谋求自身利益而使用的一种宣传工具。它虽然以“广告”的形式出现，但仍然贴有明显的政治意识标签，其目的就是在不触动现有政治制度的前提下，以谋求全民福利作为掩护，利用政治广告、尤其是竞选广告为晋身之阶，来获得个人和政党的利益最大化。

为了在最大限度上获取信息的传播效果和选民的认同，各个政党和候选人都会尽可能地利用大众传播媒体来进行宣传。特别是当电视媒体出现之后，政治宣传的着力点迅速向电视媒介倾斜。以美国为例，根据《今日美国》1984年的一篇报道，在当年美国总统竞选的初选阶段，候选人经费中只有15%使用在电视广告上，但到大选期间，则有55%的经费用在电视广告上。1988年，这个数字更增加到60%以上，其后还在缓慢上升①。同时，对原有的平面媒体控制也没有放松，并更加注重多种媒体之间的整合传播效果。为了更好地达到这个目的，各政党和利益团体会尽量地掌控媒体、操纵媒体，这是通过政治手段和经济手段双管齐下完成的。

一、台湾政治广告的传播者分析

从1951年到1989年，台湾国民党当局一方面通过党、政、军直接持有媒介，另一方面又通过“报禁”、“文化清洁运动”、“九项禁令”、“第五次《出版法》修正案”等法规措施控制传媒的数量和内容，以配合其专制统治。因此，政治广告的存在空间比较狭小，但目的颇有所谓的“外交”和粉饰意味。甚至到了1992年，单是“新闻局”编列的“国外”广告（包括政府形象广告、重大节日广告以及配合岛内厂商参加国际商展而在当地报刊登载广告）预算就有4 127万元新台币（1993与1994年均降为3 066万）。然而，国民党当局在“报禁”时期所留下的党、政、军各报系和电台、电视台，却在“报禁”解除之后对台湾政局产生了十分重大的影响。例如，为兴建核能发电四厂，国民党于1993年，史无前例一次通过八年度的“核四”预算，对外则不但“工商界发动银弹买广告推销核四”，“台电”（政府企业）也斥巨资从电视到报纸，大举进行“核四”广告宣传，光是购买1991年10月19至27日的三台时段，就动用了上千万台币。事业若属独占，则市场上并无竞争对手，所以少有广告之需要；政府只有一家，却还必须借助广告，其中的道理耐人寻味②。

1975年4月5日，蒋介石逝世，蒋经国成为台湾地区的最高领导人。在其执政

---

① 彭芸．政治广告与选举．台北：正中书局，1992. 26

② 冯建三．广告与政治经济体系．（台湾）政治大学传播政治经济学授课稿

后期，他不断提拔台湾籍人士进入政坛上层，并在1984年选择了李登辉作为副手。1990年3月台湾爆发学潮（史称“三月学运”），要求改变老化的政治体制，而当时民进党所推动的“政治改革运动”也成为李登辉结束蒋家统治的最佳助力。李登辉的种种“自杀”式政治举动使国民党内部的外省（指非台湾省）势力深感焦虑，1993年，国民党在“立法院”的次级团体“新国民党连线”对李登辉提出挑战并最终脱离国民党而成立“新党”，赵少康是“新党”的创始人之一①。2000年3月，陈水扁借国民党内因宋楚瑜脱党参选导致力量分散之机，接替李登辉成为台湾地区新任领导人。李登辉于3月24日被迫辞去国民党主席职务，一些国民党内亲李登辉的台湾籍党员也在2001年8月12日另外组成了“台湾团结联盟”（简称“台联党”或“台盟”，但李登辉并未加入）。同期，宋楚瑜亦于落选后在2000年3月31日组建“亲民党”。当年10月，民进党籍的“行政院长”张俊雄宣布停建“核四”，引发国民党、亲民党和新党的强烈不满，“国亲新”三党从此结盟，形成“泛蓝”势力（国民党军政时代一直使用“青天白日”的标志，蓝色被国民党当作“正色”看待）；民进党则与其他具有“台独”倾向的政党结盟而成“泛绿”阵营（民进党的“党旗”是绿底白十字，十字中间为台湾地图）。自此，台湾两大政治阵营完全形成，分别对传播媒介实行或明或暗的操控。

1. “泛蓝”阵营的基本情况

（1）选票实力

①国民党方面：在一党专政时期，国民党的优势十分明显。沦为在野党后，虽然国民党在基层选举中仍能获得70%以上的席次，但大型选举中的得票率却有所下降。

②亲民党方面：2000年3月底，凭借宋楚瑜在2000年大选中所赢取的466万票而成立的亲民党，在2001年年底“立委”选举中，获得18.57%的选票和46个“立委”席次，成为“立法院”第三大党。

③“连宋配”成局后完成了泛蓝内部的整合。国、亲、新三党加上一些倾向泛蓝的无党籍“立委”，在“立委”、“县市长”选举中的总体选票实力维持在55%左右。

（2）基本策略

为争取选民的支持，“泛蓝”针对陈水扁政绩不彰、经济复苏乏力的“罩门”，一直主打经济、民生议题和“两岸三通”牌。“泛蓝”阵营还通过连战、宋楚瑜对大陆的访问，进一步获得中华人民共和国中央政府的认同。

---

① 1994年，赵少康与陈水扁角逐台北市市长一职，发布了一则广告，似乎是岛内第一次引发中产阶级认同战。赵氏文案说，“本省的中产阶级请认清楚……弄乱了，搞垮了，你也跑不掉……陈水扁当选，明天会更乱”。在文案出现前数周，台湾正迷漫着一波恐共的中产阶级移民热之说，这则广告因此可以说是“新闻广告化”，然后反过来再成为“广告新闻化”。

（3）劣势：政治积怨与腐败

国民党在蒋介石时期大力推行集权统治，退守台湾后依然是我行我素，“白色恐怖”笼罩全岛。在一系列的政治事件当中，“二二八事件”经常被民进党当作国民党镇压台湾人的“铁证”大肆鞭笞，而“美丽岛事件”① 则被民进党塑造为“求民主、争自由”，反对国民党专制的英勇事迹。两者合并，便成为民进党政治宣传的核心内容。

国民党党产及附属其上的腐败问题也是民进党一直穷追猛打的对象。依据国民党投资管理委员会公布的旗下七大股份公司 1998 年度财务报告，其“党产”总额达 1 470 亿台币，负债总额 787 亿台币，净值为 683 亿台币②。国民党沦为在野党后，2000 年 8 月又进行了一次全面清查，结果显示“党产”总共 799 亿台币，其中党营事业有 600 亿左右，投资了 104 家企业。

党营事业是国民党各种选举中最大的资金来源。在 1994 年台湾“省市长”选举中，国民党财务委员会向党营事业投资管理委员会要了 45 亿台币；1995 年“立委”选举时增至 65 亿台币。党营事业与大财团进行利益输送之情事也屡被媒体所披露。在几次大选中，民进党也从这个角度切入，对国民党的形象发动攻击。

2. “泛绿”阵营的基本情况

大肆叫嚣“台湾独立”、拒绝接受“一个中国”原则的民进党、台联党以及其他“独派”政治团体被外界统称为“泛绿军”或“泛绿阵营”。

（1）选票实力

①民进党方面：民进党自 1986 年成立后，在历届“立委”选举中的得票率一直保持在 30% 左右，在县市长选举中的得票率保持在 40% 左右，但 2000 年 3 月上台后选票有所上升。在 2001 年第五届“立委”选举中，民进党首度成为“立法院”第一大党。

②台联党方面：2001 年年底，台联党在“立委”选举中获得 7. 76% 的选票，取得“立法院”13 个席次，并与民进党在“立法院”展开全面合作。

（2）主要资源

民进党上台后，不仅掌握了政治、经济、军事、财政、社会等资源的重新分配

---

① 1978 年 12 月，美国与台湾“断交”，蒋经国宣布停止选举，当时的一批非国民党籍的“党外”人士面临无法生存的危机，于是这批人全面集结，开办了《美丽岛》杂志，以刊物和集会来宣扬他们的政治理念。1979 年 12 月 10 日，这些“党外”人士以庆祝“世界人权日”为由，在高雄市发起大游行。此举触怒了蒋经国，他下令逮捕游行的主脑人物，这就是影响台湾近三十年的“美丽岛事件”。在这次事件当中的活跃人物基本上成为今时民进党的头面人物，如《美丽岛》杂志五人筹建组中的张俊宏后来是民进党“立委”、民进党代主席，吕秀莲更成为民进党代主席、“副总统”；为“美丽岛事件”辩护的律师当中，陈水扁是台北市市长、民进党主席、“总统”，谢长廷曾是高雄市市长、民进党主席、“行政院长”，苏贞昌曾任“总统府秘书长”、民进党主席、“行政院长”，张俊雄是民进党“立委”、两任“行政院长”。

② 七大控股公司分别为“中央”投资公司、光华投资公司、启圣实业投资公司、建华投资公司、华夏投资公司，总共主控 66 家企业，转投资企业超过 200 多家，资产总额 1 万亿台币。

权，更掌控了警、检、法、调等国家机器，为陈水扁竞选提供了极为有利的外部条件。

（3）基本策略

为巩固“基本盘”、抢攻中间票源、动摇泛蓝军心，陈水扁自上台以来利用执政优势，多管齐下、攻守并用，以求“积小胜为险胜”。他不但大肆炒作“统独”议题、拉抬竞选声势，还宣称“拼经济、大改革”，试图虚构政绩。同时，他还通过“政策买票”收买人心，并用金钱和政治手段分化、打压泛蓝联盟。

（4）“优势”与劣势

①“优势”。除以上提及的“主要资源”即为民进党的政宣优势之外，民进党在台湾岛内的“优势”还有另外重要的一点，那便是从陈水扁上台以来，利用执政地位以蚕食渐进的方式在政治、经济、“外交”、文教、军事等诸多领域竭力推行“去中国化”的“渐进式台独”路线。陈水扁当选后在公开场合多次散布“台独”言论，开口闭口“台湾”、“福尔摩沙”（Formosa，又译“福摩莎”①）。台《“中央”日报》发表社论斥责：“这明显是要变更我们的立场，避免台湾与中国大陆的联系与接近。”

同时，民进党在文化教育等领域的行为尤显居心叵测。如2000年5月，陈水扁在就职演说中，肆意鼓吹“台湾文化”，刻意区分“台湾文化”与“中国文化”，而且还并列对等起来。2001年3月底，台当局又公布了“本土化教育”政策，决定在中小学开设“乡土语言”课，规定中小学生必须在闽南语、客家话和原住居民语中选修一种，以弱化和冲淡国语（普通话）在台湾的地位，力图改变青少年的母语认同。被外界视为陈水扁嫡系子弟兵的罗文嘉还带头发起了“新文化论述”运动，企图在文化领域确立台湾的地位。

以上种种动作，都受到民进党铁杆选民的追捧叫好。在历次的各级选举当中，只要民进党打出“台独”的旗号，便能立即将全体选民划分为所谓的“爱台湾”与“不爱台湾”两个种群。凡拥护民进党候选人者，则为“有爱国心”的良民；凡不支持“台湾独立”者，则必为“卖国”、“叛国”、“泛蓝走狗”。法宝祭出，不但能使泛绿阵营选民顿觉高人一等，也足令举棋不定者改变政治倾向。

②劣势。代表民进党进行执政的陈水扁上台后宣称，执政重点是放在“拼经济、拼外交、拼安全、拼正名、拼宪改”这五个方面。但其所作所为与施政结果并没有如当年选民之所愿：一是经济滑坡、人民生活水平下降、失业率屡创新高；二是“邦交国”持续减少，现只利二十几个；三是军费开支连年增长，反而加剧了两岸间

① 自16世纪中叶以后，远东地区的海上航运逐渐频繁，有许多航海路线通过台湾海域附近，当时的葡萄牙船员在经过台湾海面时，从海上远望台湾，发现台湾岛上高山峻岭，林木葱绿，甚为美丽，于是高呼“Ilha Formosa!”这句话，即“美丽之岛”的意思（Ilha相当于英文的island）。荷兰人强占台湾后，一直用“Formosa”来称呼台湾。

的不信任，使不安全因素增加；四是“修宪”与“公投”背天违愿，不得人心；五是政治腐败、渐失民意；六是内忧丛生，众叛亲离。2006 年，一些长期推动台湾“民主运动”的中坚分子，集合美丽岛时代、党外运动和野百合学运时期的“亲绿”学界和社运人士，联署发表措辞强烈的声明，并召开记者会公开呼吁陈水扁辞职。8 月，前民进党主席施明德呼吁陈水扁勇敢认错，鞠躬下台。因未得到陈水扁的响应，施明德又发起了“1 人 100 元，百万人倒扁”的活动，短短 6 天就提前达到募款 1 亿元新台币的目标，参与人数超过 100 万。可以这样说，举凡当年民进党赖以发家的因素，今日几乎都成了民进党尾大不去的包袱。

通过以上的分析，我们可以了解台湾今日政坛之态势。对于两大政治集团而言，其政治宣传以及在竞选时大量使用的政治广告，无不受到这些政治背景的左右。或许在岛内民众看来，这些形形色色的政治广告，就如同一出漫长的肥皂剧，也仅仅只是一出肥皂剧而已。

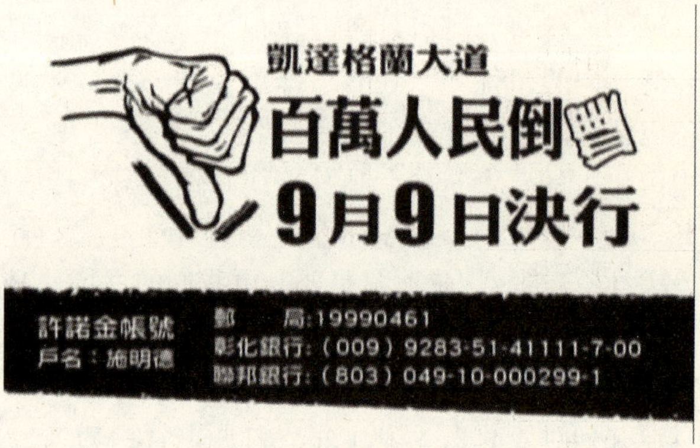

图 9－1　百万人民倒扁大游行广告

二、台湾政治广告的受传者分析

台湾现行行政区域分为省、县、乡三级。目前，除台湾省外，设“院辖市”（或称“直辖市”）2 个、16 个县和 5 个省辖市。在这 23 个行政区域中，台北县、台北市、高雄县、高雄市由于居住人口十分稠密，成为台湾两大政治阵营争夺票源的主要战场，台北县“县长”、台北市“市长”和台南市“市长”一职也是政治选举时的制高点①。这些地区的政治广告传播的次数要远远大于其他地区，形式也更为多样。我们可以从对 1989 年“三项公职人员选举”的一项报纸媒体竞选广告的研究中清楚地看到这一点：选区越大，候选人越依赖大众传媒进行大量的竞选广告投放。

① 台湾省的人口分布有平原多于山区、西部多于东部、北部多于南部、城市多于乡村的基本特征，各地人口密度差别甚大。内陆的山区县南投县，面积占台湾总面积的 11.4%，而目前人口只占台湾总人口的 2.4% 左右。而城市人口密度为每平方公里 4 800 多人，是台湾人口平均密度的 8 倍。尤其是台北市、高雄市、台中市、基隆市、新竹市、嘉义市、台南市人口更为集中，7 个城市的面积占台湾总面积的 2.9%，而人口占台湾总人口的 31%，平均人口密度为每平方公里 6 350 人，是台湾人口平均密度的 10 倍。其中 2000 年，台北市与高雄市人口密度分别达到每平方公里 9 737 人与 9 704 人。

表 9-3 1989 年"三项公职人员选举"按选区划分的报纸广告量投放

选举区	广告发布数（则）	所占发布总数的百分比（%）
台北县	51	4.8
基隆市	1	0.1
桃园县	1	0.1
新竹市	2	0.2
苗栗县	3	0.3
台中县	10	0.9
台中市	43	4.0
彰化县	2	0.2
南投县	6	0.6
嘉义市	2	0.2
台南县	7	0.7
台南市	5	0.5
高雄县	101	9.5
屏东县	3	0.3
花莲县	1	0.1
台东县	2	0.2
台北市	452	42.6
高雄市	109	10.3
全岛性	205	19.3
其他	56	5.3
合计	1 062	100.0

资料来源：彭芸．政治广告与选举．台北：正中书局，1992：162．选取样本：1989 年 11 月 23 日至 12 月 2 日《联合报》、《中国时报》、《"中央"日报》、《自立早报》、《台湾新闻报》、《台湾时报》、《首都早报》等七家报纸刊登的全部竞选广告。

如果按照人口地理划分，台湾人口绝大部分居住在西部平原，中部和东部山地有少量原住居民。居民绝大部分为汉族，约占全省人口 98%，少数民族占 2%，约 40 万人左右。全省通行闽南话、国语、客家话。如果按照经济发展划分，台湾北部地区城市化进程较快，就业机会多，文化教育程度也较高；中部地区其次，南部地区又次之。这些地理、语言和经济的因素便决定了台湾岛内的大致政治倾向：台北为"泛蓝"大本营，台南是"泛绿"票仓，而台中则左右摇摆。

从选民的年龄来看，日本统治时期出生并从小接受日本化教育的台湾人，有一部分从一开始就把自己当成日本国民，而后来也回归和认同了中华文化。但他们对于国民党的排斥一般要超过下一代中年的台湾人，族群意识也鲜明一些，其中一部分人思想比较顽化。台湾中年人则较为理性，他们是在台湾经济起飞过程中成长起来的，对于国民党执政时期的一些成就也有一定的认可，这些人受过浓郁的中华传统文化熏陶，要从骨子里真正地“去中国化”并不容易。而少数青年一代的台湾人也确实具有族群意识的倾向。

2003年2月14日，“连宋配”成局后使2003年的岛内“大选”演化为“蓝绿对决”，然而蓝绿阵营均无法靠一己之力赢得选战。相对其他年龄段诉求分散、投票意向又不明显的中间选民，青年选票具有既集中（诉求相似度高）又庞大，且可塑性强、往往左右选举结果的特点，成为蓝绿两家的必争之地。当然，也有很多台湾青年，并不那么关心政治。2006年10月29日，“台湾青年全球论坛”北区会议在台湾政治大学举行。会上，“世界领袖教育基金”公布了一份对全台1 200名大学生所做的“台湾大学生国际观”问卷调查，其中一项为要求学生自由填写三名心目中最佳领导人。在该基金会依得票多寡排出的前七名最佳领导人中，只有两名是政治人物，有四位是企业家（见表9－4）。在1 200名受访者中，只有32人认为陈水扁是最佳领导人，3人认为吕秀莲是最佳领导人。

另外，对于一向关注政治风向的台湾企业来说，有很多也认为，选举过于频繁以致影响了企业的正常发展。台湾“1111人力银行”于2005年12月2日在台北恺撒饭店举行新闻发布会，公布了该行所做的“选举行为”专项调查。调查显示，在回答“你认为政治黑手伸入企业的情况有多严重”时，认为“严重”的占35.99%，认为“非常严重”的占19.32%。当问及企业主“你认为台湾的选举是一个什么样的文化?”（复选至多三项）时，排列前三位的是“政党恶斗、口水满天飞”（占90.58%），“黑函、揭弊一堆”（占45.41%），“候选人素质参差不齐”（占41.06%）。最后问到“你认为台湾选举频繁，是否会对经济景气及产业发展造成影响”时，认为有影响的占78.99%，认为没有影响的占3.62%。

表9－4　台湾大学生心目中的最佳领导人排名

排名	领导人	得票数（张）
1	王永庆	273
2	郭台铭	252
3	比尔·盖茨	185
4	马英九	（暂缺）
5	张忠谋	144
6	孙中山	109
7	证严法师	108

资料来源：根据新华网“台大学生心中领导人：王永庆郭台铭居一二位”一文整理。

新华网，http：//news. xinhuanet. com/tai_ gang_ ao/2006－10/30/content_ 5265862. htm，2007－08－01

综上所述，由于台湾岛内选民对于台湾的政治活动和政治行为本身具有比较复杂甚至负面的感受，因此极有可能在将来出现与美国类似的情形，即低投票率、低政治卷入度，或者还会并发对政治宣传的不信任、抵触乃至对抗。如果这样的推测成为现实，则台湾政治广告的市场规模将会在达到一个高点后大幅下降，当然，对于这个拐点的确定还需作更为深入的分析。此外亦有另一种可能，即当台湾政局继续复杂化时，政治广告的投放量保持在一个较高的水平，甚至稳中有升。

第四节　台湾政治广告传播媒介分析

一、台湾传媒民主性的尺度

我们目前认识当中的自由民主主义衍生于欧洲早期资产阶级对于封建专制制度和政权的批判。这场批判始于16世纪，并最终在1789年法国大革命的“自由、平等、博爱”的大旗下达到高潮。可以用下面的术语来定义一个资产阶级民主政体的特性：立宪、民主参与和理性选择[①]。

①立宪：必须要有一套程序和规章来规范选举过程，约束获胜者及反对者的合法活动。这些规章制度通常以宪法和权利法案的形式确立。

②民主参与：全体公民中参与民主过程的人数必须达到“足够”的比例，投票权必须逐渐向低级阶层和多数阶层扩展[②]。

③理性选择：民主政治的第三个条件是不同的选择可能（如美国的民主党和共和党，英国的工党和保守党）。并且，公民要具有作出理性选择的能力。

在资产阶级思想家如洛克（Locke）和弥尔顿（Milton）推出代议民主政治理论和个人（或公民）权利的学说之后，投票权也被引进，并且通过英国1832年改革法案等途径扩展到越来越广的范围。但民主主义的发展与民主国家的建立，以及民主制度的确立还是经历了一个相当漫长的时期。观照当今世界上最大的资本主义国家美国，直到1920年美国妇女投票权利之宣言的签订，历时81年的妇女投票权的斗争才告结束；而尽管南北战争已经结束了相当长的时间，直到1965年《选举权法案》订立，美国的全体黑人公民才拥有选举权利。

一个具有洞察力且受过良好教育的公民整体的重要性，决定了民主政治必须在公开的领域开展（对应独裁集团的隐蔽特性）。公民赖以作出政治选择的知识和信息必须能够自由流通，并可以被所有人获得。格利普森（Gripsund，1992）指出，公共领域作为“一套制度”出现，“代表了国家（君主）和私人领域中间的一个缓冲地带，

① 布莱恩·麦克莱尔（Brian McNair）. 政治传播学引论. 北京：新华出版社，2005. 17

② 而像南非这样的国家，正是由于剥夺了大多数公民的选举权，一直到1994年4月的选举之前还被称为“非民主”国家。

保护公众的私人活动不受独裁决定的非理性干预。”约瑟夫·恩斯特（Josef Ernst，1988）则指出，公共领域是一个“独特而散漫的空间，个人在这里聚合并扮演着一个强大政治力量的角色”。简言之，它是“资产阶级的政治领域”。现代民主社会中，这个领域已经从最初精英阶层的王国扩张为绝大多数民众的公共空间，本质上由社会中的传播机构组成。事实和观点在这些机构当中不断流通。

综上所述，我们可以把“理想化的”民主社会中媒体的功能归为五种：

①媒体必须告知民众在他们的身边发生了什么，即“监控”或“侦察”功能。

②媒体必须教育民众，让他们知晓发生了的“事实”的意义和重要性。

③媒体必须为政治讨论提供一个公共平台，促进公共舆论的形成，并把舆论回馈给公众，而且这个平台必须为反对意见预留空间。

④媒体要给予政府和政治机构曝光率。可以说，只有在执掌最高权力的人的行为被公开监督的前提下，公共舆论才有意义。

⑤在民主社会里，媒体同时也是鼓吹政治观点的一个渠道。

为了充分执行媒体的这些功能，进而生成一个真正的“公共领域”（再进一步实现“真正”的民主），以上的条件是不可或缺的①。然而，对于台湾民众的政治生活来说，一方面是一些人并不能被称为“完全理性”、或是未受过良好教育而被政党宣传所蒙蔽，另一方面则是以前长期缺乏多元化的执政选择。另外，政府（从退守台湾至今）对媒体的操纵、对媒体当中反对派的打压也令媒体丧失了真实性、独立性，但一个真正意义上的民主社会的形成却是以具有独立、公正的媒体作为显著标记的。从1988年开放报禁以来，台湾本来应扮演“公众舆论”角色的媒体，随着台湾的政治变迁而逐步走上“党报”的回头路。媒体也和政党一样“区分蓝绿”，这是台湾媒体生态最为特别的现象，也是民进党执政后大力整肃媒体，以图全面掌控台湾媒体所造成的恶果。因此，对于台湾媒体“民主”虚伪性的批判，并非空穴来风或是大惊小怪。

二、深陷于政治漩涡的台湾传媒

1.20世纪80年代末：封闭与集权控制下的台湾传媒

根据Rubin（1993）的研究，世界各国对传媒的控制共有五种方式：一是通过对传媒的垄断实行直接控制；二是给传媒机构发放开业执照令其“自我审查”而达到控制的目的；三是借发布所谓“国家安全条例”或“紧急令”等手段实施管制；四是对传媒施加各方面的压力以收到控制之效果；五是对传媒或传媒界人士用暴力实行管制②。在20世纪80年代末之前的几十年中，在自称开放的台湾社会里，上述五种

① 以上可参见布莱恩·麦克莱尔（Brian McNair）．政治传播学引论．北京：新华出版社，2005. 19～22

② Rubin，B（1993），*New Technologies Breach the Five Barriers of Media Control*. Intermedia 21（1）：22～28

对传媒的控制方式同时存在。其原因是，台湾的执政党国民党的基本结构是建立在威权模式之上的，其对文化、教育、传媒的控制与影响皆以维护执政党之地位为宗旨①。从1949到1987年，台湾一直处在“紧急状态”之中，集会、结社、组党及言论、出版自由均被取消。正如 Rampal（1994）所指出的，尽管“中华民国”的“宪法”上有这些条文，但仅仅是一纸空文而未付诸实际②。

台湾对传媒体系实行威权式控制的一个后果是，尽管经济发展需要传媒发挥更活跃的作用，但政治原因却造成了传媒发展的严重落后与不足。比如，从1949年至1988年的40年间，台湾的经济增长了许多倍，但报纸的种类数量却长期停滞。到1988年时全台湾总共才有31家报纸，且受当局规定的限制，每家报纸每天的版面不得多于12页。而且，文化与传媒机构多附属于执政党、政府或军方，官方报纸的发行量占全台湾报纸发行量的80%以上，私营的商业性传媒根本无法与官方的传媒竞争。当八十年代初全球化浪潮开始向世界各地扩展时，台湾的一些传媒纷纷要求政府实行开放政策，但这些要求、努力和尝试都遭到了当局的严厉压制③。传媒要求开放的努力和政府反对开放的企图导致了双方的斗争和摩擦，从1980年至1986年，政府对传媒“自由化倾向”采取的各项行动次数增加了近20倍，没收和禁止出版物的行动次数增加了近30倍（见表9-5）。

表9-5　台湾传媒开放前新闻审查情况

年份	1980	1981	1982	1983	1984	1985	1986
政府对传媒采取行动的次数	16	19	27	33	211	275	302
出版物被没收或禁止的次数	9	13	23	26	176	260	295

资料来源：International Committee for Human Rights in Taiwan Communique，1987.

然而，全球化的强大趋势最终使得台湾的传媒开始朝着自由和开放的方向发展，这个发展以1987年开始的政治改革为标志，进而改变了传媒的总体环境。尽管这些政治改革的主要目的只是为了给国民党塑造一个新的政治形象，但却不可避免地“勾动了传媒开放这支枪的扳机”④。

2.20世纪90年代至今：深陷于政治漩涡的台湾传媒

应当指出的是，台湾传媒尚未真正、完全地建立成熟的自由经营体制。一方面，

---

① Cheng，T（1989），*Democratizing the Quasi-Leninist Regime*，World Politics（16）：471～499；Tien，H（1989），*The Great Transition：Political and Social Change in the Republic of China*，The Hoover Institution Press

② Rampal，K（1994），*Post-Martial Law Media Boom in Taiwan*，Gazette（53）：73～91

③ Tien，H.（1988），*Social Change and Political Democratization in Taiwan*，in H. Feldman，M. Kau，and I. Kim. Eds，Taiwan in a Time of Transition. New York：Paragon House

④ Lo，S.（1992），*Taiwan Business People*，*Intellectuals*，*and Democratization*，The Pacific Review 5（4）：382～389

传媒仍受执政当局的“管理”，虽然执政党对传媒的直接控制已不多见，但它对传媒的政治影响还时隐时现，只是施加的方式和程度与过去不同而已。另一方面，过去官营、党营的传媒能否完全独立经营，在很大程度上还是要指望执政党的“恩赐”。

对台湾政局产生重大影响的大众媒体目前主要由四大报系（党报系、联合报系、中时报系、自由时报报系）和七大电视台（台视、中视、华视、民视、公视、TVBS、三立）构成。在四大报系当中，自由时报报系偏向民进党，党报系、联合报系则与国亲两党关系密切；民视、三立帮绿营造势，TVBS、中天、中视为蓝营助威①。而两者之间的媒体如台视、华视、东森、《中国时报》等，企图开发中间路线却得不到民众与当权者支持，收视率与销售量节节下滑，成为蓝绿对决下的牺牲品。

另一方面，传媒寡头的形成也使政府对媒体的控制愈发简单。例如，20 世纪 90 年代初全台湾有数百个有线电视公司，而到了 90 年代末，大部分有线电视公司都落入六个财团的手中。又如，在印刷传媒业，不少新办的报纸迫于市场竞争的压力而纷纷加盟少数几个大传媒公司，成为它们旗下的报纸②。根据 Lo，Cheng 与 Lee（1994）的说法，台湾的电视体系至今仍是个“官办的商业体”而已，还是受到当局的控制③。这一趋势的严重后果是，传媒的多元化受到了限制，对政府的社会监督作用大为减弱。2004 年 8 月，岛内的“1111 人力银行”花了 10 天时间，对在职记者进行了网络问卷调查。具有讽刺意味的是，“1111 人力银行”在调查中发现，岛内记者认为媒体可以发挥出社会监督功能的仅有 4.95%，认为可充分平衡报道的只占 0.9%④。

在这种情况下，被各政党操纵的大众媒介在竞选关键时段，其政治倾向性也就比较明显。《自由时报》创刊以来就以“台湾人的声音”自居，但它对李登辉个人的支持其实更让人印象深刻。在 2000 年台湾领导人选举中，《自由时报》也全力支持连战，宋楚瑜“兴票案”一出，它更是各家报纸中出现最多批宋内幕消息的。在广告方面，从 2 月 16 日到 3 月 15 日的 29 天内，《自由时报》没有一则有关宋楚瑜的广告，而头版有关连战的广告则多达 11 条，其他版面的广告有 29 条。另外，陈水扁的头版广告虽有 14 条，但全部为报题旁的小栏广告，从中不难看出《自由时报》的立场。而国民党的党报《中央日报》则更为典型，在 29 天内的广告全是连战的，其余两位候选人一则都没有。不过也有例外：拥宋色彩明显的《联合报》，虽然在选举期间不断为宋楚瑜的劳工政策做宣传，但是在广告方面却也没有厚此薄彼。29 天内，

---

① 陈水扁口中宣称的“统派媒体”，如 TVBS、中天、中视、《联合报》、《联合晚报》、《苹果日报》等，被定位为“蓝色媒体”。而他宣称的“友台、友报”，比如民视、三立、《自由时报》、《台湾日报》等媒体，因较具本土色彩，被称为“独派媒体”。

② Chen，S.（1998），*State，Media and Democracy in Taiwan*，Media，Culture &Society（20）：11 ~29

③ Lo，V.，J. Cheng，and C. Lee.（1994），*Television News Is Government News in Taiwan*，Asian Journal of Communication 4（1）：99 ~111

④ 孟甲．不堪政治压力整天诚惶诚恐，六成台湾记者想改行．环球时报，2004 -09 -07

《联合报》在头版刊登了7条广告宣传连战，在其他的版面共有27条；而对宋楚瑜，头版刊登了9条广告，其他版面共有20条；陈水扁在《联合报》上刊登的广告相对较少，头版只有1条，其他版面也只有13条。这从一个侧面反映出国民党还是有足够的金钱和强大的政治势力，能在竞选对手的后方阵地上做宣传自己的广告①。

第五节　台湾政治广告策略分析②

政治广告是一种意识形态的实体操作，其制作、传播、甚至接收都具有表层和深层的意识内涵。一般而言，政治广告的传播者会尽量在广告中迎合选民的意识形态；然而选民也会因政治广告的影响，下意识或有意地改换价值判断，所以政治广告是以选民的意识形态为主导，来反制选民，进而达到控制选民意识形态的目的；为了体现这个目的，广告则以各种媒体为中介，以选民的意识形态为中介物包装重点，以政党的意识形态为内涵③。为了达到政治广告宣传的目的，传播者将会从其基本的定位策略出发，选定广告诉求内容，注重广告表现，结合媒体策略以期创造出最大化的传播效果。

如果按照常态分布曲线，在竞选活动之前，我们可以将政治广告的受众根据对政党或候选人的态度分为五个区隔，即：①亲我铁票；②态度倾向友好的选民；③中间游离选民；④态度倾向反对选民；⑤敌视的选民（对手的铁票）。

对第一和第二类选民，广告要发挥强化效果（reinforcement effect）④，鼓励他们坚定立场继续支持；对第三类选民，广告要有催化效果（activation effect）⑤，要引起动机、催动隐藏的兴趣，促使他们投入“我方”阵营；而对第四类和第五类选民，广告则希望能发挥改变效果（conversion effect）⑥，期待他们能“阵前起义”，不过希望不大。特别是第五类选民，他们的意识形态已经定型，不会轻易改变。政治广告的

---

① 岳森，陈培爱．政治传播中的媒介权利——论台湾政治广告的运用．现代传播，2002（1）：98

② 本节大量采用了郑自隆．竞选文宣策略——广告、传播与政治行销．台北：远流书局，1992一书当中的内容。

③ 贺淑玮．从口香糖广告谈起兼论意识形态．当代（台湾），1993（总82）：74～78

④ 强化效果是指选民在竞选活动之前对候选人已经有了预存立场，这些预存立场可能是政党认同或党性党德所造成的，也可能是以往媒介报道或亲身影响所塑造的，在竞选活动展开后，选民接触竞选广告的目的，主要在于强化自己的预存立场，并将自己的偏好投射在这个候选人身上，对不利这个候选人的信息则予以拒绝或忽视。

⑤ 催化效果是指针对表面上游离、但内心中对选举仍有隐藏性兴趣的人，通过竞选广告，可以使他们的兴趣显明，并促使他们决定投票支持。

⑥ 竞选广告最难的是改变效果，使得原本支持甲候选人的选民倒戈变成支持乙候选人。这个时候要使他们转向只有一种可能，就是他们经由竞选活动的种种资讯发现，其心目中所支持或所排斥的候选人或政党和其原先的预存立场并不一致，此时他或许会转变支持态度。

三种效果当中，以强化最易达成，催化次之，改变最难。

一、定位策略

政治竞选广告策略中最重要的是定位策略，也就是利用候选人的个人特质及对选民的区隔，以求在选民心中塑造候选人独特而鲜活的形象，这就要分析考虑候选人的学识、经历、品德、过去表现、服务精神、家世、特殊遭遇等。在选取个人特质作为定位基准的同时，还必须考虑诉求对象，也就是市场区隔的因素。虽然表面上手中握有一张选票的人都是选民，但每一区隔后的市场均有其特殊的人口学变量：性别、年龄、居住地区、教育程度不同，AIO（态度、兴趣、意见）不同，品牌忠诚度不同，甚至媒体的消费习性也不同。因此，候选人在为自己定位之前，必须先描绘出一幅预期支持者的“图像”，这张“图像”至少要包含如下一些要素：

①政治态度：倾向何种政治立场？强度如何？

②性别：男性或女性。

③年龄：青年、中年或老年。

④职业：军人、公务员、工商业者、劳工、农民，等等。

⑤社会经济地位：高、中、低。

⑥籍贯：本省、外省。

⑦政见偏好：喜欢何种政见，“统独”议题抑或公共政策。

⑧地域关系：这是以地理区域为划分尺度，譬如强调东港人、客家人，在过去选举中最常被候选人运用。

⑨关系团体：以关系团体为区隔角度。多以“六同”为区分标准，即同乡、同事、同学、同宗、同好、同业。

⑩政党关系：以所属政党或倾向政党为区分角度。

⑪宗教：以宗教为区隔角度也是可以多加尝试的一种方式。因为信仰相同宗教的人价值观较一致、凝聚力较强。

这张支持者的图像除了上述的要素外，还要描绘出更多的细节，如媒介消费习性、人际传播通道，等等。候选人对支持者的了解越多，广告宣传越容易命中。

在思考定位点时，台湾的政治广告策划人员有意识地将里斯和特劳特的“定位”理论运用于其中，大量使用了第一定位、比附定位、给对手定位等手法，如陈水扁将自己定位于本土、清廉、继承李登辉衣钵的“民主斗士”，把对手诬蔑为“卖台湾”的落后“反动”官僚。1989 年，叶菊兰在参选“立法委员”时将自己称作“烈士遗孀”；同年，苏贞昌在竞选屏东县“县长”时，说对手是“曾永权，真有钱”，以示自己为平民阶层。1991 年，张显弘在参选第二届“国大代表”时把自己定位成“拒绝国民党的上校”，取得了良好的效果。同是在 1991 年的第二届“国大代表”选举中，台南市民进党籍的唐碧娥也巧妙地用“给对手定位”的方法，将自己定位为

"出身贫寒、卖虱目鱼粥、靠打工赴日留学的平民女性"，把竞选对手杨秀敏形容为"不愁吃穿、有家族做靠山的少奶奶，终日美酒咖啡、周旋在名流之中的交际花"，从而反败为胜赢得选战。

定位是政治广告策略的基础。如何经由候选人分析、选民分析，再替候选人拟定一个适当甚至杰出的定位，是对策划人员智慧和思辨力提出的巨大挑战。

二、政治广告诉求

诉求是广告说服的主体，对政治广告尤其重要。广告的诉求也会随着文化情境以及时间的变化而变化，消费者的动机变了，诉求也将随之改变①。在构思政治广告时，先要分析选民的心理，然后再拟定最具说服力的诉求点②。诉求有多种方式，美国广告学者 C. L. Bovee 和 W. F. Arens（1982）曾归纳出十四项政治竞选宣传的策略，以岛内政治广告为例：

①强调受欢迎，制造"乐队车"效果（bandwagon effect）。亦即候选人制造受欢迎、受支持的气氛，使选民跟随，以免选民觉得自己与其他人脱节。民进党候选人一向善于制造这种效果，如用演讲会带动高潮，筹款餐会一开数百桌，等等。

②诉诸权威，名人推荐。此招有成功的例子也有失败的例子。1989 年台湾"县市长选举"时，"中央研究院"与台大教授百余人联名推荐尤清为候选人，而且自付广告费，这对知识分子就起到了很强的说服效果。

③"拉裙脚"策略。亦即与更有实力的候选人联合或一搭一唱，以达到抬升自己的效果。如 1989 年台北市"市议员"候选人秦慧珠的"赵少康找菠菜，秦慧珠找厨师"，卓荣泰的"谢长廷进军'立法院'，卓荣泰接棒市议员"，都是"拉裙脚"策略的例子。

④反体制。如反对既得利益，反对现行政权政体。这招只适合反对党的候选人使用。

⑤成功的经验。最适合争取连任者炫耀政绩，对新人而言则无用。

⑥诉诸同情。适合弱势群体、政治受难者及其家属使用。如在 2000 年台湾大选中，三位候选人（连战、宋楚瑜、陈水扁）于 2 月 14 日"情人节"当天都拉妻子做

---

① 从军校的招生广告也可以看出因诉求对象动机改变而改变诉求。早期台湾的军校广告都是强调"爱国"，现在的军校招生却以亮丽的制服，多彩多姿的军校生活作诉求。这显示在早期是因信仰与意识形态而从军，而现在的军校生只是把军人生涯当作一种穿制服的职业而已。

② 在 2000 年台湾地区领导人选举当中，连战阵营强调安定，陈水扁阵营要打击"黑金"，宋楚瑜阵营则以勤政爱民来包装。

了广告，陈水扁与吴淑珍的“铁汉柔情篇”更获台湾最受欢迎十大竞选广告的第一名①。

⑦诉诸特殊兴趣或特殊团体，即以特定的市场区隔为对象。如1989年“立法委员”候选人叶菊兰以妇女为区隔市场，其广告口号是“母亲的愤怒，将改变台湾腐败的政府”、“请你陪我打一场母亲的圣战”。

⑧诉诸恐惧或情感。恐惧诉求是蓝绿阵营都很喜欢使用的策略。如国民党曾使用的“台独若成功，中共就会攻”便很典型。

⑨强调改变。民进党以“制宪”迎战国民党的“修宪”就是强调改变。

⑩强调维持现状。如以“不统不独”作诉求；不过若是运用不当，将造成过分保守的印象。

⑪强调人格。此招只适用于非常具有魅力的候选人（如马英九的“一路走来，始终如一”，强调了马英九清廉正直的人格）。

⑫诉诸利益。如强调提供工作机会、减税等。

⑬攻击策略。这是被大量使用的策略，如两党之间互以“台独”、“统一”骂对方“是要害台湾”。

⑭诉诸信任，或强调民意走向。

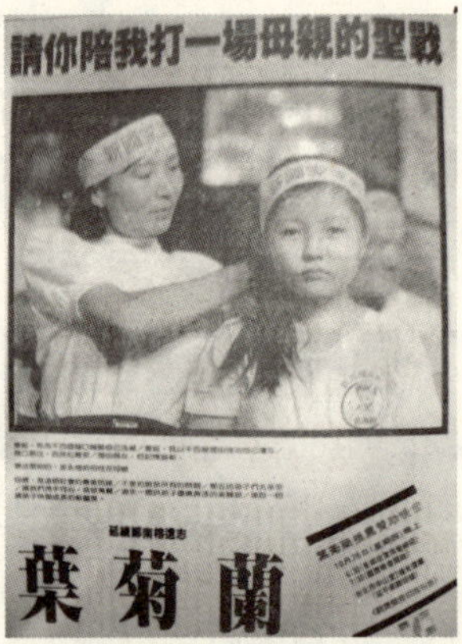

图9-2

广告标题：请你陪我打一场母亲的圣战

选举类别：1989年“立委”选举

广告主：叶菊兰（民进党籍）

发布媒体：《自立早报》10月26日第18版

以下将摘要进行介绍。

1. **感性诉求**

政治广告是采用理性诉求好还是感性诉求好，这是常被讨论的问题。台湾学者从1989年的选举研究中发现，感性诉求会比较受选民的喜欢，而且不论是国民党还是民进党候选人，当选与否和诉求方式均呈现显著的差异，当选者的广告总是比较感性一些②。

所谓理性诉求是指宣传时以理性的内容来争取选民的认同，如诉诸以往政绩、宣

---

① 1985年，陈水扁参加台南县长选举落败，在“谢票”的路上，吴淑珍被一台失控的铁牛车误撞，导致下半身瘫痪。翌年6月，阿扁因“蓬莱岛案”入狱服刑，吴淑珍代夫出征，打着被国民党政治迫害的口号，竞选“立法委员”，竟高票当选。陈水扁出狱后，搭着妻子的轮椅这辆“便车”，开启了自己的竞选常胜之路。2000年台湾地区领导人大选，陈水扁拉来素有台湾广告“鬼才”之称的范可钦给自己做竞选广告。在与陈水扁几十天“零距离”的接触后，范可钦为陈水扁推出了“铁汉柔情”广告，在舒缓的背景音乐下，屏幕上打出这样的字句：“有个丈夫，十五年来，每天晚上都要起床两次，抱着他的妻子上厕所。白天他是铁汉，夜晚他是柔情。但愿人长久。”随后出现了陈水扁推着轮椅的背影。

② 郑自隆．政治讯息广告策略及效果检验之研究——1989年选举两党候选人报纸广告内容分析．（台湾）政治大学新闻研究所博士论文．1991

扬从政抱负、罗列施政纲领等。在台湾政治选举初期，理性诉求在政治宣传中占很大比例。以1991年第一次电视政党广告播出时各个党派的诉求策略为例，四个政党建立理性形象与建立感性形象之比为国民党5∶1，民进党2∶7，社民党10∶19，非政党联盟11∶1①。但很多学者认为，选民多凭对候选人的好恶来进行投票，广告的理性诉求对选民的影响并不如感性诉求那么大②。

为了迎合选民的情绪，有经验的候选人会将他们的政见用感性的方式来包装，如诉诸死亡、抗争、坐牢、历史事件。而比较轻微的情感素材，如友谊、乡谊、同胞之爱、"台湾心，中国情"也有人使用。许多"明星级"候选人都以"亲情"作为诉求主题，而且相当成功。如郁慕明"他无怨、我无悔，但求公道在人心"，即以夫人的公开信方式介绍郁慕明本人，对争取家庭主妇的选票就非常有用。秦慧珠"妈妈的信"，以妈妈口述的公开信来介绍秦慧珠，也是充满感性。陈水扁"何日再牵手"、"不管多坎坷，这条路我们永远走下去"、"当选过关、落选死罪"等广告，均以夫人吴淑珍的遭遇作诉求，一方面以夫妻之情作主题，另一方面明示吴淑珍是遭受"政治车祸"的迫害，颇具震撼力。叶菊兰也是另一个运用亲情作诉求的例子，在选战初期她并不以郑南榕遗孀的身份出现，而强调这是"母亲的圣战"，以母亲的立场批评台湾教育、环保、交通的失败，而图片即以她与女儿郑竹梅的照片作主体。谢长廷也是理性政见加感性包装的例子，他的"台湾命运共同体"系列广告，就是以感性的文字与图片（如智障儿照片）来包装其理性的政治主张——台湾优先、文化优先、环境优先、弱势优先。

2. **恐惧诉求**

恐惧诉求是许多公益广告、商业广告的常用方法，广告中先陈述引起恐惧或焦虑的原因与现象，令观众不安，最后再说明如何去解除焦虑，以诱导观众接受传播者的观念。

台湾的政治广告也经常使用恐惧诉求。在1991年"第二届国代选举"当中，国民党一直以恐惧诉求作为最高战略指导原则，得票率也证明这次运用相当成功。以此为鉴，民进党也在其后的历次选举中大量地使用了这种方法。

在1991年的正式选举活动之前，国民党就一再散布"台独若成功，中共就会攻"的信息。选举开始后，国民党又在电视竞选广告中以街头暴力、"立法院"冲突来挖苦对手，呼吁安定；以黎巴嫩、菲律宾、埃塞俄比亚、缅甸等国的例子来强调分裂会带来战争；以朝鲜战争、中越之战、中印之战、珍宝岛之战，来说明中国政府决

---

① 唐德蓉. 电视竞选政见内容与呈现形式之分析——以1991年"国大代表"选举政党电视竞选广告为例.（台湾）广播与电视，1992（1）

② 政界人士张俊宏曾谈及他的参选经验，他在参选"省议员"时，政见发表会很理性地谈抱负、谈公共政策，底下的听众稀落、反应冷淡；后来他改变策略，以批判国民党为主，则场场爆满，骂得越凶，人气越旺。这也显示出台湾选民"看庙会"一般的、感性的选举心态。

不会对“台独”企图分裂国家主权与领土完整的活动姑息妥协。在平面广告方面，国民党用抱着小孩的妇女穿过铁丝网的照片来暗示对手的街头运动会为民众带来不便与恐惧；在“让我们一起来，仔细地想一想”的广告中，强调民进党的“台独”主张会将台湾推向战火边缘。

投票前一天的“明天是关键一天”全十批稿，以“革新或革命、安定或暴乱、繁荣或萧条”为诉求，暗示不支持国民党将带来革命、暴乱、萧条，而投票给国民党则会继续享有安定繁荣。这则广告运用恐惧诉求恰到好处，而且在选举的前一天刊出，有相当大的提醒作用。

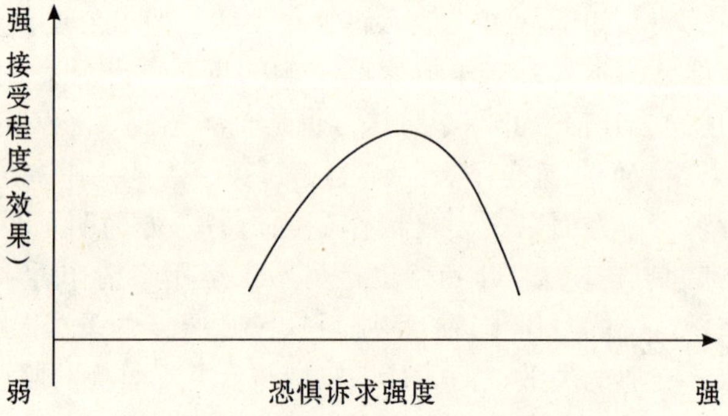

图 9－3　恐惧诉求强度与效果的关系

资料来源：Percy and Ressiter（1980），*Advertising Strategy*：106.

从上述的例子中可以总结出恐惧诉求的模式，即：

恐惧诉求＝传播内容→情绪反应→保证建议

在这个模式中，传播内容与保证建议都是广告信息中应该提出的，而情绪反应则是传播者所预期的受众反应。因此广告中必须考虑传播内容（即恐惧诉求的信息），同时还要强化保证或建议。在传播内容方面，亦要考虑恐惧诉求的强度。

从图 9－3 中可以看到，恐惧诉求超过了一定的强度，说服效果反而会下降。这是因为当受众过于焦虑时会以逃避的方式来屏蔽信息；或是以曲解的方式，认为是传播者危言耸听；甚至因为恐惧诉求触及了不愉快的经验，从而对传播者产生敌对态度。

此外，在广告中运用恐惧诉求时，要考虑传播来源的可信性。恐惧诉求对受众情绪上的影响，常常由受众对传播来源的信赖度而定，信赖度增加，则传播效果也必然增加。而在消除恐惧的保证或建议方面，必须平实、具体、办得到，而且要与解除受众内心的焦虑或危机有关。在政治广告中，最简便的解除危机的保证就是“投我一票”。既然在广告中最后均以“投我一票”、“支持本党”作为解除恐惧的方式，因此回过头来说，提出的恐惧诉求现象必须要和“投我一票”有逻辑上的关联。有关

1991 年“第二届国代选举”期间两党使用恐惧诉求的比较，见表 9-6。

表 9-6　1991 年选举两党文宣恐惧诉求的比较

	国民党	民进党
传播内容	广告表现： 强调安定、革新、繁荣。“独立”会导致两岸武力相向，会带来暴乱、革命、萧条。 广告衍生的符号意义： 反对独立。	广告表现： 不要让台湾成为另一个香港。 广告衍生的符号意义： 反对统一。
期待选民的情绪反应	恐惧战争，恐惧现有的物质生活被破坏。	恐惧被大陆改占。
暗示或保证、建议	支持国民党，反对独立，继续享有安定、革新、繁荣。	支持民进党，支持独立，免于被大陆改占。
评价	采用整合传播方式，所有文宣均围绕这个主题，避开了“总统选举方式”等不讨好的议题，火力集中，主体凸显。	①1991 年选举议题分散：“总统选举方式”、制宪、反统一、反国民党……，议题杂陈，火力分散。 ②反统一的诉求方式也不集中，除“不要让台湾成为另一个香港”除用恐惧诉求外，还有以经济负担作诉求，显得小气，违反了传统教育所灌输的民族情感。 ③恐惧诉求太轻微，不明确。而且只有一份报纸广告稿，不痛不痒。

资料来源：郑自隆．竞选文宣策略——广告、传播与政治行销．台北：远流书局，1992.43

3. 名人诉求

竞选广告中常可看到有一些名人推荐候选人，或是低层次选举候选人与一位高层次选举的候选人扯上正向关系，这种策略称为名人推荐（endorsement）与拉裙脚（coat-tailing）。名人推荐和票据背书一样，背书人负起和候选人一样的责任，共同对选民负责，从而使选民从认同名人转移到认同候选人。拉裙脚策略则是新进或名气较小的候选人找个政治明星作配合，一方面拉升自己的知名度，另一方面可以享受“明星”的“光环效应”（the haloeffect）。

1989 年的“三项公职人员选举”就有很多名人推荐或拉裙脚的例子。如台北“市议员”候选人秦慧珠拉“立委”赵少康的裙脚，谢明达拉“立委”候选人谢长廷的裙脚：“别让萧裕珍的黑牢白坐、莫让谢长廷再有遗憾”，卓荣泰也拉谢长廷的裙脚：“谢长廷进军‘立法院’，卓荣泰接棒‘市议员’”，等等。

在名人推荐方面，候选人使用更多。国民党籍杨实秋的“李主席推荐、杨实秋报到”，丁守中的“丁守中参选、铁头（指赵耀东）有信心”均属此列。而秦慧珠的“她们的第一次”，刊登一群妇女界名人和候选人合照，更是声势大震。民进党籍方面，叶菊兰的“陈定南跨县助选”，以及一群学者刊登的“我们为何支持叶菊兰”，康水木的“消基会表扬”，傅正的“学者推荐名单”等，都属名人或知名机构推荐。

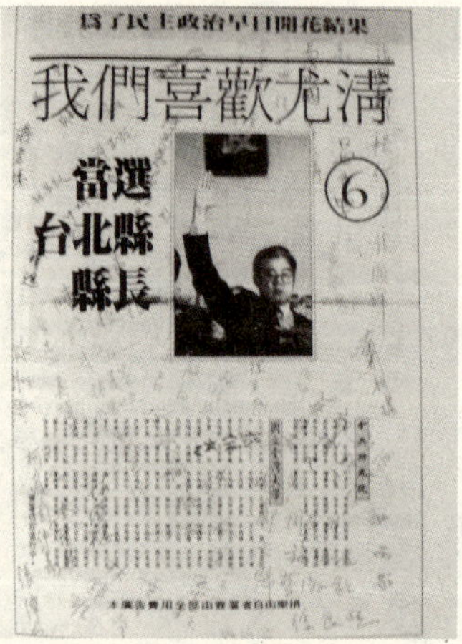

图 9－4

广告标题：我们喜欢尤清

选举类别：1989 年台北县长选举

广告主：尤清的支持者

发布媒体：《自立早报》11 月 18 日第 13 版

在名人推荐的案例中，以尤清竞选“台北县长”的个案最为有趣。尤清的对手是出身于“中央研究院”和台大、国民党籍的李锡锟，而尤清却获得了数十位台大教授与“中央研究院”学者的支持，他们签名刊登整版的“我们喜欢尤清当选‘台北县长’”广告，广告中还特别声明“本广告费用全部由签署者自由乐捐”，这一系列广告对知识分子选民颇具影响力，对李锡锟而言却是一记闷棍。

竞选广告中可选用的名人主要是学者、公众人物或宗教领袖。至于影视明星、歌星，由于其魅力来自娱乐而非公共事务，因此竞选广告中使用这些名人作为推荐者，只能增加热闹，不见得会有选票。对于在竞选时如何选择适当的名人，广告学里的传播者效果 VisCAP 模式可供参考。

表 9－7　名人推荐的 VisCAP 模式

传播者特征	意义	效果
Visibility	传播者的知名度	认知效果（cognition）
Credibility	传播者的专业性与客观性	情感（affection）与理解（comprehension）效果：让选民了解信息的真实性与传播者的诚意，以产生内化（internalization）效果
Attractiveness	传播者的亲和力与吸引力	情感效果与评估（evaluation）效果：将选民对名人的认同转移成对候选人的认同
Power	传播者的权威性	行为（action）效果：由于传播者具备奖励或惩罚的魅力，选民对信息产生顺从。

资料来源：改写自 Percy and Ressiter（1980），*Advertising Strategy*，p89. 转引自郑自隆. 竞选文宣策略——广告、传播与政治行销. 台北：远流书局，1992. 49

Vis 指 Visibility，即可视性，简单地说就是知名度。如果单人的分量不够，则需使用团队力量。

C 指 Credibility，这种可信赖性来自两方面：专业性与客观性，亦即一方面所找的名人必须是政治议题或公共事务的专家，另一方面此人必须是客观的，没有浓厚的党派或利益色彩。

A 指 Attractiveness，亦即吸引力、亲和力。要选择选民怀有认同感的名人，否则效果将适得其反。

P 指 Power，亦即有能力使选民产生顺从性。抽象地说，传播者必须具有奖励或惩罚的魅力。

三、政治广告的表现手法

1. 广告表现要“轻、薄、短、小”

政治广告要想引人注意，就要符合“轻、薄、短、小”的策略：标题要轰动，文案宜短不宜长，图片生动且以大面积处理，整体结构要活泼，要考虑阅读和收看时的视线走向。

（1）标题

一则广告是否被人注意，几乎全由标题来决定。1989 年的“三项公职人员选举”是台湾第一次开放报纸刊登竞选广告，因此民进党的候选人无不使尽全力，广告标题也颇见功底。如陈水扁的“陈水扁军法大审郝柏村”、“我要自己选‘总统’”，谢长廷“国民党下达封杀令”，康水木的“冤狱二十八天”，许木元的“祝基滢强行掀开郭婉容决策的黑裙”，张德铭的“谁绑架了‘总统’”，柯景升的“军特大出笼”。这些极具轰动性的标题继承了早期“党外”杂志的标题风格，具备了很强的“catch”功能。

（2）文案与时长

从广告理论来看，报纸广告的文案长短并无定论，通常视版面、商品、广告风格或广告创作人员的个人风格而有所差异。不过在竞选广告中，文案宜短不宜长，冗长的文案会吓退原本有兴趣的选民。毕竟，竞选广告的功能主要在于“强化立场”而非“改变态度”，所以适宜的竞选广告文案应在二百至五百字之间。

在电视竞选广告方面，也有广告时长逐渐减短的趋势（Kaid & Sanders，1978；Devlin，1995；Mc. Nair，1999）。有学者分析 1991 年到 1998 年政府开放政党电视政见发表会和电视竞选广告时发现，在时长上面，以国民党的电视政见发表会和竞选广告最长，平均长度为 236. 45 秒；其次是新党，平均长度为 120. 39 秒；再次为民进党，平均长度为 102. 49 秒。显见国民党的广告以“长度”见长，民进党的广告则以“短小”为主①。而根据另一项研究，在分析 2000 年台湾地区领导人选举中三组主要

① 赖淑敏．台湾政党电视竞选广告趋势分析：1991—1998．（台湾）中国文化大学新闻研究所硕士论文，1999

候选人竞选广告长度后发现，以连战阵营竞选广告影片长度最长，平均每则长度为48.818秒；宋楚瑜阵营平均影片长度为39.375秒；陈水扁阵营为37.742秒。从总体看来，由1991年到1998年台湾电视竞选广告长度显得较长，而到了2000年则有大幅的缩短①。

（3）图片

据统计，一般候选人的竞选传单最常使用人头照、选举活动的照片，以及支持者、工作场所、居家生活的照片等。事实上，竞选文宣的照片也不必公式化，可以使用感性的图片将候选人烘托得更具个性。

回顾1989年选举，陈水扁的“何日再牵手”、“不管多坎坷、这条路我们永远走下去”，以及“当选过关、落选死罪”等广告均刊登陈水扁扶持夫人吴淑珍的照片，此照片一方面暗示候选人是性情中人、对太太有责任心，另一方面暗示吴淑珍是遭受政治迫害，需要选民的同情与支持。

一般候选人广告所用的照片都是欢乐甚至亢奋的，而谢长廷的“你忍心让他落选吗?”广告里，则是他独自伫立、低头沉思，堪称别具一格。

叶菊兰的“请你陪我打一场母亲的圣战”，所用的叶菊兰为女儿绑“新国家连线”头巾的照片更是佳作，照片的视线走向由左上至右下，符合阅读习惯，母亲的视角具备了“亲切”的含义，使用中景、光源集中，凸显了区域空间和主角间的关系，而产生了孤独、坚强的意涵。

在1989年的选举中，除了上述民进党“立委”候选人的佳作外，国民党籍的秦慧珠的“妈妈的信”刊出秦慧珠与母亲的合照也颇具创意。照片中的秦妈妈衣着朴素，已具老态。此照片所衍生的意义是候选人身家清白，是孝顺乖巧的女儿，值得信赖。这种以母亲来介绍子女的方式在其后也有人使用，1991年戴天文的文宣中就有一张戴妈妈卧病、戴天文喂食的照片。

文宣中若要使用对手的照片就要特别注意，否则容易弄巧成拙。1989年台北“市议员”候选人国民党籍的魏忆龙，在“民主是激情？进步是煽情?”的全版广告中，以醒目的篇幅刊登了两幅照片，一张是陈婉真绝食、儿子张宏久举绝食抗议牌的照片，另一张是叶菊兰与女儿的合照，而广告中又不标示国民党党名或党徽，选民在乍看之下还以为魏忆龙是民进党籍。

文案照片是黑白好还是彩色好并无定论，完全视使用情况而定，上述陈水扁、谢长廷、叶菊兰的平面文宣照都是黑白的，若换成彩色，效果可能会降低。因此彩色或黑白要配合文案、标题以及诉求主体而定。图片的占版面积越大，被注意的几率就越高。据研究，图片占版面一半者，被回忆率是32%，不及一半者被回忆率是21%。

① 郭于中.2000年“总统”选举三组候选人竞选文宣策略与电视广告表现之相关性研究.（台湾）中山大学政治学研究所硕士论文，2001

2. 简化议题

竞选广告所陈述的议题必须简单明确，和社会流行的议题联结，而且必须帮选民下结论，不要在广告中留下让选民“自主思考”的空间。议题可以是一个论点、一个诉求或是政党或候选人的政见。由于研究目的不同，学者对议题也有不同的分类法。

竞选广告是短时间内决胜负，因此绝不允许有含义太深、表达晦涩的内容，否则会把选民弄得一头雾水。1991 年首度开放政党电视竞选广告，民进党的“娃娃篇”就有这种毛病。传播者以迂回的手法，诉求“独立思考、自主选择”，说四十年来台湾民众就像生产线上的塑胶娃娃一样，不能有其他的想法，偶有一些异议人士，就会像生产线上不合格的产品一样被压毁焚烧。这支“阳春白雪”式的广告，很多观众看后的反应都是“好残忍，把娃娃压坏烧掉”，与传播者所期待的反应南辕北辙。

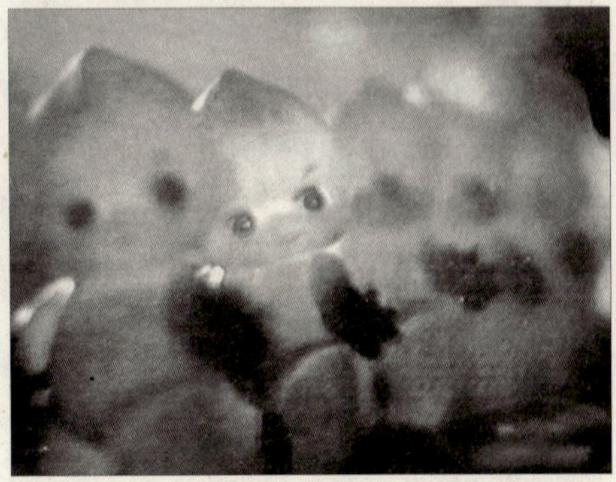

图 9－5　1991 年民进党“娃娃篇”

反观国民党的电视广告，虽然了无新意，但却掌握了电视传播技巧。国民党将复杂的社会议题简化成最为擅长的“经济”议题，而经济议题所带来的通货膨胀、金权政治、贫富差距拉大、环保等负面影响通通避而不谈。选民的认知结构是单纯的，当看到广告中的诉求时，想想现在的生活的确比以前的好，自然会张开双臂欢迎在经济建设上卓有成就的国民党。

在议题的选择方面，第一要考虑议题如何产生，这主要来源于民意测验；其次要考虑议题的可说服性，也就是考虑议题与选民内在价值系统的和谐性。在议题的形成方面，必须谨守“简化”原则，换言之，必须给选民一个明确、易懂、一目了然、和他过去经验有关的议题，而不是一个冗长、要深入思考的议题。

简化议题有四种方式：筛选、压缩、对比、联结。

（1）筛选

就是在一大堆议题中，挑出有利的、符合需要的议题，再予以夸大强调，而其他不利的议题则予以省略或是淡化处理。

如 1991 年国民党的电视广告宣传，便是使用筛选的手法，在“外交”、治安、“国防”、社会问题、两岸关系、“国家认同”等议题当中，单单挑出“经济”议题，并将经济议题所衍生的相关问题如环保、劳资纠纷、分配不均、通货膨胀等全部避让，只谈“现在比过去”，强调物质生活的改善。

（2）压缩

亦即以简单的符号来概括复杂或抽象的理念，如用“民主、均富、统一”来代表国民党的大陆政策，用“一中一台”来表示民进党蛊惑民众的“台独”主张，甚至以“老贼”来诉求“国会”全面改选，以“中正庙”称呼中正纪念堂，将其贬化为威权的象征与一姓的宗庙。

竞选议题的压缩就是符号化、口号化，好的压缩方式会使政治议题易懂易记、朗朗上口，如“‘总统’直选”、“革新、安定、繁荣”、“反军权、反特权、反金权”等，从广告语上来讲都是有效的政治议题压缩符号。压缩并不需要保证有内容，“革新、安定、繁荣”内容空洞，也与选举主题无关，不过因为契合了选民要求安定繁荣的心理，也就被选民所接受。从广告的传播效果来看，能被接受就可算是好广告了。

(3) 对比

所谓对比，是将所主张的议题与所反对的议题、或与另一议题参照比较，以凸显自己所主张的议题是正确的、优秀的。

前述1991年国民党电视广告所提及的“物质生活改善”就采用“过去”与“现在”对比的手法，以显示国民党在台执政四十年经济建设的成绩。国民党在另一个反对“台独”的电视广告中，以黎巴嫩、菲律宾、南斯拉夫、缅甸等国家因分裂而内乱不止来诉求台湾独立断不可行，这也是一种对比。而民进党的“饲料鸡篇”，以饲料鸡与土鸡的对比来反讽国民党的“革新、安定、繁荣”，也是运用了对比手法。该片颇见创意但是却没有“卖点”，很多观众看后不知道土鸡、饲料鸡和选举有什么关系，更不明白为什么看了土鸡、饲料鸡就要把选票投给民进党。

在1992年“第二届‘立委’选举”时，民进党于电视广告“因为有我们篇”当中，将自己比拟为美国的民主党及加拿大的自由党；另在“苦苓篇”中，以美国式的政党轮替执政制度为例，号召选民支持民进党以发挥监督与制衡国民党的作用，亦算是一种对比。

(4) 联结

议题的提出必须联结当前社会流行的议题，让选民容易记忆。如1991年的“国代选举”时，两党对选举方式有不同的主张，宋楚瑜就有这样的比喻：“斯斯有两种，‘总统’选举方式也有两种”。将选举方式与当时热门的广告片“斯斯”挂钩，就是一个高明的联结方式。

联结也是政治广告语言与一般流行语的联结。政治广告语言最有韵味的地方在于常常脱离语言原有的情境（context），而成为一个新的比喻式语言（figurative language），如“中国结、台湾结”、“台独、台毒”。“结”原有的情境是指手工艺品，这里被改换为政治中的省籍纠葛。“台独”被转为“台毒”后则充满了否定、批判意味，成为充满高度政治色彩的名词。

流行的议题如何与竞选议题相联结，则有赖于广告策划和创作人员的敏感和巧思。

3. **主动扑击**

从营销理论或广告理论来看，弱者应采取积极的进攻策略，而强者则多采用防御策略。但是，比较历年来台湾政治选举当中文宣内容，却又印证了“攻击是最好的防御”这句话。

国民党中央文工会在1989年选举的文宣辅选资料中，对此策略有很好的诠释：

所谓攻击策略也就是攻、打、守、辩。

攻：展己之长，把本身优势作最大限度发挥。

打：击人之短，先确立打击对象、主题，考虑打击后果，掌握证据打击对手。

守：守己之短，事先对于自己的弱点提出合理化解释，不得已时要做辩解。

辩：解人之打。

“攻”的方法一方面在于形象塑造、美化动机，另一方面在于表达政见。如在2000年台湾大选中，陈水扁阵营早期的“年轻台湾，活力政府”与晚期的“政党轮替”属于此类，广告使民进党候选人显得个性突现，口号也是易记易懂。“打”的方法有很多，如揭露黑幕、部分事实推理误导、影子推论、故意栽赃、制造假象等。2000年，陈水扁阵营也在这方面做了相当大量的工作，发布负面攻击的广告来引起话题。如攻击国民党的“黑金”，连战的“无能与奢侈”等，信息传达得很清楚。而攻击宋楚瑜、张昭雄两家十一口人却有六本外国护照，张昭雄回应时不慎说“应有七本”，更引起话题效应，扩大渲染效果，加深了选民的印象。“守”则有事后辩解及反问、主动提出可能被攻击的主题、自问自答、呼救、求援等手段，对可能遇到的情况做事先的防备。如宋楚瑜阵营在2000年一开始于广告上所抱策略就是“只宣扬自己，不打击对手”的“守”法，负面广告较少。最显著的便是“省政建设篇”和“勤政爱民篇”，与其说是在宣传政绩，不如说是在渲染“宋省长”与省民水乳交融的情感。其余的一系列广告打的都是软性广告，除了意图联络省籍情结外，也强化了宋阵营的平民形象。“辩”的方式全处劣势，一般不被采用。

4. **负面广告**

负面广告是“打”当中最主要的一种广告方式，这也是一种反制广告、诋毁式广告，被定义为“针对竞选对手个性或政见上的失败而产生的广告”（Kern，1989）。它最常用于当一个候选人处于相当落后的地步，或是一个领先的候选人在竞选过程中急转直下时。Kern将负面广告分为软性诉求与硬性诉求两大类。后者利用暗示或威胁的声音来创造一种残酷现实的气氛，强调候选人对选民漠不关心，所以不能信任。它几乎不利用任何轻松愉快的娱乐性诉求法，重点都在候选人可能对选民造成的威胁上。软性诉求的负面广告则大量使用轻松的娱乐价值、幽默、自我恳求、说故事、或未预料中的事件等来诉求观众，这种广告也可能与负面的感情诉求结合，诸如对个人自我决策过程的不确定、事件具威胁性的层面，或对政治人物个人或阶层的猜疑①。

在台湾的历届各级选举中，负面广告有愈演愈烈的趋势。1992 年是“第二届‘立委’选举”，民进党在此期间共发布了 31 则电视广告，其中有 19 篇都含有负面攻击内容，比例为 61.3%，见表 9－8 和表 9－9。

表 9－8　批评郝柏村“内阁”的负面攻击广告

篇名	广告表现形式	内涵意义	意识形态结构层次
苦苓篇（2）	名人型	郝“内阁”执政治安不好、弊案丛生、不负责任，造成社会很乱、人民日子不好过，是不值得信任的“内阁”，且与李登辉“总统”唱反调，只有投票给民进党使郝“内阁”下台，李“总统”才好办事。	分析体系
渔夫篇（1）	名人型	李“总统”反郝“内阁”，郝“院长”无权反对“一中一台”的主张，一个中国政策损害台湾的利益，而民进党主张“一中一台”是为了维护台湾的利益，所以要支持民进党。	价值体系
渔夫篇（2）	名人型	郝“内阁”执政内政方面，色情泛滥造成诸种社会问题，治安不好、军事建设成果不好，是损害人民利益的政府，所以不要继续支持郝“内阁”。	分析体系
郝柏村嘉言录（六篇）	故事型	言行不一不实在、政策跳票、决策善变、只求苟安不负责任的“内阁”，集权独裁、不爱台湾的“内阁”。	分析体系

资料来源：王嵩音、陈炎明．解读民进党电视“政党录影带”与文宣策略研究．广告学研究．第六集，1995. 146

表 9－9　批评国民党及其政府的负面攻击广告

篇名	广告表现形式	内涵意义	意识形态结构层次
苦苓篇（1）	名人型 比较型	民进党是岛内发展政党政治必要的反对党，可以制衡国民党独大与督促改革，受到许多名人与知识分子的支持，但它还弱小需要大家支持。	价值体系
民众谈话篇（庄先生）	说明型 问题解决型	国民党执政 40 年，造成国内教育环境不好，学生只知读书，而没有快乐童年，使学生与家长都面临痛苦的生活环境，只要支持民进党就可以解决此问题。	分析体系

① 彭芸．政治广告与选举．台北：正中书局，1992. 20

（续上表）

篇名	广告表现形式	内涵意义	意识形态结构层次
渔夫篇（3）	名人型	国民党候选人都是金牛，选举时准备买票，请大家不要投给国民党的候选人。	分析体系
包袱篇	印象型	国民党年老，有沉重的历史包袱，内部派系斗争分裂，执政时弊案与问题不断，是个不健康的政党，所以，国民党的革新绝对不能信任，民众要革新就要支持民进党。	分析体系
金牛篇	印象型	国民党候选人是金牛，选举买票贿选，国民党的革新造成金权政治更严重，所以不能信任国民党的革新。	分析体系
历史伤口篇	印象型	民进党为台湾民主政治的改革运动，虽遭国民党不断的迫害与镇压，但其追求民主进步的目标不会动摇，也正因为有他们的牺牲与奋斗，台湾的政治由黑暗时期，渐转为光明的时刻。	价值体系
白色恐怖篇（姜素珍）	说明型	白色恐怖时期，美丽岛事件是为了争取农民的权利，而国民党逮捕及迫害参加游行的人士，造成他们与家属的痛苦，他们不计一切牺牲仍坚持为台湾政治民主及维护人民权利的目标而努力。	价值体系
白色恐怖篇（张丁兰）	说明型	白色恐怖时期，国民党限制海外异议人士入境，迫使他们闯关归国而遭逮捕迫害，造成他们与家属的痛苦，但他们不计一切牺牲仍坚持为台湾政治民主及维护人民权利的目标而努力。	价值体系
他会我不会（1）	比较型	国民党垄断国内电视媒体，执政时牟取自己利益，郝伯村“组阁”，政策善变，关说与弊案不断，是政治不民主与损害人民利益的政党。	价值体系
他会我不会（2）	比较型	国民党造成地价高涨，人民购屋困难，选举买票贿选，国建庞大费用加重人民负担，党政不分，官商勾结，弊案不断，是政治不民主与损害人民利益的政党。	价值体系

资料来源：王嵩音，陈炎明．解读民进党电视“政党录影带”与文宣策略研究．广告学研究，1995（总6）：146～149

在2000年台湾大选当中，从2月16日到3月15日的29天内，《“中央”日报》

上攻击对手的广告有 33 条，《自由时报》上有 32 条，而《联合报》更是高达 44 条[①]，分别占三报刊登竞选广告总量的 39%、40.5% 和 54.3%。这些只是明显的攻击广告，另外还有隐含攻击性的广告没有计算在内。相关统计结果显示，2003 年 12 月 1 日到 2004 年 1 月 31 日共两个月时间里，绿营进行人身攻击的广告秒数高达 19 万秒，可连续播出 3 天 2 夜，这还不包括其他负面广告；而蓝军即使处在竞选宣传经费匮乏的情况下，发布的人身攻击电视广告总数也接近 10 万秒。

更为夸张的是，到了此次竞选（2004 年）宣传后期，双方负面广告言辞之恶毒程度，连蓝绿阵营的各候选人自己都看不过眼，以至于吕秀莲不得不站出来发表电视讲话，告诫所有候选人的支持者"不要陷候选人于不义"。

从中我们可以看出，台湾竞选时负面广告的大量运用，是因为候选人认为用一般的方式操作不可能成功，而把广告当成是一个短期战术工具来使用。有许多来源不明的广告，以几乎没有查证的、暧昧的、无法求真的概念，来作为广告的诉求，自然会涉嫌诽谤。负面广告通过不实的传播，造成了选举的低俗化。另外，政治选举应重视政策的内容，而不是着重讲话的次数或声音的分贝。如果让竞选广告特别是负面广告无限制发展下去，有钱的人才能大声，没钱的人永远无法出头。候选人为了提高自己的知名度，在媒体上大力宣传自己，投入的资金也越来越多，人们不禁要问：政治广告的钱从何而来？所以台湾政治广告的问题不仅仅是负面广告和它的内容，背后还包含很多的因素，这些都值得我们深思[②]。

小资料一：马英九倒扁买报纸广告[③]

台湾东森新闻报道，今天（2006 年 9 月 9 日）是反贪腐倒扁静坐行动开始的日子，而身为最大在野党主席的马英九也选择今天在各大报刊登半版的广告，发表专文，表达自己支持但不介入的立场，这也是马英九第一次以购买广告的方式表明支持倒扁的诉求。

占了报纸一大半的广告，署名的不是别人，正是国民党主席马英九，这也是马英九从 8 月中反贪腐倒扁活动开始以来，针对倒扁议题最清楚的一次表态，而且这一次马英九是选择和施明德的九九宣言同一天，用购买广告的方式，说清楚支持倒扁的立场。

① 岳淼，陈培爱．政治传播中的媒介权利——论台湾政治广告的运用．现代传播，2002（1）：98

② 岳淼，陈培爱．政治传播中的媒介权利——论台湾政治广告的运用．现代传播，2002（1）：98

③ 作者：千寻虹．星岛环球网 http：//www.singtaonet.com/hk_ taiwan/t20060909_ 325363.html，2006－09－09

一打开各大报，不管是《苹果日报》、《中国时报》还是《联合报》，大篇幅的广告立刻映入眼帘，马英九的重点诉求，就是希望用人民的力量，让贪腐的陈水扁下台，还给台湾一个干净的未来。马英九也在这篇专文中提到了几个重点，尤其是他承认自己在第一时间捐出一百元，他也呼吁蓝绿应该成为台湾民主的伙伴，并且再次强调国民党绝对没有夺权的意思，将会遵守“宪政”体制。

在整篇专文的最后，他也希望以孩子的未来来唤醒大家作出明智的抉择，他再一次强调，今天站上凯达格兰大道，不是因为仇恨，不是为了斗争，而是因为爱台湾。

马英九刊登的广告全文如下：

还台湾一个干净的未来！

让我们都静下心来，让我们安静。

再一次，凝视身边的孩子，想一想他纯真的眼睛。

让我们问一问自己：我们要交给孩子什么样的未来？

一个贪污横行的社会？一个谎言充斥的政坛？

一个对立仇恨的环境？一个已被淘空的台湾？

我们要怎么告诉孩子，这是你仅有的未来？

不！不能这样！

今天，我们站上凯达格兰大道，不是因为仇恨，不是为了斗争。

而是，因为爱。

爱孩子，爱台湾，爱我们共同拥有的未来。

民进党，不要成为贪腐的共犯！

今天施明德先生在这里静坐下来。这个一生坐牢超过二十五年的前政治犯，忍受着昔日同志的诬蔑，忍受着恶意的人身攻击，他唯一的要求，只是这样的单纯：礼义廉耻，贪污下台！

我能够体会他的委屈，我更佩服他的毅力。六月初，国民党开始推动罢免案，也遭受同样的打击。贪腐与清廉的对抗，被打成蓝绿对立；我们动员一切力量，到现在虽有超过260万人联署，终究无法跨过“立法院”三分之二的罢免门槛。我们知道唯一的希望，是唤起民进党的良知，那创党之初“清廉、勤政、爱乡土”的精神，才能让民进党支持反贪腐。然而，整个民进党被陈水扁“总统”绑架了，曾几何时，民进党竟成为贪腐的共犯！我们不乐见民进党因为挺扁而崩解，这对台湾并不好，请民进党的朋友，为台湾好好想一想！

改变，就从今天开始！

现在，我们支持施明德先生，这个民进党创党元老，我们期待他可以召唤当年民主运动的理想，找回民进党最后的良知。这是一次改变民进党，也是改变台湾命运的机会。因此，如果民进党背着陈水扁“总统”贪腐的包袱，向下沉沦，会从此一蹶不振，以后的台湾将失去“清廉竞争，勤政竞争”的民主精神，而沦入“比烂”的悲剧。这将是台湾最大的悲哀！

所以我个人在第一时间，捐出一百元，成为这“百万分之一”的力量。这次静坐活动不分蓝绿，只讲是非，因此我支持国民党的公职人员、党员，以个人名义参加。在公理正义面前，我们义无反顾。

我深信凯道广场的人民将向全世界展示高度的民主素养，以和平、静默与尊重公共秩序的方式，表达我们对贪腐政权的愤怒与不满。人民不用拳头，而用听不见的声音与衣服的颜色表达共同的心愿——清廉保台，阿扁下台！

台湾受够了，不能再空转！

有人劝我，不要推动罢免，让陈水扁“总统”继续烂，烂到民进党站不起来，对国民党二〇〇八大选最有利。然而，这是对台湾最不利的，对人民也不公平。我们怎么忍心看着台湾在贪腐、无能的政权下，继续空转一年半？这是多么自私的想法啊！一个政党如果只在乎胜负，而不是以天下苍生、人民幸福为己任，就算赢得选举，也只是选出另一个阿扁而已！台湾受的苦还不够吗？

民进党站出来吧！给2 300万人民一个机会！

国民党和民进党是政治竞争的对手，绝对不是敌人。蓝绿可以成为台湾民主的伙伴，一起为台湾的前途打拼。为打开当前的僵局，我希望民进党的朋友主动在“立法院”提出罢免案，国民党一定全力配合，并号召“立法院”各党各派共同推动罢免陈“总统”，这样2 300万的人民才有机会对陈水扁“总统”的去留表达意见。这对民进党是一种救赎，对台湾人民更是一种解脱。

恪守“宪政”体制，国民党没有夺权的意思！

如果罢免案成功，依据“宪法”的规定，由吕“副总统”继任“总统”，再由她提名，经“立法院”投票补选出“副总统”，并进行内阁改组，国民党作为负责任的在野党，绝对会恪守“宪政”体制，尊重依“宪法”程序进行的政府人事变动，完全没有所谓夺权的问题。民进党可以和国民党共同创造政治史上的第一次罢免案，展现民主体制疗伤止痛的能力。如果罢免案的复决被人民否决，相信所有的人民都会尊重这个结果，让陈“总统”依法做完他的任期。

由民进党主动提案罢免陈水扁“总统”，不仅可以化解施明德先生静坐所带来的政局冲击，也是民进党与贪腐划清界限的最后机会，民进党必须三思啊！

静下来，想一想，我们要给孩子怎样的未来？

我希望民进党的朋友超越党派，超越一时利益，从台湾的大历史，从孩子的大未来着想，做出一次明智的抉择。

是的，孩子纯真的眼睛，在看着我们。他们轻声问：你要给我们什么样的未来？

答案在这里，让我们一起念：

礼义廉耻，贪污下台，还给台湾，干净未来！

小资料二：大陆对待台湾问题的态度①

解决台湾问题、实现祖国完全统一，是全体中华儿女的共同心愿。我们将遵循“和平统一、一国两制”的方针和现阶段发展两岸关系、推进祖国和平统一进程的八项主张，坚持一个中国原则决不动摇，争取和平统一的努力决不放弃，贯彻寄希望于台湾人民的方针决不改变，反对“台独”分裂活动决不妥协，牢牢把握两岸关系和平发展的主题，真诚为两岸同胞谋福祉、为台海地区谋和平，维护国家主权和领土完整，维护中华民族根本利益。

坚持一个中国原则，是两岸关系和平发展的政治基础。尽管两岸尚未统一，但大陆和台湾同属一个中国的事实从未改变。中国是两岸同胞的共同家园，两岸同胞理应携手维护好、建设好我们的共同家园。台湾任何政党，只要承认两岸同属一个中国，我们都愿意同他们交流对话、协商谈判，什么问题都可以谈。我们郑重呼吁，在一个中国原则的基础上，协商正式结束两岸敌对状态，达成和平协议，构建两岸和平发展框架，开创两岸关系和平发展新局面。

十三亿大陆同胞和两千三百万台湾同胞是血脉相连的命运共同体。凡是对台湾同胞有利的事情，凡是对维护台海和平有利的事情，凡是对促进祖国和平统一有利的事情，我们都会尽最大努力做好。我们理解、信赖、关心台湾同胞，将继续实施和充实惠及广大台湾同胞的政策措施，依法保护台湾同胞的正当权益，支持海峡西岸和其他台商投资相对集中地区经济发展。两岸同胞要加强交往，促进经济文化交流拓展领域、提高层次，推动直接“三通”，使彼此感情更融洽、合作更深化，为实现中华民族伟大复兴而共同努力。

① 节选自胡锦涛总书记在中国共产党第十七次全国代表大会上的报告《高举中国特色社会主义伟大旗帜为夺取全面建设小康社会新胜利而奋斗》第十部分“推进‘一国两制’，实践祖国和平统一大业”，2007年10月15日。

当前，“台独”分裂势力加紧进行分裂活动，严重危害两岸关系和平发展。两岸同胞要共同反对和遏制“台独”分裂活动。中国主权和领土完整不容分割！任何涉及中国主权和领土完整的问题，我们必须由包括台湾同胞在内的全中国人民共同决定。我们愿以最大诚意、尽最大努力实现两岸和平统一，绝不允许任何人以任何名义任何方式把台湾从祖国分割出去！

两岸统一是中华民族走向伟大复兴的历史必然。海内外中华儿女紧密团结、共同奋斗，祖国完全统一就一定能够实现。

Chapter 10 第十章

港台广告创作特色解读

An Analysis of Advertising Creative Features of Hong Kong and Taiwan

第一节 香港广告创作的特色

香港是一个东西文化交汇之地，既保留了中国文化的传统，又与西方文化进行了长期的融合，形成香港文化东西荟萃、多元化的重要特色。欧美先进的创意手法、经营理念，在香港可以轻易地被灌输、被接受、被创新，不存在任何语言和文化上的障碍；同时，又保留了中国传统文化中的精髓，从而造就了香港广告创作的鲜明地方特色。

总括起来，同中国内地、台湾等华人地区的广告创作相比，香港的广告至少有以下四大特点：

一、“两文三语”的语言风格

在殖民统治的年代里，英语一直为香港官方的法定语言，政府一向只重视英语教育，加上香港是一个国际都会，一切对外的交流都以英语为主。在香港，上至上流社会、官方场合，下至贩夫走卒、下里巴人，用英语沟通是绝对没有问题的。香港的多数学校以英文授课为主。和内地不同的是，香港的大学不再专设英语系，日常教学和学生提交论文均用英文。

大部分香港人的母语或第一语言是粤语，英语、普通话只是第二语言。香港在语言和文字上出现中西交汇的同时，汉语言文字上也呈现出一种混杂的局面。正因为如此，香港回归后，特区政府提出的语文教育政策，听起来就有些怪怪的，谓之“两文三语”，即书面语以中、英文并行；口语则英语、粤语、普通话兼顾。

事实上，“两文三语”也正是香港广告语言风格的真实写照。在香港的许多经典广告当中，中英文夹杂，粤语、普通话交融的现象屡见不鲜。例如，廉政公署（ICAC）的广告语“生命冇 take2（生命没有第二次），请小心演绎”，就在短短十个字的一句话当中，用到了中文和英文、粤语和普通话，甚至还包含了阿拉伯数字，真可谓“两文三语”运用的经典案例。此外，益力多的“你今日饮咗未（你今天喝了没有）?”、One2Free“收音机男篇”的“你 free 得起!”、母亲的抉择的“做之前，谂谂先（先想想）”、维记阿华田雪糕的“呢啲衰嘢（这些不好的），咕声吞咗佢啰（默默地承受吧）……维记阿华田雪糕就要慢慢叹（享受）啦”等，都或多或少地体现了香港广告这一鲜明的语言特色。

二、远离政治的生活色调

香港是“世界级国际金融中心”、“国际商贸中心”、“国际航运中心和空运及物流枢纽”以及“世界级专业服务中心”，一句话，香港这座国际大都会是以经济为中心的，香港人对政治的热情也不太高。这种“重经济、轻政治”的大环境影响到广告的创作风格，即显示出一种远离政治的生活色调。

我们不妨将香港和内地的广告语作比较。内地的品牌形象广告语热衷于表现企业的宏伟抱负、爱国情结或世界胸怀，如“中国人的生活，中国人的美菱”（美菱）、“鄂尔多斯羊毛衫，温暖全世界”（鄂尔多斯）；而香港的广告语则非常注重生活化和口语化，如“你今日饮咗未?”（益力多）、“由头爽到落尾”（水上公园）[1]。

再如，在2003年抗“非典”的公益广告中，内地的电视广告创意主要表现为与政府的舆论导向一致，广告作品大量利用典型人物（聚焦于某个专家、医护人员）的形象，运用“英雄”、“战士”等带有极强政治色彩的符号来标示抗“非典”的各行各业的人员，从而形成主流意识。而香港全城抗“非典”的广告，则更多的是通过宣传某一市民、无名的医护工作者在各自的生活中与工作岗位上，尽忠职守、爱香港、鼓士气等方面的信息来感染受众。香港电影工作者协会创作的系列抗“非典”公益广告片《1∶99——电影行动》里，没有政治性口号、没有英雄人物，只有市民用自我行动相互鼓劲，万众一心地从内心喊出“香港必胜”的主题[2]。可见，香港的广告更注重给消费者展现原汁原味的生活原貌，因而能使香港市民感到特别本真和亲切。

三、中西合璧的文化奇观

香港是一个中西文化荟萃的国际大都会。在这里，既有传统的中国文化，又有外来西方文化的融入，两者交织在一起，形成别具一格的文化特色。可以说，香港文化要多“洋”有多“洋”，要多“土”有多“土”。例如，每年年末，城市的每个角落都会张灯结彩，大肆庆祝西方的圣诞节：用圣诞树装点屋宇、商场和酒店，人们戴上圣诞帽，互道“Merry Christmas”，互赠圣诞礼物，有的还上教堂参加宗教仪式，即使他们不一定有宗教信仰……而过不了多久，这里又是另外一番景象：写春联、贴“福”字、蒸年糕、除夕吃团圆饭、守岁、相互拜年、互道春节愉快……中西文化在香港交相辉映，和谐共存。

这种中西合璧的文化奇观，同样体现在广告创作当中——有的广告展示西方的价值观；而有的广告则运用的是传统价值的诉求。例如，香港电信的“梦想可成真篇”展示了一幅人类梦想成真的画面，结尾的旁白是“世界变得理想，往往始于天马行空的想象，香港电信，只要有梦想，凡事可成真”，体现了香港人的世界眼光以及追求卓越、实现梦想的品质。而人头马的“人头马一开，好事自然来”，维他奶“背影篇”中的浓浓爷孙情则分明体现了中国人追求吉利、注重亲情的传统价值。再如，人头马特级干邑《大红灯笼篇》中的管家大声喊出“大少今天晚上喝CLUB”，更是

① 杨先顺．差异与融合：两岸三地广告语创作比较．新闻爱好者，2005（1）：46
② 莫智勇，刘大卫．粤港两地影视广告传播异同分析．当代传播，2005（4）：71

让人忍俊不禁的中西文化糅合之作。东西两种文化和谐共存、交相辉映，为香港的广告创意作品平添了几分独特的韵味。

四、色彩斑斓的流行元素

香港还是一个流行文化盛行的都市。在广告创作的过程当中，自然也少不了色彩斑斓的流行元素。例如，许多电视广告都启用当红歌星做代言人、使用流行歌曲作为广告歌、采用走红的卡通片主角作形象代言人等。一方面，广告由于流行元素的渗入而更加引人注目，提高了品牌的形象和知名度；另一方面，流行元素因为广告的热播而变得更加流行，同时，广告更可能带动新的元素的流行。这么看来，广告与流行元素真可谓是共生共长、相辅相成。

20 世纪 90 年代初期，香港兴起了当红歌星担当广告主角的热潮，当中最为经典和让消费者印象深刻的是和记电信的形象广告，它连续多年采用当时四大天王之一的黎明作男主角，并用了杨采妮、童爱玲等漂亮的女演员当女主角，演出浪漫的爱情故事，可以说广告内容与产品功能关联不大，只是在紧急时间，主角用了该电信公司的服务与爱人联系。广告配上黎明主唱的广告歌，掀起了一阵明星广告热，更让几句广告对白大为流行，例如“我係咪（是不是）好任性呀”、“just to say hi”等，成为一时广为流传。广告歌《情深说话未曾讲》、《夏日倾情》、《哪有一天不想你》等也掀起热潮，在各大颁奖礼取得骄人成绩，而和记电信的广告也夺得了多个广告奖项，其品牌知名度和美誉度因此大幅提高。

广告是试图说服消费者的信息传播，因此，必须贴近消费者的生活和社会潮流的发展，让消费者看了有亲和力和时代感。鉴于此，一些香港广告的原创音乐也向着流行音乐靠拢，例如近年流行唱 rap，很多广告歌都加入 rap 的成分，间接反映了广告音乐受流行文化的影响情况。

此外，启用卡通形象代言人，也是香港广告创作的特色之一。其中的经典案例莫过于地产街的三只白白猪和 One2Free 的麦兜和麦唛了。三只白白猪的可爱形象及其趣味盎然广告歌《三只白白猪》让人印象深刻、耳熟能详；One2Free 则借助《麦兜故事》的流行热度，让 One2Free 也跟着“火”了一把，其广告歌曲《仲有最靓嘅猪腩肉》朗朗上口，很快唱到街知巷闻。如今的年青一代被戏称为“卡通一代”，把握这一代人的消费心理，恰当地使用卡通形象作为广告代言人，在节约成本的同时，往往还能取得比启用大明星做代言更佳的效果。

综上所述，香港广告创作具有“两文三语”的语言风格、远离政治的生活色调、中西合璧的文化奇观以及色彩斑斓的流行元素等四大明显不同于其他华人地区广告创作的重要特征。认识和把握这些特征，对于我们更好地欣赏、分析和理解香港广告案例大有裨益。

小资料：香港经典广告语

品牌	广告语	品牌	广告语
华润堂	爱生活　爱健康	屈臣氏	更加关心您
吉之岛	缤纷生活常伴您	三商百货	样样惊喜　再三为你
康泰旅行社	为您做得到	港龙航空	美，好，旅途
亚洲万里通	生活之旅　尽是奖励	机场快线	愉快　就在这旅
史云生鸡汤	天天史云生，煮出新灵感	白兰氏鸡精	活力　魄力　生命力
护舒宝	女人更新　保护更新	bossini	有自己的一套
lawman 猛龙	从不与人相比　只求突破自己	恒生卡	人生更美　只因有你
台商银行	智慧好伙伴	万事达卡	万事皆可达　唯有情无价
惠而普家电	为你做得更加好	润讯通信	一呼天下应
人头马 XO	人头马一开　好事自然来	长颈 fov	高人一等
路易十三	品尝醉人尊贵　鉴赏目眩气势	嘉绿仙	口气清新　充满信心
嘉士伯	可能是世界上最好的啤酒	雀巢	选品质　选雀巢
美心快餐	多一点点新煮意	Toyota	丰田贡献　跨越明天
八达通	令生活更轻松	数码通	让你更贴近
飞利浦电器	精　简	三星电视	灵感始于内在
理光相机	拉阔空间　创新无限	香港电信	只要有梦想　凡事可成真
友联电信	突破界限　资讯无间	盈科电话	不作他选
Just Gold 首饰	真女人　真首饰	情牵今生	今天　明天　永远
点睛品	一点生活感	Channel 香水	分享这份梦幻
Playboy 手表	简单就是最好的	万宝龙	非君莫属
柯达	分享此刻　分享生活	福特汽车	活得精彩
标志 607	百年沉淀　一朝迸发		

资料来源：根据相关资料整理。

第二节　台湾广告创作的特色

一、台湾广告的价值取向①

从 20 世纪 60 年代开始，西方资本主义国家的企业为了建立一个全球性市场，在

① 此部分大量引用：刘泓．全球化语境中中国台湾广告的文化价值取向．广告大观（理论版），2005（6）一文中的研究成果。

向外输出商品的同时也输出了营销、广告等技术和方法。特别是在广告方面，于培养各地民众、改变当地消费模式的过程中贡献极大，最终为资本主义建立起一个全球性的消费市场和价值观——消费主义文化与意识形态，进而对世界各地的社会和文化产生深远影响。从这一意义上说，广告传播所带来的经营策略、创意构想、信息传达以及传播形态必然呈现出全球化时代跨文化传播的所有可能性。

自从台湾本土广告公司被跨国广告公司大规模兼并之后，台湾学者对跨文化领域的研究以及台湾本土的文化价值研讨便成为学术研究的一个重点。有人以 Schwartz 提出的十个价值类型①为研究框架，对台湾广告进行分析后发现，台湾广告中的文化价值观较重视“社会正义感”，主要呈现一种对家庭、团体、组织的集体价值的认同，且以多数人的利益为主要诉求，表现了纠正不公义之事、行公义之事、助人为东的诉求；台湾广告也较重视“个人提升”的价值观，强调方便性、经济、愉悦欢乐、休闲放松与财物丰富等，强调使用产品可以增加个人的某些方面的能力、条件、优势，包含物质、财产、金钱、健康、美貌等；台湾也较重视“个人主义”价值观和“助人”价值观，强调敬重父母与年纪较大的长者，表现家庭或爱的关系等②。可以说，政治意识形态是融于生活之中的，且政治、哲学、社会目标都可以反映在广告当中。台湾有较高的生活水准，实行资本主义经济，强调个人主义，这些现象都反映在广告的价值评判上。

因此，台湾广告的全球化过程中必然也包含了对台湾本土化文化价值的适应性过程，从广告诉求主题、符号意义、文化象征、形象组合等都有一个与本土社会文化价值相适应的问题。台湾广告不仅懂得利用中国传统文化资源对台湾人的生活、审美方式施加影响，而且对于现代台湾人的生存境况所体现出的文化价值观也相当关注。正如评论所言，台湾本土精神、文化意识、本土生活不但已在台湾的消费者生活中渐渐滋长成型，而且已成为流行的象征。

在全球化的背景中，台湾广告表现出某种异域文化的侵蚀，这也体现了台湾消费者对异域文化的认同和文化价值观选择的复杂性。

我们知道，台湾被日本殖民统治长达50年，今日的台湾商业文化领域更是充满了日本的影子和风格，从企业经营的手段到产品本身都受到日本巨大的影响。基于历史传统与本身特性，台湾更容易接受日本的卡通漫画、杂志、电视节目、卡拉 OK 等娱乐事物。在岛内，处处可发现年轻学生对“日本流行文化”具有高度认同感。在穿着打扮或观赏影视剧上，也呈现出对日本流行文化的莫名崇拜，这也就是所谓的

---

① Schwartz 提出的10个价值类型是：自我导向、刺激、享乐、成功、权力、安全、服从、传统性、仁慈、普世性，并将其构架应用在跨文化研究上。Schwartz 认为，这十个向度，属于两个垂直的维度：一是开放性与传统性，二是自我提升与自我超越。开放性中包含自我导向与刺激；传统性中包含安全、服从与传统性；自我超越包含仁慈与普世性；自我提升包含成功与权力；而享乐是分属于开放性与自我提升两者。

② 王奕晴．海峡两岸网络广告中价值观之比较研究．（台湾）政治大学心理学研究所硕士论文，1991

"哈日"风潮。

我们应该看到，随着全球化趋势与信息科技的发展，经由跨国媒体传播所引起的异域文化流动逐渐已成为常态，也塑造了一个个"想象的社群"，尤其是广告所建构的不仅是想象的社群，同时也是消费的社群。这些社群分享相近文化的认同与生活形态，因此很自然地成为厂商行销活动的目标市场。根据李丁赞、陈兆勇对台湾"哈日"现象所作的研究，显示了台湾年轻人对日本的文化认同，反映在文化消费与一般产品消费上，因而形成"哈日现象"。邱魏颂正、林孟玉的研究也发现，"哈日"倾向与日本流行商品的消费存在着正相关性。因此，商家企业很容易采用日本形象来吸引同一群目标市场。为跟上这种潮流，"日本形象广告"也就应运而生。所谓"日本形象广告"，就是指在广告中使用日本语言、偶像人物及日本风情等主题或视觉符号作为表现策略，与日本流行文化的某种"刻板印象"产生关联和"意义转移"，用以凸显品牌形象的广告。

根据台湾润利公司的统计资料，仅1999年到2000年两年间，台湾电视媒体就有79部日本形象的电视广告片推出，平均每个月推出3.3部。如食品类有7—11御饭团、7—11关东煮、烹大师、桂冠日式小火锅、统一WAGAMAMA拉面道、统一明台Fu成长奶粉、恋爱C饮料、统一新茶流；清洁用品类有蒂舒俪洗发精、玛宣妮洗发精、诗波蜜柔沐浴乳；化妆品类有佳丽宝、惹我Neuve；电池类有松下电池、长荣电池；手机类有易利信（Erison，爱立信）、松下双频中文（GD90）；机车类有三阳新迪爵125；汽车类有马自达ISAMU；金融服务类信用卡有诚泰银行Kitty信用卡、中国信托银行趴趴熊信用卡等类别。从其中具有日本形象特点的广告来看，其表现手法有直接采用日本演员的（这类广告以强调日本进口产品最多见，如化妆品类就有中山美惠之于高丝、松岛菜菜子之于密丝佛陀、藤原纪香之于佳丽宝），有采用日本味浓厚演员的（如徐若瑄之于舒跑Near Water加味水及国际牌电池广告、金城武之于爱立信手机），也有采用日语对白的，演员和剧情日本味浓厚（如拉面、果汗加味水、关东煮、御饭团等）。

在台湾，广告之所以大量采用"日本形象"进行广告传播，可能是因为产品本身自日本进口，或者刻意把产品塑造成日本风格的产品。在"哈日"风潮的影响下，台湾对日本流行文化的认同普遍提高，自然造成"日本形象广告"的传播效果普遍提高的可能。而运用"日本形象广告"的传播策略，正是说明了厂商的目的是希望借着大众对"日本流行文化"的高度认同来接受"日本形象广告"所传播的信息，也说明人们并非只追求产品的实用性，他们同样追求产品的文化意义和文化价值。因此，对于台湾广告的文化选择而言，"哈日"经由媒体的传播蔓延而产生了一种对台湾本土文化价值的冲击风潮，也使得台湾广告的文化价值呈现出极其复杂的特点。

二、台湾广告的语言特色①

1. 台湾国语广告的整体风格

法国著名广告人格塞雷和埃柏格认为，传者与受众的关系有如下几种类型：主从关系、师生关系、沟通关系、伙伴关系、买卖关系和涉入关系。大致说来，大陆早期广告语中传者与受众的关系类似主从关系、师生关系，企业往往以自我为中心，向消费者灌输产品的优点和企业的理念（后期情况已有所改变）；台湾广告语则更多地体现了沟通关系和伙伴关系，注意企业和消费者的互动、交流。它更注重用产品以外的附加值来与消费者沟通，即便是产品广告语也会从生活中发掘和提炼哲理，因而产品广告语和形象广告语的界限并不分明，很像一条警句格言，但又不像内地广告语那样注重“宏大叙事”，宣扬“大”道理，而是注重表现对生活的细微感悟，属于“小型叙事”话语，传达的是更契合消费者心态的“小”道理②。

（1）弘扬传统儒家思想，注重人生哲理感悟。

数千年来儒家思想观念已深深积淀到中华民族的灵魂之中。儒家强调仁爱，“仁者爱人”、“爱人者人恒爱之”，并主张先“爱亲”然后“泛爱众”。在家庭伦理方面，儒家强调尊老爱幼，孝敬父母，“孝”被认为是一切道德的根本。在处理与他人的关系上，它主张“推己及人”，一方面“己欲立而立人，己欲达而达人”，另一方面“己所不欲，勿施于人”，要求为他人着想，待人以诚，施人以惠。这些道德信念在中华民族进步的历史长河中，起到了协调人际关系、维护社会稳定的积极作用。正因为如此，儒家的仁爱思想受到了不少台湾广告人的推崇，成为他们的创意支点。但与以往大陆广告不同的是，大陆的“宏大叙事”模式被台湾广告人以更加细腻、更容易令受众认可的方式所替代③。如以下几例：

台湾中华车广告

标题：中华车，永远向爸爸的肩膀看齐

正文：如果你问我，这世界上最重要的一部车是什么？那绝不是你在路上能看到的。

30 年前，我 5 岁。那一夜，我发高烧，村里没有医院。

---

① 此部分大量引用：王靖．试论大陆和台湾广告在广告用词上的异同．广西师范学院学报，2004（2）和詹秀华．论台湾广告语言的民族文化特色．云南财经大学学报，2005（5）的研究成果。

② 杨先顺．差异与融合：两岸三地广告语创作比较．新闻爱好者，2005（1）：46

③ 在改革开放初期，大陆的广告语有明显的政治宣传痕迹，如“以产业报国，以民族昌盛为己任”（长虹集团），“喝孔府宴酒，做天下文章”（孔府宴酒），“长城永不倒，国货当自强”（奥妮洗发水），“中国人自己的可乐”（非常可乐）等，都以中国传统文化核心中的爱国主义和民族精神作为诉求点，但这种豪言壮语式的大国心理折射并未得到普通消费者的认可。

爸爸背着我，走过山，越过水，从村里到医院。

爸爸的汗水，湿遍了整个肩膀。我觉得，这世上最重要的一部车是爸爸的肩膀。

今天，我买了一部车，我第一个想说的是："阿爸，我载你来走走，好吗?"

台湾福特六和汽车广告

标题：有一天，你能慢慢地走

正文：每一天，晨曦初上/你背着沉重的书包/揉着惺忪的眼睛/踏上了求知的征途

每一天，黄昏将临/你拖着疲惫的身体/怀着愉悦心情/奔向了温暖的家中

每一段路，都不易走/必须独行/每一个路口/都使你如同受惊的小鹿/不知该逃往何处

孩子，我衷心盼望/有一天，你能慢慢地走

福特六和关心您/人人开车礼让，创造和谐明天

这两则广告紧扣亲情做文章，分别以晚辈对长辈的感恩与孝敬、长辈对晚辈的呵护与关爱作为切入点，感情真挚自然。

台湾福特六和汽车广告

标题：有一天，当我不再年轻

正文：每一天，当我驾车飞驰此地/快车道上行人匆匆/和穿梭的车辆，进行一场/输不起的赌博

昨日，当我漫步走过/见她无助的伫立路口/默默等待/不知何时轮到/属于老年人过街的时刻

有一天，当我不再年轻/或许也将徘徊此处/缓缓叹息/或是暗自垂泪

明日，当我驾车飞驰此地/我想，应该停车/让她慢慢走过

福特六和关心您/人人开车礼让，创造和谐明天

此广告以"老吾老以及人之老，幼吾幼以及人之幼"的儒家仁爱思想为创意的出发点，贯注浓厚情意饱含人世沧桑的广告语，配以路牌上白发老妪怯立路边、欲过不能的孤独身影，使人在泛起同情心的同时也对该汽车品牌产生了好感。

（2）注重哲理感悟。

长期以来，汉民族形成了不同于西方民族的特殊气质，这种气质体现在心理结构上则是讲求内省的心态特征。同时，受儒家传统思想的影响，汉民族形成了"仰不愧天，俯不愧人"的理想道德人格，部分台湾广告在制作中抓住汉民族的这一心理特点，注入深刻的哲理和高尚的道德理念，以此来达到与受众深层次的沟通。如以下

两例：

声宝股份有限公司洗衣机广告

标题：污点可以洗白

正文：人生不能黑白来/再怎么污黑的衣物，都可以洗净/再怎么泛黄的衣服，也可以漂白

人生旅途中，总有不慎迷失的时刻/如果知错能改，及时回头/道德勇气依然令人佩服

劝君一言一行，冷静深思/对自己负责，对别人真诚/毕竟，堂堂正正、清清白白做人/才是仰不愧天，俯不愧地的人生

台湾露宝化妆品广告

标题：两种美丽的女人

正文：两种美丽的女人/一种映入眼中的美，顾盼生姿——/炫目的容颜像流转的彩衣

一种映入心底的美，耐人寻味——/深刻的颜色是永远的恋栈！

有种真正的美/投影眼中更烙印心底，/禁得起视觉更经得起感觉。/且让画艺沾染妆艺，/从“心”美丽起来

红粉知己——女人与容颜之间的相知相许/红颜——做一个容光焕发的女人/红妆——从内在开始妆扮起

第一例的广告产品是洗衣机，但广告却对此有意避而不谈，而是从洗衣机的洗净功能自然生发开去，对堂堂正正、清清白白做人的道理侃侃而谈。第二例广告同样采取了“避实就虚”的手法，不正面宣传产品效能，而是从侧面进击，对“美”之内涵进行深入的剖析，最后三句以纯中国化的三个用语“红粉知己”、“红颜”、“红妆”进一步深化了主题，给人以水到渠成之感。

（3）营造优美的意境，呈现独特的东方审美情趣。

上列五则广告都有一个共同的特征，即用现代自由诗的形式来创作广告语。对于台湾广告人而言，自由诗形式的广告创作空间相当大，因而成了他们常用的创作表现手法。但是，台湾广告人对传统文化的依恋也使得他们自觉不自觉地使用古典的艺术表达形式，中华文化几千年来的丰厚文学遗产同样受到了台湾广告人的关注与垂青。对这些文学表达形式的借用则各有千秋，或整用，或零用，或集中使用，或打散后分处嵌入。如以下三例：

台湾江南春别墅广告（整用李煜《虞美人》词）

标题：中国人忘不掉江南风味

正文：春花秋月何时了，往事知多少。小楼昨夜又东风，故国不堪回首月明中！雕栏玉砌应犹在，只是朱颜改。问君能有几多愁，恰似一江春水向东流。

中国人忘不掉江南风味，中国人应该享受最具风味的生活。

台湾快乐发型企业广告（仿李清照《一剪梅》词）

繁忙的公事，老板的脸色，让人喘不过气来/才下眉头/到快乐洗个头

想到可爱的小捣蛋，又得面对另一场战役/却上心头/到快乐洗个头

台湾宝露化妆品广告（借曹植《洛神赋》之意）

宝露的气质，高贵含蓄，一如风口之夏荷。

宝露的气质，俊秀飘逸，比美空谷之幽兰。

宝露的气质，清新脱俗，宛如水仙之出浴。

中国传统绘画艺术追求审美形态上的空灵，讲求“韵外之致”、“画中有诗”，形成了中国特有的审美情趣。台湾广告人深谙此点，在文案创作中除直接借助诗歌来营造优美意境之外，在更多的非诗体文案中，常运用化实为虚、虚实结合的手段，营造出富有诗意的想象空间，着力传递文案语言的画面美和含蓄美。如下例：

台湾江南春别墅广告

一条清邃的仄径，垂柳依依，唐式山水地形，中国式古典大门转出一地江南风味，轻抚着淡淡幽岚，我们仿佛回到故国的江南山水，二十四桥、西子湖、苏杭美景都在脑海中涌现！

中国人忘不了江南风味，中国人应该享受最具江南风味的生活。

上例短短一段文字生动勾勒出一幅淡雅清新、带有浓郁江南风味的画面，给受众极为丰富的再造想象空间，虽不是诗，却分明达到了文中有诗、文中有画的艺术境界。

2. 闽南语广告

台湾同胞绝大部分为汉族，约占全省人口的98%。1946年以前，他们中的80%左右祖籍福建，其中以漳（州）、泉（州）人为最多，所以全省通行闽南话。他们在台湾杂居之后，逐渐形成一种“不漳不泉”的闽南话，即福佬话。福佬话吸收了高山族语言和日本语的一些语汇及语法，因而已与福建的闽南话略有不同。

虽然闽南语在很大一部分台湾同胞的日常生活当中担当着交流工具的角色，但是却一直处于有音无字的尴尬境地。为了使闽南语能在台湾以书面形式正式传承，并且

为了弱化与普通话接近的“国语”在台湾的地位，台湾教育主管部门从2005年开始整理闽南语常用字词，预定第一阶段整理公布300字①，第二阶段整理公布2 000字。而台湾当局“教育部”于2002年就作出决议，台湾学生从小学三年级开始提前实施闽南语、客家语的“音标符号”系统教学。台当局“教育部”2006年10月公布了“台湾闽南语罗马字拼音方案”，始终无法统一的闽南语拼音系统就此确定，台湾中小学闽南语教材也将根据此方案修订。

当第二阶段2 000字的闽南语常用字词公布后，可以预见，原本在台湾广告中所占比例不多的闽南语广告将随着闽南语地位的提高而出现不小的增幅，而闽南语广告的增加又会反过来影响台湾社会文化的变迁。

闽南语广告以其独特的本土化形式获得了台湾企业和消费者的青睐，但对非闽南语系的广告受众来说，则会在理解上遇到不可逾越的鸿沟。试比较历届获“台湾流行语广告金句奖”的闽南语广告词，见表10－1。

表10－1　历届获“台湾流行语广告金句奖”的闽南语广告词

时间	获奖等级	广告语	广告商品或客户
第一届（1994年）	银奖	你讲台语嘛也通	台湾西北航空
第三届（1996年）	佳作	肝哪没好，人生是黑白的！肝哪顾好，人生是彩色的	329许荣助保肝丸
第四届（1997年）	佳作	乎干啦	麒麟啤酒
第六届（1999年）	佳作	合味才会呷意	宝岛钟表
第六届（1999年）	佳作	有青才敢大声	台湾啤酒
第十届（2003年）	佳作	系金A	新西兰金色奇异果

资料来源：根据历届“台湾流行语广告金句奖”获奖作品整理。

闽南语广告的另一特点是，大量运用闽南语当中的语气助词来加强广告对受众情绪的感染力。但是，在闽南语有音无字的情况下，我们暂时无法对整个闽南语广告体系作出更深入的探讨。有兴趣的读者可以通过互联网自行搜寻相关内容。

3. 台湾广告中的英语元素

由于深受西方文化的影响，台湾的英语普及率也很高。因此，与以往同期大陆广告相比，台湾广告中除了运用闽南语和日语之外，直接引用英语的作品也很常见。例如：

---

① 第一阶段的闽南语常用字词300字已于2007年4月公布。每一个字词大致都列出词目、读音、对应普通话、词语举例等项。例如，词目“尪仔”同时列出对应的普通话有“玩偶、人像”，词语举例则列有“布袋戏尪仔、尪仔标”。

Trust me, you can make it!（媚登峰）

We are family.（“中国信托”信用卡）

The city never sleeps.（花旗银行）

Everything's Ok.（太平洋电信卡）

Just call me be happy.（远传电信远传易付卡）

Keep Walking.（Johnnie Walker）

现在的 Nobody，未来的 Somebody!（第一银行增资卡）

We Share.（中国人寿新分红保单）

我就是超爱 Send!（台湾大哥大手机费率方案）

与众多的用汉语词语创作的广告语相比，英文广告“茕茕孑立”，于陌生之中显出“洋气”、时髦的特点，但又与汉语广告相映成趣。在与汉语词语构成强烈对比和反差的同时，英文广告语有效地区分了受众，引起了人们的关注、增强了受众的记忆。

4. 大陆和台湾在广告用词上的异同

在微观方面，曾有大陆学人对大陆和台湾在广告用词上的异同之处作过比较。在对两篇文章①所集之广告语作研究后，得出了以下的一些结论和推断②：

汉语根据词的语法功能分为两大词类：实词和虚词，在两大词类中又细分出 14 个小类。在《中国广告 20 年流行广告语》（基本上不包括台湾广告语）的 146 条中，所使用的词类有：名词、动词、形容词、副词、代词、助词、连词、感叹词、区别词等。在《1993—2002 台湾历年“广告流行语金句奖”获奖作品》的 63 条中也使用了同样的词类，从这一点来讲，两者是相同的，都选用了相同的“材料”进行“加工”与“制作”。但大同之中也有小异，其差异更明显地表现在对相同材料所选取的数量上。

由表 10 - 2 可知，大陆和台湾在广告用词中，名词、动词、形容词和副词占了相当的部分。大陆是 76.09%，台湾是 70.62%，大陆在广告语用词上，使用名词 1/3 多，比台湾高出了十几个百分点；台湾的广告语在使用动词方面占了 1/4 多，比大陆多出几个百分点。在形容词和副词的使用上，台湾也要比大陆多出几个百分点。尤其是在代词的使用上，台湾比大陆多出了一半多。从表中也不难看出，连词和语气词的使用，台湾也远比大陆多。由此可见，大陆的广告语在用词上的一个特点就是多用名词，而台湾则是多用动词。专有名词在大陆的广告语创作当中占相当的分量，占名词

① 中国广告杂志社编辑部．1993—2002 台湾历年“广告流行语金句奖”获奖作品．中国广告 20 年流行广告语．中国广告，2002（10）

② 王靖．试论大陆和台湾广告在广告用词上的异同．广西师范学院学报，2004（2）

使用量的23.36%，而台湾专有名词则占名词使用总量的6.25%。我们知道名词是说明事物名称的，是陈述型词语，重在表意，而动词是对事物状态的描写，是处置型词语，重在表情。形容词和副词是修饰名词、动词等的词语，是在表情上更加单刀直入。语气词在表情上可谓是直抒胸臆，有“立竿见影”之效。也正是因为大陆和台湾的广告文案人员对相同材料的选择有不同的倾向，相同词类中的词所使用的频率有所不同，才使得大陆和台湾的广告语有了不同的特点。

表10-2　大陆和台湾广告语用词比率表

词类	台湾	大陆
名词	22.04%	34.29%
动词	25.90%	22.90%
形容词	12.40%	11.89%
副词	9.92%	7.01%
代词	10.20%	4.38%
助词	6.10%	4.76%
连词	2.48%	0.63%
语气词	1.65%	0.25%

资料来源：王靖．试论大陆和台湾广告在广告用词上的异同．广西师范学院学报，2004（2）：151. 表中的百分比是指各类词在总用词量中的比率。

两份资料对比，台湾比大陆在使用语气词方面更胜一筹。大陆在20年的146条中只有2例，而台湾在10年的63条中就有5例。语气词放在句尾或是句中停顿处表示各种语气。台湾和大陆主要使用的语气词是表陈述语气的“了”和“啦”。这两个词都是表事态变化，肯定事态变化已成定局。台湾使用这些语气词的作品数年获奖，可见其强大威力。在《中国广告20年流行广告语》中还有以下几例比较突出：

高高兴兴上班来，平平安安回家去。（公益广告）
款款“神州”，万家追求！（神州热水器）
正宗椰树牌椰汁，白白嫩嫩！（椰树牌椰汁）
福气多多，满意多多！（福满多方便面）
清清爽爽每一天！（娇爽卫生护垫）

这里的“高高兴兴”、“平平安安”、“款款”、“多多”、“清清爽爽”，既凑足了音节又渲染了意境。我们知道，汉语的一个特点就是讲究音韵美、双音化。因此，在广告语的创作中就不免使用叠音词，而台湾的广告语中却鲜用叠音词。这也是两者间的一个显著不同。

另外，在普通话的词语表达方面，大陆与台湾于广告用语和外语商品名称翻译上也略有不同，详见小资料。

小资料：海峡两岸商品命名之比较

原文	属性	中国大陆	中国台湾
7—11	个人商店	七·十一	Seven Eleven
Adidas	运动用品	阿迪达斯	爱迪达
Amway	日用品	安利	安丽
B&Q	家居建材	百安居	特力屋
Benetton	服饰	贝纳通	班尼顿
Benz	汽车	奔驰	宾士
Biore	个人清洁用品	碧柔	蜜妮
Bossini	服饰	堡狮龙	Bossini
Chanel	名品	夏奈尔	夏奈尔
De Beers	钻石	戴比尔斯	De Beers
DELL	电脑	戴尔	DELL（戴尔）
ELLE	时装杂志	世界时装之苑	她杂志
Esprit	服饰	爱思彼	Esprit
Extra	口香糖	益达	Extra
Fa	个人清洁用品	凝美	Fa
Fiat	汽车	菲亚特	飞雅特
Head&Shoulders	洗发乳	海飞丝	海伦仙度丝
Heineken	啤酒	喜力	海尼根
Hermes	名品	马具世家	爱马仕
Jaguar	汽车	美洲豹	积架
Johnson&Johnson	日用品	强生	娇生
KIA	汽车	起亚	KIA
Kotex	日用品	高洁	靠得住
Levis	服饰	李维斯	Levis
Lux	个人清洁用品	力士	丽什
Mamypoko	纸尿裤	妈咪宝贝	满意宝宝
Maxell	录音录影带	万胜	Maxell
Maxwell	咖啡	麦氏	麦斯威尔
Maybellin	化妆品	美宝莲	媚比琳
NISSAN	汽车	尼桑	日产
Ormon	照明	欧姆龙	欧朗

（续上表）

原文	属性	中国大陆	中国台湾
Olay	保养品	玉兰油	欧苗
P&G	日用品	宝洁	宝侨
Pentium	电脑	奔腾	Pentium
Peugeot	汽车	标致	宝狮
Polaroid	照相设备	宝丽来	拍立得
Reebok	运动用品	锐步	Reebok
SEAT	汽车	西亚特	喜悦
Scotch Brite	日用品	思高	百利
Sifone	洗发乳	诗芬	丝逸欢
Sonia Rykiel	名品	索尼亚	桑丽卡
Sony	家电	索尼	新力
Star Bucks	餐饮	星巴克	Star Bucks（星巴克）
Suauki	汽车	五十铃	铃木
Swatch	表	斯沃琪	Swatch（帅奇）
Tempo	纸巾	得宝	Tempo
Titoni	表	梅花	梅花麦
Valentino	名品	华伦天奴	范伦纤诺
Volkswagon	汽车	大众	福斯
Volvo	汽车	沃尔沃	富豪
Whisper	个人清洁用品	护舒宝	好自在
YAMAHA	机车	雅马哈	山叶
Yoplait	饮料	优诺	优沛蕾

资料来源：根据梁庭嘉．如何大做广告．汕头：汕头大学出版社，2004. 156～160 提供资料整理。

下篇 案例赏析

Chapter 11 第十一章

香港经典广告赏析

Study on Classic Advertising Cases of Hong Kong

案例赏析是广告专业的重要学习方法。本章结合核心广告理论，对精心挑选的近20年来香港经典广告案例作深入剖析，以期读者从“点”的角度切入，充分体验香港广告创作的国际水准和本土文化内涵。值得一提的是，本章所有入选案例均为金帆奖、龙玺奖或香港十大电视广告的获奖作品，具有较好的典型性和代表性，基本反映了当代香港广告创作的水准和特色。

第一节 金帆奖获奖作品赏析

金帆奖（前称“香港 HK4As 广告创作大奖”），是香港广告商会每年对优秀广告的认可及推崇的活动，同时被认为是亚洲区最大型的广告评选典礼之一。这项广告创作大奖创始于1984年。参选作品分为不同种类，包括电视/影院、电台、报章/杂志和户外广告。该奖由一个评选小组负责评选，他们都是来自海外的资深广告人。每个项目分设金、银、铜奖及优异奖。在电视/影院、电台、报章/杂志及户外广告个别类别金奖中分别选出最突出及最优秀的作品颁发“金帆奖”。金帆奖当中选出当年的最突出及最优秀的作品颁授“金帆大奖”，此为香港广告界的最高荣誉，创作界的“格兰披治”大奖。

一、甲子情怀——国泰航空60周年系列广告［获2006年金帆奖、2006年龙玺大奖（影视及电台）］

1. 童梦情缘篇

“童梦情缘篇”讲述一个男孩一直倾慕着他的邻居——一名国泰空中小姐，直至9岁生日那天。

他9岁生日那天终于鼓起勇气去向她表白，却发现已人去楼空。他带着“失恋”的心情参加自己的生日派对，却遇上生命中另一个重要的她。

旁白：我仲（还）记得佢（她）叫 Nancy o架（的）！咁佢好靓啦（她很漂亮），同埋（也）好好人。咁成条邨嘅人（整个屋邨的人）见到佢（她）都好开心，大家都……所有小朋友一齐呀，咁样（这样）……我觉得佢都中意（她也喜欢）我喎，我都（也）觉得到o架。终于等到我9岁生日，咁（那）我记得我就鼓起勇气，过去敲门。

邻居：搬走咗（了）啦！

旁白：咁（那）我记得生日开生日会嘅（的）时候，就好多人同（跟）我一齐庆祝，咁但係（但是）我都係好唔开心（很不开心）。我就遇到佢（她），佢（她）叫阿珍。

字幕：属于你和我的故事　伴你走过60年　国泰航空公司

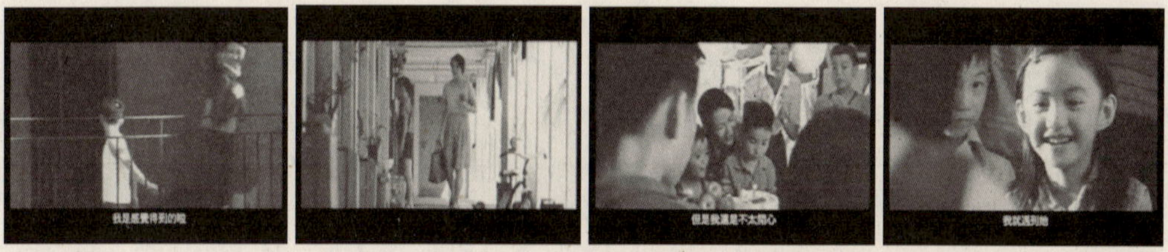

图 11－1　国泰航空“童梦情缘篇”

2. **“手足情深篇”（该广告还同时获得了 2006 年香港十大电视广告奖）**

“手足情深篇”讲述一对成长于 20 世纪 80 年代的兄弟，经常为小事斗气，直至哥哥要飞赴海外念书，弟弟在启德机场目送兄长登上国泰班机时，过往的点点滴滴才一幕幕浮现脑海——

13 岁少年与家人同住，被迫与兄长同睡一房，还要时常受到他的戏弄。当兄长要往外地就学，在机场送别时，少年觉得有点不舍，同时又有点想哭，因为他终于可以拥有自己的房间，简直高兴得想哭。

旁白：嗰（那）年我 13 岁。屋企（家里）环境好咗（改善了），但我阿爸係要我同我大佬（爸爸要我跟哥哥同住）一间房。

爸：咁至係（这才是）两兄弟嘛！

旁白：我大佬佢冇咩叻 o 架（哥哥他没有什么专长），最叻（厉害），咪就係整蛊（就是戏弄）我啰。读书佢又唔俾心机（他又不用功读书），呀，但係（但是）有大学收佢（录取他）喎。送机嗰日（那天），我先至（才）发觉，其实我都好唔舍得佢（不舍得他），我争啲想喊（差点要哭）……因为，以后成间房都係我 o 架罗（整间房间都是我的了）！

字幕：属于你和我的故事　伴你走过 60 年　国泰航空公司

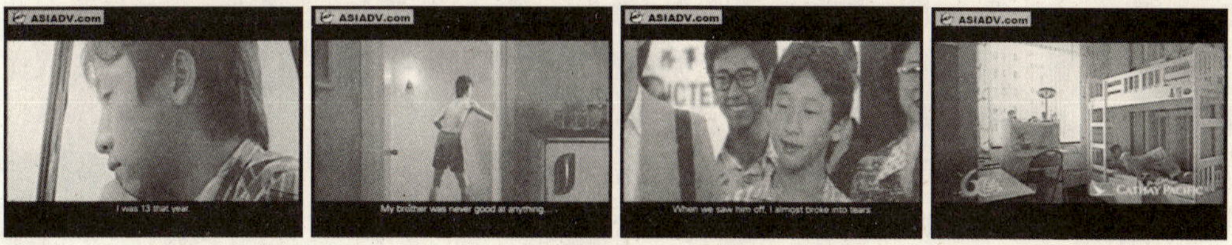

图 11－2　国泰航空“手足情深篇”

3. **“启德岁月篇”**

“启德岁月篇”以 20 世纪 70 年代初的香港作为背景，一对情同手足的好朋友，每天在启德机场附近流连，看着飞机升降的一刻，彼此都立志成为飞机驾驶员。纵使成长路上充满考验，但回想起那些不知天高地厚的岁月，心内仍有一丝温暖——

小六那年的夏天，男孩总爱与朋友跑上天台看飞机，并立下志愿长大后一起当飞机驾驶员，谁知朋友却改了志愿要当警察。那天开始，他便恼了，再也没有见过朋友。现在每当看见飞机时，却总会想起他。

旁白：六年班嘅（六年级的）夏天好无聊，好彩（还好）有阿明。

阿明：快啲（快些）呀！

妈：早啲返嚟呀（早点回来呀）！你成日（整天）去咗边（去了哪儿）呀，放咗学（下了课）？返嚟（回来）功课又唔做（不去做功课），铺头你又唔帮手（又不帮忙打理店里的事），净係挂住（只顾着）去玩。

男孩们：我大个（长大）要做飞机师（飞机驾驶员）！

阿明：我谂（想），我都係想做差人（还是想当警察）呀！

男孩：冇口齿（没有信用）！

旁白：之后，我就冇（没有）再见过阿明喇！依家（现在）每次见到飞机，都会谂起佢（也会想起他），哼，仲有少少嬲嬲地（还有点恼他）！

字幕：属于你和我的故事　伴你走过 60 年　国泰航空公司

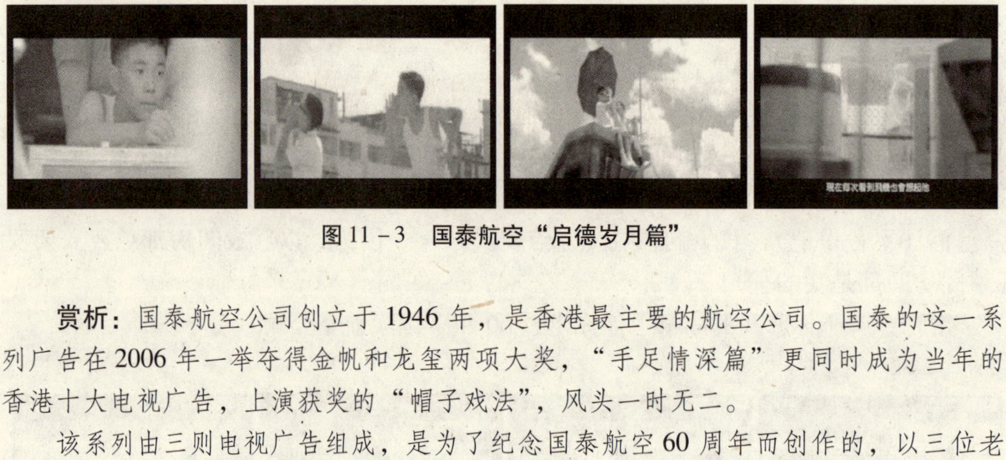

图 11－3　国泰航空“启德岁月篇”

赏析：国泰航空公司创立于 1946 年，是香港最主要的航空公司。国泰的这一系列广告在 2006 年一举夺得金帆和龙玺两项大奖，“手足情深篇”更同时成为当年的香港十大电视广告，上演获奖的“帽子戏法”，风头一时无二。

该系列由三则电视广告组成，是为了纪念国泰航空 60 周年而创作的，以三位老香港叙述成长时的经历为题。“童梦情缘篇”中，9 岁屋邨小孩暗恋邻家的空中小姐；“手足情深篇”中的 13 岁少年，在机场送别兄长时道出真实心声；“启德岁月篇”中的小六学生则梦想与朋友长大后一同成为飞机驾驶员。

在中国传统的农历中，60 年为一甲子；而在西方的婚庆礼俗中，60 年则称为“钻石婚”。不论如何称谓，60 年对于国泰航空和她的老顾客来说，都是一个值得纪念的时刻。其系列广告采用了“共鸣论”的策略，在国泰公司成立 60 周年志庆期间，通过讲述发生于 20 世纪 60、70 及 80 年代香港的典型小故事，勾起香港人的共同回忆，让人倍感温暖和亲切，表现出香港人的成长点滴里，无不与航空公司有着关联。经过 60 年来的风雨同路，不知不觉间，国泰航空已经融入香港市民的生活中。

怀旧的片段与其说是在回忆老香港的国泰往事，不如说是在促膝倾谈国泰与老顾客之间的情感点滴。一句“属于你和我的故事，伴你走过60年，国泰航空公司”画龙点睛，展示了国泰航空与香港市民一同成长的良好形象，借此加强了品牌与本地社群的情感联系，巩固了国泰“以港为家”的定位。

链接：共鸣论

广告中应当“说什么”，是由广告创意策略来厘定的。相应的广告创意策略理论主张有多种流派。核心的有 USP（独特销售主张）策略、定位策略和品牌形象策略等。而除此之外，以怀旧的方式，挖掘人的情感，就创造出了另一种重要的创意策略——共鸣论（Resonance）[①]。

共鸣论主张在广告中述说目标对象珍贵的、难以忘怀的生活经历、人生体验和感受，以唤起并激发其内心深处的回忆，同时赋予品牌特定的内涵和象征意义，建立目标对象的联想，通过广告与生活经历的共鸣作用而产生效果和震撼。它是感性诉求的一种。其策略要点是[②]：

（1）该策略最适合消费类产品或服务，在拟定广告主题内容前，必须深入理解和掌握目标消费者的典型生活经历；

（2）常对目标对象所熟悉的生活方式及深层体验加以模仿；

（3）关键是要构造一种能与目标对象所珍藏的经历相匹配的氛围或环境，使之能与目标对象真实的或想象的经历连接起来；

（4）侧重选择的体验主题内容是童年回忆、爱情、亲情、友情等。

二、如此性急——So-net 宽频系列广告（获 2003 年金帆奖）

1. “洗衣机篇”

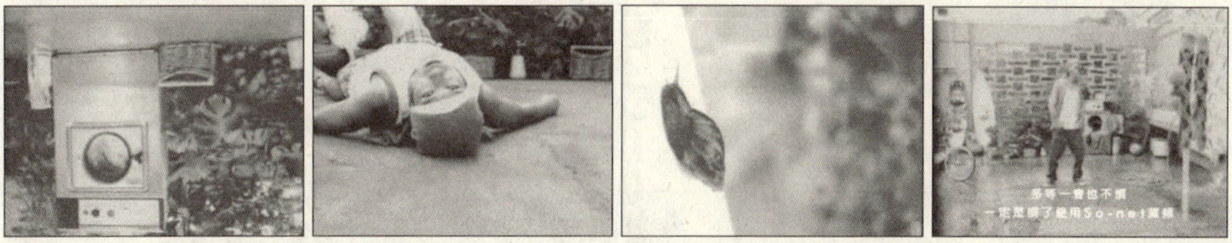

图 11－4　So-net 宽频“洗衣机篇”

① 何佳讯．广告案例教程．上海：复旦大学出版社，2006. 241

② 卢泰宏，李世丁．广告创意——个案与理论．广州：广东旅游出版社，1997. 56

男子在洗衣机旁等候，越等越不耐烦，竟然将还未洗好的湿衣服取出穿在身上。

旁白：等多阵都唔惯（等多一会儿也不习惯），梗係（一定是）用惯 So-net 宽频。

字幕：So-net Sony 优质宽频

2. **“升降机篇”**

女子在电梯旁等候，越等越不耐烦，竟然取出绳索从窗口一跃而下。

旁白：等多阵都唔惯（等多一会儿也不 习惯），梗係（一定是）用惯 So-net 宽频。

字幕：So-net Sony 优质宽频

图 11－5　So-net 宽频“升降机篇”

3. **“试衣间篇”**

女子在试衣间换衣服，半天不出来，男友越等越不耐烦，竟然牵着从隔壁换衣间出来的女子走出店外。

旁白：等多阵都唔惯（等多一会儿也不习惯），梗係（一定是）用惯 So-net 宽频。

字幕：So-net Sony 优质宽频

赏析：这一系列的广告用夸张而不失幽默的手法，表现了现代人要求速度快捷、讨厌等待的心理，并将这些人的不耐烦归结于用惯了 So-net 宽频，突出该项服务“快速”的独特销售主张，带出不习惯等候的人应选用快速的 So-net 宽频的主题。

值得一提的是，三节广告当中，分别出现了三种小动物：蜗牛、毛毛虫和乌龟，很明显，三种动物均为“慢”的符号，代表了一切跟不上用惯 So-net 宽频的人节奏的事物，这样的反讽，更凸现了 So-net 速度的可贵。

图 11－6　So-net 宽频“试衣间篇”

三、情感的桥梁——爱立信沟通系列广告（获 1997 年金帆奖）

1. “代沟篇”

图 11－7　爱立信“代沟篇”

父亲隔着儿子的房门，向房内骂道：“你留在里面，想想你的错，想不好别出来。”母亲看在眼里，痛在心上：“行了行了，嚷嚷什么？有话好说嘛！”

“有什么好说的，他根本就不听你的，都是被你惯的。”

在狭窄的厨房里，妈妈显得越来越不安：“这有什么关系，儿子长大了，有思想了。小时候他都愿意跟你在一起，为什么现在一看见你就跑？你了解他吗？你知道他想什么吗？一天到晚就知道忙忙忙，什么时候关心过儿子？你小的时候不也希望你爸爸有时间多跟你聊聊？有话好好说嘛。你在单位，不是挺会做思想工作的吗？为什么回到家里就不能跟儿子好好谈谈呢？交个朋友嘛。”

父亲听着，渐渐冷静下来。当妻子还想继续时，突然传来一阵嘈杂的音乐声，原来爸爸终于打开了儿子的房门，走到房间里去了……

字幕：沟通就是理解。电信沟通，心意互通。

2. “老师篇”

图 11－8　爱立信“老师篇”

女主角对电话那头的老师说：“可别来接我，十几里山路，不能走着来吧？再说了，您老身体又不好，年纪又这么大了，千万别来接我。”

镜头一转，女主角在回家乡的路上。

旁白：“我永远忘不了家乡的小学校，永远忘不了我当时的班主任张老师。”

画面呈现了一段女主角回忆：“我是我们村里第一个大学生，没有张老师，就没有我的今天。工作、结婚、生孩子，越来越忙，一直没顾上回去看看。后来，我为张老师装了部电话。这样，我又能经常听到老师熟悉的声音了。”

在颠簸的车子上，女主角从回忆中惊醒，家乡就在眼前，她赫然发现张老师不但亲自来接她，还带了很多年幼的师弟和师妹来呢！师徒远远挥手相望，眼里分明都噙着深情的泪花。

字幕：沟通就是尊敬。电信沟通，心意互通。

3. **“健康篇”**

图 11－9　爱立信“健康篇”

少妇一阵急步，跑回家中，紧张地问呆坐在沙发上的丈夫：“张医生来了电话没有？化验结果怎么样？”

丈夫冷静地回答：“你知道了？”

妻子还是万分紧张：“快说呀，他来电话了没有？”

丈夫没精打采地回答：“我这不正等着呢吗？”

妻子开始按捺不住：“这么大的事也不跟我说一声。”

丈夫在安慰着她，也在安慰着自己：“说什么说呀？不会有事的。”

妻子听见，更加忧心如焚，开始爆发：“没事，没事，要是有事怎么办？你现在什么都不愿意跟我说，以前你不是这样的。我们结婚这么多年了，什么事不是互相商量，互相分担，现在这么大的事情，你也不跟我说！”

丈夫被妻子这样一逼，也开始还击：“有什么好说，我心里烦，你知道吗？”

妻子：“那我呢？我怎么想？我听到这个事情以后，我的心里如何你知道吗？”

正当两口子僵持着，电话铃声响起，妻子赶忙跑到房间接听电话。房外的丈夫焦躁地望着门后的妻子，期待着电话另一端的消息。

妻子出来了，带着微笑，情深款款地望着丈夫，而他也放下心头上的大石头。这时，妻子突然收起笑容，转过身去，哭了……

字幕：沟通就是分担。电信沟通，心意互通。

4. **“父子篇”**

图 11－10　爱立信“父子篇”

孝顺的儿子给孤身一人在家的父亲买来了更大的、有遥控的电视机，以及令煮食更方便的微波炉。他知道老爸的腰腿不好，还特地买来按摩器，让他舒服一点。可惜因为有应酬，不能留在家里陪父亲吃饭，父亲遗憾地叹气道：“又不能在家吃饭了。”儿子说：“以后再说吧，哪儿吃不是吃啊?”……

父亲目送窗外儿子的车离去，面对着眼前一摊新家电，脸上依旧没有一丝喜悦。突然，门开了，儿子又回来了，“我跟他们说了，今天我哪里都不去，爸，我们先做饭，吃完饭后再陪你杀两把，好长时间没跟您下棋了。”这时，父亲的脸上终于露出了幸福的笑容。

字幕：沟通就是关怀。电信沟通，心意互通。

5. **“爱情篇”**

图 11－11　爱立信“爱情篇”

年轻矿工自知难找对象，但他交了一位女笔友。虽然他一直没有看过这位“梦中情人”的照片，但从不断的通信中，矿工认定她是世上最好的姑娘，因为她不介意矿工工作脏和收入不高，她只注重好的性格。直至有一天，他俩约好见面，年轻矿工悉心打扮，更买了礼物去会见心仪的姑娘。姑娘告诉他会穿红衣裳，但在见面时，却跟他开了一个玩笑，小姑娘竟叫了另外两位姑娘和她一起穿着红衣裳，要小伙子猜究竟哪一位才是“梦中情人”，幸而，经过近半年多的沟通，年轻矿工一下子就认出她了。

字幕：沟通就是爱。电信沟通，心意互通。

赏析：社会和科技的发展，极大地满足了现代人的物质需求，但同时也造成了生活节奏加快和人与人之间的情感日益淡漠的结果。这一系列广告便是紧紧抓住这一时代特点，选取了五个典型的生活场景，向观众传达“沟通”的必要性，当然，言外之意，更重要的是要告诉观众，爱立信在人们沟通过程中的重要意义。

这一系列广告由香港百帝广告有限公司创意，著名导演张艺谋执导，采用“小电影”的形式，向人们讲述着一个个再熟悉不过的故事：父亲因为不理解孩子而大发雷霆、儿子工作忙没有时间陪父母而让父母倍感失落、夫妻因为小小的误会而恶言相向、矿工因为自己的职业而担心找不到对象、事业成功的学生回到母校看望年迈的启蒙老师……人与人之间的情感，因为沟通而变得更美好。典型的场景加上张艺谋高超的艺术表现，拨动了每一位观众埋藏在内心深处的心弦，让观众产生强烈的情感共鸣。

该系列广告的文案也很精彩。整个文案运用写实的手法，人物完全是生活化的人物，语言也是地地道道的生活中的语言，用感人肺腑的细节，把如何“理解”、如何“关怀”写得情真意切。沟通就是爱、沟通就是关怀、沟通就是尊敬、沟通就是分担、沟通就是理解……沟通无所不在，沟通的内涵也有不同，但唯一不变的，是爱立信商标下的“电信沟通，心意互通”的广告语。爱立信是一个 IT 品牌，但广告要向观众传递的信息，绝不仅仅是科技给人们带来的便利，更是要让人们感受到爱立信是人与人之间情感沟通不可或缺的桥梁。

四、好厉害的老太太——百佳“黄老太篇”（获 1994 年金帆奖）

一位穿黄色旗袍的白发老太，走到百佳超市鲜肉部，左看看，右看看，突然从案板上拿起一把刀子，高高举起，对着百佳卖肉的职员，作欲砍状，吓得该职员无所措手足。说时迟，那时快，黄老太手起刀落，“嘭”的一声砍在案板上。原来，刀身上有一小点不易察觉的污渍！让人虚惊一场。此时，响起旁白：“为了令百佳拥有全港最卫生的鲜肉部，一切绝对不容有失”，“如果稍有差池，不要怪黄老太手下无情！”

字幕：百佳，样样好好多。

赏析：该广告的主题是宣传百佳超市鲜肉部的商品清洁卫生、质量超群，“百佳，样样好好多”。在表现手法上，则运用了“默片”时代的半快格拍摄，显得悬念十足而又不失幽默。在零售业的广告表现中运用恐怖诉求，这在香港还是头一回。“黄老太篇”引得广告圈内外的人都议论纷纷，褒贬不一，而褒者为多数，尤其年轻人更觉得新奇、痛快。无论褒贬，当一条广告片被街谈巷议之时，则表明受众的“注意之门”已豁然洞开，已经成功了一半了。

五、盲拳打死老师傅——亚洲电视台世界杯“打小人篇”（获 1995 年金帆奖）

字幕：一个……的故事

一群老太太在街角打小人[1]。突然，其中一老太太举起一双球鞋，一边拍打一边用台山话诅咒：“打你个兰天尼（伦蒂尼），等你踢球踢着地；打你个白必图（贝贝托），等你射门专射高；打你个马图斯（马特乌斯），等你越位几十次。打！打！打！打你个头！打你双手！打你双脚！打你无灵利！”当地上的纸人被打得不成样子之后，老妇才满意地离去：“好啦！古列治（古力特）实赢梗（定）啦！”

字幕：一个球迷的故事

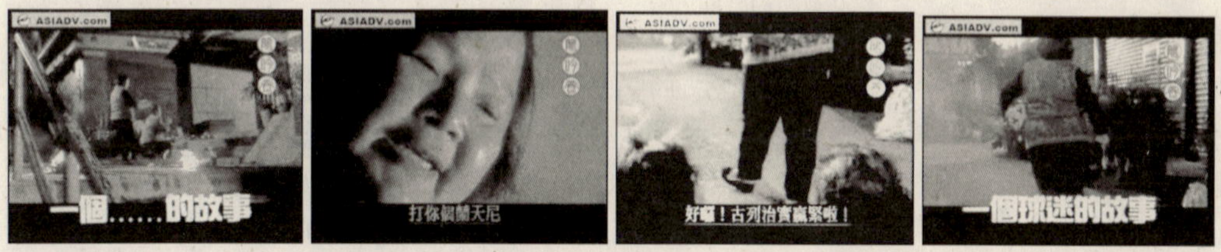

图 11－12　亚洲电视台世界杯“打小人篇”

赏析：“打小人篇”是亚洲电视台为推广世界杯足球赛而自己制作的广告片。没有4A 广告公司，没有巨额投入，没有超级明星，“打小人篇”却一举夺得许多专业广告人梦寐以求的金帆奖，真可谓“盲拳打死老师傅”。

广告巧妙地运用了粤港间的一种风俗——打小人，作为摄影题材。描述一位老太太球迷为了让自己心目中的球星获胜，用鞋底拍打代表其他球星的小纸人，表演出奇滑稽，令人捧腹，极好地达到了宣传世界杯足球赛的效果。

片中的这个老太太是荷兰球星古列治的球迷。为了古列治赢球，把意大利队的兰天尼、巴西队的白必图、德国队的马图斯等世界名将打得“头破血流”，成了“白痴”（无灵利）。荒诞与现实、愚昧与时髦、传统与现代在这则广告中天衣无缝地结合成一体，向我们讲述了一个极具黑色幽默韵味的球迷故事。

“打小人篇”是超低成本的制作。据主创者金科说，不计用来拍摄和剪接等间接成本，整个制作费不到 1 000 港元。与动辄成百上千万的广告“巨作”相比，“打小人篇”的成功昭示着一个真理：创意才是广告的生命！

---

① 打小人是广东民间的一种迷信活动，该活动把仇人的名字写在纸剪的小人上，鞋打、诅咒，以祈仇人败亡。

六、“美丽”的“鱼”——公益广告“维港红胶鱼”（平面广告，获 1996 年金帆奖）

赏析：这是一幅以反对环境污染为主题的招贴画。该作品以平面制作力压形声兼备的影视制作，夺得金帆奖，真乃难能可贵。“维港红胶鱼”在创意表现上，确有过人之处。首先，它的主题鲜明，概念简单——反对塑料废弃物污染海洋！文案也精练得很，只有一个标题“维港红胶鱼”和一句口号：“如此海产，岂容天天生产！”广告画面与文案一样简洁、洗炼：碧绿如翡翠的海水，一条硕大的红得如宝石的“鱼”。画面的光色效果，如诗如梦，好一派“清水出芙蓉”的景象。但是，当你的视线被美丽的画面吸引住以后，再细看这宝石般晶莹剔透的红“鱼”，竟然是飘浮在海水面上的塑料薄膜包装袋！令人心灵为之震撼。重视视觉的震撼，对于跨文化的沟通较为有利。加强图像的表现，有助于克服不同文化背景下存在的语言、文字等方面的障碍。“维港红胶鱼”的创作经验，值得广告人借鉴。

图 11－13　公益广告“维港红胶鱼”

第二节　龙玺奖获奖作品赏析

1999 年 2 月，四位来自香港、台湾、新加坡的著名华人创意人林俊明、孙大伟、莫康孙和苏秋平，在香港做了一件对于华文广告界可能有深远影响的事——创办了“龙玺全球华文广告奖”——一个完全由华裔创意人作当家的国际性奖项，一个跨越中国内地、香港、台湾、新加坡、马来西亚和北美各地华文广告市场的创意奖。龙玺奖共分两个序列七种奖项：一是按具体产品划分的专案类序列，该序列每个类别分设“金奖”、“银奖”、“铜奖”、“佳作”，并最终从所有获“金奖”作品中选出唯一的全场大奖即“龙玺大奖”；二是创意工艺类序列，每个类别分设“创意工艺大奖”和“创意工艺大奖提名”。

一、细微处显真情——国泰航空无微不至系列广告（获 2005 年龙玺系列影视广告金奖）

1. “唧喳小妹篇”（该广告同时获得 2005 年香港十大电视广告最高荣誉大奖）

图 11－14　国泰航空“唧喳小妹篇”

“唧喳小妹篇”广告乘讲述小女孩因出门旅游过于兴奋，而不停地烦扰父母，直至乘务员拿出雪糕才安静下来。广告一开始便是一个小女孩，手不停挥动长臂猴子公仔的手，唧唧喳喳不停地问：

“係唔係好远嘅？（是不是很远的啊）係唔係好远嘅？有无外星球咁远（那么远）啊？有无南极咁远？有无上海咁远？有无美国 Boston（波士顿）咁远啊？去边啊？几远啊？係唔係好远嘅？有无泰国咁远？南极咁远？有无美国咁远？究竟有几远呀？係唔係有地下咁远？定係有上边咁远？定係左边咁远？定係右边咁远？係唔係外星球咁远啊？”

在一连串“有几远”的问题中，画面一直由她家中出发拍摄到机场登机，再拍到坐在航班上，那个小女孩仍在不停地问“有几远”的问题，吵得很。就因为没有人响应她，镜头来一个远镜：机舱所有乘客都睡了或在休息，再近镜：小女孩拉开身旁父亲的眼罩，将脸庞贴紧继续唧唧喳喳地问爸爸：“仲有几远呀？”“乜嘢啊？我未到！好远、好远、好远……”镜头再一转，是一杯软滑美味的雪糕。原来空姐拿来了一杯雪糕，她立即停了口，乖乖吃雪糕，而父母及其他乘客终于可以安稳地睡个好觉了。

旁白：即使看来微不足道，我们都会为你用心做好。

字幕：国泰航空公司，飞越人生，非凡感受。

2. “钥匙扣篇”

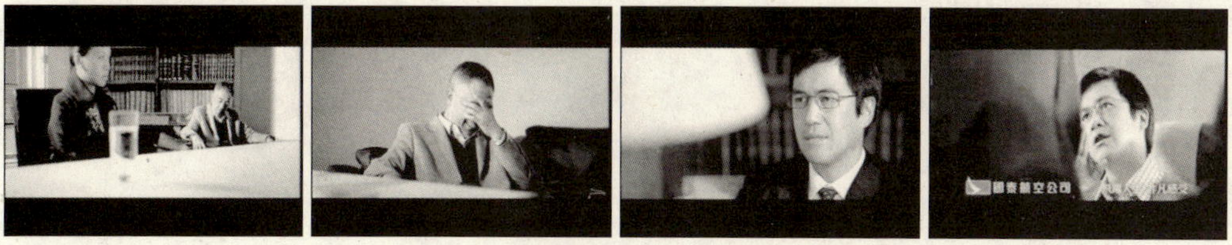

图 11－15　国泰航空“钥匙扣篇”

该广告讲述的是一位贵妇对丈夫的不体贴感到十分不满，终于提出离婚。主持律师从旁自省，商旅回程时良心发现，幸亏有国泰航空公司的体贴服务，在飞机上购得心仪小手信，借以挽救自身婚姻。

广告一开始，贵妇将钻戒放入杯中，说道："十年啦，十年啦，佢（他）每次出完 trip 返来（出差回来），锁匙扣都冇（没有）一个，够啦!"

丈夫在一旁静静地听着，无言以对。在离婚协议上签字后，掩面而泣，似乎在为破裂的婚姻感到内疚和自责。坐在一旁的律师神情木然，若有所思。镜头一转，来到了国泰航空的航班上。

旁白：看来微不足道，我们都为你用心做好。

空姐：先生，使唔使（用不用）买啲嘢（买点东西）俾（给）太太呀?

律师：买呀，买呀，你有无锁匙扣卖呀?

字幕：国泰航空公司，飞越人生，非凡感受。

3. **"疯狂购物篇"**

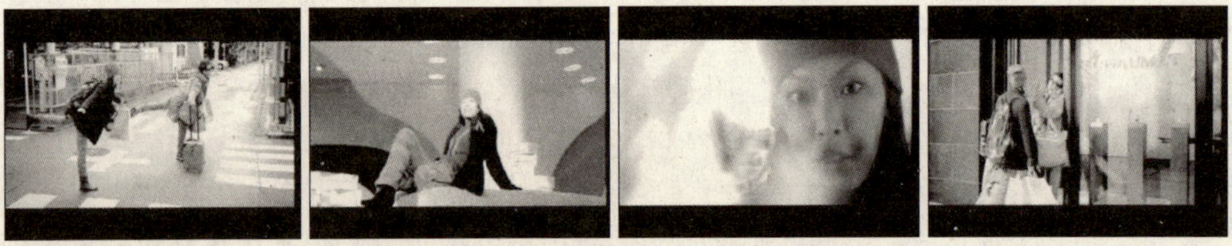

图 11－16　国泰航空"疯狂购物篇"

一对年轻、打扮新潮的男女去东京购物。女友每到一个景点，就摆出不同姿势，讲的都是一句"Shopping"（购物）；另一边，男伴永远是一句"Stop"（停止）。忽然手机响起，是一条短信，男友递给女伴看，原来是国泰航空发送给乘客的一条登机提示信息，通知乘客准时到机场，画面一转，男友已经拖着女伴快步走向机场。

女：Shopping... Shoping... Shoping...

男：Stop!

旁白：一个提示信息，帮你慳返嘅（省下的），点只係（怎么只是）时间。

女：Shopping!

男：Stop!

女：Shopping!

男：Stop!

旁白：看来微不足道，我们都会为你用心做好。

字幕：国泰航空公司，飞跃人生，非凡感受。

4. **“蒜蓉包篇”**

图 11－17　国泰航空“蒜茸包篇”

儿子和妈妈结伴出游，一同坐在国泰航空的航班上。儿子回忆起小时候妈妈通过做不同的菜式来表达态度和情感的故事，感叹在航班上，妈妈不可能做到这些。不料空姐送来蒜蓉包，让儿子喜出望外。

儿子：我阿妈好妙嘅（很有意思的），有嘢（有事），佢（她）好少讲出来，佢会……煮出来。听话呢，佢就会整个蛋糕，咁意思呢就係话（意思是说），乖乖地啊，仔！俾心机啊（努力啊），仔！咁如果迟返屋企（回家）吃饭呢（上臭豆腐），又迟返啊（又这么晚回来啊）？衰仔！我唔中意你女朋友啊（上咸鱼），仔！呃，但係今次（望着坐在一旁默不作声的妈妈）……

空姐：太太话，仔（儿子）要个蒜茸包哦。

旁白：看来微不足道，我们都会为你用心做好。

字幕：国泰航空公司，飞越人生，非凡感受。

赏析：人们选择航空公司，一方面要看价格，但更在意的是其服务质量。国泰航空的这一系列广告，就是为了塑造对旅客关怀无微不至的形象。

一个主题，四个广告。讲述的都是国泰“看来微不足道，我们都会为你用心做好”的各种表现，但观众看后，不会有生硬的感觉，而是感到国泰的细致和体贴令乘客拥有称心难忘的旅程。

初看“吱喳小妹篇”，或许会被小妹妹的嘈杂声弄得很心烦，但正是有这样的“极端体验”，才更能体会到国泰空姐细心的价值；而且，看过几次以后，便越发觉得小妹妹的可爱，而不觉得厌烦了。

“锁匙扣篇”拍得幽默而写实，贵妇的抱怨和丈夫的眼泪提醒了在场的律师，令他在飞机上也想着买礼物的事情，空姐的及时出现，让他如释重负，原来，飞机上也能如此浪漫！

“购物狂篇”中的购物狂或许有些夸张，但类似的场景，相信许多热恋中的人们都经历过。最后一句“一个提示信息，帮你坚返嘅，点只係时间”，在传递国泰周到服务信息的同时，还不忘幽上一默：国泰航空的温馨提示还可以帮男人省钱呢！

“蒜蓉包篇”通过男主角的口，讲述了一个通过食物传递感情的母亲的有趣故事。开头一大段的回忆都发生在自己的家里，让人喜出望外的是，在国泰的飞机上，居然还品尝了妈妈的“一道菜”，真是宾至如归，让人感动。

细节决定成败！该系列广告很好地把握了消费者微妙的心理，通过四个小故事，成功地传递了“消费者想到的，我们要做到；消费者想不到的，我们同样能做到”的优质服务形象，让人看过广告，有立即乘国泰出行，享受贴心服务的冲动。

二、一口“吞”掉烦恼——维记阿华田系列广告（获2005年龙玺系列影视广告金奖）

1. “晚饭篇”

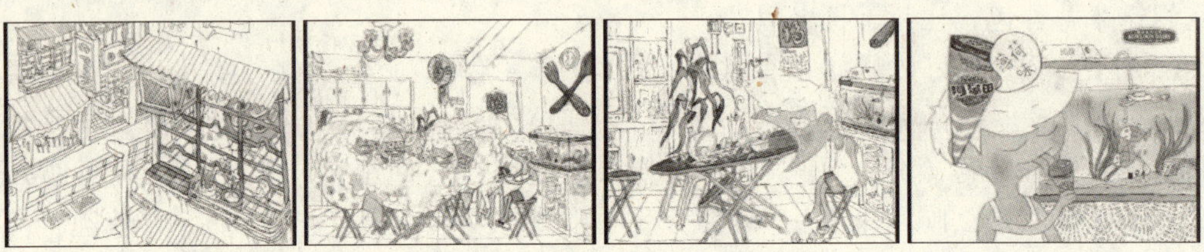

图11－18　维记阿华田“晚饭篇”

一位典型的香港青年在家里吃晚饭，不料全家人上演抢食大战，刹那间已杯盘狼藉。手快有得吃，青年因为手慢而独对空盘嗟叹，不仅如此，他还要被命令去洗碗筷。面对不快，青年用自己的一张嘴，把让人心烦的桌碗台凳统统吞到肚子里。这时候，维记阿华田的雪糕车推来，青年将一切烦恼抛到脑后，开始独自享受起香甜可口的雪糕来。

旁白：呢啲衰嘢（这些不好的），咕声吞咗佢啰（默默地承受吧）……维记阿华田雪糕就要慢慢叹（享受）啦！

2. “恋上篇”

图11－19　维记阿华田“恋上篇”

青年暗中眺望对窗邻家女孩，朝夕相望，日久生情，终于鼓起勇气准备向她表白。他悉心打扮一番，再回到窗口，不料心中的女神变成了正在工地施工的糟老头，满腔的热火顿时熄灭。愤怒的青年用自己的一张嘴将挡在眼前的障碍统统吞到肚子里。幸好还有维记阿华田雪糕，才让青年心情平复、苦尽甘来。

旁白：呢啲衰嘢（这些不好的），咕声吞咗佢啰（默默地承受吧）……维记阿华田雪糕就要慢慢叹（享受）啦！

3. **“海滩篇”**

图 11－20　维记阿华田“海滩篇”

青年兴致勃勃地乘车到海边游泳，不料恶鲨横行沙滩，下水后无奈夭折，心情极度郁闷的他，一怒之下，将鲨鱼统统吞入肚中。还好有维记阿华田雪糕，当作失意人生中的美事，好好享受，作为补偿。

旁白：呢啲衰嘢（这些不好的），咕声吞咗佢啰（默默地承受）……维记阿华田雪糕就要慢慢叹（享受）啦！

赏析：对香港年轻人来说，阿华田一直伴随着他们成长。要突出维记阿华田雪糕“好味”的特点和生活化的形象，系列广告沿用了“阿田”这个阿华田雪糕的卡通代言人——一位典型的在小康之家长大的香港青年。

系列广告选取了极易引起消费者共鸣的、反映香港年轻人生活方式的三个典型生活场景——饭桌上、恋爱中和旅游时——无论何时何地，无论有多不愉快的经历，只要来一杯维记阿华田雪糕，一切都会变得美好，突出了维记阿华田雪糕“生活上的甜美事”的定位。

值得一提的是，系列广告巧妙运用了夸张的表现手法。当卡通代言人“阿田”不顺心的时候，便一口把不快统统吃掉，这在生活当中当然不可能出现，但这样夸张而不失幽默的情节，却恰到好处地反映了年轻人的普遍心态——有不开心的事情，把它们统统抛诸脑后，尽情享受眼前的甜美事。广告暗示，这个甜美事不是别的，正是维记阿华田雪糕。

系列广告成功地将阿华田的品牌与“美好”联系在一起，让消费者在购买和消费的时候，都能产生美好的品牌联想——维记阿华田：生活中值得“慢慢叹（享受）”的美事。

三、卖牛奶还是卖咕咕声？——维记牛奶“课室篇”［获 2004 年龙玺影视（非酒精饮料类）金奖、2004 年香港十大电视广告奖］

图 11－21　维记牛奶“课室篇”

这则广告很简单，只有两个场景。

场景一是在课堂之内。正常的情况是，当老师走进课室时，同学们全体起立，向老师问好，齐声说“Good morning，Miss...”（“早安，老师”），然后坐下。可是广告一反常规，同学们齐声说 Good morning 的时候，都撅着小嘴把 good 说了十多次，即 good good good good……然后才说 morning。接着老师回答同学：“Good morning，class.”

随即镜头接到场景二：老师和同学们一人一盒维记牛奶，大家一起“good good good”地喝起来。

旁白：“维记咁好味，梗係整日想 good good good 啦！（维记这么好味道，当然整天想 good good good 啦）”

最后可爱的小朋友齐声说道：“好味就係（是）维记！”

赏析：日常生活中的听觉、味觉、视觉等，都是消费者经历过的感觉，很容易引起共鸣。这些感觉在创作中加以应用，可以达到意想不到的效果。维记牛奶的这则广告巧妙地选用了饮牛奶的声音（咕咕声——“good good 声”）作为引起消费者共鸣的卖点，表现不俗。

牛奶饮品可以提出的 USP 包括理性和感性两方面，理性卖点有牛奶的品质、制造方法、内容等，比如“高钙低脂”；维记牛奶的这则广告则采用的是感性卖点，把“good good”声与饮牛奶声联系在一起。

其实，以声音作为广告卖点的广告还有不少。例如，可口可乐公司曾推出极为成功的 Qoo，就用了 Qoo（酷）这个声音作为卖点；肠胃药喇叭牌正露丸则以熟悉的喇叭声把自己的品牌与其他肠胃药品牌区分开来；这些广告都取得了很好的市场效果。

就这则广告而言，作者巧妙地把喝牛奶的咕咕声和小学生上课前问候老师的“good good 声”联系在一起，成就了这一绝佳的创意。因为“good good 声”被认为是饮品味道很好而喝得很快时发出的声音，将这个声音跟维记牛奶联系在一起，很容易让消费者喝饮料时联想起维记牛奶；而且good翻译成中文是“好”的意思，将“好”与维记牛奶联系在一起，对维记牛奶树立品牌形象具有正面的作用；再者，小朋友撅着小嘴说“good good”样子非常可爱滑稽，给消费者留下相当深刻的印象；最后，广告取景在学校，也很好地配合了把牛奶饮品推广给学生的目标市场策略。

链接：什么是USP？

1961年，在达彼思广告公司任职的罗瑟·瑞夫斯写了一本名为《广告实效》（*Reality in Advertising*）的书，此书极为畅销，对广告界影响巨大。在这本书中，罗瑟·瑞夫斯提出了“独特销售主张”（Unique Selling Proposition，简称USP）的广告创意理念。该理论包含三部分的内容：

1. 每一个广告都必须向消费者提出一个说辞。说辞不是光依赖文字，不只是对产品的吹嘘，也不只是巨幅的画面。每则广告一定要对一个广告信息接受者说：“买这个产品，你将从中获得这种明确的利益……”

2. 提出的这个销售说辞必须是竞争对手没有提出或无法提出的，并且无论在品牌方面还是承诺方面都要独具一格。

3. 提出的销售说辞必须要有足够的力量吸引众多的消费者，也就是说，销售说辞应该有足够的力量为你的品牌招来新的消费者。

罗瑟·瑞夫斯认为，一旦找到“独特销售主张”，就必须把这个独特的说辞贯穿于整个广告活动，必须在广告活动中的各个广告中都加以体现。

经过半个世纪的实践和完善，USP理论已远远超出了原来的范畴，从产品层面延伸至品牌层面以及观念层面。从某种意义上说，USP已经从一种广告策略范畴上升到一种方法论和思维模式的高度，成为广告人屡试不爽的利器。

第三节　香港十大电视广告获奖作品赏析

在香港广告客户协会和香港广告商会的支持下，从1994年开始，亚洲电视（ATV）有限公司举行一年一度的“香港十大电视广告”评选活动。其评选过程分为两部分：首选，由亚视市场研究组从过去一年里在香港亚洲电视或无线电视播出的众多广告中选出300多个，再由初步评选委员会对300多个广告进行审阅，每个评审委员会可依他们的专业眼光提名名单以外一定数量的广告片加入初选，然后评选员以一人一票的方式从中选出60个广告为候选广告。第二部分是，亚洲电视进行展播，由市民直接投票，得票最多的便成为“全年十大最受欢迎电视广告”。因此，评选活动的直接评判者是电视观众，故明星广告和人情味浓厚的广告往往是评选中的热门赢家。

一、你今日饮咗未啊？——益力多获奖广告

1. **“猜拳篇”（获 1996 年香港十大电视广告奖）**

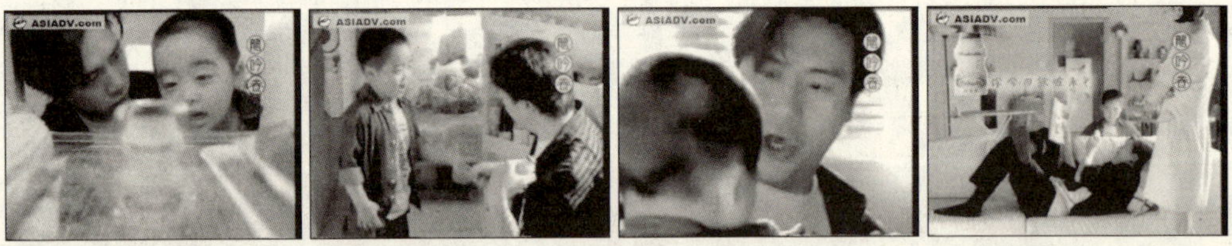

图 11－22　益力多“猜拳篇”

父子两人同时打开冰箱，但冰箱里只剩一瓶益力多了，爸爸一把抢过益力多。

爸爸：哎呀……（一副得意又兴奋的样子，正想打开喝，却看到一旁很生气的儿子）

爸爸：猜过咯（猜拳咯）！

儿子赢了第一盘，急欲拿走益力多，谁知爸爸耍起花招来。

爸爸：三盘两胜嘛！

儿子只好再跟爸爸猜，结果又赢了，正想抢过渴望已久的益力多，不料爸爸再次耍赖。

爸爸：哈哈，输咗嗰个饮啊嘛（输的那个喝嘛）！

说着，爸爸得意洋洋地走开了。儿子只好向妈妈大人提出上诉，爸爸不得已，只能乖乖地完璧归赵。

字幕：你今日饮咗未啊（你今天喝了没有）？

2. **“算术篇”（获 1996 年香港十大电视广告奖）**

图 11－23　益力多“算术篇”

爸爸见姐姐在做算术功课，便走过来坐在一旁。

爸爸：阿姐，做功课啊？分数来嘅（的）哦，呢科嘢老豆至咧嘅啦（这科爸爸最厉害的啦）。

说着，拿起放在一旁的益力多喝了起来，并煞有介事地比划着：“一支益力多，饮到一半，等于二分（之）一咯！再饮一半添，等于四分（之）一咯，明唔明？（明白吗）再饮一半……”

见状不妙，姐姐大声向妈妈申诉：“妈咪……”

爸爸走了，弟弟又拿着一支益力多走来，问姐姐：“你今日饮咗未啊？”真是火上加油，让她欲哭无泪！

3. “教导弟弟篇”（获 1997 年香港十大电视广告奖）

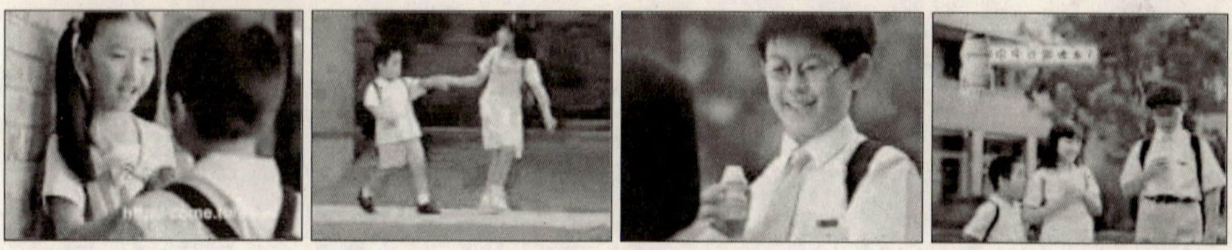

图 11－24　益力多“教导弟弟篇”

放学钟声响过，弟弟在走廊上和女同学聊天，要女同学请他喝益力多：“请我饮啦！”女同学欣然答应：“好啦！”

同校的姐姐突然在背后出现，当场逮个正着：“哦！咁细个学人追女仔，番屋企话俾妈咪知（这么小学追女孩，我回去告诉妈妈）！”

拖着弟弟的手回家途中，姐姐仍滔滔不绝，以长辈口吻教训弟弟做人的道理：“妈咪话呀，细路仔唔可以随便要人啲嘢架（妈妈说，小孩子不能随便要别人的东西的）。”

谁知语音未了，碰到充满阳光笑容的男生，亲切地给姐姐递上一支益力多，还笑着问道：“你今日饮咗未呀？”

手持益力多，姐姐含羞带笑，手足无措。弟弟见状，发出怪声揶揄她（你刚刚说过什么?!），姐姐用手肘推了他一下（别多管闲事!）。

字幕：“你今日饮咗未？”

4. “有菌篇”（获 1998 年香港十大电视广告最高荣誉大奖）

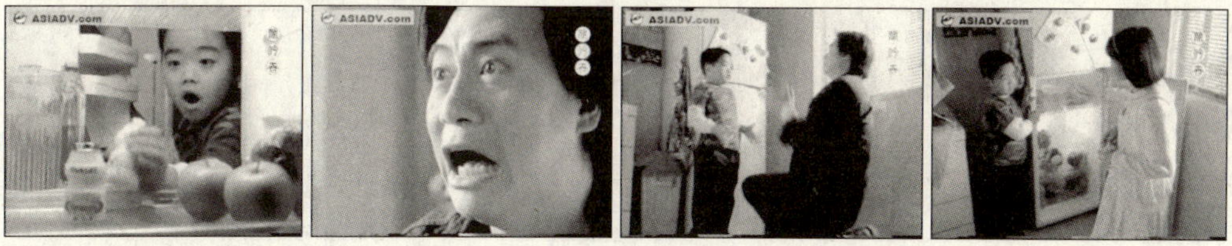

图 11－25　益力多“有菌篇”

儿子打开冰箱取出益力多。

爸爸：唔好饮啊（不要喝呀），有菌 o 架（有细菌的）！

儿子立即抛开，父亲乘机据为己有……

姐姐打开冰箱取出益力多。

弟弟（学爸爸的口气，对姐姐说）：唔好饮呀，有菌 o 架！

姐姐（不屑的样子）：梗係有啦，活性乳酸菌吖嘛！有益 o 架（当然有啦，活性乳酸菌嘛，有益的）！你今日饮咗未呀？

弟弟这才恍然大悟，知道又上了爸爸的当了。

字幕：100 亿特殊活性乳酸杆菌

5. “罚抄篇”（获 2003 年香港十大电视广告最高荣誉大奖）

图 11－26　益力多“罚抄篇”

爸爸在练习双截棍，发现儿子在抄写“一百亿个益生菌”，便走过来嘲笑儿子：“咦，搞乜嘢你（搞什么你），罚抄啊？”

儿子回答道：“Miss（老师）问益力多有几多益生菌，我答一百亿啰。”

胖爸爸大惑不解：“答啱（答对）都要罚，乜嘢学校来嘅（答对都要罚，什么学校来的）？”

于是把儿子带到老师面前，质问老师：“Miss，做乜嘢（为什么）答啱都要罚？”

老师：“佢有冇话你听点解啊（他有没有告诉你为什么啊）？”

镜头一转，展示儿子偷偷在课堂上喝益力多，所以被罚！

最后镜头：孩子继续罚抄，胖爸爸拿益力多，生气地说：“你今日饮咗未啊？……讲啲唔讲啲（讲一些不讲一些）”！

字幕：你今日饮咗未？

6. “发达篇”（获 2003 年香港十大电视广告奖）

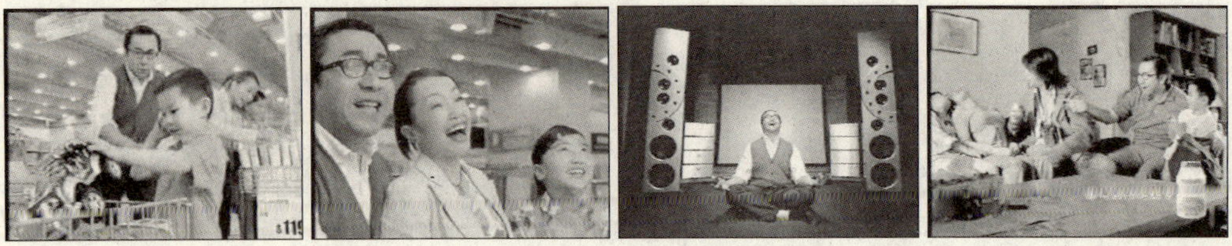

图 11－27　益力多“发达篇”

姐姐一家正在超市购物，听闻胖爸爸准备从外地回港，寄居姐姐家中，姐姐对此颇为冷漠：“听日返香港？你训沙发嘅砸（明天回香港，你只能睡沙发啦）！”

小外甥跟胖爸爸通电话后，姐姐问：“舅父同你讲乜嘢啊（舅父跟你说什么）？”

小外甥答道：“佢话揾到几百亿（他说赚了几百亿）。”家人惊呼：“发达啦……”随即疯狂购物，以迎接胖爸爸回家。

终于，胖爸爸回来了，大家都围着他问：“喂，听话（听说）你揾到几百亿哦。”胖爸爸不慌不忙地答：“揾到几百亿！……揾到几百亿益生菌啊！”

说着从包里掏出“稀有的”乌拉圭版和巴西版的益力多瓶，还振振有词：“呐，呢个（这个）乌拉圭版，香港冇得卖嘅（香港没有卖的）。仔仔，你嘅！仲有巴西版，你今日饮咗未啊？”不等他说完，大家早已集体晕倒在地。

由于益力多每瓶有百亿益生菌，所以他带来的确有几百亿，不过不是钱罢了！

字幕：你今日饮咗未？

7. “早泳篇”（获2006年香港十大电视广告奖）

胖爸爸和姐夫、外甥三人早晨划艇出海钓鱼，看见有人游泳。

姐夫（惊叹的样子）：“咦，游早水哦（游早泳哦）！”

爸爸（不屑的样子）：“车（哎）！我强项啦！”

外甥：“啲水好冻嘅哦（水很冷的哦）！”

爸爸：“日日益力多，抵抗力好，身体好，游早水，洒洒碎啦（很简单的啦），姐夫！”

姐夫（不服气的样子）：“咁嘛来了哦（那来比比吧）！”

爸爸：“来呀！”

双方在艇上互相推搡，但都只说不做，不敢下水。不料这时汽艇因被虫咬破而漏气，胖爸爸和姐夫都被吓得原形毕露，大喊：“我唔识游水嘅（我不会游泳的）！”边说边使劲往岸边划（其实他们就在岸边），慌忙中爸爸还狼狈地用嘴对着气嘴使劲吹气呢！

这时候，小女儿站在岸边嘲笑他们：“你哋係度做咩啊（你们在这里做什么呀）！”

爸爸（尴尬地）：“游……游水咯。”

舅父从一旁走来，笑道：“着咁多衫（穿这么多衣服），唔（不）够抵抗力哦！”边说还边用毛巾给刚游完泳的小女儿擦头。

这时，小女儿拿起益力多问道：“你今日饮咗未啊？”

字幕：为咗健康，你今日饮咗未（为了健康，你今天喝了没有）？

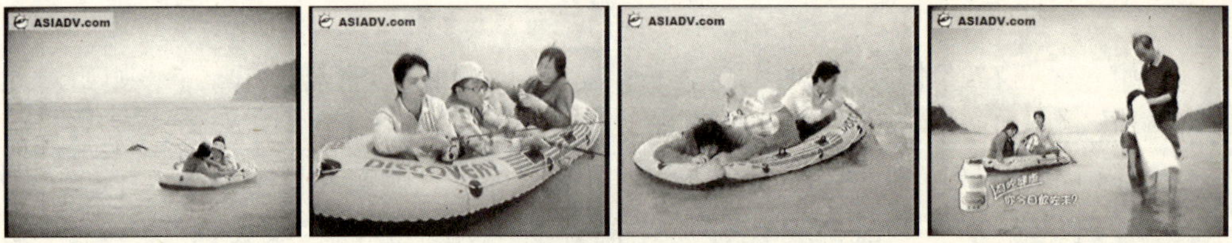

图 11－28　益力多“早泳篇”

赏析： 益力多是日本的乳品品牌，创始于20世纪30年代初。现在益力多的销售网络已覆盖美国、墨西哥、阿根廷、荷兰、英国、中国内地和香港等20多个国家和地区。

从20世纪90年代至今，益力多的广告大受香港市民欢迎，是香港十大电视广告颁奖礼的宾上常客，不断给人惊喜，其成功之道何在？总括起来，有三个要点：

其一，始终突出一个独特销售主张（USP）。

益力多的卖点非常清晰和单一：一百亿个活性乳酸菌。故事带出这个卖点的手法也不乏幽默和趣味。例如，“发达篇”中借用“赚了一百亿”这样一个容易引起误会的话语卖关子，最后胖爸爸点破天机，是“一百亿个活性乳酸菌”，不是一百亿元钱；又如，“有菌篇”中爸爸用“有菌”欺骗儿子，姐姐则用“活性乳酸菌”消除了弟弟的疑虑；再如，“罚抄篇”中儿子为什么被老师罚抄“一百亿个活性乳酸菌”，因为儿子的隐瞒，导致胖爸爸和老师之间的误会等，都显示了创意人在道出益力多卖点上的独具匠心，使人印象深刻。

其二，始终讲述一个有趣的家庭小故事。

益力多的广告并没有大明星和大场面，而只是在讲述着一个个幽默的家庭小故事，但这已足以打动消费者。每个小孩子都有被大人欺骗的经历。“猜拳篇”、“算术篇”、“有菌篇”等几则广告正是抓住了这类典型的场景，以家庭为背景，讲述“老百姓”自己的故事，并将益力多天衣无缝地融入其中，让人看过之后忍俊不禁，产生强烈的共鸣，日积月累，对益力多的好感也与日俱增。好的创意，其实就在你我的身边，只要善于发掘，对生活中的每一个细节加以提炼和加工，都是打动消费者的最佳素材。

其三，始终坚持使用一句经典的广告口号。

以不变应万变。益力多不仅有极具创意的小故事，还有一句深入人心的广告口号：“你今日饮咗未啊（你今天喝了吗）？”多年来，这句广告词均自然地融入每一则益力多的小故事当中，长期坚持，久而久之，便成了消费者生活中的“口头禅”。从这个角度看来，每则广告都达到了“对品牌形象长线投资”的目的。广告口号与广告本身的创意是息息相关的。如果少了经典的广告口号，很难对一段几十秒的广告起到点睛的作用。一段广告只有短短几十秒甚至十几秒，因而广告口号一定要做得短小精悍，读起来朗朗上口。

总之，益力多的广告销售主张简明清晰、创意手法独特幽默、广告口号朗朗上口，难怪深受香港市民欢迎。

二、One2Free 获奖广告

1. 仲有最靓嘅猪腩肉——“麦兜猪腩肉篇”（获 2001 年香港十大电视广告最高荣誉大奖）

麦兜：麦唛啊，我想影相（照相）啊！

麦唛：好唔好睇嘅（好不好看的啊）？

广告歌唱起：“故事含道理，得意又笑死，无话沉闷打喊露呀打大脾气，麦兜出戏仲有（还有）诗意仲有猪腩肉，仲有最靓嘅（的）猪腩肉，仲有最靓嘅猪腩肉，仲有最靓嘅猪腩肉，仲有最靓嘅猪腩肉……”

旁白：来 One2Free 下载 Nokia 麦兜猪腩肉手机套装，即送《麦兜故事》电影票两张，仲有最靓嘅猪腩肉添嘛！

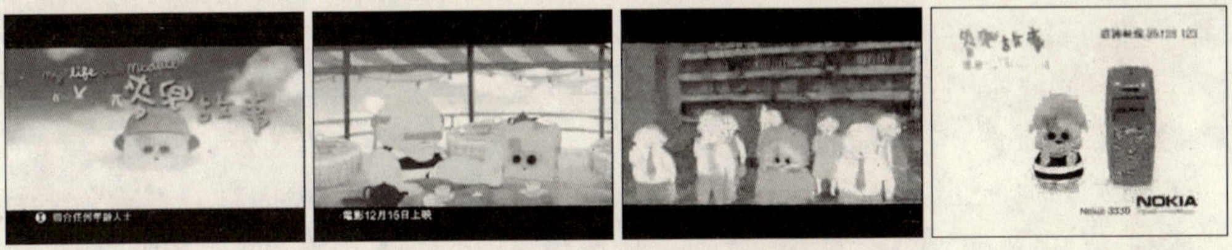

图 11－29　One2Free“麦兜猪腩肉篇”

赏析：One2Free 是香港移动通信服务商 CSL 旗下的两大品牌之一（另一个是 1010）。这则广告的播出正值当年电影《麦兜故事》的上映时间，广告画面其实大多是从电影里剪辑出来的，只有两个镜头是为了产品而制作的，让人感觉宣传电影的意味十分重，不过反而令观众更有兴趣观看。正是利用了《麦兜故事》的人气，达到了为 One2Free 宣传的效果。广告歌《仲有最靓嘅猪腩肉》朗朗上口，很快唱到街知巷闻。该广告大获成功，成为当年“十大电视广告”评选的大赢家（最高荣誉大奖）。

事实上，早在 2001 年，《麦兜故事》还未推出的时候，One2Free 就已经看准时机，决定不用郭富城做代言人，而与麦兜合作。除了广告宣传之外，One2Free 还同时推出“麦兜猪腩肉”限量手机套装，里面有麦兜图案的底面壳、电话绳及手机座，也有《麦兜故事》电影票及麦兜圣诞袜。其用户还可以用 40 港币买到《麦兜故事》的电影票。此外，用户还可下载电影歌曲、麦太食谱及广告主题曲。

One2Free与《麦兜故事》的合作是成功的，一方面，因为《麦兜故事》大受欢迎，麦兜作为One2Free的代言人，宣传效果比大牌明星做代言人有过之而无不及，且成本较为低廉；另一方面，One2Free的广告也为《麦兜故事》火爆的票房纪录作出了贡献。双方取得了双赢的结果。One2Free"麦兜猪腩肉篇"广告的成功，向我们再一次展示了卡通广告的独特魅力与价值。

链接：麦兜和麦唛

"麦兜麦唛系列"是我国著名作家谢立文、画家麦家碧，以麦兜、麦唛两个可爱的小猪为主角创作的丛书。书中叙述了两只快乐小猪的生活故事。最初在香港的儿童杂志上刊载，后来，却逐渐在院校以及知识界流行起来，成为一种时尚。大人和小朋友都喜爱麦兜和麦唛，他们都被麦兜和麦唛那既深奥又幼稚，既忧郁又乐观的故事感染，也触发了各自不同的想象。趣味盎然的《麦兜故事》中到处弥漫着浓浓的香港风情，窄小的高楼，贴满街边的小广告，小人物的快乐，温馨的回忆，淡淡的苦涩。那种香港式的幽默和讽刺，在卡通片《麦兜故事》里也自然地流露出来。

麦兜：左眼上有个胎记的麦兜，喜欢吃鸡腿，只吃肉不吃菜兼贪睡。麦兜单纯乐观，资质平平，却有很多梦想。希望、失望、希望、失望……一个接一个，都是失败，但麦兜还是凭他正直善良的"死蠢"创造了他美丽的世界。麦兜或许傻、或许笨、或许慢，在人生的追求中屡屡尝试、屡屡失败，但他却把生命过得自自然然，像在做一件简单的事。许多人都喜欢麦兜，就是因为他不完美，像我们生活中平平凡凡的每一个人。他的希望，让人看了喜悦，他的失望，让人感同身受。

麦唛：麦兜的表弟兼同学，也是麦兜唯一的猪类朋友。他跟麦兜同样地爱吃、爱睡，也很爱长肉。

2. 女追男，也疯狂——"短信系恋人篇"（获2002年香港十大电视广告奖）

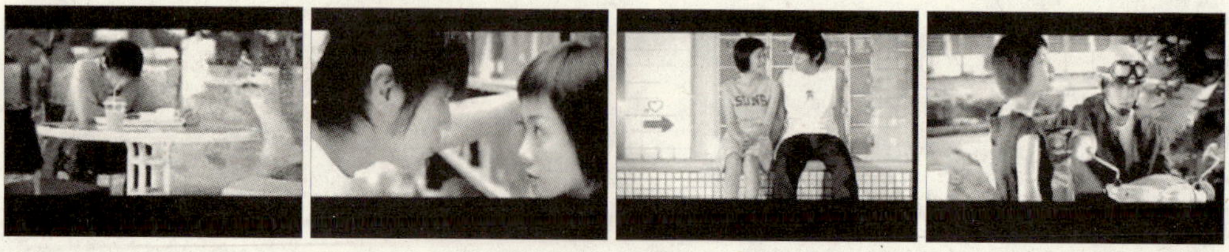

图11-30 Onc2Free"短信系恋人篇"

这则广告是一部校园浪漫爱情短剧。广告讲述的是就读经济系三年级的周杰伦，性格沉默且酷，但却深受女同学欢迎；而性格活泼俏皮的Karen（石乔安饰）则为物理系一年级学生，对他深深倾慕，为避免引起他的注意，常远远地偷看他。

一天，周杰伦收到一条短信，“预言：今日有水劫”，果不其然，当周杰伦在一家咖啡店的门外喝咖啡时，Karen骑着摩托车从远处驶来，车轮溅起的水花弄湿了周杰伦的全身。

又一次，周杰伦在图书馆看书的时候，又收到一条短信，“格子裙，最迷人”，周杰伦抬头四望，发现书架旁的Karen穿的正是格子裙，便起身向她走去。两人目光对视，Karen紧张得面红耳赤，原以为周杰伦要向她献吻，不料只蹦出一句“无聊”，便扬长而去。

此后，周杰伦不断收到Karen的短信，让他忍不住发笑，但周杰伦始终不为所动，Karen的热情逐渐冷却。从此，心灰意冷的Karen开始跟别的男生交往。周杰伦若有所失，主动给同在食堂吃饭的Karen发了一条短信：“无短信的手机，无心机!”Karen看后当场喷饭，随即莞尔一笑，冷却到了冰点的心又重新焕发了热情。

两人终于走到一起。一次，两人在游泳池边对望，正要接吻，不料这次Karen以牙还牙，蹦出一句：“无聊!”终于报了“一箭之仇”。又一次，Karen收到周杰伦的短信：“预言：你今日有水劫。”Karen有备而来，不让周杰伦的摩托车溅起的水花沾湿了自己，但出乎意料的是，头盔中的水淋湿了她的全身！周杰伦也报了“一箭之仇”，得意地笑了。两人“恩怨”了结，从此相爱更深了……

赏析：这则广告是一部很富时代感的作品。它取材于日常生活，讲述了一个让年轻人荡气回肠的爱情故事，而且不落俗套。其成功之处有三：

首先，广告讲述的是一个女追男的故事，双方“刻薄”相向，与传统的男追女，互诉甜言蜜语，来了个180°的大转弯，但这正是当今香港社会的现实反映，正好符合当今年轻人的思维方式和语言习惯。创作者对One2Free的目标消费群——香港年轻人生活方式的深刻洞察，可见一斑。

其次，该广告在电视台分段播出，让观众追着剧情的发展去看，吊足观众的胃口；并在广告结尾呼吁观众参与故事的发展，开展广告和观众互动的形式。这也是广告的创新之处。

最后，广告巧妙地利用剧情的发展，在关键处用短信来传递恋人之间的情感，充分展示了短信的妙用。在当时短信服务刚刚兴起，香港用户还不那么习惯发短信的时候，起到了很好的推广作用。

3. 布拉格之恋——"声色系情缘篇"（获 2003 年香港十大电视广告奖）

图 11－31　One2Free"声色系情缘篇"

第一集：音乐人 Jay 与女友大提琴手 Ada 一起去美丽的布拉格旅行，本希望开开心心，没想到却总是话不投机。这时有一位可爱的女生 K 出现了，她是彩信传递员，即负责传递手机彩信的中间人，于是三个人之间就出现了一种很微妙的情感纠葛……

Jay 因为生气，在桥上把手机扔向远方，不料 K 竟从桥栏上掉下来，Jay 惊异地望着她，问道："你是谁呀?" K 也很诧异："你点会睇到我嘅（你怎么会看到我的）?"

旁白：佢係边个?（她是谁?）全港手机用户即刻 send（发送）个星字短信到 98880123，估吓（猜一下）One2Free 声色系情缘的故事啦!

字幕（手机用户选项）：

①声色快送员；

②石桥守护者；

③爱神丘比特。

第二集：（续上集）K 自我介绍道："嘿！我叫阿 K，来自电波空间，係你部手机嘅声色派送员，你一 send 声色短信，我就负责运送。等我帮你腾翻佢（哄回她）啦!"说着用手机帮 Jay 照了张靓相，发送给 Ada。两位恋人终于和好，不过 Jay 却恋上了 K。在餐厅里、博物馆里，Jay 的心思都不在 Ada 身上，而是顾着发声色短信，希望能再次见到 K。可是他的愿望落空了，来到他身边传递声色短信的不再是 K，而是一个胖胖的男生。

旁白：K 去咗边（K 去哪里了）? 全港手机用户即刻 send 个星字短信到 98880123，估吓（猜一下）One2Free 声色系情缘的故事啦!

字幕（手机用户选项）：

①调咗去另一部手机；

②俾 Jay 女友发现咗（让 Jay 女友发现了）；

③逃避阿 Jay。

第三集：（续上集）胖传递员劝说 Jay：“K 唔可以同你一起嘅，佢唔属于呢个世界（K 不可以跟你在一起的，她不属于这个世界）。”正说着，Jay 收到一条短信，是一张 K 的照片！Jay 喜出望外，三步并作两步去寻找 K，终于在那座桥上再次见到她。可好景不长，K 只是来向 Jay 道别的：“我走了，不过你每次 send 声色短信，我都会见到嘅。”这一刻，K 的眼里饱含着泪花，楚楚动人。

旁白：点舍得俾倔完（怎么舍得让它结束），用手机上周杰伦自由空间，独家下载续回的声色短信和视像短片……

字幕：The End（完）？

赏析： One2Free 于 2003 年 7 月推出“声色系情缘”电视广告，推动以声色短信（MMS）沟通的新概念。一连三集的“声色系情缘”，通过由亚洲乐坛红人周杰伦饰演的 Jay 与“声色派送员”K 的故事，将声色短信沟通人物化，象征使用流动多媒体沟通，就像直接与人沟通一样，有声有色有文字。

“声色系情缘”系列广告活动颇具新意：

在广告推出前，One2Free 预先邀请全港手机用户通过短信或上网投票，发表他们心目中与周杰伦最合拍的女主角，自由表达意向。系列广告中，与 Jay（周杰伦饰）拍档的两位模特儿 K（裴唯莹饰）与 Ada（高伊玲饰），是在百多位来自内地、香港、台湾与新加坡模特儿面试中脱颖而出的。裴唯莹出生在内地，而高伊玲则是台湾模特儿。两大美女的加盟为广告增色不少。

广告的拍摄手法延续了 2002 年“短信系恋人篇”的模式，三角恋情的展开更让剧情跌宕起伏，观众被吸引的同时，还被邀请参与剧情的发展，在每集广告播出后，让观众发短信选择他们希望看到的续集剧情，观众与广告频繁互动增加了广告的观赏性和趣味性，取得了较好的收视效果。

广告的拍摄地点选在风景如画的布拉格，这里是演绎浪漫爱情故事的绝佳场所。布拉格的景点以桥最多，故取景也大部分在桥上。美女、美景，再加上周杰伦甜美的情歌，构成了一幅美丽动人的画卷，令人心动、回味。

MMS（声色短信）作为当年 One2Free 的独特卖点，由 K 这位声色俱佳的女生扮演彩信传递员，拟人的手法让观众更直接地体验了 MMS 的诱人魔力，相信看了系列广告的观众，都忍不住要去第一时间尝试一下这一项新的无线通讯服务。

为了刺激更多用户使用数据服务，One2Free 更加强“周杰伦自由空间”Jay Zone 的内容，让客户随时随地独家下载 Jay 的屏幕图案、声色短信、手机铃声、广告剧照、Java 游戏，以及让 One2Free 客户独家通过 One2Free Zone“视像地带”，以手机观看“声色系情缘——最终回”，客户也可通过声色短信下载精彩片段。

“声色系情缘”广告播出后大受欢迎，One2Free 别出心裁，除了让客户可以通过 MMS 下载“声色小说”重温广告剧情外，还可以购买《声色系情缘》小说，一口气欣赏全港首部长篇广告小说。

总而言之，One2Free 的这一广告从演员甄选、剧情设计、场景布置，到互动环节、拟人手法和广告小说等方面，都能做到推陈出新，让喜好尝试新鲜事物的年轻消费者怦然心动，新服务 MMS 推广的成功便水到渠成了。

4. “野蛮女友”的收音机——“收音机男篇”（获 2005 年香港十大电视广告奖）

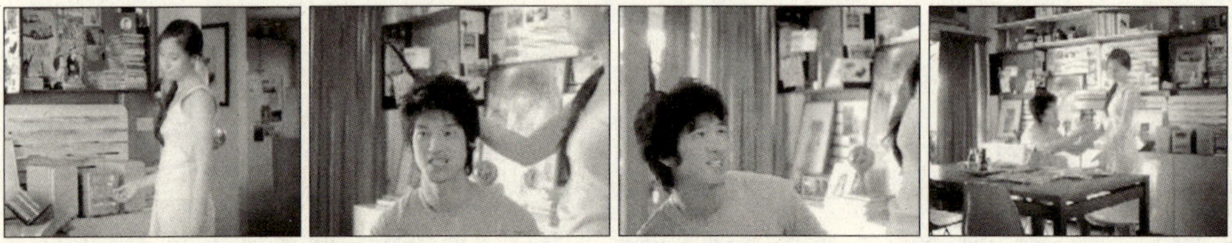

图 11－32　One2Free“收音机男篇”

女生打开收音机，收到的却是“呢排流行榜冇乜动静”（这段流行榜没什么动静），失望的她竟然将男友（收音机男）的耳朵当开关，头发当天线，开始收起流行歌来，调来调去都收不清，直到大力拍打男友的后脑勺，才清晰地接收到古巨基的劲歌金曲《天才与白痴》：“这个白痴，为了陪你活一次”，女生这才露出了满意的笑容。

旁白：收到！One2Free 3G 音乐频道给你率先全首下载，碟未到，歌先到，音乐人，音乐事，率先玩尽！

字幕：你 free 得起！

赏析：广告中“野蛮女友”不堪忍受传统收音机的枯燥无味，将男友当收音机来收听电台歌曲，这本不合逻辑，生活当中自然也不可能出现，但正是这样的违反常规的编排，才更能吸引崇尚追求新奇、有趣、好玩、刺激的新新人类的眼球。广告最后适时推出 3G 音乐频道的最新服务，水到渠成，并没有给人以生硬的感觉。

三、维他奶获奖广告

1. 震撼心灵的亲情体验——“背影篇”（获 1994 年香港十大电视广告奖）

图 11－33　维他奶“背影篇”

一位少年暑假回到乡村探望从未谋面的祖父，很有些“近乡情更怯”的神色。待他终于见到爸爸不断提及的严肃的祖父时，心中不免有些忐忑不安。初到乡村，对周围的一切既感到新鲜又有些不适，跟伙伴嬉笑打闹，磕磕碰碰在所难免。祖父替孙子在碰青了的膝盖上擦跌打药水，祖孙一道翻看昔日的家庭生活照……淳厚真挚的亲情，似流淌的清泉，融化了隔辈人之间的一切隔膜。

快乐的暑假过去了，祖父送孙子上火车。开车前，年迈的祖父吃力地越过铁轨，爬上对面的月台，在小吃店买回一盒纸包装的维他奶递给孙子途中解渴。火车开动了，祖父的音容渐渐远去，而他脸上淡淡的愁容却永远刻进了孙子的心田。

旁白：呢（这）个假期，我永远都会好怀念。始终係（是）维他奶。

字幕：始终係维他奶。

赏析：该广告的故事情节取材于散文大师朱自清的名篇《背影》，以纯朴、怀旧的格调表现浓厚的亲情，给观众以强烈的心灵震撼，让人热泪盈眶。

广告中，祖父蹒跚地越过铁轨的背影，简直就是朱自清父亲背影的具象化。在广告天地里，恐怖的、怪诞的、搞笑的广告数不胜数，而催人泪下的广告如“背影篇”者，则难得一见。“背影篇”的成功，最根本之处在于它为维他奶糅进了中国式的浓郁亲情。它就像一支悠深的歌，我们似乎从中听到绿叶与根的对话，感受到嫩苗对土地的眷恋①。每一位看过这则广告的观众，都会被其感人至深的亲情唤起心中深藏已久的情感。对于亲情载体的维他奶，我们消费的早已不再是产品的功能（如保健），而更是一种情感了。可以毫不夸张地说，广告中的亲情元素为维他奶的品牌赋予了更高的消费价值。

2. 如此网恋——“网络情缘篇”（获1996年香港十大电视广告奖）

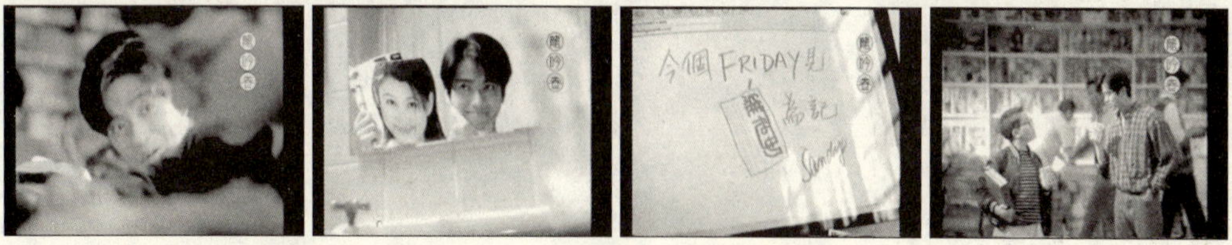

图11－34　维他奶“网络情缘篇”

Sandy（陈晓东饰）与Wing通过电脑网络成为好朋友，Wing对Sandy嘘寒问暖，而Sandy也因为这个素未谋面的朋友寝食难安。他向同学提起他的这个网络情人的时

① 卢泰宏，李世丁．广告创意——个案与理论．广州：广东旅游出版社，1997. 244

候，总是一脸的幸福。

Sandy：“佢（她）叫阿 Wing 啊，佢嘅（的）名好有性格啊！”

同学：“大情人（指 Sandy），约佢出来啦！”

终于有一天，Sandy 在网上写信约 Wing 出来见面，见面的地点是某个街头，信物则是一盒维他奶。

街头，当美女从 Sandy 的身旁走过，他都会朝她们挥一挥手中的那盒维他奶，可是每次她们都只是会心地一笑，然后走开了。结果让 Sandy 非常失望，Wing 原来是一个胖嘟嘟的小男孩，跟 Sandy 心目中的大美女相去甚远！当然，Sandy 也是一个大男生，Wing 也同样大失所望。

Sandy：你就係阿 Wing 啊？

Wing：你就係 Sandy 啊？

字幕：始终係维他奶

赏析：该广告播出的 1996 年，正是网络在香港刚刚开始流行的时候。创意人抓住网络时代的年轻人喜欢上网交友的这一特点，巧妙地设计了广告故事的场景。“网络上没有人知道你是一条狗！”Sandy 从最初的欣喜若狂，到最后的大失所望，网络情缘“见光死”，不正是网络时代年轻人生活经历的真实写照吗？维他奶作为“情侣”见面的信物出现在广告中，表现无论时代变迁，维他奶始终伴随左右，跟“始终係维他奶”的口号十分贴切。

3. 搭讪也有错？——“搭讪篇”（获 2000 年香港十大电视广告奖）

图 11－35　维他奶“搭讪篇”

两个女学生下课后正谈论发型的问题，男学生上前搭讪。

女生一：好唔好剪短啲头发呢（头发剪短一点好吗）？

女生二：唔好，长头发啱你啲（不好，长头发适合你一点）！

男生（跑过来搭讪）：喂，电发仲好啦（烫发更好啦）！

旁白：各位，搭嗲（注：广东话中“搭讪”的意思），啊唔系（不是），系搭讪呢种行为系好唔受欢迎 o 架（搭讪这种行为是很不受欢迎的）。其实，你可以选择搭车、搭船、搭棚，又或者搭台，但係就紧记唔好搭讪啦（但是，就切记不要搭讪啊）。

唱：始终有益，维他奶。

赏析：维他奶始终与时俱进。这则广告标志着维他奶更年轻、更清新、更有时代感。搭讪本是一件生活当中再平常不过的事情了，但广告却一本正经地指出“搭讪”这种行为的不当，而“搭车”、“搭船”、“搭棚”、“搭台”等行为才是可取的，似乎在教人明辨是非，但观众不是傻瓜，他们知道这仅仅是一个玩笑而已，不必当真。广告轻松幽默的“说教”方式，不但成功地吸引了年轻人的眼球，博得观众的会心一笑，同时自然带出维他奶一贯健康有益的形象——“始终有益，维他奶”。广告中的用语“搭讪”也成为当时年轻人流行的口头禅。

四、咁至係新鲜——生力啤酒获奖广告

1. 入梦？如花！——“上网篇”（获2002年香港十大电视广告奖）

图 11－36　生力啤酒“上网篇”

周星驰想玩些新鲜的事情，来向朋友们咨询——

周：喂，有咩新先（有什么新鲜玩意）？

男1：上网识女仔咯（上网认识MM咯）。

周：纯情小鸭鸭？

男2：网名来着（网名而已）。

周：单吊一索男（也是漂亮的意思）？

周：彩虹边的雨云？节省少少啦！（彩虹边的雨云——广东话中“雨云”和“乳晕”同音。你省省吧！）

这时，一位魔鬼身材的美女朝周星驰走来。

女：边位係“型英帅靓正”（哪位是“型英帅靓正”——都是帅的意思）？

周：係我嘅网名来着（是我的网名而已）。

生力啤酒上……

周（问美女）：你就係如梦？

女：网名来着。真名係……（一边脱掉面具一边说）……如花（网名而已，真名是如花。）

周（变成小虫困在蜘蛛网中央）：上网要小心，慎防意外生。

生力啤酒再上……

旁白：生力，咁至係新鲜。（生力，这才是新鲜。）

赏析：为了突出生力啤酒“新鲜”的独特卖点，广告选择了上网交友这个网络时代人们熟悉的场景。网名与真人相去甚远，这在广告的一开始，已有交代。但出乎观众意料的是，朝周星驰走来的具有魔鬼身材的、让所有男人都无法抗拒的妙龄女郎——“如梦”，竟然也是戴着面具的“恐龙”——“如花”，这样的网络奇遇似乎比想象中的还要新鲜！由此进入剧情的高潮，自然带出“生力，这才是新鲜”的核心信息。

2. 狗也需“染发”？——“放狗篇”（获 2003 年香港十大电视广告奖）

图 11－37　生力啤酒“放狗篇”

广告片中，周星驰的女朋友每天都要求他带宠物狗 Bobby 到街上散步，起初他以无奈的心情敷衍了事。然而，日复一日，他的这份心情竟然由厌烦变得雀跃和期待，之后他更为每次外出喷香水和悉心打扮。原来，他找到的乐趣就是趁此机会与一帮兄弟以及性感动人的酒吧女郎欢谈共聚。当然，为了瞒住女友，每次去酒吧他都只能穿着睡衣前往。

旁白：生力，咁至係新鲜。

一次，周星驰带着 Bobby 回来，女友好奇地问：“帮 Bobby 染着发咩？”（帮 Bobby 染了发吗？）周星驰反应奇快，明知故问道：“咦，喂，係咯，Bobby 你做乜野染着发啊（是呀，Bobby 你怎么染了发呢）？

原来，周星驰从酒吧回来的时候，牵错了别人的白毛狗（Bobby 的毛是黄色的）。

赏析：每天重复着同样的事情让人生厌，遛狗也不例外。穿着睡衣去酒吧找美女们喝生力啤酒，当然是一件新鲜不过的事情。广告延续了周星驰一贯的幽默风格，在最后用“Bobby 染发”暗指周星驰的“新鲜事”被女友发现，也算是够“新鲜”的幽默了。

值得一提的是，美女（“星女郎”）是周星驰广告中必不可少的元素。为了衬托“这才是新鲜”的主题，香港著名导演彭浩翔请来的是两名“新鲜”得大家都比较陌生的美女。扮演星爷女友的 Race 是当时的新晋组合 2R 的成员之一，这名长发美女此前只参加过一些 MTV 的演出；扮演吧女 Mandy 的则是一位马来西亚模特，之前的从艺经历主要是拍摄电视广告。

五、和记传讯获奖广告

1. 有缘嘅我哋会再见——“天地情缘篇”（获 1994 年香港十大电视广告最高荣誉大奖）

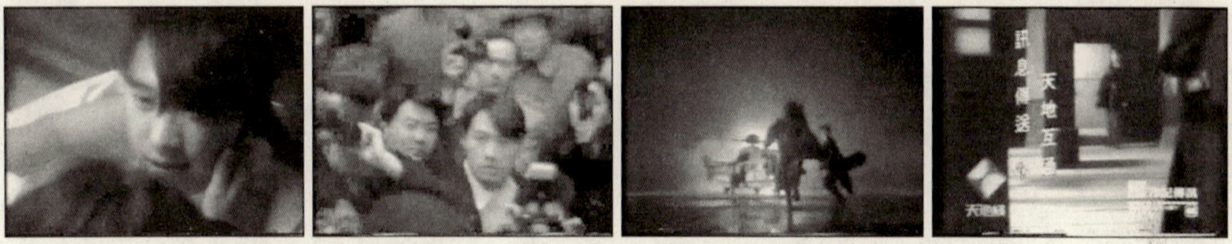

图 11－38　和记传讯“天地情缘篇”

广告歌：《哪有一天不想你》唱起。

故事讲述男主角（黎明饰）与女朋友（阿 May）在同一机构工作，当发现了管理层一些秘密勾当后，男主角义无反顾地向管理层挑战，从此，两人为避免机构追杀，不但过着逃亡的生活，更因此被迫分离。故事发展到两人要被迫分开时，黎明跟女主角说：“有缘嘅我哋会再见（有缘的，我们会再见）。”最后，两人历经磨难，终于重聚。而无论在逃难前、逃难时和重逢后，和记传讯都是故事主人公互通信息的工具。

旁白：无论几远距离，始终维系的是，和记传讯，信息传送，天地互通。

赏析：当年“天地情缘篇”在香港的电视台首播，轰动全城。广告的成功，首先在于请来了当红的香港四大天王之一——黎明担当主角，超强的人气带旺了广告的收视率；其次，广告讲述了一个曲折动人的爱情故事，虽然故事略显新意不足；再次，是史无前例地在电视中播出全长三分半钟版本的广告片，不消片刻这个广告便街知巷闻，更成为全城的热门话题。最后，主题曲《哪有一天不想你》锦上添花，与广告交相辉映，借着这个广告的成功，该曲也成为当年香港乐坛颁奖礼的常客。和记通信每每在关键时刻发挥作用，体现了“无论几远距离，始终维系的是和记传讯”的广告口号。

2. 要赢人，先要赢自己——“超越自我篇”（获1997年香港十大电视广告奖）

黎明旁白：每天都是一场新的竞赛，赢输不是一场半场决定的。

广告歌：《只要为我爱一天》唱起。

黎明与冯德伦（饰叛逆少年）情同手足。冯德伦年轻气盛，争强好胜，甚至与人打架斗殴，黎明屡劝不止，还说：“我係咁嘅啦，点嘛（我是这样的啦，怎么啦）?”

无奈，黎明只好用蹦极来测试他的勇气，企图以此劝阻他再与别人发生摩擦。黎明一跃而下，站在一旁的冯德伦被吓呆了。

黎明旁白：要赢人，先要赢自己。

旁白：和记新干线，城市联系新动力。

赏析：跟老一代人相比，新一代的香港少年，有着更为反叛的性格，广告片中冯德伦所饰演的便是这样的角色。年轻人看了广告中讲述的故事，很容易产生共鸣，好像这些就是发生在身边的事情。然而和记传讯并非推崇反叛，而是在推广服务的同时，向年轻人倡导新的竞争观，通过黎明的口说出“每天都是一场新的竞赛，赢输不是一场半场决定的”、“要赢人，先要赢自己”，借以引导年轻人的行为，从而带出和讯的健康形象。

图11－39　和记传讯“超越自我篇”

3. 英雄救美——“雪山篇”（获1998年香港十大电视广告奖）

旅途中，黎明与女友斗气吵架，更因她穿着清凉而吃醋，与人打起来，脸上的疤痕清晰可见。在驱车去雪山滑雪的路上，两人仍处于冷战状态。女友拿出苹果给黎明，试图化解坚冰，岂料黎明不予理睬，女友也毫不示弱，一气之下将苹果扔出车外，冷战俨然升级。

广告歌《我这样爱你》唱起。

雪山之巅，两人蓄势待发。黎明示意女友往右边出发，女友却坚持从左边下行：“男左女右嘛！”滑到半程，两人来到一个落差较大的悬崖处，女友毫不犹豫地一跃而下，即刻不见踪影。黎明也随后跳下，发现女友的胳膊已经摔脱臼，便脱下自己的衣服“英雄救美”，为她捆绑保暖，还掏出手机给急救中心打电话求助。等待中，黎明被冻得直打哆嗦，女友问：“我係唔係好任性啊（我是不是很任性啊）？黎明思索片刻，答道：“係，不过係我拣嘅”（是的，不过是我选的）。此刻，两人已冰释前嫌，重归于好。

急救中心的直升机终于来了，两人被用放下的绳索拉上直升机，不料黎明在登上飞机的一瞬间，失手掉下飞机，女友急忙打急救中心的电话求助。

广告片的最后一个镜头：火车站台上，黎明的腿缠着厚厚的纱布，被医护人员推着前行，左手缠着纱布的女友在不远的地方向黎明招手，似乎因内疚而没有走上前，而是选择了给黎明打电话，医护人员问：“你哋一齐嘅（你们一起的吗）？”对女友又爱又恨的黎明无奈地把电话交给他，说：“你问佢啊（你问她吧）。”

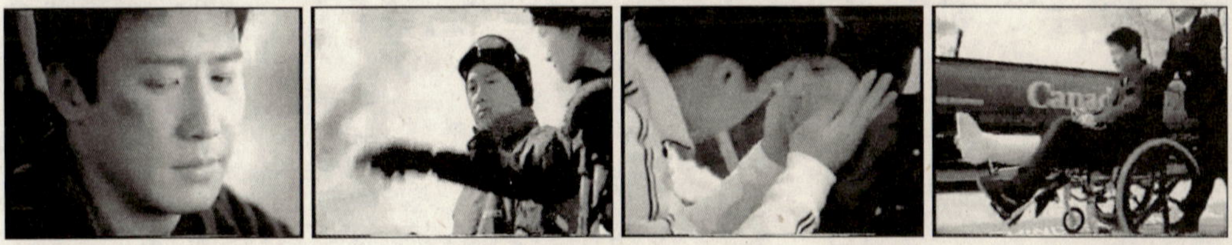

图 11－40　和记传讯“雪山篇”

赏析：男女朋友之间的摩擦争吵是生活中再平常不过的事情了。广告通过雪山遇险事件，将男女朋友之间的曲折情感演绎到了极致，成功地塑造了一位让人又爱又恨的任性女生形象，和一位对女友爱恨交织的男生形象。和讯服务在男女主角受伤的关键时刻发挥了重要作用。“男左女右”、“我係唔係好任性啊”和“係，不过係我拣嘅”都成了年轻人所喜爱的经典对白。

4. Just to say hi——**“天山篇”（获 1998 年香港十大电视广告奖）**

黎明（旅行家）牵着一匹马在天山行走。

黎明旁白：行开吓（走开一下），去到另外一个空间，可能会有新发现。

广告歌曲《如果可以再见你》唱起。

黎明朝着大山喊：啊……

另一个女孩子的声音从远方传来：啊……

蓝天、白云，柔和的阳光静静地洒在湖面，微风拂来，泛起波光粼粼。黎明和全智贤（饰摄影师）邂逅在美丽的湖畔，相互点头致意以后，一双手紧紧握在了一起。从此，两人结伴同行，高山上、小溪边、茅屋旁，山谷间，羊群中……两人形影不离，日久生情，俨然一对快乐的鸳鸯。直到有一天，黎明在帐篷中睡醒，发现全智贤不告而别，只在帐篷上留下了一张纸条：“Bye，take care（再见，保重）!”

黎明又重新开始了孤单之旅，他还会不时拿出那张纸条，思念那远去的美好时光，偶尔听到远处传来悠扬的喊声，更增添了他的思念。遗憾的是，再也见不到那美丽的倩影了。

过了许多天，黎明终于拿起手机，给全智贤打去电话，那边传来熟悉的声音：“你点嘛（你怎么样啊）?”黎明回答道：“有啊，just to say hi（没什么，只是向你问好）。”

旁白：和记新干线，新人类，新发现。

图 11－41　和记传讯“天山篇”

赏析：天山，对于大多数都市人来说，是一个神秘的地方，广告故事便发生在这样一个“新”的空间，创意本身就很有新意。而美丽的风景、梦幻的邂逅、淡淡的离愁、深深的思念，则构成了这次旅行的“新发现”。整则广告突出的就是这个“新”字，契合“和记新干线，新人类，新发现”的鲜明主题。

5. 热带雨林的浪漫邂逅——“心连心篇”（获 1999 年香港十大电视广告最高荣誉大奖）

上集：迈阿密的海滩上，各种肤色、各种身材的人穿着泳装正悠闲地享受着阳光。

广告歌 *Sugar in the marmalade* 唱起。

人群中，黎明发现了一位迷人的东方女孩，两人的眼光交织在一起，擦出火花。黎明鼓起勇气，朝女孩走去，到了女孩面前，却不知说什么好，犹豫片刻，才问：“Can I have your number（能给我你的电话号码吗）?”女孩大方地说：“拿你嘅电话来啊。”说着输入了自己的手机号。分别后，黎明拿起手机给女孩打电话：“你知我嘅电话号码了，但係我未知你嘅名哦（但我还不知道你的名字呢）。”

图 11－42　和记电讯“心连心篇”上集

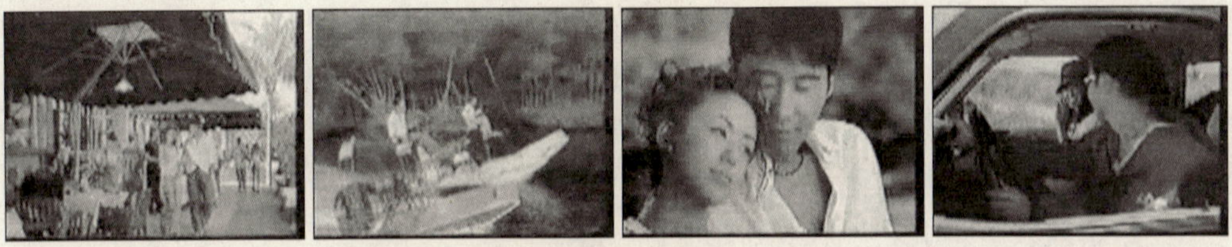

图 11－43　和记电讯“心连心篇”下集

下集：（续上）此后，两人频繁交往。一天，黎明通过电话向女孩道别，女孩说：“走之前，我带你去一个地方啊。”

广告歌《从今开始》唱起。

两人分别驾驶着摩托艇穿梭在热带雨林的河流上，由于速度太快，两人在河流汊口处分散了，只好通过手机联系，最后又重逢在河流的交汇处。天色渐渐暗了下来，两人手牵手，打着手电筒，漫步在热带丛林中。

海滩边，两人依偎在一起，享受落日余晖下的悠闲和浪漫。就要分别了，女孩从黎明怀中起身走开，用手机给黎明打来电话：“你可不可以唔（不）走啊?”黎明沉默片刻，回问道：“咁（那么），不如一起走啊?”

最后一幕：两人结伴同行，一起“回家”去了。

旁白：新人类，新干线，新发现。

赏析：该广告跟“天山篇”有着异曲同工之妙。同样是在一个新奇的地方，同样有“新发现”——美丽的女孩、浪漫的邂逅和甜蜜的恋爱，只不过结局有所不同：此篇中两人最终“大团圆”，没有给观众留下遗憾。结尾自然带出广告口号“新人类，新干线，新发现”。

6. 看得到的说话，看得到的诺言——“下雨篇”（获 2004 年香港十大电视广告奖）

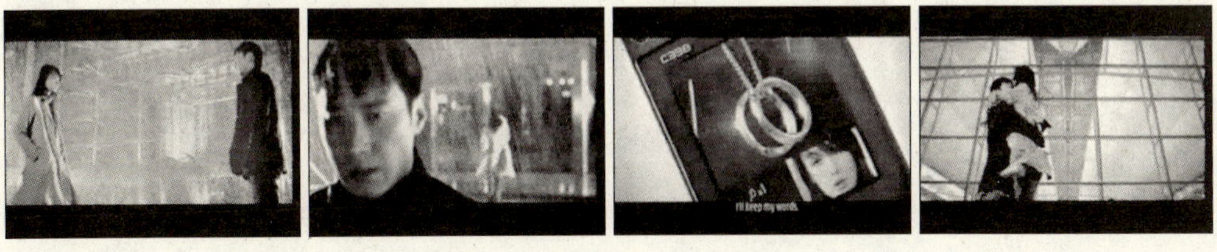

图 11－44　和记电讯“下雨篇”

雨中，情人冷战，相对无语。恼怒的女友在黎明脸上狠狠地扇了一个耳光，便转身离去，无论怎么劝，都不回头。黎明呆呆地站在雨中，脑海里闪过两人曾经有过的一幕幕美好回忆，始终不忍就此分手，他鼓起勇气打通了女友的电话，用3G手机的摄像头传送原本准备送给女友的项链的视频画面，深情地说："说话唔係随便讲嘅（话不是随便讲的），讲过嘅，我一定做到。"女友被黎明的真情深深打动，飞奔回到他的身边，两人重归于好，紧紧地拥抱在一起。

旁白：看得到的说话，看得到的诺言。

字幕：3，live 3。

赏析：为了配合3G业务的推广，和记电信推出以数字"3"命名的新品牌。这则广告便是紧紧围绕3G服务这个独特卖点来设置情节的。情人之间的误会在面对面时无法解决，手机的视频对话服务派上了用场。黎明手持项链出现在女友手机屏幕的一瞬，相信打动的不只是他的"女友"，也打动了无数的观众。天性喜欢尝试新鲜事物的年轻人，对这项服务一定很"神往"了。广告语"看得到的说话，看得到的诺言"进一步点题，形象道出3G服务的特点。

综合点评：市民的兴趣和需求随时间而改变，因此虽然这么多年来和记都用黎明拍广告，但每次广告故事都不同，都反映了当时年轻人不同的生活面貌。总体看来，和记传讯的广告有如下特点：

①每则广告都很长，多在3分钟左右；

②多年来一直用黎明作为品牌形象代言人，以不变应万变。但每年的女主角都不一样；

③紧跟年轻人生活方式转变的步伐，每则广告均讲述一个动人的故事，反映当时最为盛行的、为年轻人所熟知的生活方式；

④每则广告都有一句为观众喜爱的广告语，如1994年的"有缘的，我们会再见"，1997年的"打波定打人呀"、"要赢人，先要赢自己"，1998年的"男左女右"、"just to say hi"等，都被观众广为传颂；

⑤每个广告均有一首动听的流行歌曲，为广告增色不少，大多数歌曲也因为广告的热播而成为当年流行乐坛颁奖礼的常客。

六、为你做的，必定要出色——数码通获奖广告

1. 真的承诺之"壮志柔情篇"（获1997年香港十大电视广告奖）

一位成功的商务人士（周润发饰），经常在外面出差、开会，不能陪家人，只能每天通过电话同家人沟通。

周润发对妻子说："突然有个会议要开，俾我同佢（女儿）讲（让我跟她讲）。"

周润发对女儿说："爸爸应承你揾多啲时间陪你玩吓（爸爸答应你找多些时间陪你玩）。"话虽这么说，却还是一如既往地忙。

妻子："佢训着，佢今日整日都揾你（她睡了，她今天整天都在找你）。""你嗰女係需要个爸爸嘅（你的女儿是需要爸爸的）。"

周润发总是解释说："我过段时间会松啲（些）。""呢（这）个会好紧要（重要）。"

一天，香港。电话响起，妻子接起电话，传来丈夫的声音："嗰老婆都需要个老公嘅（那位老婆都需要老公的）。"

旁白：为你做的，必定要出色。

赏析：香港是世界上生活节奏最快的城市之一。这里的商务人士为了工作，常常要牺牲许多陪家人的时间。广告抓住香港人这一典型生活形态特征，塑造了一位在事业和家庭之间奔忙着的男人。虽然还有一个重要的会议要开，男主角还是决定飞回香港陪心爱的妻女，他不但要在事业上成功，在家庭生活中，也要实现"为你做的，必定要出色"的承诺。广告中，男主角的壮志柔情、妻子的回眸一望、女儿的眼泪汪汪和喜出望外，构成了一幅幅"痛并幸福着"的生活画面，而数码通，则成了家庭情感的和谐"元素"。

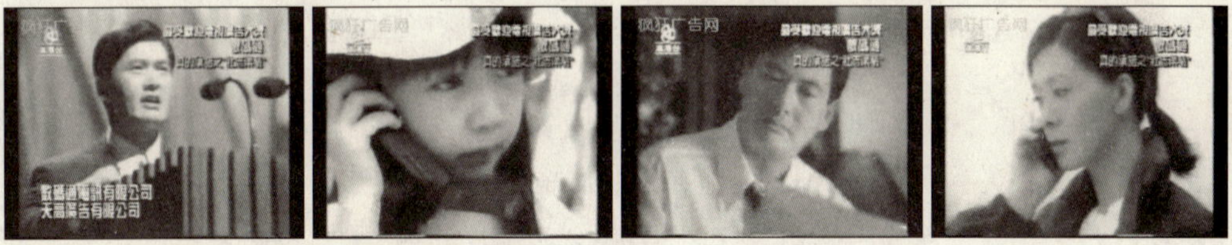

图 11－45　数码通真的承诺之"壮志柔情篇"

2. 真的承诺之"光影岁月篇"（获 1997 年香港十大电视广告奖）

在一个电影颁奖礼上，男主角（张学友饰）夺得大奖。致辞中，他第一句便卖了个关子："呢个奖，係属于另外一个人嘅（这个奖，是属于另外一个人的）。"说着从自己的口袋里掏出手机。这时，镜头一转，把观众带回到了学友的童年时代——

广告歌《想和你去吹吹风》唱起。

他父亲是一位电影院的放映员，自幼在放映间出入的张学友，耳濡目染，爱上了电影。长大以后，张学友在片场工作，作为无名小卒，受尽了白眼。为了实现自己当导演的愿望，学友终于鼓起勇气，对年迈的父亲说："阿爸，我想录电影啊。"爸爸回答："我边有咁多钱啊（我哪有这么多钱啊）？"张学友失望地走开了。

知子莫若父。父亲当然知道遭到拒绝的儿子心里有多痛苦。第二天一早，张学友刚起床，父亲就把张学友叫到一边，交给他一个存折，转身走开了。这可能是父亲一生的积蓄！

从此，张学友开始了导演职业的学习。孝顺的儿子常常给父亲打电话问候："得了，我应承你啊，我会俾心机嘅啦（好，我答应你，我会努力的）……阿爸，你保重啊！"

镜头最后再一次回到颁奖现场，学友从口袋里掏出手机，打通了父亲的电话，郑重地向现场观众宣布："各位，呢个人就係我爸爸（这个人就是我爸爸）。"电话那头的父亲激动得哽咽起来。全场观众无不为之动容，全体起立向这位伟大的父亲致敬。

字幕：为你做的，必定要出色。

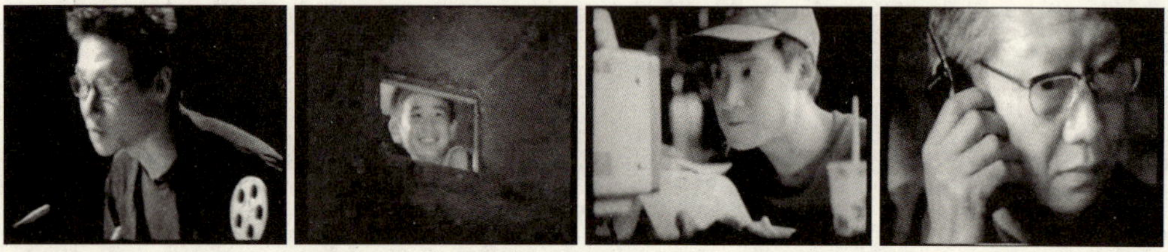

图 11－46　数码通真的承诺之"光影岁月篇"

赏析：当大多数无线通信服务运营商的广告还在讲述浪漫爱情故事的时候，这则广告以亲情作为诉求点可谓独树一帜。广告讲故事的手法也很特别，首先采用"倒叙"的方法，卖了一个关子，告诉观众"这个奖属于另外一个人"。带着"另外一个什么人"的疑问，观众继续往下看，渐渐被浓浓的父子亲情打动了。当镜头最后凝聚在得知儿子获奖后喜极而泣的父亲脸上的那一刻，观众的感动达到了顶点。这位勤奋努力的孩子在含辛茹苦的父亲资助下取得成功，并不忘感恩的动人故事，完美地演绎了"为你做的，必定要出色"的理念。

七、爱立信获奖广告

1. 回头便知——"情牵篇"（获 1999 年香港十大电视广告奖）

该广告中，刘德华与关之琳饰演一对情侣，故事讲述的是刘德华错认瞿颖为自己的爱侣，忙乱中把瞿颖的用品散落地上，刘德华为瞿颖收拾的时候，恰巧被爱侣关之琳撞个正着，爱侣看在眼里，误解顿生。然而，刘德华凭着在关之琳的 T18 手机留下的一句感人的中文短信，就使对方的误解烟消云散——"回头便知，我心只有你"这句真情告白令伊人倍感甜蜜，同时突显出移动通信在日常生活中增进人与人沟通的主题。

旁白：全新爱立信 T18 系列双频手机。

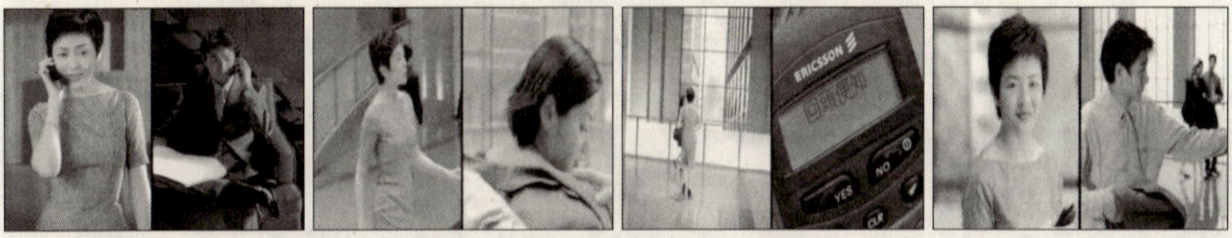

图 11-47　爱立信“情牵篇”

赏析：爱立信这则广告的一个突出特点是，突破广告常规，采用了多组镜头同步拍摄及分画面剪辑手法，即刘德华和关之琳两个画面同时进行，在同一时间展示两位恋人微妙的心理转变过程——由渴望相见，到产生误解，最后因为爱立信的一条短信而冰释前嫌。广告情节自然流畅，表现手法别具一格，整个广告没有一句对白，却能将人与人之间的情感起伏表现得如此淋漓尽致，间接表现了爱立信在人际交往中的沟通作用，堪称一则颇具特色的好广告。

2. 事业我一定争取，对你从未放弃——“一网情深篇”（获 2000 年香港十大电视广告奖）

刘德华在广告中饰演一位成功的 IT 专家。女友（袁鸣饰）在机场焦急地等待，因为临时公事缠身，刘德华无法亲自前往，只得派秘书赶往机场，送给袁鸣一部爱立信手机。本来故事是以遗憾结尾的，但巧妙的是，刘德华通过手机对袁鸣讲的一句“事业我一定争取，对你从未放弃”的话，道出成功男儿的真性情，同时也能打动女性的芳心。

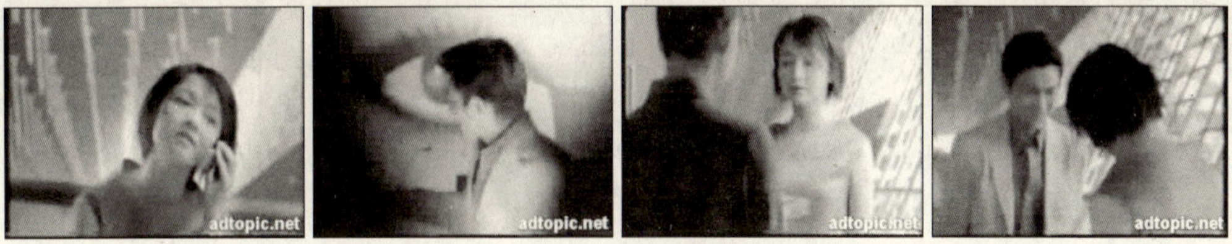

图 11-48　爱立信“一网情深篇”

赏析：该广告以目标消费群的日常生活作为背景，展现科技新时代的成功人士在事业和生活两方面的执著追求。故事其实很简单，没有扣人心弦的情节和惊天动地的结局，但最后一句经典文案“事业我一定争取，对你从未放弃”，却点亮了整个广告，让爱立信追求卓越的形象深入人心，打动每一位真性情的观众。此外，值得一提的是，广告采用了多组镜头同步拍摄及分画面剪辑的手法，将一个故事用两个视角捕捉，让观众从截然不同的角度感受故事的进展，画面充满了现代的对比感，这也是该广告的一大特色。

八、Imagine——香港电信“梦想可成真篇”（获 1994 年香港十大电视广告奖）

图 11－49　香港电信“梦想可成真篇”

John Lennon 的 *Imagine* 唱起。

人类历史上激动人心的时刻一幕幕地展现在眼前——

阿姆斯特朗登上月球，发表著名的“我的一小步，人类一大步……”的宣言；

几十年前，马丁·路德·金发表他的著名演讲 *I Have a Dream*；

几十年后，曼德拉宣誓就任南非总统。

他们对人权、平等和自由的梦想和追求在今日已成现实。

最后一幕：香港，两名儿童正快乐地玩着他们“梦想中”的游戏。

旁白：世界变得理想，往往始于天马行空的想象。香港电信，只要有梦想，凡事可成真。

字幕：只要有梦想，凡事可成真。香港电信。

赏析：从月球到地球，从美洲到非洲，从国际到香港，从 1960 年代到 1990 年代，广告画面穿越时空，20 世纪人类历史上经典瞬间的“拼凑”看似凌乱，实则“形散神不散”，因为所有的画面剪辑都紧紧围绕一个主题——梦想（dream）。人类梦想成真的伟大事实，加上杰出的和平主义和理想主义摇滚歌手 John Lennon 的一曲激动人心的 *Imagine*，让看过广告的观众对香港电信的“只要有梦想，凡事可成真”的企业理念无不深信不疑。令人震撼、回味，堪称绝妙。

九、此先生非彼先生也——果汁先生“先生话篇”（获 2006 年香港十大电视广告最高荣誉大奖）

图 11－50　果汁先生“先生话篇”

可爱的小男生被老师叫到办公室受罚，他趁老师不注意，拿起老师台上的一杯橙汁肆无忌惮地喝了起来，被老师发现后，他还大声地为自己辩护："先生话（说），一日要饮八杯水。"老师用眼光扫向办公室其他同事，见大家面面相觑，于是追问："边位先生话咖（哪位先生说的）?"小男孩不慌不忙地答道："果汁先生话咯。"众老师一齐晕倒在桌上……

旁白：一日八杯，饮水又饮啲（点）果汁。

赏析：广告巧妙地将场景设在学校，借用"先生"的双重含义（"先生"的其中一个含义是"老师"），给在场的老师和电视机前的观众制造"误会"，让人发笑之余，不但记住了品牌名，还了解了果汁先生倡导的"一天喝八杯水"的健康理念。广告只有短短的14秒，仅仅用了顽皮的小孩子和严肃的先生（老师）短短三句对白，就把客户果汁先生的信息完整无缺地表达出来，却给人留下了深刻的印象。简单但不俗的创意，已足够精彩！

十、麦当劳获奖广告

1. 如此"指挥家"——"鱼乐篇"（获1997年香港十大电视广告奖）

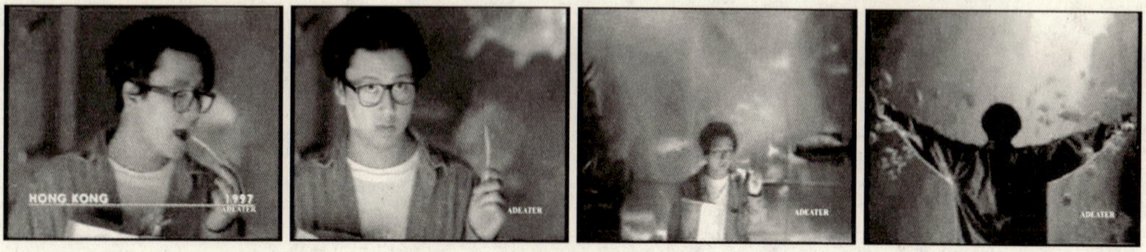

图11-51　麦当劳"鱼乐篇"

水族馆中，男主角拿着一根麦当劳薯条，正准备品尝。谁知手上的薯条竟吸引了馆里的一条小鱼。顽皮的男主角发现了，索性拿着薯条左挥挥、右摆摆，小鱼也随着薯条左右移动。男主角见"奸计"得逞，便拿着薯条当指挥棒，像指挥家一样大摇大摆，这一次，整个馆里的鱼群都随着他的指挥翩翩起舞。一曲奏罢，"指挥家"把薯条丢进口中，可怜的鱼儿们见心爱的薯条不见了，顿时心神恍惚，但又见主角从麦当劳的纸袋中掏着什么，于是个个期待，垂涎欲滴，不料竟是鱼柳包！鱼儿们吓得惊呼狂叫，四散逃命！"指挥家"也被他们的反应弄得不知所措。

赏析：这则广告充满了创意人非凡的灵感和幽默。以鱼儿为切入点，前半部分的优美、和谐、波澜不惊与后半部分出乎意料的惊乱、慌忙、作鸟兽散形成鲜明对比，令人看后忍俊不禁、开怀大笑。对鱼儿的同情、对“指挥家”的抱怨、对麦当劳食品的向往，一切尽在不言中。

2. “3”和“M”——麦当劳“123篇”（获2002年香港十大电视广告奖）

图11－52　麦当劳“123篇”

郊外的红顶小屋子里，年轻女老师正教一群小孩子学写阿拉伯数字。“1”和“2”他们都能顺利学会，不料到了“3”却出现难题，老师颇有疑惑。但当他们把头一侧，认得“3”像他们熟悉的麦当劳拱形“M”字，于是人人都马上学会了“3”的写法。老师此时才恍然大悟，自己也侧过头去，会心地笑了。

最后，童声齐唱：“每个都秒秒钟欢聚欢笑”。

字幕：秒秒钟欢聚欢笑

赏析：儿童是麦当劳重要的目标消费群，儿童广告也历来是麦当劳的强项。“123篇”是继“婴儿篇”之后的又一经典之作。广告片一开始便出现麦当劳式的红顶小屋，就已预示着剧情的发展。天真的小孩和清纯可爱的老师，简单的几个镜头，无须一句对白便把天真烂漫的童心演绎出来。经典场面在孩子们侧望的一刹那，以孩童的角度把难题解决，也为麦当劳拱形商标作出天真可爱的诠释。

十一、巧治眼疾——宜家家俬“斜眼篇”（获2003年香港十大电视广告奖）

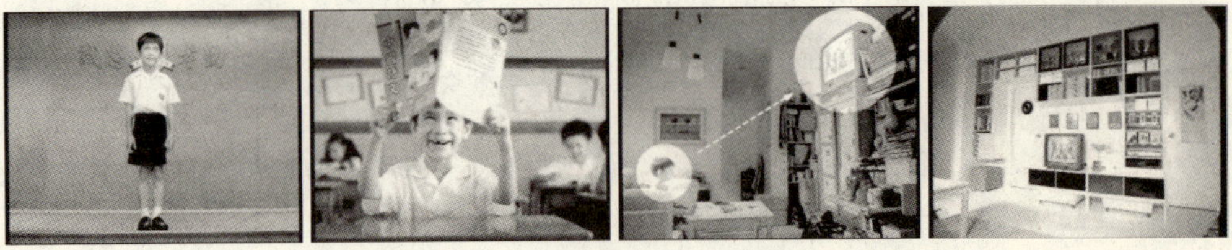

图11－53　宜家家俬“斜眼篇”

广告片中，孩子无论是读书、走路，眼睛总是斜望上方，诸多不便，却不知何故。回到家中，谜底才被解开——原来，全因家俬布置失当，家居客厅凌乱，电视放到层架上很高的位置，儿子看电视时，总要抬眼斜望，日积月累，遂成此症。他的妈妈忙翻阅宜家家俬目录，然后镜头展示家居客厅里的层架重新分配，电视好好地摆放到小孩平望的视线内。小孩的眼珠正常了，妈妈当然也很开心。广告结束前尚有好几款层架变化式样，供观众选择。

旁白：执一执，当堂正番晒，成家舒服晒啦（收拾一下，立刻变好，全家都舒服了）。小改变，大改善，宜家家俬。

字幕：小改变、大改善、宜家有妙法。

赏析：这则广告其实只是一个简单的“前后对比”模式的广告，表现的是使用宜家家俬前后的区别。广告的亮点，也是其成功之处，在于它把先前因原有摆设而令人不舒服的地方纠正过来，即之前摆设得不好，没有好利益（有坏处，小孩眼珠往上翻），而现在采用了宜家家俬，摆设好了，小孩的视线也得到了矫正。

把眼珠由向上翻移回平望当然是用了夸张的手法，但这很贴切地说明了“小孩子的眼球也因转用宜家家俬后得益”。如果没有了小孩这双“持续上翻”的眼珠，这个广告吸引力将会大打折扣，说服力也会流于平凡。有了这个生动而点题的创意，不单活灵活现地展示出产品应用前的缺点和应用后的利益，更能在枯燥的商业信息中加添生活感和亲切感。小孩的可爱演出，为广告再添几分共鸣。

十二、快乐不知时日——出前一丁“全年都好味篇”（获 2004 年香港十大电视广告奖）

图 11－54　出前一丁“全年都好味篇”

清仔和清妹在吃出前一丁，边吃边聊天，身后的高楼大厦一座接一座地建起。

清仔：好好味啊，哦！

清妹：係呀（是啊）！

清仔：咁多年都咁好味啊，哦（这么多年都这么好味道，哦）！

清妹：超过 30 年啦！

旁白：出前一丁，美味依然，32 年！

清妹：点解咁多年我哋仲係细路仔来嘅（怎么这么多年我们还是小孩子呢）？

清仔：呃……（愕然）

赏析：“出前一丁”和“公仔面”是香港两大方便面品牌，但“出前一丁”的市场表现更胜一筹，一个重要原因在于“出前一丁”卡通代言形象的成功——“清仔家族”生动有趣，甚得小孩子的欢心。

该广告恰到好处地运用了夸张的手法。清仔和清妹“埋头苦吃”，不知不觉已过 30 载，世界早已发生了翻天覆地的变化，可“出前一丁”仍旧美味依然，清仔和清妹也出人意料地还都是小孩子，并无变化。清妹的一句“怎么这么多年我们还是小孩子呢”，给观众留下了想象的空间。很明显，广告要带出的信息是，有“出前一丁”相伴左右，便“快乐不知时日”，即使年岁增长，却总觉得长不大呢！突出了产品的卖点——“全年都好味”。

十三、千里友情一线牵——国泰航空“友情篇”（获 2006 年香港十大电视广告奖）

图 11－55　国泰航空“友情篇”

老人千里寻友，悄悄到访外地旧友的肉店。久别重逢，相对无语，却童心未泯，一起玩起童年时的射枪游戏。一阵机枪“扫射”之后，两位老人紧紧地拥抱，眼里泪光闪闪。此刻，任何语言都成为多余，因为两人的心早已融在一起了。

字幕：人动了　心也动了　飞跃全球超过 90 个目的地　飞跃人生，非凡感受

旁白：探望你想念的人。

赏析：这则广告打的是“友情牌”，通篇没有一句台词，却通过两位老人的肢体和表情语言，深情演绎了老友久别重逢的喜悦和激动之情。广告不见一架飞机和一位空姐，却深刻地道出国泰航空带动的不止是乘客本身，更带动了他们的心，令观众深深感到，因为国泰，人与人之间的心灵距离更近了。

十四、三只白白猪——地产街“白白猪揾屋篇”（获 2000 年香港十大电视广告最高荣誉大奖）

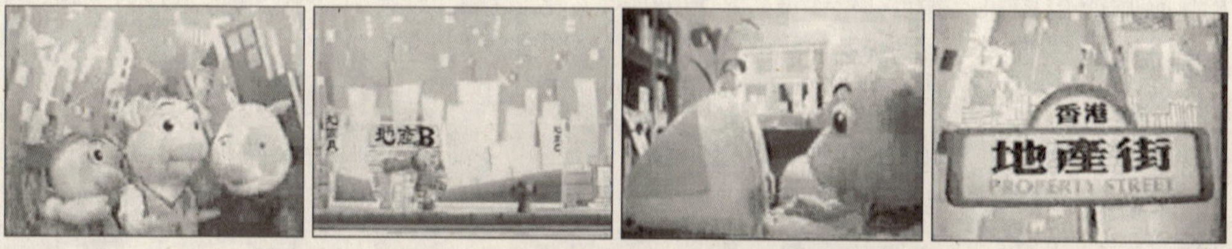

图 11－56　地产街“白白猪揾屋篇”

地产街的这则广告中的三只小猪其实是用手布偶做成的。广告利用了三只小猪原来的故事。猪哥哥无厘头地去问 police（警察），二姐姐去找中介公司，而小猪弟弟则最聪明，懂得利用地产街网站找房子。

广告歌：“三只白白猪，各自去揾屋（找房子），猪哥哥无厘头问 police，猪姐姐周街逛。好彩有只白白猪，醒醒目目“咁”（按）电脑，港九到处各样盘，地产街睇到晒。Property property property street，上街揾楼快。”

旁白：哦！www. propertystreet. net，有成万个楼盘资料，揾楼咁係要上地产街啦。

赏析： 地产街网站（www. propertystreet. net）是香港最受欢迎的地产网站。

没有“万人迷”的超级巨星，没有豪华的布景，仅仅是一首充满童趣的儿歌，外加三只造型可爱的卡通小猪——猪姐姐、猪哥哥和醒目猪——便构成了这样一部成功的广告。更让人称道的是，地产街在广告之外的推广活动也做得有声有色。配合广告攻势，地产街推出了白白猪的公仔系列，外形生动可爱，为了提高其收藏价值，三只猪公仔的制作还特别选用了最优质布料缝制，手工精细，并且限量在网上发售，在港掀起抢购热潮。此外，地产街还预留部分公仔送给保良局的小朋友，并由保良局义卖，帮助有需要的人士，为公益事业尽一份力。

十五、如诗如画，如泣如诉——Burberrys“情牵上海篇”（获 1996 年香港十大电视广告奖）

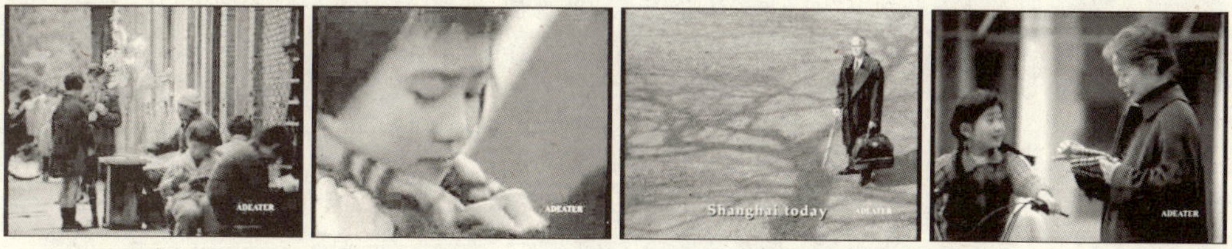

图 11－57　Burberrys“情牵上海篇”

字幕：一九四八年，上海。

悠扬的钢琴曲响起。

1948 年的上海，一切似乎还是那么地平静和安详：一位中国小女孩和一位白人小男孩偶然相识，之后形影不离。一同品尝棒棒糖，一同撑着小木船欣赏两岸怡人的风光，一同学着大人们跳起优雅的交谊舞，一同在无际的旷野放风筝，一同走在悠长的铁道线上……小女孩感冒了，正捂着嘴咳嗽，小男孩连忙把自己脖子上那漂亮的围巾解下来，围在了女孩的脖颈上，这一霎，勾起了多少人无限美好的回忆。

战火就要烧到上海，小男孩即将离去。他四处寻找小女孩，要和她当面道别，可时间紧迫，他没能达成愿望，只默默留下一句“I promise I'll be back”（我发誓我要回来的），带着遗憾，黯然离开了这座让他依恋的城市。

字幕：今天，上海。

时光飞逝，岁月无情，历经沧桑的小男孩，此刻已经变成了一位白发苍苍的老人。他实现了自己的诺言，又回到了上海。在他的眼前，一位中国老太太，正招呼自己的孙女来到自己跟前，从口袋里拿出一条崭新的围巾，为她系上，小女孩的脸上露出了灿烂的笑容。此情此景，仿佛把白发苍苍的老人带回了 1948 年的上海，他情不自禁地对渐渐远去的小女孩说了一句：“Goodbye”，似乎圆了几十年前没有完成的一个梦。此刻，他的眼中早已饱含泪花。

字幕：The beautiful things in life never change（生活中的美好事物永不改变）。

赏析：作家王蒙曾这样评价这则英国著名服饰品牌 Burberrys（巴宝莉）的广告：如诗如画，如一个短篇故事，更如一部长篇小说；如泣如诉，默默无言，浑然天成，却又胜过千言万语。演员的外形与气质，无言与有情的表现都是第一流的，钢琴曲十分优雅，情节与细节的设计完美而且成熟，童年与老年的形象前后吻合无疵。广告通过诗一般的画面和优美的音乐讲述了一个感人的故事。通篇只有两句“台词”：hello 和 goodbye，却充满着真、善、美；充满着超乎人种与国界、历经岁月的无情消磨而不改变的真挚情谊；充满着对于人生的咏叹、抚摸、回味与珍重①。

1948 年，小男孩为咳嗽的小女孩围上围巾；今天，老人为自己的孙女系上同样的围巾。历经岁月的变迁，多少人与事都已随风远去，唯一不变的，是那份人间的关爱与真情，和那永恒不变的爱的符号——Burberrys 的围巾。短短一两分钟，并未煽情，却令你感动得怆然涕下。不言而喻，广告已成功地为 Burberrys 围巾赋予了人间的最高价值。在消费者眼里，它绝不仅仅是一条围巾，而是美好情感的最佳表达。

① 王蒙．美丽围巾的启示．读书，1996（8）：97

十六、不在乎天长地久，只在乎曾经拥有——铁达时“天长地久篇”（获 1994 年香港十大电视广告奖）

图 11－58　铁达时“天长地久篇”

怀旧的音乐和画面把我们带回到了战争年代。一对新婚夫妇恩爱缠绵，然而战争突如其来，飞行员丈夫毅然出征沙场。临别时，他将镌刻着“天长地久”的手表交给爱妻，此时，难分难舍的恋人紧紧地拥抱在一起。

战机缓缓起飞，妻子望断长空，透过眼中闪烁的泪花，往日那甜蜜欢乐的情景又一幕一幕地浮现在眼前……这时，广告词出现：不在乎天长地久，只在乎曾经拥有。浪漫灵感，铁达时。

赏析：该广告是已故广告奇才朱家鼎的代表作之一。

广告以怀旧的方式展示了一幅美丽的爱情画卷。故事情节凄美动人、可歌可泣，周润发和吴倩莲的倾情演绎让人荡气回肠、回味无穷，也让每一位观众打内心深处发出强烈的共鸣——缠绵、欢笑、离别、泪水……这浪漫感人的一幕幕，不正是我们梦寐以求的爱情么？

广告中，“铁达时”手表作为一种符号，象征着至死不渝的爱情。当品牌的象征价值能为消费者所认同，在其心目中占有一席之地，它的位置便难以动摇。情侣间通过“铁达时”来传递对对方爱慕与忠贞的信息，就好像一个定情信物，让对方永远怀念。广告词“不在乎天长地久，只在乎曾经拥有”画龙点睛，道出千千万万观众的心声，遂成为人们广为传颂的永恒的经典格言。

十七、“点灯”——人头马特级干邑“大红灯笼篇”（获 1995 年香港十大电视广告奖）

图 11－59　人头马特级干邑“大红灯笼篇”

电影《大红灯笼高高挂》中的老爷有四个老婆，每到黄昏时分，老爷就会叫管家将红灯笼挂在其中一位老婆住的偏厢门口，表示老爷晚上会到该老婆的房中度宿。

广告镜头开始时，老管家喊着：“点灯！”老仆人随即拿着红灯笼，在后院的大道上跑，四位夫人都在期待着，红灯笼会否挂在我的屋前？怎料老仆人跑过了第一位夫人的门口，第二位夫人的门口，第三位夫人的门口，第四位夫人本以为胜券在握，怎料老仆人还是一口气地往前跑，管家这时喊着，“大少今天晚上喝 CLUB”。观众看到一盏绣上 CLUB 字的红灯迎风飘摇，镜头一转，一帮男士的影子在房中把酒言欢，只剩下四位夫人寂寞地在闺房打麻将。

旁白：CLUB 人头马特级香槟干邑，係男人至醒嘅心得（是男人最醒目的选择）。

赏析：该广告借用了电影《大红灯笼高高挂》里的情节，但出乎观众意料的是，大少的灯笼不是挂在夜宿的房门口，而是为“CLUB 人头马特级香槟干邑”而高高挂起，四位夫人无奈，只能寂寞地在闺房开台打麻将。言下之意，没有比喝人头马特级香槟干邑更让人“销魂”的事情了。由此自然引出广告词“男人最醒目的心得（选择）”。广告人总是不按常理出牌，这又是一例。

十八、喜力啤酒获奖广告

1. 谁的魅力难挡？——“超市篇”（获 2004 年香港十大电视广告奖）

图 11－60　喜力啤酒“超市篇”

动听抒情的英文歌唱起。

一名男子在超市购物。突然，他的视线被一位漂亮的女士深深吸引，该女士正费力地踮着脚，试图拿下购物架上最上层的啤酒。男子走了过去，女士明眸皓齿、笑容迷人。男子帮她取下了仅剩的两瓶“喜力”啤酒，女子感激之情油然而生，不料男士拿到啤酒后，面部表情发生了变化，微笑变成了尴尬。他一扫先前的绅士风度，出乎意料地将啤酒放到自己的怀里，害怕女士跟他抢似的，急忙逃掉了，剩下不可思议的女士和观众。

赏析：这则广告由“魅力难当”的美女明星珍妮佛·安妮斯顿（Jennifer Aniston）主演，其“闪光”之处在于“出乎意料”的故事结局。如果故事以男女主角因啤酒而互生爱意为结局，那这就是一部再平庸不过的爱情片了。但偏偏这是一部广告片，广告人的思维是不按常理出牌的。在酒色二者择一的情况下，男主角“舍色而取酒者也”，显示男人的“至爱”是喜力啤酒。这种举动看起来似乎有点自私，但在该广告中只会令观众觉得幽默有趣，而不觉讨厌俗套。

导演的手法也相当高明。广告片中有悦耳、流行，并与剧情相匹配的音乐。剧中一句对白也没有，导演擅用男女间的眼神接触和肢体语言，把故事表达得自然流畅。女士眉毛一扬、嘴角一笑，男士被女士的目光电得眼眨眨等表情，就把万语千言交代得一清二楚了，且让观众回味无穷！虽然片中还有不合逻辑的地方，例如超市一般不会把畅销啤酒放到柜顶去，但广告片中俊朗的男士、优雅的女士，加上悦耳动听的歌曲和煽情到位的表演，观众早已被吸引到故事当中，自然也无暇顾及故事的逻辑性了。

2. 为“伊”消得人憔悴——“冰桶篇”（获2004年香港十大电视广告奖）

图11－61　喜力啤酒“冰桶篇”

酒吧里，男主角试图从冰桶的冰块里捞一瓶喜力，但几次都不成功。然而他不达目的誓不罢休，仍执著地坚持着，直到双手冻得通红，才觅到那瓶梦寐以求的喜力。此时，他的手在不停地发抖，不过不要紧，他的伙伴们的手也都在不停地发抖呢！

赏析：用“衣带渐宽终不悔，为伊消得人憔悴”来形容片中男主角的执著，再合适不过了。只不过这个“伊”不是风情万种、美丽动人的“伊人”，而是喜力啤酒。该广告没有复杂的故事情节，整个30秒的广告就两个镜头：镜头一用20秒的时间，展现了男主角在冰桶中捞取喜力的过程；后10秒则是结果——跟酒吧内许多其他男士一样，手被冻得通红，牙齿也颤抖得咯咯作响。广告片延续了喜力一贯的幽默风格，跳出了产品的利益点，而是从对产品的忠诚度入手，既细化了目标消费者又提升了品牌形象，让人对喜力的好感油然而生。惊叹“究竟喜力有什么魔力”的同时，也产生了试试看的冲动。

十九、生命冇 TAKE2——公益广告“这出戏篇”(获 1996 年香港十大电视广告奖)

旁白：你嘅生命就好似呢出戏（你的生命就好像这出戏）……编剧是你，导演是你，主角亦是你，剧情点（怎么）发展，完全视乎你点想，你每去一个情节，都会左右下一个事件，你每行一步，都会有牵连。不过记住，你呢出戏……冇 TAKE2，行错咗唔可以 NG 嚟过（走错了不能重新来过，NG = No Good）。“生命冇 TAKE2（生命没有第二次），请小心演绎。

赏析：香港在 20 世纪 90 年代盛行英雄片，青少年的正是英雄片的捧场客。这则公益广告巧妙地运用了很多部曾在香港非常流行的黑社会电影片段，剪辑成反罪恶宣传片。片中，周润发、李修贤、梁家辉、万梓良、梁朝伟成了代言人。他们出生入死、锒铛入狱，甚至丢掉宝贵生命，但这一切都是虚构的剧情，旁白道出真理——每个人的一生，就是自己真实的一出戏。

广告在 30 秒内有 27 个镜头，令许多灭罪委员和官员头晕目眩，但市场调查公司的数据显示，青少年（甚至是纯良的）却对它偏爱有加，不但清楚明白广告信息，还对片段如数家珍，广告语的记忆度更达百分之百。

“生命冇 TAKE2”，一句包含普通话、广东俚语、英文和阿拉伯数字的“奇异”的公益广告语，曾被人嘲讽“语文水平低劣”、“狗屁不通”，但正是这一广告语，后来却成了香港人人皆知的励志名言，常常被人引用。这一发人深省、极具震撼力的公益广告宣传概念和口号，也是人称“香港公益广告之母”、“血液里流着广告 DNA 的女人”——伦洁莹的代表作。

生命只能演一次，不能重来的大道理，一般人都会去思考，更何况那些已入或将入歧途的青少年。如果在打架前、吸毒前、做坏事前，能想到言简意赅的“生命冇 Take2”，然后开始懊恼自己在浪费生命，下决心痛改前非，便是这则公益广告的最大成功了。

小资料：《龙吟榜》简介

1995 年初，香港资深广告人林俊明先生与数位志同道合的创意人郑光伦、劳双恩等人，利用业余时间，创办了这本专门收集世界各地出色华文广告精华、并以季刊（逢一、四、七和十月）形式出版的全彩色印刷专集——《龙吟榜》，喻义世界各地有着龙的血统的华文广告创意人、昂首阔步地把龙的创意，呼啸传播到全球每个角落。

《龙吟榜》专门从中国内地、香港、马来西亚、新加坡和台湾，甚至加拿大和美国各地收集出色的华文电视、报刊和海报广告，悉心挑选出具创意、或善于利用华文特征、或是主题有浓厚华夏文化色彩的作品，以双语发表，并以产品分类刊出。自1995年创刊以来，《龙吟榜》每期均在不同市场访问一位杰出华文广告从业员，深入探讨被访者从事广告业以及市场学的宝贵心得。从第17期（1999年第一期）开始，《龙吟榜》更增辟了"广告赏析"一栏，每期皆请来资深广告人和读者分享他们的经验、对某些广告的独特看法，以及广告界的一些盛事等。

每期的《龙吟榜》均以不同的设计路线去演绎，流露独特的个性和风格，在封面设计上，《龙吟榜》亦花尽心思，不时给读者带来惊喜。

Chapter 12　　第十二章

台湾经典广告赏析

Study on Classic Advertising Cases of Taiwan

本章精选了台湾地区一些知名企业的产品/品牌广告，并通过对这些广告案例的梳理、分析和点评，展示台湾商业社会的精彩生活、地域特色和亚文化民俗风情。案例主要采选于台湾广告公司在全球性或区域性广告奖项角逐中的获奖作品①。

一、ICI 得利涂料“得利确有两把刷子篇”

1978 年，国华广告创意制作的 ICI 得利涂料“得利确有两把刷子篇”广告荣登第一届广告设计奖②榜首，同时也成为台湾广告圈内外的热门话题，见图 12－1。

图 12－1　ICI 得利涂料“得利确有两把刷子篇”

得利是一种装潢用的涂料。在画面上，两把刷子正饱蘸涂料，左右挥动。这两把刷子虽然一模一样，可又功能各异，相得益彰：“一把刷新品质……”诉求的是它的品质与同类产品的不同，“抗碱，耐水洗”，显出产品差异性。另“一把刷新色彩……”，它有“64 种现成色彩，免调色，经久如新”，以两把刷子的“用途”巧妙点出得利涂料的优秀质量、丰富品种、使用方便等特性。广告的标题与品牌标志互融一体，简洁明了，在有限的空间内表达了多重的传播内容。广告创意的切入点是将消费者的利益点放在“得利确有两把刷子”上，并用“有两把刷子”的借代义表示得利涂料的卓然不凡。不愧为台湾广告金像奖的开山夺魁经典之作。

二、产物保险公会“居家安全小心火烛篇”

1989 年，台湾最佳杂志广告金像奖的得主是宪华广告为产物保险公会所作的“居家安全小心火烛篇”，见图 12－2。

“这是一根烟蒂在三分钟内造成的伤害”，一共 16 个字，占据全部版面的 1/2，该广告乍看起来可能过于简单。但令人叫绝的是，在“伤”字笔画下有一道烟蒂烧过的痕迹，好像是刚刚被摁灭，空气中还残留着焦味。与之相呼应的是最下方的文案：“如果您未及时发现，那所造成的伤害将无法预料！台北市产物保险公会提醒

---

① 可参阅王秉钧．广告创意，永无止境的创新和追求——《台湾广告金像奖 20 年全集述评》．广告大观，1999（4）

② 台湾广告金像奖，最初叫“广告设计奖”，于 1978 年设立。3 年后，更名为“广告金像奖”，后由平面媒介向立体媒介延伸，不仅有报纸项、杂志项，也开始设立了电视项。除了“广告金像奖”系列奖外，还先后增设了“亚太广告奖”、“世界华文广告奖”、“金犊奖”、“金格奖”等。

您，居家安全小心火烛。”整个平面设计版式简单得体，将提防火灾伤害的主题表达得精妙隽永、令人回味，堪称平面广告中的上乘之作。

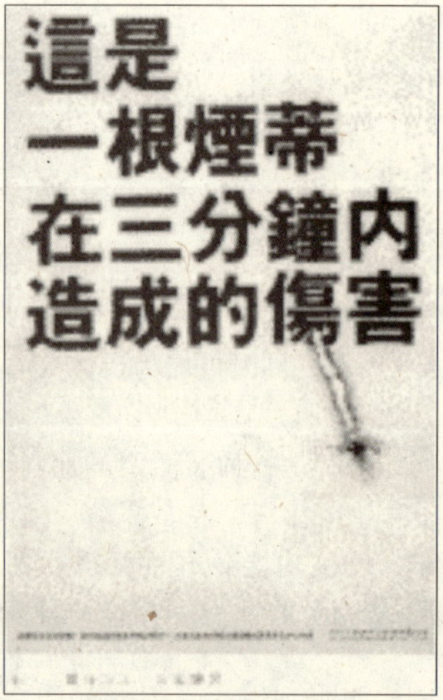

图 12－2　产物保险公会“居家安全小心火烛篇”

三、福特嘉年华（ALL NEW FESTIVAL）：“十八周的拼图游戏”

福特嘉年华汽车 1992 年在台湾上市。在当时，全外资的智威汤逊成立四年，岛内的广告创意排行榜上还看不到它的位置。然而，智威汤逊的媒介部门却是无可争议的业界领导者。于是，它巧妙地扬长避短，利用自己强大的媒介执行力为客户做了一个经典的媒介投放。

图 12－3 便是由 18 张平面广告拼成的福特嘉年华全貌。这种车在台湾出售时，其宣传的广告语是“最大的小车”，意即该款车型具有较大的车内空间。智威汤逊为了配合这个产品定位，决定起用数量多、篇幅大的广告媒介。但是那个时期一般的报纸每天的版面不多，也不可能全部登载广告。深思熟虑后，智威汤逊发挥媒介创意，大胆地突破了既有的版面限制，买下连续 18 天的整版广告，每天只刊出福特车的一小部分。读者如果集齐所有的广告，就可以拼出和实体汽车一样大小的图样，随后还有抽奖送现金活动作为对广告的配合。

广告刊出之后，福特嘉年华在很短的时间内便借此力量登上了台湾小型轿车销售量第一的位置，成为大众心目中的首选品牌。有鉴于对销售量的实际促进作用和对传统媒介创意的颠覆，此广告赢得了当年 MEDIA 和 4A 等专业广告大奖的最佳媒体版面运用奖项。

图 12－3　福特嘉年华（ALL NEW FESTIVAL）：“十八周的拼图游戏”

四、黑松汽水广告

1950 年，黑松汽水在台湾上市。随后，黑松品牌下的另一种产品——碳酸型饮料黑松沙士也接踵而来。这种黑松沙士的成分与可口可乐几乎一样，但在口味上又似乎更加清爽。提起黑松或是看到黑松瓶鲜亮的绿色，台湾人就会感到很亲切，而广告在其中就发挥了至关重要的引导功能。它自1978年平面广告荣获第一届时报广告设计奖第一名后即成为各届时报广告奖的常胜军，尤其是1992年的“化去心中那条线”系列广告更是囊括当时各类大奖。当1969年可口可乐由专供驻台美军转向台湾大众市场时，并未像在其他地区一样所向披靡，就是因为受到了黑松的顽强阻击。

黑松的广告大致有以下四个方面的特点：

1. 以快乐为主题

黑松的广告曾一度零散杂乱，不但表现主题不一致，而且即使是同期刊播的广告，报纸和电视上的宣传口号居然也是不一致的。但在20世纪70年代中期，黑松做出了调整，以“Happy Time”和“有黑松就有快乐，有快乐就有黑松”作为广告主题，使黑松“快乐”的品牌形象逐渐突出。这个时候，无论是何种媒体发布的广告，每一个广告元素都洋溢着欢快的气氛。如在1972年，有三则整版和数则1/4版的报纸广告，都是描绘青年人在海滩上奔跑雀跃的情景。文案写道：“快乐的日子来到了！大海与我们，我们与黑松，在这无垠世界的海边相聚着，你一瓶，我一瓶，舒畅了我们的四肢，在快乐的日子享受新时代的欢乐。”1973年，又推出七则整版或半版的系列彩色报纸广告，描绘由黑松各种产品构成的快乐生活，如“活跃在大太阳下的黑松沙士”、“滴滴甜蜜，点点柔情的黑松果汁”、“溶入了爱的世界的黑松可乐”、“清凉透顶，有快乐爽意的黑松汽水”等。电视广告也朝快乐方向表现，不断地告诉消费者：“生命就应该浪费在美好的事物上。”

在2007年的“广告金句奖”当中，黑松沙士“夏日之旅（AB）篇”（代理商：台湾电通）的广告语“Play，不累”入选。其中一则电视广告描写了这样的情景：两个都市年轻人到海边去游玩，临行前准备了两网兜的罐装黑松沙士。早上7点22分，两人潜入海底，将饮料放下以保证持续低温。然后，两人兴高采烈地共乘一辆摩托车到机场边与飞机拼速度。等回到海边才发现，存在海底的黑松沙士居然正被一群小孩打捞起来！两人对视半晌，最后决定用“一堆沙士换一群朋友”，把所有的黑松与那些小孩一起分享。大家高兴地在海中嬉戏，有清凉解暑的沙士，玩起来当然不累。

2. 以音乐为载体

黑松汽水虽是一个多年的老品牌，但至今仍魅力不减，其原因之一就是随潮流而动，不断吸引一代代的年轻人，而以音乐为广告载体能有效地达到这个传播目的。用一首流行歌曲表述主题，也一直是黑松汽水电视广告的传统。如张雨生的《我的未来不是梦》、赵传的*Oh*，*Sally*、辛晓琪的《当我身旁有你在》、小虫的*I Feel Good*等都曾入选成为黑松的广告曲，吴勇锋、胡彦斌则成为广告代言人。黑松多使用新推出的原创歌曲，内容和风格强调黑松公司的品牌精神——有梦就有快乐。在选择歌手的时候，也倾向于那些刚刚出道的新人，这样的歌手一方面比较有朝气，另一方面歌曲和演绎者本身也比较容易结合到一起。而且，广告歌必须与黑松广告所一贯秉持的“让年轻的心积极行动，为土地上所有的人带来希望、带来梦想”的主题相统一。另外，黑松公司将唱片公司、电视节目、广告、零售终端结合在一起，扩大了营销传播的范围，同时这些渠道的交叉作用也强于单一媒体的作用。该公司将这一方法也应用到了大陆华东市场。在 2004 年 9 月份，黑松公司邀请胡彦斌演唱了《我的未来不是梦》，同时举行了一次巡回校园歌唱比赛，将这股旋风刮及整个华东地区。电视娱乐节目、广告、唱片行里不断播放的歌曲，公众对于这名歌手的追捧，以及零售超市的大幅海报都成为黑松有力的传播工具。而紧随其后的市场调查显示，黑松的知名度在上海从零上升到 67%。

有歌声相伴的广告不仅能让黑松随着歌曲朗朗上人口，还能借歌词点化镜头意义。如前面提到的"化去心中那条线"系列广告就以一首爵士味的广告歌贯穿始终："不要用线绑住你自己，留一点温柔的空隙，不要把手握得太紧，感觉就能互相传递，让所有的念头静一静，用你的心，去听别人的心。"在歌声中，黑松构造出一个快乐、温馨、和谐的世界。

图 12－4　黑松系列广告："化去心中那条线·车站篇"（1995 年广告金句奖、第十四届时报奖）

3. **感念乡土情怀**

如果黑松仅用音乐元素来作为广告主体，它是难以与强敌竞争的。黑松之所以对台湾人具有特殊意义，是因为其广告一直秉持着乡土情怀，表现的都是地地道道台湾的东西，并用纪实的手法描绘台湾人平凡而真实的生活。如 1990 年拍的广告片"搭错车篇"，一对老姐妹搭错了旅游车，正在惊慌之时，车上的小伙子热情地过来问候，还一边唱着歌，一边拿出大家都喜爱的黑松汽水款待客人，黑松汽水的"待客之道"让两位无助的阿婆感到大家庭的温暖，甚至找到自己的旅游车了也高唱着"今天不回家"留下来。广告里的人物是常见的台湾阿婆，说的话、唱的歌是地道的闽南语，连偶尔带上一句的国语也是正宗的闽南腔，讲述的小故事也是台湾人普通生活的一个片段。熟悉的人物、熟悉的语言、熟悉的生活场景，甚至是熟悉的境遇，再加上和睦友爱的气氛，怎能不让台湾民众喜欢呢？获得第 22 届时报奖的黑松沙士"偷渡客篇"更是让黑松沙士成为台湾人的象征。小渔村里，警察怀疑一个没带身份证的人是偷渡者却没有证据，那人还得意地唱起一首地道的台湾歌《当我们在一起，在一起》以证明自己是地道的台湾人。拎着黑松沙士的胖警察却用一句"正港的沙士哪个牌"把那人问住了。这就是个最好的证据！"黑松沙士，正港的沙士"，哪有台湾人不知是黑松的？

乡土情拉近了品牌与台湾民众的距离，它不仅将黑松与可口可乐鲜明地区别开来，还为黑松赢得了民心，让台湾人不仅以喝黑松为乐，还以喝黑松为荣。

4. **常做有公益意义的广告**

黑松一直以其广告的公益性为人称道。每年3月12日植树节前，黑松总要做宣传爱护自然保护生存环境的公益广告，如“森林是了不起的作家（最出色的画家、天生的教育家、伟大的音乐家），我们大家要尊重‘她’”。1984年，第七届广告金像奖时，联广广告公司就以“黑松响应绿化运动系列稿”获得“公益广告特别奖”，见图12－5。它先以“一棵大树相当于40吨冷气机，你知道吗?”的广告标题，先声夺人；继之以绿叶葱茏的大树，冷气机的线条轮廓隐于浓密的树叶中，几股绿色箭头意指冷气。绿化、环保的公益主题在下方的广告文案中得以体现。

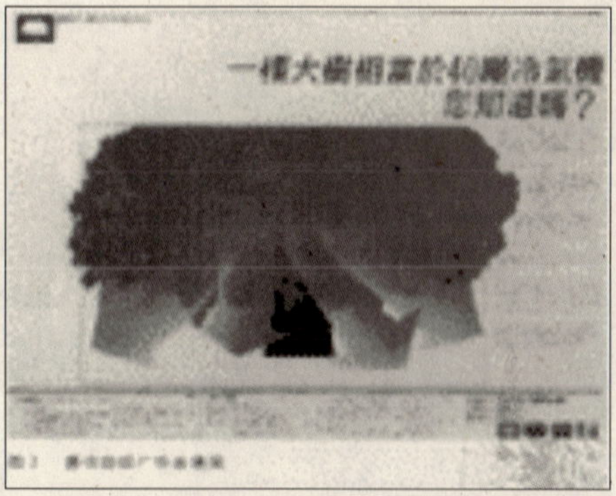

图12－5　黑松响应绿化运动系列稿（1984年第七届广告金像奖·公益广告特别奖）

黑松还特别关心参加“黑色七月”高考的学生们，为孩子和父母提供精神帮助。如在考试前，黑松说“奋斗可贵在过程，不在结果”；对没考上的学生劝慰“今朝滑铁卢，明天诺曼底”、“选择放弃，不如换个方式重新开始”，告抚他们不要自暴自弃，另辟蹊径一样可发挥才干。

如今，黑松在商品广告中已不再简单地推销商品，而是经常反映一些社会现象，启迪人们去思考社会问题。如获第十四届台湾时报奖的“化去心中那条线”系列电视广告：小男生和小女生愤愤地在课桌中间划下一条分界线，警告对方不许侵犯；高大威猛的男士在酒吧间找寻落下的帽子，却被一对小恋人认作好色之徒；好心人主动帮助艰难推车的女士，却被女士当成居心不良；一直惊慌逃避的开跑车的美丽女郎终于被后面的吉普追上，却没想到车里的人只是想告诉她，她的长裙夹在车门外了……片尾打出广告语：“化去心中那条线——黑松汽水。”在这次广告运动之后，黑松又推出同种风格的电视广告“多帮别人想一想”系列，继续引导民众关注人与人之间的和谐沟通。

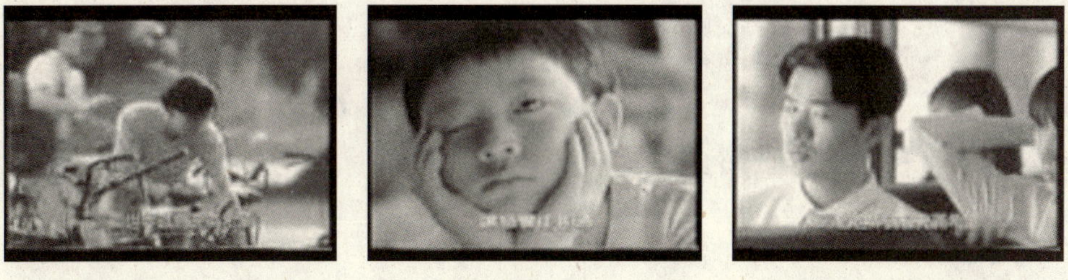

“多帮别人想一想·车棚篇”　“耐心让你更顺心·教学篇”　“多帮别人想一想·公车篇”

图12－6　黑松系列广告

“灵药”系列广告则帮助个人调适内心，号召“用心让明天更新”。如在“爱情灵药篇”中，给出的爱情药方是“温柔心一颗、倾听二钱、敬重三分、谅解四味、不生气五两，以汽水送服之，不分次数，多多益善”；在“工作灵药篇”中是“热心一片、谦虚二钱、努力三分、学习四味、沟通五两，以汽水送服，遇困境加倍用之”；在“生活灵药篇”中又开出生活药方是“水一杯、糖二三分、气泡随便，以欢喜喝之，不拘时候，老少皆宜”。黑松又摇身变为人们精神上的良药。

另外，在与黑松汽水十几年来的交往当中，广告代理商联广广告也对客户体现了很高的忠诚度：总经理叶文立一家聚餐，非黑松汽水不喝；董事长赖东明每次在外宴客，也一律采用黑松汽水和黑松沙士。这种坚持虽然是每个广告公司都应必备的，但在现代社会已经不太能见到了。

五、左岸咖啡馆广告

1992 年，台湾广告的“教父”级人物、奥美董事长宋秩铭将奥美分为营业一部和营业二部两个单位，后因资源不足而合并；2001 年，台湾奥美又重新分为被人们称作“左岸”与“右岸”的两个事业部，而台湾奥美的客户之一便是“左岸咖啡馆”。

1. 爱情系列

桥上恋人站着，桥下恋情流着，我呢！只是等着，你呢！好久不见你，我在咖啡馆

读到 L 的工人在谈恋爱，照常阅读，照喝咖啡，在等她来！我在咖啡馆，和你谈爱恋

咖啡馆开了，气氛热了，西风来了，他走了，带着她离开！我在咖啡馆，和你谈爱恋

离角落近一点，离热闹远一点，想你，比较容易，想我！好久不见你，我在咖啡馆

图 12－7

爱情是人类永恒的主题，台湾奥美就把左岸咖啡馆改造成了谈情说爱的地方。广告语中带着一丝淡淡的、患得患失的忧愁，如同恋爱的人们若即若离似的。是 20 世纪初新月派的诗么？是 20 世纪末席慕蓉、汪国真的诗么？

2. **文化系列**

左岸咖啡馆，左岸人文馆

巴黎塞纳河左岸的人文咖啡馆缘起于二十世纪初，是毕卡索、沙特、西蒙波娃等人 喝咖啡、谈梦想的固定聚所。左岸咖啡馆，填满了引入思潮奔流的欧洲人文气息。①

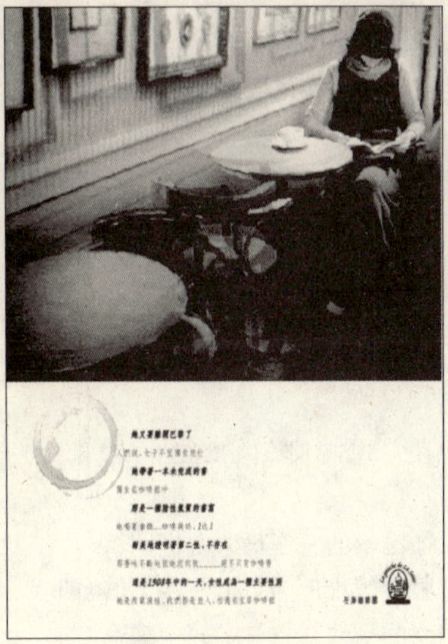

她又要离开巴黎了

人们说，女子不宜独身旅行

她带着一本未完成的书

独坐在咖啡馆中

那是一种阴性气质的书写

她喝着拿钱……咖啡与奶，1 比 1

甜美地证明着第二性，不存在

那香味不断地从她流向我……绝不只有咖啡香

这是 1908 年中的一天，女性成为一个主要性别

她是西蒙波娃。我们都是旅人，相遇在左岸咖啡馆

图 12－8

---

① 毕卡索（1881—1973），内地译为毕加索。法国现代画派的主要代表，20 世纪西方最具影响力的艺术家之一。其作品约达 6 万件。

沙特（1905—1980），内地译为萨特。法国 20 世纪最重要的哲学家之一，同时也是一位作家、戏剧家和社会活动家。著有哲学巨著《存在与虚无》，曾获诺贝尔文学奖。

西蒙波娃（1908—1986），法国著名存在主义作家，女权运动的创始人之一，曾获得龚古尔文学奖。其作品《第二性》被认为是女权运动的“圣经”。

3. 生活系列

下雨喝一下午咖啡。

聊赖的午后，我独自走在蒙巴那斯道上。

突然下起雨来，随手招了一辆计程车，

满头白发的司机问了三次“要去哪?”我才回过神。

“到……”没有预期要去哪的我，一时也说不出目的地。

司机从后照镜中看着我说“躲雨?”我笑着没回答。

雨越下越大，司机将车停在咖啡馆前要我下车，笑着说“去喝杯咖啡吧!”

他挥手示意我不必掏钱了！来不及说谢谢，计程车已回到车队中，

走进冷清的咖啡馆，四名侍者围坐一桌闲聊着，

看到我后立刻起身，异口同声地说“躲雨?”

我笑着不知该如何回答，

午后一场意外的雨，

让我一下午，见识了五个会“读心术”的人，喝了一下午的咖啡。

我在左岸咖啡馆。也在去左岸咖啡馆的路上。

飞往巴黎的左岸长荣专机，

空服员优雅地为每个人端上热咖啡

四周的景致与空气中的咖啡香，

让人宛如登身左岸咖啡馆。

图 12－9

以上这些广告里所运用的各种元素并不是随意选取的，而是经过奥美的精心设计。统一企业为左岸咖啡馆选择的目标对象是17到22岁的年轻女士，她们诚实、多愁善感、喜爱文学艺术，但生活经验不多，不太成熟，喜欢跟着感觉走。相对于产品质量而言，她们更寻求产品以外的东西，寻求情感回报、使她们更感成熟的东西。因此奥美认为，左岸咖啡馆，这个来自法兰西塞纳河边神秘幽远的艺术圣地，是有着咖啡芬芳、成人品味的，可以给消费群体从精神上带来一种全新的感觉。它的广告视觉应该非常法国化，但其文本却应是很有日本文学风格的。

从实际销售来看，这些广告的作用也是非常突出的。在左岸诞生的第一年，其销售收入就达到了400万美元，之后又以约每年15%的增长速度持续了一段时间。左岸咖啡馆经过台湾奥美的精心雕琢，已被打造成了名副其实的高级品牌。

六、麦斯威尔（Maxwell）咖啡广告

麦斯威尔的历史可以追溯到1870年。当时，出身肯塔基州的杂货店推销员乔尔感到当时的咖啡无法满足他的要求，于是开始尝试混合其他不同的咖啡豆。当他调配出一种令他满意的口味后，便把它拿到田纳西州首府颇负盛名的麦斯威尔旅馆。没多久，乔尔所调配的咖啡，即以其独特的香醇成为麦斯威尔旅馆最受欢迎的产品，而此地的咖啡烘焙厂也因此成为全美国最大的一家。1907年，乔尔把亲手调配的咖啡端给时任美国总统的西奥多·罗斯福，得到了由衷的赞赏："这杯咖啡，真是滴滴香醇，意犹未尽（Then coffee is good to the last drop）。""滴滴香醇，意犹未尽"这句话从此成为麦斯威尔咖啡的金字招牌并为其带来滚滚财源，也成为百年广告的经典之作。

作为全球第二大咖啡品牌，美国卡夫公司的拳头产品麦斯威尔咖啡1982年11月在台湾上市，而"雀巢"却是当时"咖啡"的代名词。在上市伊始，麦斯威尔选用名人孙越做代言人建立品牌知名度，鼓励大家从喝茶转到喝咖啡，并试图区分美国式与欧洲式咖啡。在广告表现上，麦斯威尔传达"好东西要与朋友分享"的概念；与之相对应的，则是在销售上推出咖啡礼盒包装并随罐赠送咖啡杯（只送不卖），并且开发出随身包与随身杯，还藉之举办"爱·分享·行动"的慈善活动。在六七年间，麦斯威尔创造了极高的知名度，抢占了15%的市场份额。1994年，麦斯威尔的广告语"好东西和好朋友分享"当选为台湾消费者最受欢迎的口号。

随着麦斯威尔进入台湾，卡夫公司也选择了奥美作为广告协作伙伴。在下面的广告中，奥美将麦斯威尔的slogan与中国人的访友相结合，既维系了其品牌形象，又适应了当地习惯，的确是"Think global，act local"的典型案例，如图12-10。

图12-10　麦斯威尔"访友不遇篇"

这则电视广告的内容是：年轻的父亲带着妻子和儿子去山区访友，一路上风光绮丽，鸟鸣山幽，

山顶云雾缭绕，暗隐贾岛《寻隐者不遇》的诗意。果不其然，到小屋前才发现，门扉掩蔽，友人外出，本来期待的一番热情场面，变成一次遗憾。朋友回来时，看到来访者在案头留下的便笺：“庚午年除夕，携妻儿至友人家，共话年味儿，不遇”，也颇有雅士风范。广告最后旁白道：“今年春节，别忘了好朋友，麦斯威尔咖啡礼盒。”

七、好自在“美少女”系列广告

1998 年，在奥美工作超过十年的郑以萍离职，赴达美高（D’Arcy）就任执行创意总监。在此之前，达美高除了在 1997 年和 1998 年分别于时报广告金像奖上得过一个佳作奖之外，其公司的创意一直在低水平徘徊。

1999 年，好自在“美少女”系列广告诞生，为达美高立下了创意声誉。当年，达美高凭此摘下时报广告金像奖最佳平面广告桂冠，而且还在时报世界华文广告奖、4A 自由创意奖、香港龙玺环球华文广告奖上获得很好的成绩。接着，达美高为凯迪拉克所作的“夜视系统系列”广告（见图 12－11）又拿下 4A 自由创意奖最佳平面类金奖，以及最佳平面艺术指导金奖。随着创意的逐渐提高，达美高的经营业绩也开始逐渐上涨。这些转变也多与郑以萍的加入有关。

“在黑暗中，您永远不知道会遇到什么”
凯迪拉克“夜视系统系列·轮船篇/章鱼篇”

图 12－11　“夜视系统系列”广告（4A 自由创意奖最佳平面类金奖、最佳平面艺术指导金奖）

当时，宝洁和可口可乐、通用汽车都是达美高的客户，为其提供了最大的经济支持。1999 年，宝洁决定将其“好自在”卫生棉产品的消费群体定位为青少年女性，而在过去，宝洁的日用品广告较少针对不同的消费群体或者是敏感的话题。郑以萍认为这是达美高的好机会，因此花了很长的时间说服客户，最终为此产品创造出了一个与青少年消费者沟通的广告方式。

过去操作空中英语教室广告的经验使郑以萍对中学生有了初步的了解。达美高针对宝洁“好自在”的轻、薄、吸力强的产品特色，结合消费者特定年龄段的特殊心态，最后创作出“对我轻薄”、“不厚道”、“要刻薄”、“我爱吸血鬼”等系列广告，如图 12－12。

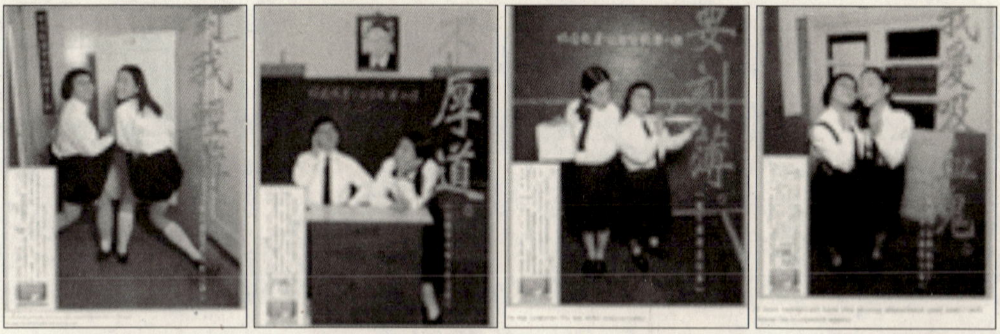

图 12－12

在提案之前，达美高事先带着录音机到便利店询问高中生对这套广告的想法，并将调查结果提供给宝洁。但是，该系列广告在宝洁内部产生了相当大的争议。在勉强通过且刊播一周之后，宝洁害怕引发社会非议，又临时通知达美高要撤稿。而达美高认为，应该了解是哪些人不喜欢这些广告，这些人到底是不是好自在的消费群？于是，达美高二度作了调查，带着平面稿到女校门口访问了二三十个高中女生，并把过程拍摄下来给客户看。访问后发现：比较现代、开放的女生喜欢该广告，而偏向保守的则不喜欢该广告，这种差异正好是宝洁早已设定的。于是这套广告才继续刊登下去。后来，这个系列的平面广告又在华东地区进行过一次受众调查，大多数的受访者都是笑而不言。由此可见，大陆和台湾受众对其中的幽默意味是心领神会的，只不过大陆的反应方式更含蓄、更掩饰而已。

九、维力食品广告

当太笈策略接手维力食品这个客户的时候，维力食品的品牌存在着老化现象。当时，只要是生产速食面的企业，都面临着市场高度饱和的困境，大多数类似企业选择了产品多元化和寻找新利基，维力食品也不例外。于是，此企业发展出“什么丸意儿”拉面丸子来冲击零食市场。

太笈策略对广告科学派的观点是十分认可的。他们认为，所谓好创意，必须是要帮助销售，而不是玩弄技巧；所谓好广告，就是要吸引消费者追随，而非只当一位口才好的演说家；广告是要从“效率”转化为“效能”的。这些看法又往往与客户的愿望不谋而合。因此，客户对太笈策略较为信赖并愿意与其结为行销伙伴关系。在这种情况下，太笈策略经常能拿到比较机密的销售资料。对这些资料解读后发现，许多人发胖的原因是吃零食，而吃零食的目的则是为了解闷、减压。太笈策略认为，如果这样的推断是成立的，那么原有的对零食消费者群体的界定就可以再向上推移，从 15～19 岁的学生群体升至 15～29 岁的年龄群体。在这个群体里，还包括了刚刚开始工作的一批年轻人。这些人甫入社会，有一定收入，而且多少都有工作压力需要缓解。对这个年龄段的群体，采用强销手法只会适得其反。问题是，用什么样的创意来吸引他们呢？反复斟酌之后，太笈策略采取了这样的广告诉求，见图 12－13。

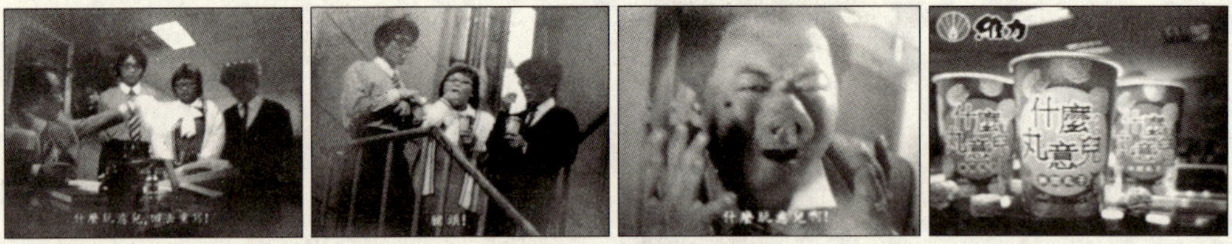

图 12－13　维力食品广告

在广告的一开始，就出现了很多年轻人参加工作后大多会遇到的情况：老板强横不知体恤，布置的工作做完后又被一次次地驳回，不但要忍气吞声，还损伤了自信心和工作热情。当老板拍桌大叫“什么玩意儿”的时候，这是对下属的不满；而当下属在背后吃零食发泄时，也是大骂“林经理，猪头！”现在好了，有了“什么丸意儿”拉面丸子，林经理真的变成了猪头！一颗小小的零食，如同附有法术的仙丹一样，吃下去居然有心想事成的效果。广告的末尾进一步强化了这种“复仇”情绪，打出“无深仇大恨者，请勿服用”的字幕。

对于 20～25 岁的年轻人来说，与同事或上司如何相处是他们最为关心的话题之一，而“什么玩意儿”这句话通常会用来泄愤。一边吃着“什么玩意儿”，一边骂着“什么玩意儿”，这不是很般配么？精准的广告策略和创意为这种拉面丸创造了月月短货的局面，成就了维力食品的销售奇迹。

维力食品的广告量在台湾地区并不是很大，所以经常喜欢用制造话题的方式来帮助销售，这就要求太笈策略为其提供尽可能新鲜和刺激的广告创意。2000 年，太笈策略还负责为维力食品的“小辣妹”杯面做广告推广。因为这种产品的消费者群体被界定为嗜辣的年轻女性，所以太笈策略从产品命名开始介入，一直到延伸出创意口号“普通人别乱泡”，整个过程浑然一体，达到了很好的持续性整合效果。

九、7-ELEVEN 御饭团广告

统一企业从 1979 年开始自美国南方公司引进 7-ELEVEN，至今在岛内已拥有 2 000 余家分店，年营业额约 420 亿新台币。太笈策略携“饥饿三十”活动的成功经验，在中途取得了 7-ELEVEN 食品广告的代理权。他们创造的“坚持”的御饭团和“温暖”的关东煮，不但风靡全岛，而且还逐渐发展至大陆，为 7-ELEVEN 的成长作出了非常大的贡献。可以这样说，现在台湾的饮食习惯和流行时尚，都或多或少和太笈策略的广告宣传有一定的关系。

过去，御饭团被称为“三角饭团”，这种饭团在制作过程中必须保持全程 18℃，因此也与大众吃热食的习惯相悖。后来，太笈策略从产品来自日本的地域角度思考，为三角饭团找到“日式饭团”的定位，与传统饭团建立了明显的区隔。为了与“日式饭团”的定位相匹配，太笈策略从产品命名、包装设计、广告调式上都尽量体现日式风格，创意部门还在发想创意时特别买了一套漫画《将太的寿司》来参考研究，最后决定用“坚持”作为广告诉求，并且和全程18℃的制作技术相统一，进一步创造了“全程18℃是一种对品质要求的坚持”的广告形象。

这一系列以不同关系如从属、母女、情侣等表现坚持精神的广告，在播出后产生了社会化的效果，片中的三角手势（见图12－14）也成了大众化的行为符号。2000年台湾地区领导人选举时，陈水扁以三角手势来比拟他的“新中间路线”，很多人马上便联想到7-ELEVEN的御饭团。就广告的影响面而言，太笈策略做所谓的“有机广告”的目的达到了，御饭团的形象在台湾大众心中确已生根发芽。

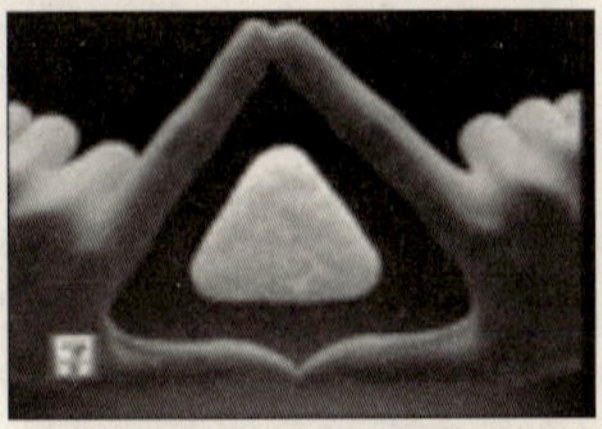

7-ELEVEN“武藏野炊饭篇”

7-ELEVEN“武藏野炊饭篇”

图12－14

1997年，“哈日”之风席卷全台湾，太笈策略趁势而起，用日语配音的7-ELEVEN御饭团电视广告一经播出立刻引起了“哈日族”的狂热追捧。御饭团在实际销售中也是供不应求，赴日拍摄的7-ELEVEN关东煮和御饭团广告也立即在网络上成为热门话题。随着7-ELEVEN在大陆的扩张和“哈日”风的西进，这些广告以及其后隐含的广告文化、社会文化同样也受到了业界人士的重视。

7-ELEVEN“厨师篇”

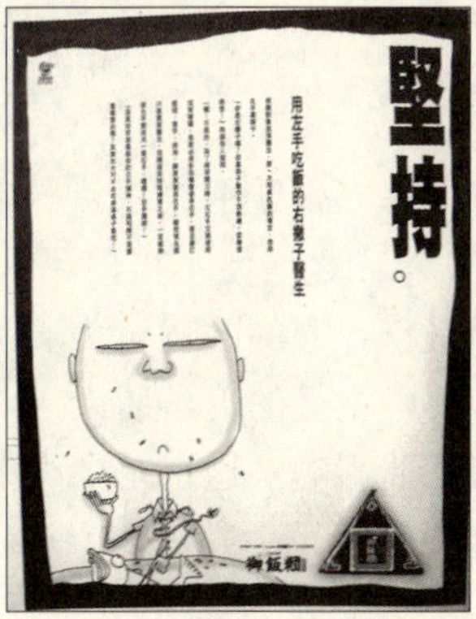

7-ELEVEN“医生篇”

图12－15

十、中兴百货广告

台湾中兴百货一向以引领时尚的姿态和品味独特的形象为业界所称道。从 1974 年起，中兴百货以“精致生活文化”为经营理念，将商品与人文思想相关联，意图创造源于潮流而又先于潮流的消费文化。台湾意识形态广告公司一直代理中兴百货的广告，并以棱角分明的创意观念和表现手法在台湾广告界引发震撼。甚至有人认为，中兴百货的意识形态广告代表着华文广告设计的顶峰，其水准远远超过绝大部分获得国际广告奖的华文作品[①]。在意识形态广告盛行的近十年间，许舜英、张恒荣等人的文案和杜秀纹、林建宏的设计成为两岸三地不少广告人研究和模仿的范本。

1. “家庭生活万岁篇”(1991)

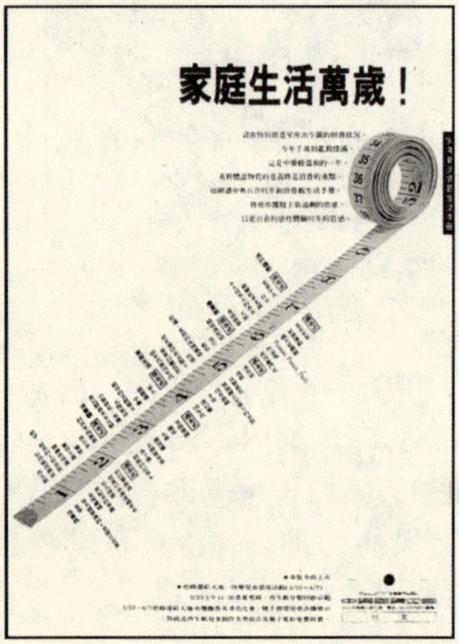

请你特别留意星座出生图的财务状况，今年千万别乱杀扑满

这是中药般温和的一年，重新体认物质的意义将是消费的重点

而研读中兴百货 91 年新消费观生活手册

将使你摆脱主张遇剩的焦虑

以更自在的感性体验 91 年的质感

——中兴百货“家庭生活万岁篇”

所获奖项：

CF——嘎纳广告零售项佳作奖、时报广告百货项佳作奖

平面——4A 创意奖零售百货项佳作奖

图 12－16　中兴百货广告——“家庭生活万岁篇”(1991)

意识形态广告使中兴百货的商品有了一层浑厚的文化外壳。他们的广告从进入 20 世纪 90 年代之后便不再使用常见的叙事手法，也大大超越了广告本身的信息告知功能，而是将普通的购物行为美化为一种“高尚”的生活方式和心态；再加上后现代主义、解构主义的美学装束，对现代都市居民、特别是对知识青年群体的消费观产生了相当大的影响。这也是中小型规模的中兴百货在竞争激烈的百货行业中得以脱颖而出的重要原因。

---

① 卢小雁，沈美标，周玉倩．亚太广告精选赏析．成都：四川大学出版社，2004. 163

2. **“梅兰芳篇”（1994）和“书店篇”（1997）**

意识形态广告公司的主要成员基本上都有十分敏锐的流行文化感知能力，擅长将流行时尚转换为广告语言，这使中兴百货的广告作品集看上去更像一本流行杂志。但是，这种对流行的转化却是植根于对中国文化的充分了解和对西方文化的不断吸收之上的。因此，意识形态经常能够显示出将中国古典文化随手拈来，又将西方文化随时化入的大师级手法，这在其文案当中屡见不鲜。比如，1994 年的秋冬时尚是属于两性混穿的中性装扮，于是该年度的中兴百货秋季上市广告是“没有服装就没有性”，并以京剧大师梅兰芳的扮相和卸妆后作对比说明，见图 12－17。

虽然文身仍然可以暗示肉感，
珠宝还在批注性欲位置。
但，自，从，牛仔裤颠覆了纯粹两性理论、皮革吊带开始搭配莱卡内衣手铐蜡烛，
那种把两性对立当做终极命题的传统世界秩序，已经看起来摇·摇·欲·坠。也许连蕾丝边，也将逐渐逐渐地，装饰在三角肌上吧。
我们所能抓住有关性/别的真理，已经不多。
——中兴百货“梅兰芳篇”

图 12－17　中兴百货广告——“梅兰芳篇”（1994）

在对于跨越国界的流行文化和本土、本民族文化传承的辩证问题上，意识形态也会随时代的变迁而作出调整，所以有时显得较为激进，有时又较为保守。不过，在大多数时期里，以中国人（特别是台湾人）和以中华文化为本位的思想仍然占据主流地位。因此，意识形态也并非一味地宣扬消费、宣扬紧跟流行，而是相当高明地指出：流行不只是时髦或是穿着华丽；流行是一种自有见地的生活主张。其意还是注重个人的“内秀”，核心价值观更偏向于中国儒道两家的修身养性之说。在 1995 年的“性感是本能，魅力是需要学习的”、1996 年的“你可以买到流行，不一定买得到态度”以及 1997 年的“书店篇”中都可以发现类似的支撑点。

“到服装店培养气质，到书店展示服装。有了胸部之后，你还需要什么？脑袋。”——中兴百货“书店篇”

（CF——时报广告家庭用品项金像奖、平面——时报广告家庭用品项佳作奖、第七届广告流行金句奖）

图 12－18　中兴百货广告——“书店篇”（1997）

3. 1996 年店庆“小红帽”系列

在荣获第 20 届时报广告“最佳平面广告金奖”的中兴百货 1996 年店庆——“小红帽”系列里，如图 12－19，意识形态广告公司用格林童话《小红帽》的故事翻新演绎出另外一个玩笑似的版本。

广告的标题是“正因为有大野狼，小红帽必须要有更·妖·娇的小红帽”，辅之以颇具新意的诗化广告语言：

欲望森林/盛装的女人/令狼群失去威胁性，/（当她擦香水/当她掀开衣柜/当她主动放电/她才不需要讨好谁/而男人自投罗网。）/对魅力的自觉/让她感到愉快/两性不再注定/弱肉强食/它根本是/女·人·的·地·盘。/她微笑：/“对我而言/花五个钟头/穿着打扮/或/是爱一个人/都不过分”。

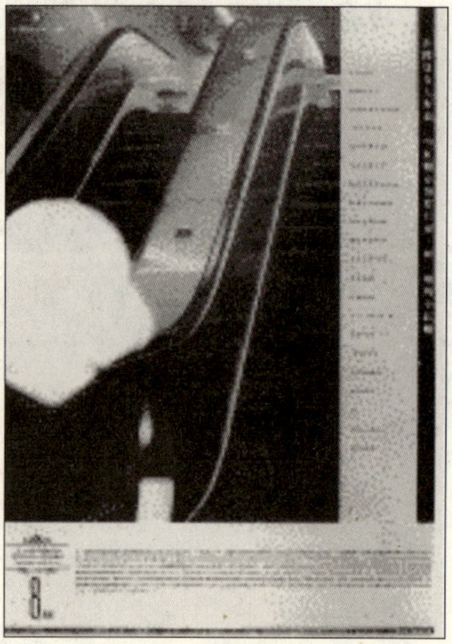

图 12－19　中兴百货广告——1996 年店庆“小红帽”系列

广告由中兴百货电梯场景等三幅作品构成了一个系列，版面的下方罗列各种促销优惠措施。这则创意之所以成功，就在于创作者能够将自己深厚的文化底蕴与现代的两性观点跨越时空相互连线，使“小红帽”的形象得到了全新的诠释，大大满足了一些现代女性主动寻求情感经历的心理。

4. “森林篇/樱花篇”（“折衣篇”系列，1998）

当然，中兴百货的服装也不单单是为知识女性准备的，在广告中，它也同样会对男性进行诉求。不过，忧伤和无助的基调始终会贯穿全篇，要想解除烦恼和压抑，请从疯狂地刷卡购物开始。其中的“森林篇/樱花篇”就很典型，如图 12－20 和图 12－21。

图 12－20　中兴百货“森林篇”

图 12－21　中兴百货“樱花篇”

他觉得这个城市比想象中还要粗暴

她觉得摔飞机的几率远大于买到一双令人后悔的高跟鞋

他觉得人生脆弱得不及于一枚 A 型流行感冒病毒

她甚至觉得爱人比不上一张床来的忠实……

不安的人们居住在各自的衣服里寻求仅存的保护与慰藉，

毕竟在世纪末恶劣的废墟里，

衣服会是这个时代最后的美好环境。

——中兴百货“森林篇/樱花篇”

（“折衣篇”系列获龙玺环球华文广告奖个别零售影视广告铜奖、龙玺环球华文广告奖最佳影视广告美术指导优异奖、时报广告奖家庭用品项银像奖）

在这两个平面广告中，基本上是以冷色调为主，“森林篇”里乳白色的光芒对一袭长裙进行了渲染，隐含“救赎”的意味。而在“樱花篇”里，用一株盛开的樱花树作为背景，暗示着生命和美好事物的短暂停留。再加上文案中明明白白道出：“不安的人们居住在各自的衣服里寻求仅存的保护与慰藉”，用购物来缓解心情的劝慰口吻便有了足够的说服力。通过这样一步步的诱导，美术指导的艺术追求和广告客户的销售要求达成了一致。简简单单地，多少广告人梦寐以求的完美状态已悄然出现。

5. “衣柜篇/货架篇”（“物流篇”系列，2000）

如上所述，意识形态的创作思路有时会因自身原因出现微小的波动，而在更多的时候，广告作品所体现的主题思想是由客户的生存状态所决定的。20 世纪 90 年代初期，当时的台湾开始提倡环保再生，意识形态也适时提出“重新体认物质的意义将是消费的重点”，要让祖母的衣柜复活（意为穿着衣物要新旧搭配），并在 1993 年告诉大家“一年买两件好衣服是道德的”。但是到了 2000 年，大约是由于岛内的经济环境不景气，中兴百货的经营压力陡然增大，于是广告的含义也发生了 180°的转弯，变成了“三日不购物便觉灵魂可憎、三日不购物便觉面目可憎”，把消费还是储蓄上升到了大是大非的高度。

图 12－22　中兴百货 2001 年春装上市——“货架篇”

图 12－23　中兴百货 2001 年春装上市——“衣柜篇”

（“物流篇”系列获 4A 创意奖最佳平面广告艺术指导金奖、2000 台北国际视觉设计展广告设计金奖、2000 台北国际视觉设计展海报设计金奖、龙冬阳评审特别奖）

作为台湾广告的一朵奇葩，中兴百货的意识形态广告在文案写作上具有十分独特的风格。有学者认为，意识形态广告从其原创性的思维和美学特征上来说糅合了不连续性、非确定性和内在性等三种因素①，体现出多元开放、异端、散漫、变形、反叛，是一种对消费者主体不确定意识的张扬，也昭示着在消费文化盛行的年代里个人主体意识与物质崇拜之间相生相灭的紧张关系。

更有学者指出，这种以意识形态广告为代表的、视觉转向后的现代广告虽然促进了审美走向日常化，但其对文化产生的负面效应却是更为主要和深远的：一是审美走向表层的物化、视觉符号意义的“通货膨胀”导致人们视觉神经的麻痹；二是视觉符号能指的、漂浮形成的符号价值掩盖了物品本身的使用价值，并由之而搭建了一个仿像世界供人们生活其中而不自知。在这种广告的影响之下，消费者购置物品已经不是因为这些物品本身具有的内涵（包括使用价值和交换价值），而是因为这些物品所代表的符号价值。后现代广告视觉符号拼贴的制作特征更是把浪漫、奇异、欲望、美

① 卢小雁，沈美标，周玉倩．亚太广告精选赏析．成都：四川大学出版社，2004. 171～172

丽、满足、归属、科学进步和好生活“粘”到了推销的商品上。在获得1998年龙玺大奖的中兴百货春装上市“书店篇”电视广告里，广告画面是色泽深沉质地厚重的书架，打扮冷艳前卫的年轻男女在其中来来回回……书店和T形舞台，这两件风马牛不相及的事物被广告粘贴到了一起。于是，胸部、脑袋、服装这些本来互不相干的意象，借助视觉符号的拼贴在受众的意识形态中自然而然地被组合到一起。这就给人们营造了一种错觉：本来很平常的购物便具有文化的韵味，成为一种高雅脱俗的行为。当难以计数的符号和形象流动生产出无休止的现实模拟时，消费者往往失去了对现实的把握，而法国学者波德里亚所说的模拟世界便降临了①。

① 饶德江，章俊．现代广告视觉转向的文化批判．武汉大学媒体发展研究中心．新闻与传播评论，2003(3)

附录一　香港广告法规

《香港电视通用业务守则——广告标准》[①]

广播事务管理局

2006年7月7日

第1章　前言

1. 本业务守则是广播事务管理局（广管局）根据《广播条例》（第562章）第3条而发出的。凡按《广播条例》领牌的电视节目服务，其所包含的材料，均须遵守本守则的规定。广管局有权对违反本守则规定的持牌人施加适当的处分。

2. 本守则列明适用于《广播条例》下四类须领牌的电视节目服务的广告标准。该四类服务分别是：本地免费电视节目服务、本地收费电视节目服务、非本地电视节目服务、以及其他须领牌电视节目服务。

3. 由于该四类电视节目服务的特性，普及程度和影响不一，因此当局会按每类电视节目服务的需要实施不同程度的规管。规管电视广告的基本原则是，规管的程度必须因应可能会接收电视节目服务的观众层面和该类观众的期望而订定。

4. 本地免费电视节目服务是指拟供或可供公众在香港免费接收的服务。这类服务拟供或可供由超过5 000个指明处所组成的观众接收，并以香港为主要目标市场。由于四类电视节目服务中以这类服务最普及，为了保护青少年和维护公众道德，观众自然期望节目标准会较严格。

5. 本地收费电视节目服务是指拟供或可供公众在定期或以其他方式缴付收看费的情况下在香港接收的服务。这类服务拟供或可供由超过5 000个指明处所组成的观众接收，并以香港为主要目标市场。由于成为订户与否纯属自愿及个人选择，而这类服务按规定必须提供锁码装置，所以已有足够的保障措施，可放宽对内容的规管。为此，本地收费电视节目服务所受的规管较为宽松。

6. 非本地电视节目服务是指并非以香港为主要目标市场的服务。这类服务是指：（i）拟供或可供公众在香港免费接收，或在定期或以其他方式缴付收看费的情况下在香港接收的服务；或（ii）并非拟供或可供公众在香港免费接收或在定期或以其他方

① 资料来源：香港广播事务管理局。

式缴付收看费的情况下在香港接收的服务。持牌人在香港提供的收费电视服务，必须设有锁码装置。由于这类服务并非以香港为主要目标市场，因此只须遵守最基本的标准。不过，非本地电视节目服务持牌人必须采取一切合理措施，确保接收国家及地区能够接受其领牌服务，并须遵守当地有关当局所订定的法例、节目标准及广告标准。

7. 其他须领牌电视节目服务是指拟供或可供在香港免费接收，或在定期或以其他方式缴付收看费的情况下在香港接收的服务。这类服务拟供或可供由不超过5 000个指明处所组成的观众接收（除非广管局信纳有关服务只拟供或可供某单一屋苑接收而另作批准），或拟供或可供酒店房间接收，观众对象范围较窄。由于这类服务（向酒店房间提供的服务除外）须提供锁码装置，因此所受到的规管不应较本地收费电视严格。不过，鉴于这类服务的观众对象可能是一般市民，酒店住客及其他属于特别体的人士，持牌人应顾及不同观众的期望。

8. 本守则的条文，有些适用于所有类别的电视节目服务，有些只适用于指定类别的电视节目服务。各段落或章节标题已就此清楚说明。

9. 作为规管机关，广管局不会预先观看节目及广告材料，亦不会在制作前考虑特定的计划。持牌人须负起编辑的责任/广告商或有意提供赞助的赞助商须向相关的持牌人查询个别计划是否可以接受。

10. 本守则列明编辑时应予考虑的因素，持牌人有责任确保领牌服务播送的广告均符合守则的规定，并须时刻运用判断力。广管局在评定广告材料是否可以接受时，会考虑下列因素：

（a）持牌人类别。

对广告内容，表达方式及播映时间所施加的限制，会视乎指定类别持牌人的普及程度和性质而加以调整。同时，请参阅本章第4至7段。

（b）广告类别。

持牌人在其领牌服务中加插广告时必须注意广告的类别，包括推广的产品及服务的性质，以及广告处理该等产品或服务的手法。一些特别受关注或敏感的产品或服务（例如含酒精饮品、药物、私人用品等），其广告将受到较严格的规管。

（c）广告播映时间。

持牌人若小心编排广告的播映时间，便可尽量避免引起观众反感。举例说，在某些时段内，父母会期望子女可以独自观看电视，而不会接触不良材料。至于其他时段，父母可以接受较具挑战性的题材，而他们理应较严格地监管子女。

（d）观众对象。

本守则会因应电视广告的观众类型而订定不同的条文。个别广告是否符合本守则的规定，将视乎广告整体上对可能会收看该广告的观众所产生的影响。在这方面，尤须重视儿童及年轻观众的利益。以儿童为对象的广告比以成人为对象的广告受到更加严格的限制。

(e) 广告播出的情况。

广告播出的情况，例如播放广告的频道或节目的性质，又或者观众能否选择收看广告，均应加以考虑。

11. 持牌人应特别注意电视节目服务中，涉及广告商的节目或宣传（而非广告）时间。本守则在规管节目赞助方面，对不同类别的持牌人订有不同的条文。有关间接宣传的条文则另载于《电视通用业务守则——节目标准》。

12. 本守则所罗列的都是一般原则。持牌人须因应本身和观众的利益而制定指引，以便指导员工如何实际应用有关原则。持牌人必须在其制定的指引中，反映出本守则的大体含义。

13. 持牌人不但须遵守本守则所载列的字面条文，还须遵守其中的精神，并应把本守则与现行相关法例和牌照条件一并理解。本守则所援引的法例条文及监管规定只供参考。持牌人有责任查明有哪些适用及新近订定的法例条文及监管规定。原则上，广管局不会试图解释或执行其他执法机关权限之内的法例。遇有涉嫌违法的情况，广管局会将有关个案转交适当的执法机关处理。

第2章　广告释义

1. 广告或广告材料泛指任何包括在电视节目服务内用以推销某种商品或服务，或用以增进任何机构、商行或个人利益的材料，包括以文字、音响效果（包括音乐）及/或画面表达，并以直接宣布、广告口号、描述或其他形式播出的材料，以及在节目中宣传任何产品或服务的语句。

2. 本守则中所指的广告或广告材料并不包括：

(a) 电视台频道节目服务识别讯号片段；

(b) 广管局指定持牌人在其电视节目服务播出的政府宣传短片；

(c) 持牌人的电视台及/或节目服务的宣传材料；

(d) 本守则第9章“赞助节目”所允许播出的赞助识别；

(e) 经广管局批准播出的慈善公告或公开呼吁材料，而持牌人不会因播放该等材料而获得报酬或其他有值代价；

(f) 于电视广播时间内提及持牌人以外人士所赞助活动的标题，而该标题包含赞助人的商号或牌子名称，以及在节目中顺带提及赞助人的商号或牌子名称，只要

(i) 持牌人没有因提及有关字眼而获得报酬；

(ii) 没有以声音或画面过分强调有关字眼；

(iii) 有关字眼没有干扰节目的观赏趣味或娱乐成分；

(g) 于节目时间内顺带或自然地提及某产品或服务，而有关字眼是节目内容所需或本守则第9章“赞助节目”第10段所允许的节目内的产品服务赞助，且没有干扰节目的观赏趣味或娱乐成分；

(h) 本守则于第九章“赞助节目”内允许，可于比赛节目中以画面及/或声音提供有关赞助商认捐人送出奖品的实际资料。有关定义应推广至文法上的变化及该等词汇的同类字眼，而广告一词应据此解释。

第3章　一般广告标准

适用于所有服务的一般原则

1. 电视广告必须合法、健康、诚实及真确。

2. 所有广告材料的内容、表达方式及播映时间，均须遵守《电视通用业务守则——节目标准》的规定。

适用于不同类别服务的准则

本地免费，本地收费以及其他须领牌电视节目服务

司法管辖

3. 所有广告材料均须遵守本港法例的规定。

广告识别

4. 广告材料应清楚表明是广告。广告与节目必须有明显区别。

5. 应小心评估任何以节目形式（例如纪录片、录影访问、烹饪示范）拍摄的广告，以确保该广告不会与节目材料混淆。假如广告所采用的形式，未能令人即时察觉其为广告，有关广告必须在开始及结束时，以清晰可读的文字指明本身属于广告(例如使用附加字幕)。对于包含或部分包含家居购物材料的服务，若广管局认为该服务或部分服务的性质，已向观众清楚说明，则这项规定并不适用。

6. 就本地收费电视节目服务及其他须领牌电视节目服务而言，若播出的广告属于主要供香港以外地区收看的卫星节目的一部分，而持牌人并未因播放广告而获得任何收益，兼且持牌人须干扰广播服务才可遵守本章第4段及第5段的标准，则持牌人可免遵守有关标准。

品味

7. 广告的表达手法应庄重及有品味，避免展示令人不安的材料，例如过分持续重复的内容，以及暗示情况紧急的字眼和字句。同时，应尽全力使广告与加插广告的节目在内容和格调上保持一致。

贬抑

8. 广告内容不得包含有贬抑竞争对手、竞销产品或服务、其他行业、专业或机构的效果的声称。

真确表达

9. 广告不得以任何公然或隐含的方式作出与事实不符的描述，声称或说明；或对有关产品或服务，或其是否适用于所建议的用途，作出误导的描述，声称或说明。持牌人如既不知道亦无理由怀疑该等声称为虚假或含误导成分，并经合理查核后仍无法确定该等声称为虚假或误导者，则可免承担本节所订的有关责任。（有关广告声称的标准，详见第4章“有事实根据的声称和最畅销声称”。）

模仿

10. 持牌人如知道某广告仿效或不合理地采用近似竞争对手的名称或广告口号，即不能接受该广告。

使用惊吓的描绘方式

11. 广告不得使用不适当的描绘方式引起观众恐惧。

接连重播广告

12. 已删除。

接受广告材料的标准

13. 持牌人如有充分理由怀疑广告客户的诚信或广告内容的真实性，或怀疑客户未有遵守所有适用法例规定的精神及目的，则必须拒绝接受客户的广告。

14. 持牌人如有充分理由相信，使用某些广告材料或播出某些产品或服务的广告，会令大多数社会人士或关注该等事宜的人士不满，则必须拒绝使用该等资料或播放该等广告。（请参阅第5章“不可在电视播放广告的产品及服务”。）

不可加插广告的节目

15. 不可在下述节目加插广告：

（a）宗教仪式或其他崇拜节目；

（b）广管局根据《广播条例》规定本地免费电视节目服务于教育电视时段内播出由政府提供的学校节目。

非本地电视节目服务

16. 持牌人应遵守接收国家及地区有关当局所订定的法例、节目标准及广告标准。

第4章　有事实根据的声称和最畅销声称

本地免费，本地收费以及其他须领牌电视节目服务

须实证的声称

1. 所有有事实根据的声称和最畅销声称，均须有凭据。除非有充分事实证明，否则广告字句不能称某一产品为“最好”、“最成功”、“最安全”或“最快”，或采用类似字眼来声称质素最高。

2. 若有声称表示有事实根据，并且有研究或试验结果支持，而有关研究试验是由广告商自行评估或委托他人进行，则广告应清楚说明该评估或研究的原始资料和进行日期。

3. 最畅销声称更须受以下规定限制：

（a）该等声称应有以下资料支持：

(i) 经独立核算的销售数字;

(ii) 概率抽样调查纪录，结果须经有关行业的组织承认或批署，或符合广告商有关行业的行内标准，或已采用科学方法进行，确保统计结果具代表性和真实可靠;

(b) 除非在广告内充分而明确地（以声音及/或画面）说明居领导地位牌子的产品类别，销售国家及所涉时期，例如“一九九二年，×牌是香港销量第一的……（产品类别）”，否则不得采用最畅销声称。

4. 使用“最受欢迎”、“最多人选择”、“最多人喜爱”等字眼时，若用意明显是指第一销量位置，应遵守最畅销声称的规限标准。

广告中的误导成分

5. 任何广告都不得以误导手法声称或暗示所宣传的产品或服务，或其中任何成分，具有某些无法证明的特性或成分。

6. 引用与所宣传产品或服务有关的研究调查或试验结果时，应小心谨慎，避免误导观众。不得使用不相关的数据及科学名词术语误导观众，使他们以为有关声称有科学根据。真确性有限的统计或试验，不得说成放诸四海皆准。

7. 广告所传达的信息必须准确，不得以隐瞒或不清楚交代重要事实的手法，误导观众。

8. 以画面或言语在广告中提及价格，价格比较，减价或其他与价格有关的事宜时，资料必须准确，亦不得以过分强调或以歪曲事实的手法，误导观众。

附加字幕

9. 广告材料若以字幕方式显示（不论独自出现或附加在其他影像之上），文字必须清晰可读，出现时间必须足够让一般观众在标准家庭电视机上阅读全部信息。

10. 应该特别注意字体、字距、行距、背景或其他表达手法和方式，包括但不限于文字和背景的配合会否令文字显得模糊不清，甚或难以辨认。

非本地电视节目服务

11. 持牌人应遵守接收国家及地区有关当局所订定的法例，节目标准及广告标准。

第5章　不可在电视播放广告的产品及服务

本地免费，本地收费以及其他须领牌电视节目服务不可在电视播放广告的产品及服务

1. 凡公认属于下列的产品或服务，或与下列有特别关联者，均不可在电视播放广告:

(a) 枪械及有关器材;

(b) 占卜星相及类似行业——但一般趣味性玩意，例如有关星座、占星术、中国通胜、风水等刊物（不论是印刷品或是其他形式）或预录资讯服务（不论是声带或数据），则可以在电视上播出广告；

（c）殡仪馆或其他与死亡殡葬有关的行业——骨灰龛广告除外，但这类广告须符合以下条件始可播出：

（i）这类广告的处理手法应该庄重及克制。此外，持牌人应小心审慎，适当地编排广告的播出时间及播映方式；

（ii）避免明晰地提及死亡，与死亡有关的服务的技术性事项，以及令人感到恐怖的细节；

（d）无牌职业介绍所或职业登记所；

（e）宣传可以提供博彩胜负预测消息的机构、公司或人士；

（f）博彩（包括彩池）——藉或根据《博彩税条例》（第108章）获得批核的奖券及足球博彩的广告，赛马及足球博彩刊物的广告（不论是印刷品或是其他形式）及预录赛马及足球博彩资讯服务（不论是声带或数据）的广告均可以播出，只要这类广告没有鼓吹博彩或提及任何博彩胜负预测消息。不过，这类广告不可在儿童节目时间内或是接近儿童节目的时间播出。同时，持牌人必须确保前述奖券及足球博彩的广告：

（i）不会在每日下午4时至晚上8时30分之间于本地免费电视节目服务内播映，或在广管局认为是以18岁以下青少年为对象的节目时间播出；

（ii）只以成年观众为对象，而且不会有儿童或青少年参与演出；

（iii）不会有特别吸引儿童或青少年的人物出现；

（iv）不会对参与购买奖券或足球博彩的人士特别赞赏或表嘉许之意，而对不参加的则加以贬损；

（v）不会误导或夸大胜出机会；

（vi）不会指导或过度怂恿市民参与博彩；

（vii）不会描绘过度或罔顾后果的博彩行为；

（viii）不会把购买奖券或足球博彩描绘为取代工作或是解决财政困难的方法；

（g）夜总会、舞厅、按摩院、桑拿浴室、浴室或类似的场所，其内里的男伴或女伴受雇的主要目的，是为了吸引或招待顾客，或其内里设有涉及各种形式性行为的特备表演或其他现场表演或活动；

（h）以18岁以下青少年为对象的一般伴游服务及约会服务；

（i）与性有关的成人按次缴费资讯服务。这项限制不适用于只限成人收看的领牌服务。

以上各项并未包罗所有不可在电视播放广告的产品及服务。根据法例或本守则其他部分（例如第6章“特别类别广告”）的规定，其他产品或服务可能会被禁止或限制在电视播放广告。

间接地替不可在电视播放广告的产品或服务作出宣传

2. 倘若广管局认为，任何可以在电视上推广的产品或服务，其广告的显著效果，会间接地替不可在电视播放广告的产品或服务作宣传，持牌人便不得播出该等广告。

3. 倘某产品或服务的广告不得在某段时间、某频道、个别领牌服务，以儿童或青少年为对象的节目内播出，则持牌人不得在以上情况播放显然会替该等产品或服务作宣传的广告。

4. 就上列第2及3段而言，在决定某广告的显著效果是否会间接地替不可在电视上推广的产品或服务作出宣传时，广管局会考虑广告的内容，并须确信，广告在整体上明显旨在宣传可在电视播放广告的产品服务类别。在不影响广管局一般酌情权的情况下，该局会考虑的因素包括：

(a) 广告是否包含以画面或声音提及不可在电视上推广的产品服务的牌子名称或商号，或提及供应该等产品服务的人士机构的名称，又或是否包含通常与该等产品服务或其广告有关的标识、商标、主题音乐、宣传口号或字句；

(b) 该等可以在电视上推广的产品服务，其商标是否已在香港或任何其他世界主要市场注册，或其注册商标的申请已在受理中，又或有关产品服务是否已取得普通法赋予的未经注册商标权利；

(c) 注册商标的所有人申请人特许使用人或未经注册商标的所有人，有否参与可在电视播放广告的产品服务的市场推广或制作工作；

(d) 广告的对象，播放广告的整体安排及实际播出的编排程序。

非本地电视节目服务

5. 持牌人应遵守接收国家及地区有关当局所订定的法例，节目标准及广告标准。

第6章　特别类别广告

本地免费，本地收费以及其他须领牌电视节目服务

1. 持牌人在其领牌服务中播放某些类别的广告时，必须审慎地考虑所宣传的产品及服务的性质，广告处理该产品或服务的手法，以及广告播放时段的观众类型。以下各段列出在电视上宣传一些性质特别受关注或敏感的产品或服务时，所受到的限制。

含酒精饮品

2. 酒类或饮用酒类（释义见《应课税品条例》（第109章））广告要特别小心处理，并须遵守下列规定：

(a) 这类广告只应以成年人为对象，而且不得有儿童或青少年参与演出；

(b) 这类广告不得在接近儿童节目时间或广管局认为是以18岁以下青少年为对象的节目时间播映；

(c) 每日下午4时至晚上8时30分，持牌人不得在本地免费电视节目服务内播映任何酒类广告，也不得在该时段内播映持牌人曾就任何含酒精产品邀请，提供或接

受赞助的材料又或为其进行任何形式的业务推广的材料；

(d) 广告不得意图令人觉得喝酒是值得一试的新体验，或将喝酒描述为受欢迎及成功人士的必备条件；

(e) 不得单独以饮用酒类作为电视比赛节目的奖品或礼物；

(f) 不应把饮用含酒精饮品或产品描绘为维持社会地位，减轻压力的必需品，或作为解决个人问题的方法；至于把饮用含酒精饮品或含酒精饮品本身形容为个人、事业、社交、运动、性或其他方面的成就的成因，也不可以接受；

(g) 不应把含酒精产品宣传为相近或相等于不含酒精产品，例如汽水、果汁之类特别吸引儿童或18岁以下青少年的产品；

(h) 广告不得暗示，酒精成分较高或较易令人醉倒的饮品，比较值得选择；

(i) 应小心拣选含酒精饮品广告的演员，避免选用经常在儿童电视节目出现或特别吸引儿童或18岁以下青少年的艺人、人物或社会知名人士；

(j) 不应描绘在进行需要警觉，机敏及/或清醒判断能力的活动之前或期间，饮用含酒精饮品或产品，例如驾驶汽车，船只或飞机，又或游泳，进行水上运动或其他有潜在危险的活动；

(k) 广告不得鼓励或描述没有节制的喝酒行为，这里所指的是饮用的分量及喝酒的动作；

(l) 广告不应宣传乱用或滥用含酒精饮品；

(m) 广告不应暗示，喝酒是令人松弛的先决条件，也不可以把酒类当作镇静剂或安定药使用。广告虽然可以提及体力劳动后喝酒的情况，但不可使人有喝酒可以改进表现的印象；

(n) 酒类零售点的含酒精产品广告，应遵守含酒精饮品的广告标准；

(o) 广告绝不可鼓励，挑战或刺激不喝酒人士或18岁以下青少年喝酒。

3. 一般来说，凡饮品所含的乙醇分量以容积计算低于1.2%，且以低酒精或无酒精的含酒精饮品形式推出，该等饮品的广告绝不可在儿童节目或接近儿童节目时间播出。特别是乙醇分量以容积计算超出0.5%，但少于1.2%的饮品，不论是否以低酒精或无酒精的含酒精饮品形式推出，该等饮品的广告一律不可在儿童节目或接近儿童节目时间播出。该类广告必须符合上文第2段第（a）、（b）、（d）、（e）、（f）、（g）、（h）、（i）、（j）、（l）、（m）及（o）的规定。

烟草及与烟草有关的产品

4. 持牌人须遵守《吸烟（公众卫生）条例》（第371章）中所有有关烟草广告的规定。

5. 不得以烟草产品作为电视比赛节目的奖品或礼物。

6. 若干与烟草有关的产品，例如烟咀，烟草滤咀及其他吸烟附属用品的广告均须遵守下列规定：

(a) 这类广告只应以成年人为对象，而且不得有儿童或青少年参与演出；

(b) 这类广告不得在接近儿童节目时间或广管局认为是以18岁以下青少年为对象的节目时间播映。

药品及治疗方法

一般原则

7. 持牌人须确保一切医药广告均符合香港法例，包括但不限于《不良医药广告条例》(第231章)。

药品

8. “药品”一词，指任何药剂，医疗或预防药物，不论是成药、专利药品或声称有天然疗效的食品，包括下列各类：

(a) 治疗用的口服药水、粉末、片剂、锭剂及其他药品；

(b) 滴剂或涂剂，例如眼耳鼻滴剂、喉部涂剂等；

(c) 治疗用的外敷软膏、乳剂、糊剂或粉末；

(d) 搽剂及抹擦用药剂；

(e) 注射剂；

(f) 声称可以帮助调节身体机能或解决其他健康问题的食品。

受限制的药品

9. 任何药品如含有以下法例所限制出售的药物，俱不可作广告宣传：

(a)《药剂及毒药条例》(第138章) 毒药表第一部分；

(b)《抗生素条例》(第137章) 之下的《抗生素规例》第一附表。

不可在电视播放广告的药品或服务

10. 凡公认或特别与下列药品或服务有关的广告，均不可在电视播放：

(a) 戒烟；

(b) 头发及头皮治疗所；

(c) 验孕服务；

(d) 医学化验服务；

(e) 减轻或治愈酒瘾或毒癖；

(f) 整容手术及使用药品以减肥或减重的方法；

(g) 引致小产或流产。

令观众以为是专业意见及推介的宣传

11. 除非能证明得到有关专业认可机构提供专业意见或推荐使用（为施行本规定，卫生署署长或本港有关专业组织不时认可的机构；及该专业组织本身，均被视为认可机构），否则，不能播出载有下列内容的广告：

(a) 医生、牙医、兽医、药剂师、护士、助产士或其他受《辅助医疗业条例》(第359章) 管制的辅助医疗专业人士参与演出，令观众以为是专业意见或推介；

(b) 广告中出现的人士，陈述令人以为是专业意见或推介的语句，而广告又直接表示或暗示其有资格给予该意见或推介。为避免观众误解于广告中出现人士的身份，也许有需要于广告中明确指出他们不是合资格的专业顾问；

(c) 提及上文 (a) 项所述专业人士认同，接纳或推介或偏爱该产品或其成分，或使用有关产品及成分等字眼。

令人产生恐惧或引人轻信

12. 不得使用渲染疾病痛苦的词句或图片。倘词句或图片使人相信如不使用广告中药品便可能引致不良后果，亦不得使用。不得以词句或图片表达活体解剖。广告不应包含任何内容，令人看后以为有所描述的病征便是患上严重疾病。

需要就医的情况

13. 不得播映声称能医治顽疾或不治之症的产品或治疗方法的广告。对于自行用药可导致危险的病症，任何用于该等病症的药品或治疗方法，俱不可作广告宣传。

鼓励过量用药

14. 广告不得直接或间接鼓励观众不加选择地，不必要地或过量地使用任何药品或治疗方法。

夸大其词

15. 广告不得作夸大其词的声明，特别是采用无法代表产品效力的推荐声明或其他证明，或声称产品拥有一些不能确立的特质或特性。不得在语句内宣称某药品或治疗方法为“最成功”、“最安全”、“最快”或使用类似的绝对性或比较性形容词。

一般性语句

16. 广告不应含有：

(a) 遗漏重要事实的笼统声称，以致误导观众；

(b) 直接宣称或暗示某一类病症“全部”可以由该种药品治愈的语句；

(c) 直接宣称或暗示“所有”疾病都是由某一原因引起的语句。

描绘病人

17. 广告不应描述病人接受治疗，或受到药物或催眠术影响的情形，亦不应利用病人来暗示或证明所患某种病状已经治愈。

描述身体机能

18. 不得以画面或令人反感的方式描述身体机能或大部分社会人士普遍认为不能接受的事。

诋毁身体残障者或精神病患者的内容

19. 广告中不得含有诋毁身体残障者或精神病患者的言辞或影像；在提及这类症状时，必须避免使患者或其家属受嘲笑或觉得反感。

推销产品

20. 凡有关药品及治疗方法的广告，内容均不得提及有奖游戏或任何推销计划，例如馈赠礼品，给予优惠或赠送样本等。

能够提供营养及发挥控制饮食作用的声称

21. 对于表示产品或服务能够提供营养及发挥控制饮食作用的声称，应小心处理。载有这类声称的产品及服务广告，须符合下列规定：

(a) 广告若声称可对健康发挥作用或有治疗效用，而事实上应要向合资格医务人员求诊或征询意见，持牌人便不得接纳。持牌人同时须遵守《不良医药广告条例》(第231章) 的规定；

(b) 广告若特别声称食品中含有某种营养价值，必须有可靠的科学证据支持，绝不可使人误以为广告中的食品整体上具有该营养价值或保健效用；

(c) 营养补充剂包括维他命或矿物质的广告，不得声明或暗示该等产品是达至均衡饮食以避免营养不足的必须附加食品，或该等产品是增进健康的唯一途径；

(d) 广告不应鼓励有损健康的行为；

(e) 广告若声称可提供营养并发挥控制饮食作用，必须符合本章第11段有关专业意见及推介的规定；

(f) 持牌人必须确保，广告中若带有可提供营养及控制饮食作用的声称，必须符合所有有关法例的规定，包括但不限于《公众卫生及市政条例》(第132章)；

(g) 对于提供方法以达到减轻体重或减少脂肪为目标的产品，服务及机构的广告，除非广告说明该服务产品必须配合均衡健康饮食习惯而达致目标，否则持牌人不得接纳。持牌人同时须遵守下列规定：

(i) 广告不得以18岁以下人士为对象，并且不得含有可能特别吸引该等人士的元素，例如广告中出现儿童或任何人等扮演青少年；

(ii) 持牌人必须取得确实证据，显示所宣传的产品或服务应该会有效用，而且不会有害。产品或服务所宣传的效用，必须有事实支持；

(iii) 这类广告不得以过分肥胖人士为对象，或援引过往事例，显示有人在使用宣传的产品或服务后，由过分肥胖或看似过分肥胖而至体重减轻，变得纤瘦；

(iv) 这类广告不得建议或暗示，体重不足是可以接受或是应当的。推荐产品或服务的人士，亦不得或看似体重不足；

(v) 这种形式的食品广告必须清楚说明，产品只是作为控制热量餐单的一部分，来辅助减轻体重。(注：在理解上述规定方面，世界卫生组织的意见可作参考。该组织建议，普通人士的身体质量指标应为每平方米18.5至25千克；身体质量指标高于或低于该范围者，可视为过分肥胖或体重不足。)

私人用品一般原则

22. 推销私人用品（例如女性生产品、避孕套、适用于生殖器一带的除臭剂、失禁产品等）的广告，在表达方式上要小心审慎。描绘该类产品的手法必须品味良好，避免太过图像化。女性生产品及避孕套的广告应以含蓄而不哗众取宠的方式表达。

女性卫生产品

23. 广告中表达产品的手法，不应引起观众反感及/或尴尬。凡胯部的近镜，均不能接受。

避孕套

24. 避孕套广告只许作真实报道，不得声称该避孕套产品可完全防止传染艾滋病。

25. 除获广管局特别批准外，避孕套广告不得在下午4时至晚上8时30分之间于本地免费电视节目服务内播映。

教育课程

26. 持牌人须遵守《教育条例》(第279章) 第86A条，《非本地高等及专业教育(规管) 条例》(第493章) 第34条，以及《非本地高等及专业教育 (规管) 规则》(第493章附属法例) 第3条的规定。

财经广告法律责任

27. 持牌人有责任确保广告符合所有有关法例条文和监管规定，其中包括下文所列者但并不局限于此：

(a)《公司条例》(第32章)；

(b)《银行业条例》(第155章)；

(c)《保险公司条例》(第41章)；

(d)《证券及期货条例》(第571章)；

(e)《强制性公积金计划条例》(第485章)；

(f)《证券及期货事务监察委员会 (证监会) 守则》，包括但不限于：

(i)《单位信托及互惠基金守则》；

(ii)《与投资有关的人寿保险计划守则》；

(iii)《集资退休基金守则》；

(iv)《与移民有关的投资计划守则》；

(v)《证监会强积金产品守则》；

(vi)《证券及期货事务监察委员会持牌人或注册人操守准则》；

(vii)《基金经理操守准则》；

(viii)《企业融资顾问操守准则》；

(ix) 证监会就其监管的其他类型投资产品 (例如纸黄金) 而不时发出的规则和指引；

(g)《香港联合交易所有限公司证券上市规则》和《香港联合交易所有限公司创业板证券上市规则》。(上述资料只供参考，本守则使用者有责任查明有哪些适用及新近订定的法例条文和监管规定。)

28. 已删除。

存款及储蓄服务

29. 存款及储蓄服务的广告，须遵守下列规定：

(a)《银行业条例》(第155章) 授权经营的任何领牌银行，有限制牌照银行及接受存款公司所提供的存款及储蓄服务：

(i) 广告不应使用任何字句或措辞声言存款将会绝对或完全安全，或作类似的表示；

(ii) 广告不应声称或暗示存户提取存款或应得利息是有所保证或有所保障，除非广告同时说明保证的性质及程度及担保人的名称，或保障的性质及程度（视情况而定）；

(iii) 广告不应提到机构的名义或法定资本额；

(iv) 广告不应提及机构的资产总额或总存款额，除非该广告同时亦分别或一并提到实收资本额及储备金额；

(b) 邀人存款于香港以外地方的广告，须遵守《银行业条例》(第155章) 附表五载列的规定。

借贷及信贷

30.《银行业条例》(第155章) 授权经营的领牌银行，有限制牌照银行及接受存款公司，可为其按揭及其他借贷与信贷服务作广告宣传，但应小心处理广告内容，以免公众对贷款服务条件有所误解。

有关股票市场或投资展望的评论或指导意见

31. 除非符合本章第32及33段的规定或适用的法例另作批准（不论是明示或暗示），否则广告不应包含任何有关股票市场（包括在股票市场上市的证券），投资展望或任何投资建议的评论或指导意见，也不应提及某种证券，期货合约或投资产品。

投资产品

32. 须取得证监会批准的投资产品（包括但不限于单位信托，互惠基金，与投资有关的保险计划，集资退休基金，强制性公积金，以及与移民有关的投资计划），其广告须获证监会依据《证券及期货条例》(第571章) 第105条予以批准。

受规管活动

33. 关于进行任何受规管活动的广告（按《证券及期货条例》(第571章) 所界定)，须遵照《证券及期货条例》(第571章) 的相关条文（包括但不限于发出广告者须获证监会发牌的规定)。

财经刊物

34. 除非符合本章第32及33段的规定或适用的法例另作批准（不论是明示或暗示)，否则有关投资或其他财经事宜刊物（包括期刊，书籍，电传文件服务和其他形式的电子发行品）的广告，都不得推荐某种证券或投资产品。有关该等刊物的订阅服务广告，内容也必须概括，不得推荐某种证券或投资产品。

保险单收益估计

35. 广告不得引述保险单收益的数据例子，包括但不限于分红人寿保单中未来红利和股息的估计数字。

物业广告

36. 不得在电视播出本港任何住宅，店铺，办公室或其他使用单位的租售广告：

（a）就已建成楼宇而言，除非广告商能证明建议中的租售事宜，并无违反在影响该建成楼宇所坐落土地的批地条件中的有关租售条款；

（b）就未建成楼宇而言，

（i）除非已根据影响该未建成楼宇所坐落土地的批地条件，事先取得地政总署署长或其他政府机关就该等租售事宜发出的批准；

（ii）若出售该未建成楼宇的单位毋须获取上述第（b）（i）段所指的批准，则除非发展商能提出证据，证明其律师已把一份根据《律师执业规则》第5C（3）条有关买卖该物业的法定声明存放于有关的土地注册办事处（若有律师信证明已履行上述条件，便算是足够的证据）。

37. 凡向本港居民出售某座楼宇或建议楼宇内的任何住宅，店铺，办公室或其他使用单位，又或任何土地或其部分或土地拥有权或权益，而有关土地楼宇不在本港者，均不能代为播映广告，除非有关发展商或卖家能出示下列文件：

（a）由有关物业或土地所处国家已注册及获认可的事务诉务律师行所签发的信件，以确认：

（i）发展商或卖家已适当遵守当地政府所订有关广告中物业或土地发展和销售的所有规定；

（ii）发展商或卖家已向当地政府取得所需的批准（倘当地法律有此规定），可把物业或土地卖给非当地居民；

（iii）未来买家可获当地或其他地方的领牌财务机构提供楼宇贷款；

（b）由可于香港执业的律师行签发的信件，确认按其所知所信，签发上述（a）所述确认书的当地事务诉务律师行，已在有关物业或土地所处的国家注册，可在该司法管辖区内提供法律意见。

38. 任何广告如邀请公众人士订立或要约订立与物业有关的受规管投资协议①，

① “受规管投资协议”（regulated investment agreement）指某项协议，而该项协议的目的或作用或其佯称的目的或作用，是向协议的任何一方提供（不论是否附有条件）藉参照任何财产（集体投资计划的权益除外）的价值的变动而计算的利润，收益或其他回报。

或邀请公众人士取得或分享，或要约取得或分享与物业有关的集体投资计划①的权益，均不得代为播放。除非有关广告已获证券及期货事务监察委员会批准，或获豁免受《证券及期货条例》（第571章）管限，则另作别论。

39. 持牌人必须确定，物业广告中关于物业的任何描述，说明和特定性质的声称均已获广告商充分证实有事实根据。下列各点尤其重要：

（a）任何声称均不可就物业的地点，面积，价值及可供使用的交通设施作出明示或隐含的失实陈述；

（b）物业的最低售价应据此述明，不应令人觉得是物业的平均售价；

（c）倘提供予本地和海外买家的售价有重大的差别，只提供予本地买家的售价应据此述明，不应令人感觉该售价亦同时提供予海外买家；

（d）广告不可提出“免费赠送”家俬，电器或其他物品，除非该等物品毋须接受者付出费用或承担额外费用。持牌人需向广告商取得有关声明。持牌人如既不知道亦无理由怀疑广告内的资料或发展商或广告商提供的数据为虚假或含误导成分，并经合理查核后仍无法确定该等声称为虚假或含误导成分，则可免承担本节所订的有关责任。

电影广告

40. 凡已根据《电影检查条例》（第392章）分级并准备在本港公映的电影，其广告须展示条例规定适用于该影片的适当分级符号。此外，除了第Ⅰ级影片以外，其他级别影片的广告，须以清晰的画面及/或声音传递劝喻信息，就该片类别，说明影片不适合某类别人士观看或只准放映予18岁或以上人士观看。（有关编排电影广告播映的限制，请参阅第7章“广告与儿童”第3段。）

非本地电视节目服务

41. 持牌人应遵守接收国家及地区有关当局所订定的法例、节目标准及广告

① “集体投资计划”（collective investment scheme）指就财产而作出并符合以下说明的安排——

（i）根据有关安排，参与者对所涉财产的管理并无日常控制，不论他们是否有权就上述管理获咨询或有权就上述管理发出指示；

（ii）根据有关安排——

（A）上述财产整体上是由营办该安排的人或代该人管理的；

（B）参与者的供款和用以付款给他们的利润或收益是汇集的；

（C）上述财产整体上是由营办该安排的人或代该人管理的，而参与者的供款和用以付款给他们的利润或收益是汇集的；

（iii）有关安排的目的或作用或其佯称的目的或作用，是使参与者（不论以取得上述财产或其任何部分的任何权利，权益，所有权或利益的方式或以其他方式）能够分享或收取——

（A）声称从或声称相当可能会从上述财产或其任何部分的取得、持有、管理或处置而产生的利润，收益或其他回报，或声称从或声称相当可能会从任何该等利润，收益或其他回报支付的款项；

（B）从上述财产或其任何部分的任何权利、权益、所有权或利益的取得、持有、处置或赎回而产生的，或因行使该等权利、权益、所有权或利益的任何权利而产生的，或因该等权利、权益、所有权或利益届满而产生的款项或其他回报。

标准。

第7章　广告与儿童

本地免费，本地收费以及其他须领牌电视节目服务

一般原则

1. 下列广告应特别小心处理：

(a) 在以儿童为对象的节目时间内或接近该等节目的时间播放的广告；

(b) 在以儿童为对象的频道播放的广告；

(c) 有儿童参与演出的广告。

儿童观众

2. 在以儿童为对象的电视节目内，或就本地免费电视节目服务而言，可能有很多儿童观看的电视节目内，不得播映任何会引致儿童生理，心理或道德观念受到损害的产品或服务广告，或采用有此后果的宣传手法，亦不得利用儿童容易信人及忠诚本性以达到宣传目的。下列各点须特别注意：

(a) 广告不可鼓励儿童参与任何带有危及他们安全成分的活动，例如为收集赠券，包装纸，标签等而进入陌生的地方或与陌生人交谈。持牌人如已尽合理的努力以确保所宣传的活动不带任何危及儿童安全的成分，则可免承担本分段所订的有关责任。

(b) 商业产品或服务的广告，不得以任何形式吁请儿童，暗示若他们不亲自购用或鼓励别人购用该产品或服务，即未尽责任或对某人或某组织不忠。不论该项呼吁是否由该人或该组织发出，均在禁止之列。

(c) 广告不得令儿童相信，假如他们未能拥有所宣传的物品，即会比不上其他儿童，或可能遭轻蔑或嘲笑。

(d) 不得播出有关会社活动的广告，除非广告客户能够提出令人满意的证据，证明会社会小心监督儿童的行为和所交的朋友，并且没有证据显示该会社属于秘密会社。

(e) 众所周知，很多种产品虽不是由儿童直接购买，却可以由儿童加以取舍，这点应小心处理；不可鼓励儿童因为要获取某种产品或服务而烦扰他人。在向儿童提供免费礼物，奖金或比赛的广告中，广告的重点必须放在有关的产品上。

(f) 广告如要提及为儿童而设的比赛，不得夸大奖品的价值和获奖的机会。

(g) 应让观众容易判断所宣传的产品及赠予儿童的任何赠品的实际大小。有需要时可把产品及赠品与一些常见物品放在一起作为比较，以便观众容易判断该等产品及赠品的实际大小。

传送时间的限制

3. 为任何被视为不适合儿童的产品或服务，影片及任何材料作宣传的广告，不可在以儿童为对象的节目时间内或接近该等节目的时间播出。就本地免费电视节目服务而言，该等广告亦不可在预计会有大量儿童收看的时间播出。

4. 令人惊恐或引起焦虑，或有描绘暴力，危险或反社会行为的内容的广告，不得在以儿童为对象的节目时间内或接近该等节目的时间播出。就本地免费电视节目服务而言，该等广告亦不可在预计会有大量儿童收看的时间播出。

广告中出现的儿童

5. 有儿童出现的广告，须依下列规定：

(a) 注意安全。

凡有儿童出现的电视广告，均应从安全角度加以慎重考虑。特别要注意的是：

(i) 除非广告中的儿童显然已届足以自行照顾本身安全的年龄，否则不应在无人照顾的情况下出现街头；又除非所在地点明确显示为供人游玩的街道或其他安全的地区，否则不应出现儿童在道路上玩耍的情况；亦不应显示儿童在没有适当的照顾下不小心走出行人路或横过马路；如以交通繁忙的街道为背景，则应显示儿童使用斑马线过马路；就其他一般情况而言，不论儿童为行人，骑单车者或乘客，均应显示他们的行为符合运输署不时印制的《道路使用者守则》。

(ii) 不应出现儿童危险地把身体伸出窗外或桥边，攀登峭壁或在没有成人陪同下在水中或水边玩耍，或不负责任地在电动楼梯上玩耍等情况。

(iii) 不应展示幼童攀上高架或到高于头部的桌上去拿取物件的画面。

(iv) 在没有父母的密切监管下，不得显示儿童能触摸到药物、消毒剂、防腐剂或腐蚀性物质，更不应展示儿童使用该等物品。

(v) 不得显示儿童使用火、火柴或可能引致灼伤，触电或其他伤害的任何气体、石蜡油、汽油、机械或电动装置。

(vi) 广告及所宣传的产品必须符合普遍认可的安全标准。不可示范以有害或危险的方式使用产品。凡出现儿童参与有潜在危险的活动，应在家长监管下进行。只有特别设计和专为宣传安全信息的广告，才可以出现儿童身处险境的情况。

(b) 良好的行为及态度。

在广告中出现的儿童，应该表现良好行为及态度，作为榜样。

(c) 饮用酒类及与烟草有关的产品。

儿童及少年不准参与演出饮用酒类或与烟草有关的产品广告。

非本地电视节目服务

6. 持牌人应遵守接收国家及地区有关当局所订定的法例、节目标准及广告标准。

第8章　广告时间

本地免费，本地收费以及其他须领牌电视节目服务

1. 除非广管局另作批准，否则持牌人只准在节目开始或结束时，又或者节目中的正常间断时间之内播放广告材料或非节目类材料。就本守则而言，“非节目类材料”不包括广告材料，但包括持牌人的电视台或节目服务的宣传片段，以及广管局根据《广播条例》或有关牌照指定持牌人必须在其电视节目服务内播出的公布。对于包含或部分包含家居购物材料的服务，若广管局认为该服务或部分服务的性质，已向观众清楚说明，则这项规定并不适用。

2. 对于本地收费电视节目服务及其他须领牌电视节目服务，若播出的广告属于主要供香港以外地区收看的卫星节目的一部分，而持牌人并未因播放广告而获得任何收益，兼且持牌人须干扰广播服务才可遵守上文第1段列出的标准，则持牌人可免遵守有关标准。

非本地电视节目服务

3. 持牌人应遵守接收国家及地区有关当局所订定的法例、节目标准及广告标准。

第9章　赞助节目

适用于所有服务的一般原则

1. 如赞助商须向持牌人付出报酬或其他有值代价（包括送出有关节目）以交换某节目的播映，该节目便为赞助节目。所谓节目，包括节目其中一部分或一个节目环节。

2. 本守则的其中一个核心原则是保存节目的完整性，因此不得基于商业原因改变节目的流程。持牌人须为赞助节目的内容负责。

适用于不同类别服务的准则

本地免费电视节目服务赞助识别

3. 赞助节目都必须清楚表明其为赞助节目。赞助识别（不包括以广告形式出现的赞助识别）必须符合下列的基本规则：

（a）赞助识别必须与广告有所区别，其中不得含有“最畅销”、“最受欢迎”等字眼的声称，价格资料以及直接吁请观众购买或租用赞助商的产品或服务的内容；

（b）不应使用观众难以识别和理解的手法影响观众；

（c）节目内的赞助识别不应干扰或破坏观赏的趣味。

4. 赞助节目必须以下列方式清楚表明其为赞助节目：

（a）在片头及/或片尾，以画面及/或声音作赞助声明（须符合本章第5至7段的规定）；

（b）如属整个节目或当中一节目环节①或节目项目②的赞助，在节目名称或节目环节名称或节目项目名称内加上赞助商的名称（须符合本章第8至9段的规定）；

① 以比赛节目为例，节目中的一个比赛环节便是典型的节目环节。

② 以比赛节目为例，构成比赛环节的元素，便是典型的节目项目。

(c) 如属节目内的产品服务赞助，而持牌人透过在节目内提及商业产品或服务获得报酬或其他有值代价，按照上文（a）段所述方式作赞助声明（须符合本章第10段的规定）；

(d) 在片头及/或片尾以广告方式表明其为赞助节目，唯该等广告须计入规定的广告时限内。

片头或片尾的赞助声明

5. 广告与节目片头或片尾的赞助声明必须清楚区分，以免赞助声明被用作延长限定广告时间的工具。赞助声明可包括赞助商的名称及/或商号行业牌子产品服务名称及/或商标标识，并可显示赞助商的产品或服务以及联络资料（如电话号码、地址、传真、网址等）。在符合本章第3段规定的情况下，亦可使用广告口号及与赞助商特质有关的形容字眼。

6. 在不抵触本章第8段规定的情况下，赞助识别（不论是否加入节目名称内）可在片头及/或片尾以赞助声明的形式出现。如只有一位赞助商，片头或片尾的赞助声明播出时间不得超过10秒；如有多于一位赞助商，则不得超过30秒。

7. 片头赞助声明须在节目开始之前作出，不得夹杂于节目任何一部分之内。片尾赞助声明不得先于片尾的活动字幕播出，但可夹杂其中。

冠名赞助

8. 除片头或片尾的赞助声明外，持牌人可在节目名称，节目环节名称或节目项目名称内加上赞助商的名称或其商号行业牌子产品服务名称，赞助商的产品或服务的商标标识，广告口号及与赞助商特质有关的形容字眼，但须遵守下列规定：

(a) 可利用画面或声音提及节目名称，节目环节名称和节目项目名称，惟不得违反本章第3段所载的基本规则及不可超出以下时限：

(i) 在符合本段所载条文或为时9至10分钟的节目环节的规定下，每10分钟节目环节合共15秒。就本条文而言，“节目环节”一词的意思与《电视通用业务守则——节目标准》第12章第12段所载的相同，即节目本身两个间断时间之间，或在两个节目相隔时间与节目本身间断时间之间的部分，其持续时间最少须有10分钟。就本段而言，为时9至10分钟的节目环节，如已获广管局批准豁免遵守上述10分钟的规定，会被当作为一个10分钟的节目环节处理；

(ii) 为免生疑问，如节目环节超过10分钟，(i) 段所载提及冠名赞助的总时限可按照每10分钟节目环节播放15秒的比率计算，唯持牌人在提及冠名赞助时必须格外小心，以免冠名赞助提述集中出现，破坏观赏趣味；

(iii) 如属为时少于10分钟的迷你节目，每个节目合共5秒；

(b) 就上述（a）段而言，下列各项均不会计入8（a）(i)、(ii) 和（iii）段有关赞助节目节目环节节目项目名称的规定播放时限内：

(i) 显示有赞助名称的节目间隔①；

(ii) 显示有赞助名称的背景布置；

(iii) 在整个节目的开头和结尾各一次以字幕及/或声音提及赞助节目名称；

(iv) 在接续节目的预告②中提及赞助名称；

(v) 在宣传电视台的节目中提及赞助节目的名称；

(vi) 根据《电视通用业务守则——节目标准》，第12章第15A段，批准在节目环节内以附加字幕形式出现的赞助节目名称。

9. 持牌人按照本章第8段的规定提及赞助商时，必须时刻顾及一般观众的利益。假若维护观众利益与全面实施第8段的规定两者之间互有冲突时，当以维护观众利益为依归。

节目内的产品服务赞助

10. 持牌人所播放的节目可包含一种或多种产品或服务，以换取报酬或其他有值代价，但须符合下列规定：

(a) 产品服务的展示或使用要明显配合节目的编辑需要，不会干扰观赏趣味或令人觉得牵强；

(b) 持牌人必须在节目的片头及/或片尾的赞助声明中清楚识别产品或服务的赞助商。片头及/或片尾赞助声明的内容必须符合本章第5至7段所载的规定；

(c) 节目提及的产品或服务不得属于业务守则所规定不可在电视播放广告的产品或服务；

(d) 本守则各章中所载的广告标准，包括但不限于有事实根据的声称及贬抑竞争对手的规管条文，亦适用于节目内的产品服务赞助。

赞助特定类别节目戏剧节目

11. 除非广管局另作批准，持牌人须在本章第10段的条文颁布起计6个月结束时，向广管局递交一份报告，说明在戏剧节目内使用按照上述条文所规定的节目内的产品服务赞助的情况，与及公众对新的赞助模式的反应。

儿童节目

12. 儿童节目的赞助须特别小心处理。儿童节目可采用本章第8段所指的冠名赞助，条件是不得使用与赞助商特质有关的形容字眼和广告口号，以免节目过于商业化。儿童节目不得接受本章第10段所指的节目内的产品服务赞助。

教育节目

13. 持牌人必须确保教育节目也严格遵守上文第12段所述的规则。就本段而言，

① 举例来说，当节目进入及/或离开广告时间时，显示节目名称的活页卡便是典型的节目间隔。

② 举例来说，以声音及/或画面提示下一个节目的名称，便是典型的接续节目的预告。通常该等预告会在节目结束时播出。

"教育节目"指有明确教育目的的节目，通常与从事学术研究的正规课程有关，但不包括一般指导性（"技艺示范"）的节目。

时事节目

14. 时事节目亦可采用本章第8至10段所指的冠名赞助和节目内的产品服务赞助。由于这类节目的性质特殊，持牌人应小心选择赞助商，以维护这类节目的公信力和完整性。

比赛节目中提及商业资料

15. 除非本章第8至10段另有规定，比赛节目中，可用画面或声音提供有关赞助商送出奖品的实际资料，但不得以广告方式出现，而资料出现次数亦不得过于频密。

赞助节目的宣传片（"宣传片"）

16. 赞助节目的宣传片，必须遵守下列规定：

（a）不得提及赞助商，除非赞助商的名称或商号行业牌子产品服务名称，商标，标识或其广告口号或与赞助商特质有关的形容字眼已包含在该电视节目的正式名称中，而且宣传片已符合上文第8段适用条文的规定。宣传片播出后，可接播放宣布赞助商的广告，而广告须计入规定的广告时限内。

（b）宣传电视比赛节目的短片，可包括有关奖品及奖品赞助商的名称及/或其商号行业牌子产品服务名称及/或商标，标识及/或广告口号或与赞助商特质有关的形容字眼；亦可包括索取参加表格的实际资料，但该等资料不应包括任何产品服务的广告，其表达方式也不可干扰观赏趣味。本章第3段所列的赞助识别的基本规则同样适用于该等资料。

禁止及限制提供赞助的赞助商

17. 持牌人不得接受业务守则规定不可在电视播出广告的产品服务场所的赞助。不过，如节目因剧情需要或为力求逼真，以致要加插有关场所的镜头，则可在片尾活动字幕内打出鸣谢该等场所的字句。

不得接受赞助的节目

18. 新闻节目及广管局不时指令播出的节目、公布或其他材料，均不得接受赞助。

19. 宗教仪式或其他崇拜节目不得接受赞助。

外购节目

20. 遇有无可避免的情况，电影院播放的影片及拍摄外地举行的体育项目和其他活动的外购节目，可免遵守本章的标准。

本地收费电视节目服务及其他须领牌电视节目服务

21. 持牌人不得暗中接受赞助。所有赞助都必须在节目开始及/或结束前清楚表明及/或以节目冠名赞助，节目环节赞助或节目项目赞助的方式在节目中清楚表明。

该等赞助识别，只要符合本章第 3 段所列的基本规则，便可提及赞助商的名称，产品服务，商号行业牌子产品服务名称，商标标识，广告口号和与赞助商特质有关的形容字眼，以及在比赛节目中提供有关赞助商送出奖品的资料。本章第 10 段（但不包括第 6 段所订明的时间限制），12 至 14 段与及 17 至 20 段同样适用于持牌人。

22. 在无法避免的情况下，持牌人所提供的卫星节目服务可免遵守本章第 21 段所订定的标准。

非本地电视节目服务

23. 持牌人应遵守接收国家及地区有关当局所订定的法例、节目标准及广告标准。

附录二　澳门广告法规[①]

（一）澳门法律第七/八九/M号广告活动之条文

用于澳门广告的管理法规主要是1989年7月21日由立法会颁布的澳门法律第七/八九/M号广告活动之条文。该法律总共包括四章，分别是概则、广告的安装、罚则和最后规定。现将主要内容列举如下：

第一条（范围）

本法律订定一般性制度以管制使用任何方式的广告信息的传播，以及其书写内容和公开标贴的条件。

第二条（定义）

为本法律之目的，下列词语的定义为：

凡指在公众注意某商业性质的物品或服务，以便促成购买的所有宣传视为“广告”或“广告活动”；

凡用作传送广告信息的工具视为“广告媒介”。

第一章　概则

第三条（一般原则）广告信息应是合法的、可识别的、真实的及遵守维护消费者和忠于自由而公平竞争的原则。

第四条（合法性）凡因其形式，对象或目的而损害社会的基本价值观的广告不是合法的。

第五条（可识别性）广告信息，不论在其宣传时使用任何工具，应该是使人能清楚地识别其性质。

第六条（真实性）

（一）广告信息应遵守真理，不歪曲事实或错误引导广告对象者。

（二）凡关于销售物品或服务的来源、性质、成分、功能及购入的条件的说明，应随时可被证实。

第七条（被禁止的广告）

（一）禁止通过技巧，潜意识或掩饰方法而错误引导或影响广告对象，使他们不能了解被传送信息的性质的所有广告。

① 转引自胡锦汉．澳门广告业．澳门：澳门广告学会，1999：119～142

（二）特别禁止下列广告：

a. 有隐藏，间接或欺诈性质者；

b. 利用广告对象的恐惧，无知或迷信者；

c. 可促使或怂恿暴力及非法或犯罪活动者；

d. 不尊重地使用国家或宗教标志者；

e. 使用带有色情或淫亵内容的工具者；

f. 可对所推销的物品或服务的品质作错误引导者；

g. 怂恿以危险方式使用所推销物品者；

h. 倘接触或使用该物品需要特别小心以避免意外发生，而广告未提及特别小心事项者。

第八条（特别情况）

（一）下列事项不可作广告宣传：a. 放债活动；b. 以博彩活动作为广告的主要信息者。

（二）放债活动及与博彩有关的活动可在电话簿黄页分类、商业年鉴及其他同类性质刊物作宣传广告。

第九条（受管制的广告）

（一）含酒精饮品及香烟广告是受限制的，关于后者并不妨碍六月十一日第三/八三/M号法律的规定。

（二）含酒精饮品及香烟广告不得：

a. 利用未成年人或鼓励他们饮用或吸食；

b. 鼓励过分饮用或吸食；

c. 轻侮非饮用吸食者；

d. 按时饮用或吸食是成功者的象征。

（三）对含酒精饮品的广告不得与驾驶车辆行为有关。

第十条（欺诈性广告）禁止使用任何以直接或间接方式用不真实、遗漏、夸张或含糊手法误导消费者，使对物品或服务产生误解。

第十一条（私人特征）倘未经有关人士许可不得以任何形式使用或暗示他的形象或说话作为广告。

第十二条（消费者的保护）

（一）广告活动不应对消费者引致任何精神上，心智上或身体上的损害。

（二）广告信息不得在购买条件方面欺诈消费者，特别是关于下列情况：

a. 物品或服务的价值或价格；

b. 首期、分期、信贷条件及付款的其他条件；

c. 物品交付及更换条件或合约的解除；

d. 宣传物品或服务的免费，但倘不向消费者要求包括邮费、运费或税项在内的任何费用者则例外。

（三）按照商业主要观念，提供视为正当的方程式及建议不受上款的规定所限。

第十三条（生活质素）禁止任何含有可导致污染包括噪音污染、动植物和自然资源的退化信息的广告。

第十四条（对性别、儿童及青少年的偏见）

（一）信息不得传达一种性别比另一性别低的观念。

（二）以儿童及青少年为对象的广告信息应顾及其心理上易受创伤，特别不准：

a. 列入对他们的身体、精神或心智产生损害的任何语言，画面或其他内容者。

b. 暗示倘儿童或青少年不使用广告所宣传的物品或服务，则视为落伍的观念者。

（三）倘儿童或青少年是与广告所宣传的物品或服务明显相关时，方得在广告中扮演主要角色。

（四）儿童及青少年不得在香烟或酒精饮品的广告中出现。

第十五条（机动车辆）

（一）在推销汽车的广告中不得：

a. 暗示能危及驾驶者或第三者人身安全的车辆使用方法；

b. 含有违反路政章程规定，特别是有关非法扒头、超速、危险驾驶，不使用安全配备，不遵守交通通讯号或不顾行人的规定；

c. 怂恿损害环境的驾驶方法。

（二）在公路上以机器推动的车辆视为机动车辆。

第十六条（药物、补缺术及治疗）

（一）任何宣传药物、成药、补缺术、医学或保健治疗术又或对健康有好处的物品或方法的广告均须事先由卫生司批准。

（二）有关的申请于三十天后未获卫生司答复者视为已获批准。

（三）倘申请不获批准，可按一般规定提出上诉。

第十七条（楼宇）

（一）楼宇广告应遵守下列条件：

a. 应清楚说明交楼期限及售楼条件；

b. 必须公布业权人及建筑公司名称；

c. 必须指明出售单位的实用面积；

d. 必须指出交易所引致对买方的任何责任、地段性质及其所处之法律情况；

e. 倘属住宅单位及供办公室用的室及楼层，而所推售单位的价格每层不同时，应清楚说明及指出每一单位的售价；

f. 楼宇广告的照片或图则应忠实反映楼宇坐落地点，并不得以欺诈手法或错觉手段蒙骗买方；

g. 必须指出楼宇工程准照的编号，以及楼宇在物业登记局的登记编号。

（二）电视及电台的广告均豁免载于 c、d 及 f 项的规定。

（三）籍投资地产或出售任何形式的证券以从事融资活动之广告应遵守一款的有关规定，并不得在所提供的保证、金额、利润、增值及特别付款法等方面误导大众。

第十八条（旅行及旅游）

（一）旅行及旅游广告必须正确及详细指出：

a. 旅行团负责人；

b. 所使用的交通工具及等级；

c. 规定之目的地及路线；

d. 准确的旅行日数及在每一地方的逗留时间；

e. 最低及最高的旅行收费，以及对所提供的服务，特别是有关住宿、膳食、伴游、由导游带领的观光的详细说明；

f. 参加及退出旅行团的规定。

（二）电视及电台的广告均可豁免载于上款的规定。

第二章　广告的安装

第十九条（制度）

（一）安装广告应遵守对上一章所订定的规则，且须事先领取由市政厅发出的准照。

（二）为确保有关管辖区都市规则及环境平衡，市政厅负责订定发出准照的标准。

第二十条（订定准照的标准）

在订定广告准照的标准时，应顾及广告媒介，不应：

a. 有碍观瞻或影响地方或风景的美观和环境；

b. 损害纪念物或甄别楼宇的美观或附近的环境；

c. 损害第三者；

d. 危害人或物的安全，尤以在道路交通的安全为然；

e. 使其外形、颜色或所安装的位置误导公众而视之为交通符号；

f. 阻碍行人，特别是伤残人士。

第二十一条（附带准照的发出）

（一）倘安装广告须进行申领准照的工程时，应按适用法例的规定领取有关的附带准照。

（二）市政厅有权下令搬离违法的广告，禁止违法工程的进行或将之拆卸。

第二十二条（附带准照的发出）

（一）安装在公共地方的可移动广告应遵守第二十条所订定的规则。负责安装广告的人士有责任将之清除。倘不知负责人为谁人时，则从广告推断谁为负责人。但能证明广告并非由彼等安装或安放时则除外。

（二）市政厅负责订定搬离广告的期限及条件。

第二十三条（不适当的安装）

倘安装在任何建筑物、结构或附着物的广告违反有关业权人的权益、本法律的规定或市政厅所议决的适用规定时，得将之毁灭或以其他方法使之不能发生效力。

第二十四条（清除的费用）

即使广告是由政府机关清除，有关费用亦应由负责安装人士负担。倘不知负责人为谁人时，则从广告推断谁为负责人。但能证明广告并非由彼等安装或安放时则除外。

第三章　罚则

第二十五条（民事责任）

（一）广告媒介的业权人、广告商及广告客户对违法广告的传播引致第三者受损害时共同负起民事责任。

（二）倘广告客户能证明事先并不知悉所传播广告的内容时，则可免除负起上款规定的责任。

第二十六条（刑事责任）

（一）因传播广告所引致的刑事违法行为受刑法管制。

（二）倘广告客户、广告媒介业权人或持有人及广告商负责传播违法广告时，则作为主犯受处分。

（三）只从事广告创作的广告商视为从犯，但证明并非蓄意时则除外。

第二十七条（违法行为）

（一）倘无比特别规定更严厉的其他罚则时，违反本法律的规定，受下列的处分：

a. 违反第四条或第五条的规定，罚款澳门币八千元至四万元；

b. 个人或法人违反第七条、第八条、第十条、第十一条的规定，分别罚款澳门币二千元至一万二千元或澳门币五千元至二万八千元；

c. 不办理第十六条一款所规定的手续，罚款澳门币四千元至一万二千元；

d. 违反第十九条或二十条的规定，罚款澳门币二千元至一万二千元；

e. 其他情况，罚款澳门币八百元至八千元。

（二）缴交罚款并不免除因违法行为所引致的民事或刑事责任。

（三）罚款所引致的收入拨归本地区所有，但 d 项所规定的收入则除外。该等收入归执行罚款规则的市政厅所有。

第二十八条（疏忽）

（一）广告客户的疏忽肯定引致客户受处罚。

（二）广告媒介的持有人及业权人以及负责传播广告信息的公司疏忽，只在第四条、第五条、第七条、第八条以及第十一条至第十五条的情况下引致彼等受处罚。

（三）纯因疏忽而受到的处分只是承担对有关个案所处最高罚款的一半。

第二十九条（再犯）

（一）因再次作出的第二十条所指的违法行为，所处之罚款是相当于最低至最高之间罚款的两倍。

（二）倘属相同性质的违法行为自对上次处罚起计一年内作出时，视为再犯。

第三十条（缴交罚款的责任）

（一）广告客户、广告媒介的持有人或业权人以及广告公司共同负责缴上条所指罚款。

（二）共同负起责任的人士有权向违例者追讨所代缴的款项。

第三十一条（职权）

下列机关有权执行第二十七条所指的罚款：

a. 违反第十六条之规定者，由卫生司负责；

b. 违反第十八条之规定者，由旅游司负责；

c. 违反第十九条及第二十条之规定者，由有关市的市政厅负责；

d. 属其他情况者，由经济司负责。

第三十二条（充公）

负责处以罚款的机关得将传播违法的及可能损害受法律所保护利益的讯息之广告媒介充公。

第四章　最后规定

第三十三条（生效）

本法律自颁布日后六十天生效。

一九八九年七月十日通过 立法会主席 宋玉生

一九八九年七月二十一日颁布

（二）澳门商法典有关广告之条文

第十编　广告合同

第一章　广告合同

第一节　一般规定

第七百二十条（概念）

一、广告合同系指当事人一方有义务设计、制作及发布他方之广告，以取得回报之合同。

二、如订立广告合同时要求广告创作，则亦适用关于广告创作合同之规定。

第七百二十一条（禁止条款）

免除或限制当事人因广告而可能对第三人承担民事责任之条款无效。

第七百二十二条（收益保证条款）

广告企业主直接或间接保证广告带来经济收益或商业成果之条款，或规定广告企业主对该保证承担责任之条款，视为无记载。

第七百二十三条（不作其他用途之义务）

任一订立合同人均不得将他方所提供之任何广告构想、讯息及材料用于非约定用途。

第二节　当事人之权利及义务

第一分节　广告企业主之权利及义务

第七百二十四条（列举）

广告企业主尤其有义务：

a）做出为筹备及发布广告所必需之行为；

b）依从广告主就筹备及发布广告所作之指示；

c）在作出 a 项所指行为前，取得广告主之许可；

d）监察广告媒介上之广告发布；

e）对于与广告主所订立之广告合同之产品或服务直接竞争之产品或服务不作广告；

f）根据约定条件或有必要时，提交账目。

第七百二十五条（对广告主利益之保障）

广告企业主于履行合同时，有义务尽可能保障广告主之利益。

第七百二十六条（保密义务）

即使于合同终止后，广告企业主亦不得使用或向第三人披露于经营业务时获托付或知悉之他方之秘密，亦不得向第三人披露其为广告主策划之广告。

第七百二十七条（回报）

如双方无约定，广告企业主之回报依习惯计算，如无习惯，依平衡原则。

第七百二十八条（获回报之权利）

广告企业主制作之广告如客观上符合合同之规定或广告主之指示，则有权获得回报，不论广告主是否同意该广告。

第二分节（广告主之权利及义务）

第七百二十九条（广告主之义务）

广告主尤其有义务：

a）支付约定之回报；

b）向广告企业主提供根据具体情况为筹划或发布广告所需之资料；

c）对广告企业主有正当理由认为不可缺少且已支付之开支，应连同法定利息予以偿还。

第七百三十条（广告之监察）

一、广告主有权检查其产品及服务之广告之筹划及发布，尤其包括下列者：

a）构成广告之讯息的表达方式；

b）为发布广告而选择的广告媒介；

c）广告发布时间之安排。

二、广告主亦有权查核发布广告之结果，尤其有权获得：

a）广告发布之次数或相当于次数之数目及发布证明；

b）关于广告所遍及之大众之数目及种类之讯息，以及取得此等资料之方法。

第三节　广告之缺陷及合同之消灭

第七百三十一条（回报之减少或广告之重作）

如广告之任一主要因素与合同之规定或广告主之明示指示不符，广告主有权请求相应减少回报或依约定重作全部或部分广告，且不影响在此等情况下之损害赔偿权。

第七百三十二条（解除）

如上款所指缺陷使广告不适用于原定目的，或广告企业主无合理理由而不作出约定给付，或在约定之期限外作出给付，广告主得解除合同，并请求退还已支付之费用及赔偿所受之损害。

第七百三十三条（广告主之舍弃）

即使经已开始发布广告，广告主亦不得随时舍弃广告，但须对他方之开支、工作、从合同中所能取得之收益及可能因该舍弃而需对第三人承担之责任作出赔偿。

第七百三十四条（合同消灭之效果）

不论合同消灭之原因为何，广告企业主因已完成之广告工作而生之权利均不受影响。

第二章　广告传播合同

第七百三十五条（概念）

广告传播合同系指当事人一方有义务容许他方使用其可供使用之物理空间或时间作广告用途，及作出为实现广告目的所需之技术活动，以取得回报之合同。

第七百三十六条（广告之传播）

广告媒介之权利人有义务采取适当措施，以确保他方之广告有效向受众传播。

第七百三十七条（债权人之义务）

他方有义务在已编排之传播前之适当期间内向广告媒介之权利人交付构成广告之

资料，以便复制该广告。

第七百三十八条（有瑕疵之履行）

一、广告媒介权利人于履行广告指令时，如因可归于己之原因而改变、忽略或不符合指令之任一主要因素，则必须按合同之规定重新传播广告。

二、如无法重新传播广告，他方有权请求降低价金及损害赔偿。

第七百三十九条（广告传播之义务之不履行）

一、除不可抗力之情况外，如广告媒介权利人不作广告传播，他方得请求按约定条件另作广告传播，或请求解除合同及退还未传播之广告之已付款项；但不影响请求损害赔偿之权利。

二、如未作广告传播可归责于他方，广告媒介权利人有权请求损害赔偿，并收取全部价金，但合同约定之空间或时间全部或部分用于其他广告者除外。

第七百四十条（准用）

第七百二十一条至第七百二十三条及第七百三十条第二款之规定，经必要配合后，适用于广告传播合同。

第三章　广告创作合同

第七百四十一条（概念）

广告创作合同系指当事人一方有义务为他方构思及制订广告活动之全部或部分计划，或其他广告材料，以取得回报之合同。

第七百四十二条（广告创作之设计）

广告创作者应按约定设计广告作品，该作品不得有使广告不能实现合同所定目的之瑕疵。

第七百四十三条（保密义务）

即使于合同终止后，广告创作者亦不得使用或向第三人披露为实现广告创作而获他方托付之资料，亦不得向第三人披露已为他方设计或设计中之广告创作。

第七百四十四条（合同之舍弃）

即使已经开始设计广告，他方亦得随时舍弃广告创作，但须对广告创作者之开支、工作及广告创作中所能取得之收益作出赔偿。

第七百四十五条（广告创作之保护）

一、广告创作如符合有关著作权之法律规定所要求之要件，则享有著作权所赋予之权利。

二、虽有上款之规定，如另无规定，则推定基于广告创作合同及为合同所规定之目的，广告创作之财产权已让与合同之他方专用。

第七百十四六条（准用）

第七百二十一条至第七百二十三条、第七百二十七条及第七百二十八条经必要配合后适用于广告创作合同。

第四章　赞助合同

第七百四十七条（概念）

广告赞助合同系指被赞助人有义务在广告上与赞助人合作，作为对其进行之体育、慈善、文化、科学或其他活动之资助之回报之合同。

第七百四十八条（准用）

广告传播合同之规范，经必要配合后，适用于广告赞助合同。

（三）澳门市政厅行政执照处对有关招牌及广告牌之规定

一、在招牌或广告制作及悬挂前，必须向本处递交申请书，并应附上下列资料（香烟广告除外）：

1. 广告/招牌图则或草图样本一份（广告内容必须中、葡文对照）；
2. 指明拟安放地点的相片；
3. 若占用属第三者之空间，应出示经业主许可在该地点安放的证明文件；
4. 已购第三者保险之收据及保险单副本；
5. 申请人之身份证明文件副本；
6. 已缴纳营业税之证明文件或职业税单副本；
7. 专业执照或行政执照副本；
8. 倘为公司，应同时附上刊登公司成立事宜的政府公报或商业登记副本。

二、申请人应出示证件正本以作笔迹鉴证。

三、应缴纳费用

1. 招牌非灯光：每平方米 MOP48.00

灯光：每平方米 MOP80.00

2. 广告牌非灯光：每平方米 MOP80.00

灯光：每平方米 MOP160.00

（超过5平方米：缴纳双倍费用）

3. 横额3米×0.74米，每5天，每幅 MOP240.00

4. 灯柱旗1平方米，每30天，每支旗 MOP160.00

（公益或非牟利性质活动除外）

（四）澳门政府卫生局药物事务处对有关医药广告之规定

有关医药广告之申请应包含下列资料：

1. 申请人之详尽身份资料；

2. 广告内药品之名称、包装方式、药品成分及使用说明；

3. 广告媒介之指明，包括传播方式以及广告所使用之文字及图像；

4. 广告对象之指明：

（1）以公众为对象之广告应含下列资料：

（i）药品名称；

（ii）治疗指示及特别注意事项；

（iii）适当使用药品之必须资讯；

（iv）建议使用者仔细阅读外包装、容器或说明书所载之资料，并建议使用者如有疑问或疾病症状持续，应向医生求诊。

（2）以卫生专业人士为对象之广告应含下列资料：

i. 药品特征之概述；

ii. 广告信息中使用摘自医学刊物或科学研究报告上之文章及图表，应正确引用且说明其来源。

5. 该产品已获许可在本澳市场销售之证明文件。

（五）澳门政府邮电局对直接邮递宣传之有关规定

在澳门邮寄之各类本地及外地邮品，在封套上除主体机构之名称及通信资料外，若含有任何商业宣传成分，必须事先向邮电局柜台网络科申请，经批准后，每月缴交澳门币二千五百元之广告费。邮寄品在当月内数量不限。

（六）澳门政府财政局对广告宣传缴纳印花税之规定

根据一九八八年六月二十七日第 17/88/M 号法律印花税之附表第三条第二款 a 项规定，任何通过第三者作为媒介，从事广告宣传活动，均需缴交该费用之 2% 的印花税和 b 项，若宣传透过广播或电视，同样需缴交 2% 的印花税。

附录三　台湾广告法规

（一）《广播电视法》

第二条（名词解释）

本法用辞释义如下：

八、称节目者，指广播与电视电台播放有主题与系统之声音或影像，内容不涉及广告者。

九、称广告者，指广播、电视或播放录像内容为推广宣传商品、观念或服务者。

十一、称广播电视节目供应事业者，指经营、策划、制作、发行或托播广播电视节目、广告、录像节目带之事业。

第六条（播送节目之禁止）

广播、电视事业不得播送有候选人参加，且由政府出资或制作之节目、短片及广告；政府出资或制作以候选人为题材之节目、短片及广告，亦同。

第三十条（播送广告之许可）

民营电台具有商业性质者，得播送广告。其余电台，非经主管机关许可，不得为之。

第三十一条（播送广告时间与方式）

电台播送广告，不得超过播送总时间之百分之十五。

有关新闻及政令倡导节目，播放之方式及内容，不得由委托播送广告之厂商提供。

广告应于节目前后播出，不得于节目中间插播；但节目时间达半小时者，得插播一次或二次。广告播送方式与每一时段中之数量分配，由主管机关定之。

第三十二条（广告内容之禁止规定）

第二十一条及第二十六条之一第二项规定，于广告准用之。

第三十三条（广告内容之审查）

电台所播送之广告，应与节目明显分开；内容应依规定送请主管机关审查。经许可之广告内容与声音、画面，不得变更。经许可之广告，因客观环境变迁者，主管机关得调回复审。广告内容审查标准，由主管机关定之。

第三十四条（广告内容核准）

广告内容涉及药品、食品、化妆品、医疗器材、医疗技术及医疗业务者，应先送经卫生主管机关核准，取得证明文件。

第三十五条（电台设备交由他人直接使用之禁止）

广播、电视事业之负责人或其他从业人员，不得将电台设备之全部或一部，交由委托播送广告者直接使用。

第四十二条（警告之处分）

广播、电视事业有下列情形之一者，予以警告：

一、违反第十条之一第二项、第十二条之二第一项、第十三条至第十五条、第十七条、第十九条、第二十条或第三十一条规定者。

二、违反第二十三条第一项、第二十四条、第二十五条或第三十三条第一项规定者。

第四十三条（罚锾之处分）

有下列情形之一者，电视事业处五千元以上、二十万元以下罚锾；广播事业处三千元以上、三万元以下罚锾：

二、播送节目或广告，违反第二十一条第三款至第六款规定之一或第三十二条准用第二十一条第三款至第六款规定之一者。

三、违反第二十二条、第二十七条至第二十九条或第三十四条规定者。

四、违反第三十三条第一项规定情节重大者。

五、未依第二十六条之一第二项或第三十二条准用第二十六条之一第二项指定之时段播送节目、广告者。

广播、电视事业因播送节目或广告受前项规定处分者，得停止该节目或广告之播送。

第四十四条（罚锾及停播处分）

广播、电视事业有下列情形之一者，除处三万元以上、四十万元以下罚锾外，并得予以三日以上、三个月以下之停播处分：

二、播送节目或广告，其内容触犯或煽惑他人触犯妨害公务罪、妨害投票罪、妨害秩序罪、亵渎祀典罪、妨害性自主罪或妨害风化罪，情节重大，经判决确定者。

三、播送节目或广告，违反第二十一条第一款或第二款规定者。

四、播送节目或广告，违反第二十一条第三款至第六款之一，情节重大者。

五、违反第三十条规定，擅播广告者。

六、违反第三十五条规定者。

第四十五条（吊销广播、电视执照）

广播、电视事业有下列情形之一者，吊销其广播或电视执照：

一、播送节目或广告，其内容触犯或煽惑他人触犯“内乱罪”、“外患罪”或“惩治叛乱条例”之罪，经判决确定者。

二、播送节目或广告，其内容违反第二十一条第一款或第二款规定，情节重大者。

四、违反主管机关依第七条或第二十六条所为之规定者。

五、被处分停播期间，擅自播送节目或广告者。

前项第一款情形，在判决确定前，“新闻局”得于报请“行政院”核定后，先予停播。

第四十五条之二（违反广播电视节目供应事业设立之处分）

违反第二十九条之一之规定，经营、策划、制作、发行或托播广播电视节目、广告、录像节目带者，处三千元以上、三万元以下罚锾，并没入其节目。

（二）《广播电视法施行细则》

第三十四条

电视电台播送广告方式与每一时段中数量分配之规定如下：

一、新闻报道及气象报告时间达三十分钟者，得插播广告一次；达四十五分钟者，得插播广告二次；达六十分钟者，得插播广告三次。

二、前款以外节目时间达三十分钟者，得插播广告二次；达四十五分钟者，得插播广告三次；达六十分钟者，得插播广告四次。现场实况转播，广告插播得选择适当时机为之。

广播、电视电台因执行政府指定之任务，而增加播送时间者，经“新闻局”核准，得酌增播送广告时间。

第三十五条

广播、电视广告经指定须事先审查者，应由播送电台或广告制作业者填具申请书，连同广告影片录像带、录音带、审查费及证照费，向“新闻局”申请审查，经取得准播证明后，始得播送；经许可之广播、电视广告，应留交一份备查。

前项准播证明有效期间为一年，但法令另有规定或广告项目及内容属特定产品者，得予缩短。期满后如需继续播送，得申请延期。

广播、电视广告未经指定事先审查者，应由电台自行负责审查后再行播送。并应将播送之录音带、录像带及广告文稿等资料保存十五日，以备查考。

第一项所称广告制作业者，系指依法加入广告代理商业同业公会或广播电视节目制作商业同业公会之会员。

第三十六条

广告之音量不得超过节目正常进行之音量。

第四十二条

录像节目带录有广告者，应依规定送请审查。

经“新闻局”核准播放之电视广告，供制作录像节目带之用时，在广告准播证明有效期间内，免依前项规定办理。但该广告经“新闻局”调回复审核定禁演者，应将广告销磁。

(三)《有线广播电视法》

第十九条(经营者身份之限制)

系统经营者之组织，以股份有限公司为限。

政府、政党、其捐助成立之财团法人及其受托人不得直接、间接投资系统经营者。

系统经营者不得播送有候选人参加，且由政府出资或制作之节目、短片及广告；政府出资或制作以候选人为题材之节目、短片及广告，亦同。

第三十七条(基本频道之提供)

系统经营者应同时转播依法设立无线电视电台之节目及广告，不得变更其形式、内容及频道，并应列为基本频道。但经“中央”主管机关许可者，得变更频道。

系统经营者为前项转播，免付费用，不构成侵害著作权。

系统经营者不得播送未经“中央”主管机关许可之境外卫星广播电视事业之节目或广告。

第四十二条(节目与广告之区分)

节目应维持完整性，并与广告区分。

非经约定，系统经营者不得擅自合并或停止播送频道。

节目由系统经营者及其关系企业供应者，不得超过可利用频道之四分之一。

系统经营者应于播送之节目画面标示其识别标识。

第四十五条(广告插播频率)

系统经营者应同时转播频道供应者之广告，除经事前书面协议外不得变更其形式与内容。

广告时间不得超过每一节目播送总时间之六分之一。单则广告时间超过三分钟或广告以节目型态播送者，应于播送画面上标示“广告”二字。

计次付费节目或付费频道不得播送广告。但同频道节目之预告不在此限。

第四十六条(广告播送之协议)

频道供应者应每年定期向审议委员会申报预计协议分配之广告时间、时段、播送内容、播送方式或其他条件。频道供应者如无正当理由拒绝依其申报内容与系统经营者协议，系统经营者得向审议委员会申请调处。

第四十七条(广告专用频道)

系统经营者得设立广告专用频道，不受第四十五条第二项之限制。

广告专用频道之数量限制，由“中央”主管机关定之。

第四十八条(插播式字幕的使用)

系统经营者非有下列情形之一者，不得使用插播式字幕：

……

四、与该播送节目相关，且非属广告性质之内容。

第四十九条（广告内容之核准）

广告内容涉及依法应经各该目的事业主管机关核准之业务者，应先取得核准证明文件，始得播送。

第五十条（广告内容之限制及制播标准）

第四十条、第四十一条第二项、第三项、第四十二条第四项及第四十四条之规定，于广告准用之。广告制播标准由“中央”主管机关定之。

第五十七条（节目及广告之合法授权播送）

有线广播电视播送之节目及广告涉及他人权利者，应经合法授权，始得播送。

第六十四条（警告）

经许可筹设有线广播电视者或系统经营者有下列情形之一时，予以警告：

四、违反第三十七条第一项、第四十一条第一项、第三项、第四十二条第一项、第二项、第四项、第四十三条、第四十五条、第四十八条或第五十条第一项准用第四十一条第三项、第四十二条第四项规定者。

第六十六条（罚则）

经许可筹设有线广播电视者或系统经营者，有下列情形之一时，处新台币五万元以上五十万元以下罚锾，并通知限期改正：

一、经依第六十四条规定警告后，仍不改正者。

五、违反第三十七条第三项或第三十九条规定者。

六、违反第四十条、第四十九条或第五十条第一项准用第四十条规定者。

七、未依第四十一条第二项或第五十条第一项准用第四十一条第二项指定之时段、方式播送者。

八、拒绝依第四十四条第二项或第五十条第一项准用第四十四条第二项主管机关指定之处所装接者。

第六十七条（罚则）

经许可筹设有线广播电视者或系统经营者，有下列情形之一时，处新台币十万元以上一百万元以下罚锾，并通知限期改正，逾期不改正者，得按次连续处罚：

一、一年内经依本法处罚二次，再有第六十四条或第六十六条情形之一者。

二、拒绝依第四十四条第一项或第五十条第一项准用第四十四条第一项规定提供数据或提供不实数据者。

第六十八条（罚则）

经许可筹设有线广播电视者或系统经营者，有下列情形之一时，处新台币十万元以上一百万元以下罚锾，并通知限期改正，逾期不改正者，得按次连续处罚；情节重大者，得撤销筹设许可或营运许可，并注销筹设许可证或营运许可证：

七、未依第三十七条之一“中央”主管机关之指定提供频道，播送节目者。

八、违反第四十二条第三项规定者。

十、于受停播处分期间，播送节目或广告者。

(四)《卫星广播电视法》

第二条(用词定义)

本法用词定义如下：

……

四、卫星广播电视节目供应者(以下简称节目供应者)：指自有或向卫星转频器经营者租赁转频器或频道，将节目或广告经由卫星传送给服务经营者、有线广播电视系统经营者(包括有线电视节目播送系统)或无线广播电视电台者。

五、境外卫星广播电视事业：指利用卫星播送节目或广告至“中华民国”管辖区域内之外国卫星广播电视事业。

第九条(卫星广播电视事业之资格)

卫星广播电视事业之组织，以股份有限公司及财团法人为限。

政府、政党、其捐助成立之财团法人及其受托人不得直接、间接投资卫星广播电视事业。除法律另有规定外，政府、政党不得捐助成立卫星广播电视事业。

卫星广播电视事业不得播送有候选人参加，且由政府出资或制作之节目、短片及广告；政府出资或制作以候选人为题材之节目、短片及广告，亦同。

第十五条(境外卫星广播电视事业设立分公司或代理商之文件)

境外卫星广播电视事业经营直播卫星广播电视服务经营者，应在“中华民国”设立分公司，于检附下列文件报请主管机关许可后，始得在“中华民国”播送节目或广告：

一、使用卫星之名称、国籍、频率、转频器、频道数目及其信号涵盖范围。

二、开播时程。

三、节目规划。

四、收费标准及计算方式。

五、其他经主管机关指定之事项。

境外卫星广播电视事业经营卫星广播电视节目供应者，应在“中华民国”设立分公司或代理商，于检附下列文件报请主管机关许可后，始得在“中华民国”播送节目或广告：

一、预定供应之服务经营者、有线广播电视系统经营者(包括有线电视节目播送系统)或无线广播电视电台之名称。

二、前项各款文件。

第六条第二项至第四项、第十二条至第十四条之规定，于境外卫星广播电视事业之分公司或代理商准用之。

第十九条（节目之完整性与广告区分）

节目应维持完整性，并与广告区分。卫星广播电视事业及境外卫星广播电视事业应于播送之节目画面标示其识别标识。

第二十条（广告制播标准）

第十七条、第十八条第二项、第三项及第十九条第二项之规定，于广告准用之。

广告制播标准由主管机关定之。

第二十一条（使用插播式字幕之情形）

卫星广播电视事业非有下列情形之一者，不得使用插播式字幕：

……

四、与该播送节目相关，且非属广告性质之节目。

第二十二条（广告内容之核准）

卫星广播电视事业播送之广告内容依法应经目的事业主管机关核准者，应先取得目的事业主管机关核准之证明文件，始得播送。前项规定，于境外卫星广播电视事业播送在国内流通之产品或服务广告，准用之。

第二十三条（广告时间之限制）

广告时间不得超过每一节目播送总时间六分之一。单则广告时间超过三分钟或广告以节目形态播送者，应于播送画面上标示“广告”二字。

第二十四条（广告专用频道之设立）

服务经营者得设立广告专用频道，不受前条第一项规定限制。

第二十五条（不得播送未经许可之节目或广告）

服务经营者不得播送未依第十五条规定许可之境外卫星广播电视事业之节目或广告。

第二十六条（电视节目或广告之事后审查）

主管机关认为有必要时，得于节目或广告播送后二十日内向卫星广播电视事业、境外卫星广播电视事业之分公司或代理商索取该节目、广告及其他相关数据。

第三十条（电视节目或广告有误之处置）

对于卫星广播电视之节目或广告，利害关系人认有错误，得于播送之日起，二十日内要求更正；卫星广播电视事业应于接到要求后二十日内，在同一时间之节目或广告中加以更正。卫星广播电视事业认为节目或广告无误时，应附具理由书面答复请求人。

第三十五条（警告处分之情形）

卫星广播电视事业或境外卫星广播电视事业有下列情形之一者，予以警告：

二、违反第十四条或第十五条第三项准用第十四条规定者。

三、违反第十八条第一项、第三项、第十九条或第二十条第一项准用第十八条第三项、第十九条第二项规定者。

四、违反第二十一条、第二十三条、第二十八条、第三十条、第三十一条或第三十二条规定者。

第三十六条（罚则）

卫星广播电视事业或境外卫星广播电视事业有下列情形之一者，处新台币十万元以上一百万元以下罚锾，并通知限期改正：

三、经主管机关依第六条第四项或第十五条第三项准用第六条第四项规定通知限期改正，逾期不改正者。

四、违反第十六条、第二十二条或第二十五条规定者。

六、未依第十八条第二项或第二十条第一项准用第十八条第二项指定之时段、方式播送者。

第三十八条（罚则）

卫星广播电视事业或境外卫星广播电视事业有下列情形之一者，处新台币二十万元以上二百万元以下罚锾，并通知限期改正，逾期不改正者，得按次连续处罚；情节重大者，得撤销卫星广播电视许可并注销卫星广播电视事业执照或撤销境外卫星广播电视事业分公司或代理商之许可：

……

四、违反第十五条第三项准用第十三条规定者。

五、于受停播处分期间，播送节目或广告。

（五）《广播电视广告内容审查标准》

第一条　本标准依广播电视法（以下简称本法）第三十三条第三项规定订定之。

第二条　“新闻局”审查电台所播送之广告，依本标准之规定，本标准未规定者，依其他有关法令之规定。

第三条　广告之内容有下列情形之一者，应不予许可：

一、损害“国家利益”或民族尊严。

二、煽惑他人犯罪或违背法令。

三、伤害儿童身心健康。

四、妨害公共秩序或善良风俗。

五、散布谣言、邪说或淆乱视听。

前项不予许可之情形，举例如附件。

第四条　广告之内容有下列情形之一者，得不予许可：

一、涉及比较性质时，未能证明其真实。

二、广告主题与推广宣传之商品、服务或观念无关，但引导性广告不在此限。

三、广告主题以推广宣传个人为主。

四、使用之语句不符合语法上的规定。

五、以特定学校、教师或学生为推广宣传。

六、房地产广告，涉及价格时，未作明确标示或以增值为主题。

七、电影广告，未标示级别。

八、避孕器材、妇女生理用品广告，以实体或人体展示商品性能或安排儿童演出。

九、妇女生理用品广告，用辞欠雅或提示、诱导妇女从事有损个人健康之活动。

十、化妆品广告，贬抑或排斥自然美。

十一、有赠奖之广告，未明示赠品之名称、形状、价值、特性、功能、数量、赠奖方式及截止日期。

十二、其他违反公共利益。

第五条　广告之声音、画面不得有下列情形之一：

一、声音尖锐，足以影响听觉者。

二、以外国语介绍者。

三、以相同声音或画面重复密集出现之方式表达者。

四、对身体、尸体作不当之表现者。

五、以快速强光闪烁或快速接剪、伸缩、摇摄等方式表现影像者。

六、药物广告，有夸张之病态动作或表情者。

前项第二款规定，于下列广告不适用之：

一、经商标主管机关核准注册之商标外文部分。

二、经贸易主管机关核发输入许可证明所载外国产品厂牌之外文名称。

三、品牌、规格、型号或药品、食品、化妆品、农药等所含成分、元素之外文部分。

第六条　广告之许可，得视其内容，限制播送之时段。

第七条　录像节目带广告内容之审查，准用本标准之规定。

第八条　播放电台或广告制作业者，对审查结果有异议时，得准用本法施行细则第二十一条第二项规定申请复审。

(六)《有线电视广告制作标准》

一、本标准依有线电视法（以下简称本法）第四十二条第二项规定制定之。

二、本标准所称有线电视广告，系指藉有线电视系统传送之声音、影像或文字，其内容为推广商品、观念或服务者。

三、有线电视广告内容不得有下列情形之一：

(1) 违反法律强制或禁止规定。

(2) 妨害儿童或少年身心健康。

(3) 妨害公共秩序或善良风俗。

前项各款例示如附表。

四、依本法第四十一条第一项规定，播放广告时应以特定字幕、图卡、旁白或其他适当方式与节目明显区分。节目之内容及表现不得涉及广告。

五、有线电视广告使用他人影像、照片、图形（案）、姓名或以其他方式影射他人，或利用他人创作之音乐、歌曲、发明或著作为资料者，应依著作权法、专利法、商标法及其他相关法令规定办理。

六、有线电视广告之声音、画面不得有下列情形之一：

(1) 声音尖锐，足以影响听觉者。

(2) 以相同声音或画面重复密集出现之方式表达者。

(3) 对身体、尸体作不当之表现者。

(4) 药物广告，有夸张之病态动作或表情者。

七、制播有线电视广告注意事项由"中央"主管部门机关定之。

八、本标准自发布日施行。

有线电视广告制作第三条附表

款次	例示
一、违反法律强制或禁止规定	依各相关法律之强制或禁止规定办理。
二、妨害儿童或少年身心	(1) 影响儿童或少年生理、心理健康者。 (2) 对尊敬师长等固有道德观念产生不良影响者。 (3) 养成不良生活习惯或产生不良模仿作用者。 (4) 诱使儿童或少年不满现有用品，养成贪得无厌等不正确观念者。 (5) 直接唆使儿童或少年要求家长接受广告之建议者。 (6) 利用儿童或少年对师长、医师或儿童节目主持人之信赖心理，对产品作推广宣传者。 (7) 提倡、鼓励儿童或少年从事危险活动者。 (8) 涉及惊险之特技表演时，未提示儿童或少年不宜模仿者。 (9) 广告内容以是否拥有广告商品作为判断受尊敬或受轻视之标准者。 (10) 避孕器材、妇女卫生用品广告以实体或人体展示商品性能或安排儿童演出者。 (11) 引诱青少年、儿童进入法令禁止其涉足之场所者。 (12) 播出烟、酒广告者。

（续上表）

款次	例示
三、妨害公共秩序或善良风俗	(1) 破坏国家社会之优良秩序或违背国民一般道德标准者。 (2) 表现社会弊病无警世意义者。 (3) 宣扬封建迷信者。 (4) 歧视或嘲笑身心残障者。 (5) 足以损害或排斥其他商品、服务或观念者。 (6) 奇装异服或声音举动涉及猥亵者。 (7) 裸露身体或穿着透明服饰者。 (8) 利用恐吓词句者。 (9) 广告表现涉及“性”的内容表示者。 (10) 广告有怪形怪状、低俗不雅的表现方式及夸张性之病态动作或表情者。 (11) 用辞欠雅或提示、诱导从事有损个人健康之活动。 (12) 有暧昧、煽情之表现方式。

（七）《广播电视广告送审注意事项》

一、广播部分：

广播医疗机构广告送审时，应检附之文件如下：

(1) “行政院新闻局”广播电台医疗机构广告审查申请、核定书（格式如附件一）十份。

(2) 卫生主管机关医疗机构广告核定表复印件一份。

二、电视部分：

电视广告交审时，应检附之文件如下：

(1) 电视广告审查申请书（格式如附件二）一份。

(2) 广告内容说明四份（其中一份附于申请书，三份请以长条打字纸缮打）。其内容应详载旁白、字幕、歌词、歌曲名称等，所运用之歌词、歌曲、数据画面，并应检附授权文件。

·广告一份（其制作规格为十六厘米影片或四分之三吋录像带）。

·委托播送（制作）广告者之公司执照复印件、营利事业登记证复印件及其他证明文件复印件各一份。

前款广告以图卡方式制作者，应检附播报稿、幻灯片设计稿各二份。

每年七月一日起第一次送审之广告作业者，应检附下列证件正本及复印件：

·公司执照或法人登记证书。

·营利事业登记证。

·广播电视节目供应事业许可证。

·广播电视节目制作商业同业公会及广告代理商业同业公会会员证。

下列广告并应检附列证明文件：

·药品、化妆品、食品、医疗器材、医疗技术、医疗业务广告：卫生主管机关核准文件。

·农药广告：农业主管核准文件。

·补习班广告：教育主管机关核准立案文件。

·出版品广告：出版主管机关核准登记证件。

·房地产广告：主管机关核发之建筑执照；涉及价格者，另检附房屋价目表（加盖公司印信）

·赠奖广告：

随产品赠送者（赠品为本公司所生产者）：当地政府财税主管机关核准文件。

彩券抽奖者：当地政府财税主管机关核准文件。

折扣折让者：委托播送广告者开具之证明文件。

·电影广告：电影片准演执照。

·引导性广告：完整系列之后续广告及播放时间表（含托播单）。

广告内容涉及商品特性、功能、成分及数据者，并应检附有关机关、非营利性团体或学术研究机构之检验或认可文件。

三、录像节目带部分：

录像节目带广告送审时，应检附之文件如下：

·录像节目带广告审查申请书（格式附件三）一份。

·广告内容说明二份（其内容应详载旁白、字幕、歌词、歌曲名称等），所运用之歌词、歌曲数据画面，并应检附授权文件。

·广告一份（其制作规格为二分之一吋录像带）。

·委托制作广告者之公司执照复印件及营利事业登记证复印件各一份。

第二点第三款至第五款规定，于录像节目带广告送审，准用之。

四、电视及录像节目带广告之审查费每部二百五十元（新台币，下同），准播证明证照费每份一百元。

五、广告准播证明有效期间届满后，需申请延期者，应于期满之日前七日内，依第一点至第四点规定申请，免缴准播证明证照费。逾期未申请者，应依本注意事项重新送审。

（八）《广播节目制作规范》

第一章

第二部分：节目与广告

1. 电台所播送之广告应与节目明显分开。

2. 节目名称及主持人姓名（艺名）不得与提供广告之厂商名称、产品名称或厂商负责人姓名有任何连带关系。

3. 节目主持人宣布赠奖方式或奖品时，不强调其特性功能及价格。

第三部分：其他

1. 对赞助或协助单位表示感谢，应依下述原则处理：

(1) 凡接受赞助之节目，不论其赞助之方式是全部或部分，直接或间接，节目内容不得提及赞助者之商业推广活动。

(2) 感谢对象应为赞助单位、公司或提供协助者，并仅于节目开始或结束时播报。

第二章

第四部分：儿童节目

4. 凡不适于儿童之广告或节目预告，不得安排于儿童节目中播放。

（九）《广告物管理办法》

第一条

为维护公共安全、城乡景观、交通秩序，订定本办法。

第二条

广告物管理，除法令另有规定外，依本办法之规定。

第三条

本办法所称广告物，其种类如下：

一、张贴广告：指张挂、粘贴、粉刷、喷漆之各种告示、传单、海报等广告。

二、招牌广告：指固着于建筑物墙面上之市招等广告。

三、树立广告：指树立或设置之广告牌（塔）、计算机显示板、电视墙、彩坊、牌楼、电动灯光、旗帜及非属飞航管制区内之气球等广告。

四、游动广告：指于车、船或航空器等交通工具设置之广告。

第四条

广告物之管理，其主管机关如下：一、张贴广告：环境保护主管机关。二、招牌广告：主管建筑机关。三、树立广告：主管建筑机关。四、游动广告：交通主管机关。

前项主管机关为执行本办法之管理事务，必要时得洽请警察机关或消防机关派员到场配合办理。

第五条

为美化市容、维护都市景观及公共安全，“直辖市”、县（市）政府应配合当地景观及文化特色，于都市计划及其相关法令中规范广告物形式、材料及设置规格、位置，并得订定更新计昼，编列预算，奖助当地街道更新旧有广告物。

第六条

广告物依法须申请该管主管机关许可，而其内容应先经目的事业主管机关核准者，应依规定将其内容先送请该管目的事业主管机关审查核准。

第七条

广告物之文字、图画不得有下列情形：

一、违反法令规定者。二、妨害公共秩序或善良风俗者。

第八条

下列处所不得设置广告物：

一、高冈处所或公园、绿地、名胜、古迹等内部处所。但经各目的事业主管机关核准者，不在此限。

二、妨碍公共安全或交通安全处所。

三、妨碍市容、风景或观瞻处所。

四、妨碍都市计划或建筑工程认为不适当之处所。

五、公路两侧禁建限建范围内不得设置之处所。

六、其他法令禁止设置之处所。

第九条

广告物之设置人或申请人对广告物应负安全维护及整洁之责任。未善尽安全维护责任，肇致危险或伤害他人时，应视情形依法负其责任。

第十条

张贴广告除有关公职人员选举宣传或公定倡导另有规定者，从其规定外，应于政府核准之广告张贴处所内张贴。

第十一条

招牌广告及树立广告之设置应备具申请书，检同设计图说、设置处所之所有权或使用权证明与其他有关证明文件及许可证费向“直辖市”、县（市）主管建筑机关申请许可。

前项招牌广告及树立广告之广告牌（塔）、计算机显示板、电视墙、彩坊、牌楼、电动灯光属建筑法第九十九条第一项第六款之杂项工作物，其规模达下列标准者，应依建筑法规定申请杂项执照：

一、正面式招牌广告纵长超过一点五公尺者。

二、侧悬式招牌广告纵长超过六公尺者。

三、树立广告高度超过六公尺者。

四、树立广告设置于屋顶高度超过三公尺者。

第十二条

依前条规定免申请杂项执照之招牌广告及树立广告，其申请许可之审查业务，“直辖市”、县（市）主管建筑机关得委托民间专业团体协助审查。

民间专业团体依前项规定受托办理招牌广告及树立广告协助审查业务，应将审查结果送当地主管建筑机关，合格者并由该管主管建筑机关发给许可。

第十三条

侧悬式招牌广告突出建筑物墙面不得逾一点四公尺，并应符合下列规定：

一、位于车道上方者，自下端计量至地面净距离应在四点六公尺以上。

二、前款以外者，自下端计量至地面净距离应在三公尺以上。但位于退缩骑楼上方者，并应符合当地骑楼净高之规定。

正面式招牌广告突出建筑物墙面不得逾三十公分。

前二项规定于都市计划及其相关法令已有规定者，从其规定。

第十四条

招牌广告、树立广告许可之有效期限为五年，期满自行拆除。如有继续使用必要者，应于有效期满前三个月向“直辖市”、县（市）主管建筑机关重新申请许可。

第十五条

招牌广告、树立广告未经“直辖市”、县（市）主管建筑机关许可，不得擅自变更规格、形式、材料或迁移地点。

第十六条

招牌广告、树立广告之设置不得有下列情形：

一、堵塞建筑技术规则规定设置之各种开口或必要之通风、采光设施。

二、违反各类场所消防安全设备设置标准有关消防安全设备之规定。

第十七条

气球广告物在屋顶升放，球体应标示易于辨认之色彩，夜间须于系绳顶端开亮红色警告灯。

第十八条

游动广告之设置，应备具申请书，检同有关证明文件及许可证费，向“直辖市”、县（市）交通主管机关申请许可，其有效期限为六个月。

前项游动广告于航空器上设置者，应向“交通部民用航空局”申请许可。

第十九条

广告物违反第六条规定或擅自变更经目的事业主管机关核准之广告内容者，由各该目的事业主管机关依相关法规处理。

第二十条

张贴广告违反第八条或第十条之规定，而符合废弃物清理法处罚规定之要件者，依该法处罚之。

第二十一条

招牌广告、树立广告违反本办法规定者，由“直辖市”、县（市）主管建筑机关依下列规定处理。

一、违反第十六条之规定，而符合建筑法第九十一条或消防法第三十七条规定要件者，依建筑法第九十一条或消防法第三十七条规定处理。

二、违反第八条、第十一条、第十四条、第十五条或第十七条之规定，而符合建筑法第九十七条之二规定要件者，依违章建筑处理办法规定处理。

三、倾颓或朽坏有危险之虞，而符合建筑法第八十一条或第八十二条规定要件者，依该法第八十一条或第八十二条规定处理。

第二十二条

游动广告违反第八条或第十九条之规定，而符合道路交通管理处罚条例、公路法、汽车运输业管理办法或其他相关法规处罚规定之要件者，依各该规定处理。

第二十三条

“直辖市”、县（市）政府得依本办法规定，订定各类广告物管理规定。

第二十四条

广告物申请许可之书表格式、有关证明文件及许可证费，由各该管“中央”主管机关定之。前项许可证费之收取，应依预算程序办理。

（十）《招牌广告及树立广告管理办法》

第一条　本办法依建筑法第九十七条之三第三项规定订定之。

第二条　本办法用辞定义如下：

一、招牌广告：指固着于建筑物墙面上之电视墙、计算机显示板、广告牌、以支架固定之帆布等广告。

二、树立广告：指树立或设置于地面或屋顶之广告牌（塔）、彩坊、牌楼等广告。

第三条　下列规模之招牌广告及树立广告，免申请杂项执照：

一、正面式招牌广告纵长未超过二公尺者。

二、侧悬式招牌广告纵长未超过六公尺者。

三、设置于地面之树立广告高度未超过六公尺者。

四、设置于屋顶之树立广告高度未超过三公尺者。

第四条　侧悬式招牌广告突出建筑物墙面不得超过一点五公尺，并应符合下列规定：

一、位于车道上方者，自下端计量至地面净距离应在四点六公尺以上。

二、前款以外者，自下端计量至地面净距离应在三公尺以上；位于退缩骑楼上方者，并应符合当地骑楼净高之规定。

正面式招牌广告突出建筑物墙面不得超过五十公分。

前二项规定于都市计划及其相关法令已有规定者，从其规定。

第五条 设置招牌广告及树立广告者，应备具申请书，检同设计图说，设置处所之所有权或使用权证明及其他相关证明文件，向“直辖市”、县（市）主管建筑机关或其委托之专业团体申请审查许可。设置应申请杂项执照之招牌广告及树立广告，其申请审查许可，应并同申请杂项执照办理。

第六条　前条之专业团体受托办理招牌广告及树立广告之审查业务时，应将审查结果送当地主管建筑机关，合格者，由该主管建筑机关核发许可。

第七条　招牌广告及树立广告申请审查许可时，其广告招牌灯之装设，应依建筑技术规则建筑设备编第十四条之规定办理。

设置于建筑物之招牌广告及树立广告，其装设之广告招牌灯应依建筑物公共安全检查签证及申报办法之规定办理。

第八条　“直辖市”、县（市）主管建筑机关为因应地方特色之发展，得就招牌广告及树立广告之规模、突出建筑物墙面之距离，于第三条及第四条规定范围内另定规定；并得就其形状、色彩及字体形式等事项，订定设置规范。

申请设置树立广告及招牌广告时，“直辖市”、县（市）主管建筑机关应依前项规定及设置规范审查；其审查得委托第五条第一项之专业团体办理。

第九条　“直辖市”、县（市）主管建筑机关依前条之设置规范，得制定各种招牌广告及树立广告之标准图样供申请人选用。申请人选用前项之标准图样时，得由“直辖市”、县（市）主管建筑机关简化其审查程序。

第十条　取得许可之招牌广告及树立广告，应将许可证核准日期及字号标示于广告物之左下角、右下角或明显处。

第十一条　招牌广告及树立广告未经“直辖市”、县（市）主管建筑机关许可，不得擅自变更；其有变更时，应重新申请审查许可。

第十二条　招牌广告及树立广告许可之有效期限为五年，期限届满后，原杂项使用执照及许可失其效力，应重新申请审查许可或恢复原状。

第十三条　下列用途之建筑物或场所，其招牌广告及树立广告除商标以外之文字，应附加英语标示：

一、观光旅馆。二、百货公司。三、总楼地板面积超过一万平方公尺之超级市场、量贩店、餐厅。

第十四条　下列处所不得设置招牌广告及树立广告：

一、公路、高冈处所或公园、绿地、名胜、古迹等处所。但经各目的事业主管机关核准者，不在此限。

二、妨碍公共安全或交通安全处所。

三、妨碍市容、风景或观瞻处所。

四、妨碍都市计划或建筑工程认为不适当之处所。

五、公路两侧禁建、限建范围不得设置之处所。

六、阻碍该建筑物各楼层依各类场所消防安全设备标准规定设置之避难器具开口部开启、使用及下降操作之处所。

七、其他法令禁止设置之处所。

第十五条　本办法所定书、表格式，由“中央”主管建筑机关定之。

（十一）《台湾地区与大陆地区人民关系条例》

第三十三条　（担任职务、联合设立法人等及缔结联盟之禁止）

台湾地区人民、法人、团体或其他机构，非经主管机关许可，不得为大陆地区法人、团体或其他机构之成员或担任其任何职务；亦不得与大陆地区人民、法人、团体或其他机构联合设立法人、团体、其他机构或缔结联盟。

第三十四条　（广告之进口、制作、发行、代理、播映、刊登或其他促销推广活动之禁止）

台湾地区人民、法人、团体或其他机构，非经主管机关许可，不得委托、受托或自行于台湾地区为大陆地区物品、劳务或其他事项，从事广告之进口、制作、发行、代理、播映、刊登或其他促销推广活动。

前项许可办法，由“行政院”定之。

第三十七条　（大陆出版品等禁止入台发行、制作、播映）

大陆地区出版品、电影片、录影节目及广播电视节目，非经主管机关许可，不得进入台湾地区，或在台湾地区发行、制作或播映。

前项许可办法，由“行政院新闻局”拟订，报请“行政院”核定后发布之。

第七十三条　（外国公司之撤销）

大陆地区人民、法人、团体或其他机构，持有股份超过百分之二十之外国公司，得不予认许。经认许者，得撤销之。外国公司主要影响力之股东为大陆地区人民、法人、团体或其他机构者，亦同。

第八十九条　（罚则十一）

违反第三十四条第一项规定者，处新台币十万元以上五十万元以下罚锾。

前项广告，不问属于何人所有或持有，得没入之。

（十二）《消费者保护法》

第三条　政府为达成本法目的，应实施下列措施，并应就与下列事项有关之法规及其执行情形，定期检讨、协调、改进之：

四、确保商品或服务之广告，符合法令规定。

第二十二条　企业经营者应确保广告内容之真实，其对消费者所负之义务不得低于广告之内容。

第二十三条　刊登或报导广告之媒体经营者明知或可得而知广告内容与事实不符者，就消费者因信赖该广告所受之损害与企业经营者负连带责任。前项损害赔偿责任，不得预先约定限制或抛弃。

（十三）《消费者保护法施行细则》

第四节　消费信息之规范

第二十三条

本法第二十三条及第二十四条所称广告，指利用电视、广播、影片、幻灯片、报纸、杂志、传单、海报、招牌、牌坊、电话传真、电子视讯、电子语音、计算机或其他方法，可使不特定多数人知悉其宣传内容之传播。

第二十四条

主管机关认为企业经营者之广告内容夸大不实，足以引人错误，有影响消费者权益之虞时，得令企业经营者证明该广告之真实性。

（十四）《公平交易法》

第二十一条

事业不得在商品或其广告上，或以其他使公众得知之方法，对于商品之价格、数量、品质、内容、制造方法、制造日期、有效期限、使用方法、用途、原产地、制造者、制造地、加工者、加工地等，为虚伪不实或引人错误之表示或表征。

事业对于载有前项虚伪不实或引人错误表示之商品，不得贩卖、运送、输出或输入。前二项规定于事业之服务准用之。

广告代理业在明知或可得知情形下，仍制作或设计有引人错误之广告，与广告主负连带损害赔偿责任。广告媒体业在明知或可得知其所传播或刊载之广告有引人错误之虞，仍予传播或刊载，亦与广告主负连带损害赔偿责任。

第四十一条

公平交易委员会对于违反本法规定之事业，得限期命其停止、改正其行为或采取必要更正措施，并得处新台币五万元以上二千五百万元以下罚锾；逾期仍不停止、改正其行为或未采取必要更正措施者，得继续限期命其停止、改正其行为或采取必要更正措施，并按次连续处新台币十万元以上五千万元以下罚锾，至停止、改正其行为或采取必要更正措施为止。

（十五）《商标法》

第六条

本法所称商标之使用，系指为行销之目的，将商标用于商品或其包装、容器、标贴、说明书，价目表或其他类似对象上，而持有、陈列或散布。商标于电视、广播、新闻纸类广告或参加展览会展示以促销其商品者，视为使用。

第六十二条

意图欺骗他人，有下列情事之一者，处三年以下有期徒刑、拘役或科或并科新台币二十万元以下罚金：

一、于同一商品或类似商品，使用相同或近似于他人注册商标之图样者。

二、于有关同一商品或类似商品之广告、标贴、说明书、价目表或其他文书，附加相同或近似于他人注册商标图样而陈列或散布者。

（十六）《烟酒管理法》

第三十六条　烟之广告或促销，依烟害防制法之规定。

第三十七条　酒之广告或促销，应明显标示“饮酒过量，有害健康”或其他之警语，并不得有下列情形：

一、违背公共秩序或善良风俗。

二、鼓励或提倡饮酒。

三、妨害青少年、孕妇身心健康。

四、虚伪、夸张、捏造事实或易生误解之内容。

五、其他经“中央”主管机关公告禁止之情事。

第五十三条　违反第三十七条规定而为酒之广告或促销者，处新台币十万元以上五十万元以下罚锾，并通知限期改正，逾期未改正者，得按次连续处罚。

报纸、杂志、图书事业违反第三十七条规定刊载酒广告者，由地方新闻主管机关处新台币十万元以上五十万元以下罚锾，并通知限期改正，逾期未改正者，得按次连续处罚。

（十七）《烟酒管理法施行细则》

第一条　本细则依烟酒管理法（以下简称本法）第六十二条规定订定之。

第十三条　本法第三十七条所称广告，指利用电视、广播、影片、幻灯片、报纸、杂志、传单、海报、招牌、牌坊、计算机、电话传真、电子视讯、电子语音或其他方法，可使不特定多数人知悉其宣传内容之传播。于销售酒品之营业处所室内展示酒品、招贴海报或以文字、图画标示或说明其销售之酒品者，如无扩及其他场所或楼层，且以进入室内者为对象，非属本法第三十七条所称之广告或促销。

第十四条　依本法第三十七条规定为酒之广告或促销而标示健康警语时，应以版面百分之十连续独立之面积刊登，且字体面积不得小于警语背景面积二分之一，为电视或其他影像广告或促销者，并应全程叠印。仅为有声广告或促销者，应以声音清晰揭示健康警语。前项标示健康警语所用颜色，应与广告或促销版面之底色互为对比。

第十五条　本法第三十七条第四款所定酒之广告或促销不得有虚伪、夸张、捏造事实或易生误解之内容，包括不得有不实或使人误信之情事，亦不得利用翻译用语或同类、同型、同风格或相仿等其他类似标示或补充说明系产自其他地理来源；其已正确标示实际原产地者，亦同。

（十八）《药事法》

第二十四条　本法所称药物广告，系指利用传播方法，宣传医疗效能，以达招徕销售为目的之行为。

第六十五条　非药商不得为药物广告。

第六十六条　药商刊播药物广告时，应于刊播前将所文字、图画或言辞，申请省（市）卫生主管机关核准，并向传播业者送验核准文件。

传播业者不得刊播未经省（市）卫生主管机关核准之药物广告。

第六十七条　须由医师处方或经“中央”卫生主管机关公告指定之药物，其广告以登载于学术性医疗刊物为限。

第六十八条　药物广告不得以下列方式为之：

一、假借他人名义为宣传者。

二、利用书刊数据保证其效能或性能。

三、藉采访或报道为宣传。

四、以其他不正当方式为宣传。

第六十九条　非本法所称之药物，不得为医疗效能之标示或宣传。

第七十条　采访、报道或宣传，其内容暗示或影射医疗效能者，视为药物广告。

第九十一条　违反第六十条第二项、第六十三条、第六十五条、第六十九条、第八十条第一项第一款至第三款规定之一，或调剂、供应管制药品违反第六十条第一项规定者，处新台币六万元以上三十万元以下罚锾。

违反第六十条第二项或调剂、供应管制药品违反同条第一项规定者，对其药品管理人，亦处以前项之罚锾。

违反第六十九条规定者，其标示医疗效能之物品没入销毁之。

第九十二条　违反第二十七条第一项、第三项、第二十九条、第三十一条、第三十六条、第三十七条第二项、第三项、第三十九条第一项、第四十条第一项、第四十四条、第四十六条、第四十九条、第五十条第一项、第五十一条至第五十三条、第五十五条第一项、第五十七条第一项、第二项、第五十八条、第五十九条、第六十一条、第六十四条、第六十六条第一项、第六十七条、第六十八条、第七十一条第一项、第七十二条、第七十四条、第七十五条第一项规定之一，或调剂、供应毒剧药品违反第六十条第一项规定者，处新台币三万元以上十五万元以下罚锾。

第九十五条　传播业者违反第六十六条第二项规定者，处新台币一万元以上五万元以下罚锾；其经卫生主管机关通知限期停止而仍继续刊播者，处新台币六万元以上三十万元以下罚锾，并得按次连续处罚，至其停止刊播为止。

第九十六条　违反第七章规定之药物广告，除依本章规定处罚外，情节重大者，并得撤销该药物许可证；其原品名二年内亦不得申请使用。

前项经撤销药物许可证之违规药物广告，仍应由原核准之卫生主管机关责令该业者限期在原传播媒体同一时段或相同篇幅刊播，声明致歉。逾期未刊播者，翌日起停止该业者之全部药物广告，并不再受理其广告之申请。

（十九）《药事法施行细则》

第四十四条　登载或宣播药物广告，应由领有药物许可证之药商，填具申请书，连同药物许可证复印件、核定之标签、仿单或包装复印件、广告内容及审查费，申请“中央”或“直辖市”卫生主管机关核准后为之。

第四十五条　药物广告所用之文字图书，应以“中央”卫生主管机关所核定之药物名称、剂型、处方内容、用量、用法、效能、注意事项、包装及厂商名称、地址为限。中药材之广告所用文字，其效能应以《本草纲目》所载者为限。

第四十六条　药物广告应将厂商名称、药物许可证及广告核准文件字号，一并登载或宣播。

第四十七条　药物广告之内容，具有下列情形之一者，应予删除或不予核准：

一、涉及性方面之效能者。

二、利用容器包装换奖或使用奖励方法，有助长滥用药物之虞者。

三、表示使用该药物而治愈某种疾病或改进某方面体质及健康或捏造虚伪情事藉以宣扬药物者。

四、夸大药物效能及安全性者。

第四十八条（已废止）核准之药物广告，其有效期间为一年，自核发证明文件之日算。期满仍需继续广告者，得申请原核准之卫生主管机关核定展延之；每次核准展延之期间，不得超过一年。前项有效期间，应记明于核准该广告之证明文件。

第四十九条（已废止）药物广告在核准登载、宣播期间，发现其内容或登播方式不当，或有影响民众身心健康，或其他危害之虞者，原核准机关得予修正或撤销之。

第五十二条（已废止）依本法第三十四条请领药局执照、依本法第六十六条申请核准广告之审查及依本法第七十四条实施封缄检验，得收取费用，其金额由“中央”卫生主管机关定之；其征收应依预算程序办理。

（二十）《医疗法》

第九条

本法所称医疗广告，系指利用传播媒体或其他方法，宣传医疗业务，以达招徕患者医疗为目的之行为。

第八十四条

非医疗机构，不得为医疗广告。

第八十五条

医疗广告，其内容以下列事项为限：

一、医疗机构之名称、开业执照字号、地址、电话及交通路线。

二、医师之姓名、性别、学历、经历及其医师、专科医师证书字号。

三、全民健康保险及其他非商业性保险之特约医院、诊所字样。

四、诊疗科别及诊疗时间。

五、开业、歇业、停业、复业、迁移及其年、月、日。

六、其他经“中央”主管机关公告容许登载或播放事项。

利用广播、电视之医疗广告，在前项内容范围内，得以口语化方式为之。但应先经所在地“直辖市”或县（市）主管机关核准。

医疗机构以因特网提供之信息，除有第一百零三条第二项各款所定情形外，不受第一项所定内容范围之限制，其管理办法由“中央”主管机关定之。

第八十六条

医疗广告不得以下列方式为之：

一、假借他人名义为宣传。

二、利用出售或赠与医疗刊物为宣传。

三、以公开祖传秘方或公开答问为宣传。

四、以摘录医学刊物内容为宣传。

五、藉采访或报道为宣传。

六、与违反前条规定内容之广告联合或并排为宣传。

七、以其他不正当方式为宣传。

第八十七条

广告内容暗示或影射医疗业务者，视为医疗广告。

医学新知或研究报告之发表、病人卫生教育、学术性刊物，未涉及招徕医疗业务者，不视为医疗广告。

第一百零三条

有下列情形之一者，处新台币五万元以上二十五万元以下罚锾：

一、违反第十五条第一项、第十七条第二项、第二十二条第二项、第二十三条第二项、第三项、第五十七条、第六十一条、第六十三条第一项、第六十四条、第七十二条、第八十五条、第八十六条规定或擅自变更核准之广告内容。

二、违反“中央”主管机关依第六十二条第二项、第九十三条第二项规定所定之办法。

医疗广告违反第八十五条、第八十六条规定或擅自变更核准内容者，除依前项规定处罚外，其有下列情形之一者，得处一个月以上一年以下停业处分或废止其开业执照，并由“中央”主管机关吊销其负责医师之医师证书一年：

一、内容虚伪、夸张、歪曲事实或有伤风化。

二、以非法堕胎为宣传。

三、一年内已受处罚三次。

第一百零四条

违反第八十四条规定为医疗广告者，处新台币五万元以上二十五万元以下罚锾。

(二十一)《食品卫生管理法》

第十九条 对于食品、食品添加物或食品用洗洁剂所为之标示、宣传或广告，不得有不实、夸张或易生误解之情形。

食品不得为医疗效能之标示、宣传或广告。

接受委托刊播之传播业者，应自广告之日起二个月，保存委托刊播广告者之姓名(名称)、住所、电话、身份证或事业登记证字号等数据，且于主管机关要求提供时，不得规避、妨碍或拒绝。

第二十八条 主管机关对于检举查获违反本法规定之食品、食品添加物、食品器具、食品容器、食品包装、食品用洗洁剂、标示、宣传、广告或食品业者，除应对检举人身份资料严守秘密外，并得酌予奖励。

第二十九条 食品、食品添加物、食品器具、食品容器、食品包装或食品用洗洁剂，经依第二十四条规定抽查或检验者，由当地主管机关依抽查或检验结果为下列之处分：

……

三、标示违反第十七条、第十八条或第十九条第一项规定者，应通知限期回收改正；届期不遵行或违反第十九条第二项规定者，没入销毁之。

第三十二条 违反第十九条第一项规定者，处新台币三万元以上十五万元以下罚锾；违反同条第二项规定者，处新台币二十万元以上一百万元以下罚锾；一年内再次违反者，并得废止其营业或工厂登记证照；对其违规广告，并得按次连续处罚至其停止刊播为止。

传播业者，违反第十九条第三项规定者，处新台币三万元以上十五万元以下罚锾，并得按次连续处罚。

主管机关为第一项处分同时，应函知传播业者及“直辖市”、县（市）新闻主管机关。传播业者自收文之次日起，应即停止刊播。

传播业者未依前项规定，继续刊播违反第十九条第一项或第二项规定之广告者，由“直辖市”、县（市）新闻主管机关处新台币六万元以上三十万元以下罚锾，并得按次连续处罚至其停止刊播为止。

（二十二）《健康食品管理法》

第二条　本法所称健康食品，系指提供特殊营养素或具有特定之保健功效，特别加以标示或广告，而非以治疗、矫正人类疾病为目的之食品。

第六条　食品非依本法之规定，不得标示或广告为健康食品。食品标示或广告提供特殊营养素或具有特定保健功效者，应依本法之规定办理之。

第十四条　标示或广告不得有虚伪不实、夸张及超过许可范围之内容。健康食品不得为医疗效能之标示或广告。

第十五条　传播业者不得为未依第七条规定取得许可证之食品刊播为健康食品之广告。

接受委托刊播为健康食品广告之传播业，应自广告之日起二个月，保存委托刊播广告者之姓名（名称）、住所、电话、身份证或事业登记证字号等数据，且于主管机关要求提供时，不得规避、妨碍或拒绝。

第十六条　卫生主管机关得派员检查健康食品制造业者、贩卖业者之处所设施及有关业务，并得抽验其健康食品，业者不得无故拒绝，但抽验数量以足供检验之用者为限。各级主管机关，对于涉嫌违反第六条至第十四条之业者，得命其暂停制造、调配、加工、贩卖、陈列，并得将其该项物品定期封存，由业者出具保管书，暂行保管。

第二十四条　违反第十四条规定者，除得废止其健康食品之许可证外，处委托刊播广告者新台币六万元以上三十万元以下罚锾，并得按次连续处罚。

（二十四）《化妆品管理条例》

第二十四条　化妆品不得于报纸、刊物、传单、广播、幻灯片、电影、电视及其他传播工具登载或宣播猥亵、有伤风化或虚伪夸大之广告。

化妆品之厂商登载或宣播广告时，应于事前将所有文字、书面或言辞，申请省（市）卫生主管机关核准，并向传播机构缴验核准之证明文件。

第三十条　违反第二十四条之规定者，处新台币五万元以下罚锾；情节重大或再次违反者，并得由各该主管机关撤销其有关营业或设厂之许可证照。

（二十五）《报业道德规范》

（1）广告必须真实、负责，以免社会受害。

（2）广告不得以伪装新闻方式刊出，亦不得以伪装的介绍产品、座谈会记录、鸣谢启事或读者来信之方式刊出。

（3）报纸应拒绝刊登伪药、密医、诈欺、勒索、夸大不实、妨害家庭、有伤风化、迷信、违反医学与医疗绝症及其他危害社会道德之广告。

（4）刊登医药广告与医疗广告，应经主管官署审查合格。

（5）征婚广告应先查证属实始得刊出，以免读者受骗。

（6）新闻采编人员与评论人员不得延揽或推销广告。

（二十六）《电视道德规范》

四、新闻节目

（七）新闻报道与新闻评论节目中不得插报广告，以免分散观众注意力。

（十二）新闻内容不得直接为某一厂家或其产品作宣传，以牟取广告利益。

七、公益节目

（四）工商服务旨在介绍企业管理方法与现代产销技术，不得为某一厂商宣传，以致变质成为广告。

（五）宗教信仰为精神食粮之一，气氛严肃，不得在宗教节目中插入广告。

八、广告处理准则

（一）节目与广告严格划分，故广告绝对不得以节目方式播出，亦不得利用公共服务或工商服务名义播报。

（二）广告内容必须真实，不得夸张。

（三）医药广告不得有“包治断根”等类似之夸大词句。

（四）广告之声音与画面应力求优美，以免观众生厌，更不得大喊怪叫，妨碍收看之家庭安宁。

（五）广告不得排斥或中伤其他同类之商品或服务。

（六）药品广告必须有卫生机关之查验合格证明，不得表演病人之痛苦，致引起忧虑恐惧心理。

（七）广告不得有色情或暴露镜头，以免伤风败俗。

（八）星相巫卜涉及迷信之广告，不予播报。

（九）死亡、祭吊、殡仪之广告，不予播报。

（十）凡具有赌博性之广告，不予播报。

（十一）有损青年儿童心理健康之广告，不予播报。

（十二）外国广告应符合我国传统文化及我国道德标准。

（二十七）《电视广告规范》

一、前言

电视系具有视听双重功能，且能深入家庭之传播工具，对于社会大众之影响力极大。因此，商品或服务，均争相采用电视为广告媒体，以求扩大其推广效果。

电视学会，为重视广告之社会责任，经由本会所属电视广告研究评议委员会，编订“电视广告规范”一种，以利有关业者参酌采行。

本规范共分为总则、制作及播映三部分，以提高电视广告之制作水准，并将有关广告之各项管理法令详加搜集，列为附录。

二、总则

（一）广告之设计制作与播映，应遵守“现阶段新闻政策纲要”之规定。

（二）广告之设计制作与播映，应遵守“广播电视法”之规定。

（三）广告之设计制作与播映，应遵守“电视道德规范”之规定。

三、制作方面

（一）题材

1. 广告对商品或服务之描述，应以商品或服务所具备之真实功能为限。
2. 广告应避免以宣扬暴力为题材。
3. 广告应避免以色情为题材。
4. 广告应避免以赌博为题材。
5. 广告应避免以刺激侥幸心理及神怪迷信之情事为题材。
6. 广告应避免诽谤他人或排斥中伤打击同类之其他厂牌商品。
7. 广告应避免以低级趣味为内容。
8. 广告不宜以死亡为题材。
9. 广告应遵守传统之伦理道德观念。

10. 广告题材，应遵守“国民生活须知”之规定。

11. 广告题材，应遵守“道路交通安全规则”及“道路交通管理处罚条例”之规定。

12. 广告题材，应符合消除脏乱之规定。

13. 医药广告之题材，应遵守“药物药商管理法”及“医师业务广告管理办法”之规定。

14. 食品广告之题材，应遵守“食品卫生管理法施行细则”及有关行政命令之规定。

15. 化妆品广告之题材，应遵守“化妆品卫生管理条例施行细则”之规定。

16. 广告材料，如采用任何剧情影片或电视剧之任何片段者，必须取得原所有权人之同意证明。

（二）画面

1. 广告画面，应力求优美清晰。

2. 广告应避免采用强调社会黑暗面之画面。

3. 广告应尽量避免快速闪烁，摇摇不定之画面。

4. 广告应避免有色情暗示作用之画面。

5. 交通工具之广告，应避免冲刺危险之画面。

（三）音效

1. 广告对白，应以国语为主。

2. 广告声量，应避免高于节目声量。

3. 广告应避免有色情挑逗作用之音响。

4. 广告应避免有尖锐刺耳之音响。

（四）文字

1. 广告用辞，应力求文雅。

2. 广告文字，一律使用中文，仅外国商品之名称商标等可酌用外国原文。

3. 广告文字，不得使用简体字。

4. 广告文字，不应使用“号外”、“捷报”、“新闻报道”、“打破传统”等词句。

5. 广告文字不应有涉及个人隐私之词句。

（五）演员

1. 广告演员不应表现过分夸张、低俗、病态等不雅之表情与动作。

2. 本国产品，非必要时，不宜用外国人作广告演员。

3. 广告演员不宜穿着医师、护士之专用服装，出现于药品广告。

4. 节目主持人，应避免在其所主持之节目中兼任广告演员或介绍商品。

四、播映方面

（一）广告幻灯片、广告图片应于事先审查。凡不合本规范之各项规定者，不宜映播。

（二）凡未经“行政院新闻局”审查核准之广告影片，电视公司不予接受。

（三）广告与节目应严格划分。

（四）有关声明，启事、辩诉、驳斥等具有引起纠纷之内容及涉及诉讼行为之广告，不宜接受。

（五）所有广告影片、广告幻灯片及广告图片应避免连续重复播映。

（六）凡对儿童与青少年身心发展有不良影响之广告，应予拒播。

（二十八）《无线电广播道德规范》

第六部分

1. 广告必须真实，如有怀疑，应即查证。夸大虚伪之广告，尤其是属于医药类广告者更应拒绝播出。

2. 广告宜力求声音及意境之优美，不粗俗，不吵叫，也不违背善良风俗。

3. 广告播出时间应作合理之安排，节目在半小时以下者不得插播广告。

参考文献

一、有关香港部分

1. 陈家华，陈霓．广告・公关新思维：与香港业界对谈．香港：香港城市大学出版社，2006

2. 陈培爱．中外广告史．北京：中国物价出版社，1997

3. 陈天成．香港广告发展断想．国际广告，1999（7）

4. 丛新强，梁绪敏．广告法规与管理．济南：山东大学出版社，2004

5. 邓荣芳，刘海波．港、澳、台地区的广告监管．中国广告，2006（12）

6. 范俊南，黄擎天．广告文案全攻略——香港实战版．香港：明窗出版社有限公司，1999

7. 傅强．香港报业：刀光剑影中的世纪嬗变．新闻实践，2007（4）

8. 桂园．香港广播的三大特性．中国广播电视学刊，1999（2）

9. 郭庆展．香港的公益广告．技术监督纵横，1998（11）

10. 何佳讯．广告案例教程．上海：复旦大学出版社，2006

11. 何佳讯，卢泰宏．中国营销25年（1979—2003）．北京：华夏出版社，2004

12. 黄镜棠．我看香港同业办报．传媒观察，2003（2）

13. 黄少仪．广告・价值・消费，香港电视广告廿年1970—1989. 香港：龙吟榜有限公司，2003

14. 黄勇．中外广告简史．成都：四川大学出版社，2003

15. 《龙吟榜》创刊号至今各期

16. 《龙吟榜》杂志社．榜上客——全球28位顶级华文创意人谈广告．北京：中国物价出版社，2001

17. 梁伟贤，李少南．香港的广告人才培养．中国广告，2005（3）

18. 林俊明．广告痴人说梦话．香港：国际文化出版公司，2002

19. 梁启明．香港《信报》“创作万花筒”专栏（网络版）http：//www. admango. com/hkej/，2007－8－30

20. 李少蕙．我看香港广告创意．中国广告，2005（3）

21. 李岩．从电视广告创意看大陆、香港两地文化观念的差异．浙江大学学报（人文社会科学版），2003（2）

22. 刘劲松．香港免费报纸的经营策略．新闻界，2006（4）

23. 刘艳秋．大陆、台湾和香港三地广告发展之比较．当代经理人，2006（2）

24. 刘家林．新编中外广告通史（第二版）．广州：暨南大学出版社，2004
25. 卢泰宏．两岸三地广告业发展之综合比较．国际广告，1996（1）
26. 卢泰宏，何佳讯．蔚蓝智慧．广州：羊城晚报出版社，2000
27. 卢泰宏，李世丁．广告创意——个案与理论．广州：广东旅游出版社，1997
28. 卢泰宏，李世丁．以创意为生命的金帆奖．广告大观，1997（7）
29. 伦洁莹．不抹口红的广告．北京：中国物价出版社，2003
30. 吕蓉．广告法规管理．上海：复旦大学出版社，2003
31. 明安香．香港的报业：社会多棱镜——香港新闻传播事业纵览之二．新闻战线，1997（4）
32. 莫康孙．中西合璧，相映成辉——麦肯·光明广告公司创意总监莫康孙谈香港广告创意．广告大观，1997（8）
33. 莫智勇，刘大卫．粤港两地影视广告传播异同分析．当代传播，2005（4）
34.（1971—2004）香港经济年鉴．香港：经济导报社，1972—2005
35. 孙顺华，查灿长，刘悦坦，刘艳秋．中外广告史．济南：山东大学出版社，2005
36. 尚恒德．大陆人眼中的香港广告．中外第三产业，1993（5）
37. 张云枫．发展香港的新闻与出版业．发展论坛，1997（7）
38. 吴为．繁荣的香港广告市场．现代广告，1997（3）
39. 王蒙．美丽围巾的启示．读书，1996（8）
40. 汪涛．广告管理．武汉：武汉大学出版社，2003
41. 吴东英，秦秀白，吴柏基．香港报刊语言口语化的表现形式和功能．当代语言学，2004（3）
42. 冼日明，游汉明．广告在香港：经济、社会、法律及管理层面之剖析．香港：大学出版印务公司，1986
43. 晓理．香港广告不夜城．中国第三产业，1999（10）
44. 许俊基．中国广告史．北京：中国传媒大学出版社，2006
45. 赵素云．广告业．希望在神州，1994（2）
46. 杨海军．中外广告史．武汉：武汉大学出版社，2006
47. 杨先顺．差异与融合：两岸三地广告语创作比较．新闻爱好者，2005（1）
48. 张萍．回归后的香港广播电视业．世界电影，2000（5）
49. 曾小彤．扫描香港户外市场．国际广告，2007（2）
50. 曾玉萍等．广告风云．滚石文化有限公司，2002
51. 赵爱琴．新世纪香港与内地广告业合作发展战略．国际广告，1999（12）
52. 周毅之．香港的报刊．北京成人教育，1997（6）
53. MBA 智库百科 http：//wiki. mbalib. com

54. 艾曼高 www. admango. com
55. 龙吟榜 http：//www. longyinreview. com/
56. 搜龙器 http：//www. longyinsearch. com/gb/search. php
57. 香港广播事务管理局 www. hkba. hk
58. 香港广告商会 www. aaaa. com. hk
59. 亚洲影视资源网 www. asiadv. com
60. 影视及娱乐事务管理处 www. fso－tela. gov. hk
61. 中华人民共和国中央人民政府门户网站 http：//www. gov. cn/

二、有关澳门部分

1. 邓荣芳，刘海波．港、澳、台地区的广告监管．中国广告，2006（12）
2. 胡锦汉．澳门广告业特色．广告大观，1999（2）
3. 胡锦汉．澳门广告业．澳门：澳门广告学会出版社，1999
4. 胡锦汉．澳门广告业的变革．载首届澳门人文社会科学大会——澳门人文社会科学：回顾与前瞻论文集．澳门：澳门基金会，2006
5. 胡锦汉．澳门广告业的人才培育．广告大观，1999（3）
6. 黄汉强，吴志良．澳门总览．北京：中国友谊出版公司，1994
7. 李成俊．澳门华文媒体发展新趋势（第二届世界华文传媒论坛讲演稿）．http：//news. xinhuanet. com/newmedia/2003－09/23/content_ 1095158. htm，2007－9－30
8. 柳旭东．澳门新闻传媒概览．新闻知识，1999（12）
9. 汤开建，吴志良．澳门宪报——中文资料辑录（1850—1911）．澳门：澳门基金会，2002
10. 许俊基．中国广告史．北京：中国传媒大学出版社，2006
11. 杨海军．中外广告史．武汉：武汉大学出版社，2006
12. 查灿长．《澳门宪报》中文广告述评．新闻界，2007（1）
13. 周道宁．中、港、澳电视广告比较研究．澳门：澳门广告协会出版，2002
14. 中华人民共和国澳门特别行政区政府新闻局 http：//www. gcs. gov. mo/

三、有关台湾部分

1. Bovee，C. L. and W. F. Arens（1982）. *Contemporary Advertising*，*Homewood*. IL：Richard D. Irwin
2. Chen，S.（1998）. *State*，*Media and Democracy in Taiwan. Media*，*Culture & Society*（20）
3. Cheng，T（1989）. *Democratizing the Quasi—Leninist Regime*，*World Politics*（16）

4. Devlin, L. Patrick (1995). *Political Commercials in American Presidentials*, 1952 – 1984, Kaid, L. L. & Sanders, K. R. (eds), *New perspectives on Political Advertising*. Carbondale: Southern Illinois University Press

5. Hu, Guang – shiash. *The advertising industry in the republic of china on Taiwan*, 1960 – 1996: *The path from dependency to convergence*, The Pennsylvania State University, 1998 PHD Dissertation

6. Huang, J (1999). Cable Cat´s Cradle, Free China Review 46 (2): 4 – 15; Media in Taiwan Develops in Step with Free Society, The Free China Journal (May 21)

7. Johnson – Carter, Karen S. and Gary A. Copeland (1991). *Negative Political Advertising: Coming of Age. Hillsdale*. NJ: Erlbaum

8. Johnston, Carla B (1991). Election coverage, Butterworth – Heinemann

9. Lee, Kaid Lynda (1981). Political Advertising, In Dan D. Nimmo and Keith R. Sanders ed., Handbook of Political Communication. London: Beverly Hills

10. Li, S (1995). Newspapers Are Surrendered by the Fire of Criticism, Commonwealth Magazine (July): 26 – 28; Government Information Office (GIO) Achieves (1998) (Taipei: The Republic of China Government Information Office)

11. Lo, V., J. Cheng, and C. Lee. (1994). *Television News Is Government News in Taiwan. Asian Journal of Communication* 4 (1)

12. Kern, Montague (1989). 30-*second Politics*: *Political Advertising in the Eighties*. Praeger Publishers

13. Kraus, S. and D. Davis. (1976). *The Effects of Mass Communication on Political Behavior*. The Pennsylvania State University Press

14. Rampal, K (1994). *Post-Martial Law Media Boom in Taiwan*, Gazette (53)

15. Rubin, B (1993). *New Technologies Breach the Five Barriers of Media Control*. Intermedia 21 (1)

16. Tien, H. (1988). *Social Change and Political Democratization in Taiwan*, in H. Feldman, M. Kau, and I. Kim. Eds, Taiwan in a Time of Transition. New York: Paragon House

17. Tien, H (1989). *The Great Transition*: *Political and Social Change in the Republic of China*, The Hoover Institution Press

18. Yu, S (1995). DDP-Backed Company Wins License for Fourth Television Station, The Free China Journal (June 23)

19. 布莱恩·麦克莱尔 (Brian McNair). 政治传播学引论. 北京: 新华出版社, 2005

20. 曹铭宗. 台湾广告发烧语. 台北: 联经出版社, 1995

21. 曹珊珊．医药广告在台湾．现代广告，2005（8）
22. 曹小衡．台湾经济走向与两岸经济合作思考．亚太经济，2004（1）
23. 车英，王河洛．开创与振兴——台湾新闻事业的历史与现状．新闻知识，1996（3）、（6）、（7）
24. 陈百龄．从传统媒体到网络媒体．现代传播，1997（6）
25. 陈飞宝．台湾大众媒体与政党权力之争．台湾研究，1999（4）
26. 陈飞宝．台湾大众传播与经济发展关系．亚太经济，2000（6）
27. 陈龄慧．历史记忆与媒体：政治广告的文化解读．（香港）中国传媒报告，2003（3）
28. 陈玲玲．政党电视竞选广告对政党形象塑造之研究．世新大学传播研究所硕士论文．2002
29. 陈培爱．中外广告史（第二版）．北京：中国物价出版社，2001
30. 陈雨．台湾报纸的分类广告．传媒观察，2003（8）
31. 陈宇卿．台湾广告代理业外资化的两阶段比较．（台湾）"国科会"计划"老板变伙计：跨国广告集团与台湾广告业结构转型"（NSC89－2412－H－128－016）和"媒体代理公司之诞生：跨国广告集团第二波改变台湾广告市场结构"（NSC90－2412－H－128－003）之部分内容，2000、2001
32. 陈宇卿．跨国广告集团对广告代理业的影响．载郭良文（主编）．台湾的广告发展．台北：学富文化事业有限公司，2001
33. 陈宇卿，吴峻安．台湾媒体服务公司外资化对本地广告业之影响：从传播政治经济学的观点分析．2002年中华传播学会论文研讨会参会论文
34. 陈毓钧．我们是谁？台湾是什么．上海：上海译文出版社，2006
35. 楚崧秋．新闻与我．台北：东大图书公司，1995
36. 丹尼斯·麦克奎尔（Denis McQuail）．大众传播理论．北京：清华大学出版社，2006
37. 邓利娟．试析台湾海外经济关系的转变．亚太经济，2004
38. 邓荣芳，刘海波．港澳台地区的广告监管．中国广告，2006（12）
39. 邓湘君．台湾广告业跨国化的文化探索．（台湾）辅仁大学大众传播学研究所硕士论文．2001
40. 丁守和．二十世纪中国史纲．郑州：河南人民出版社，1994
41. 动脑杂志社编辑部．台湾广告四十年．动脑杂志，2000（总291）
42. 杜强，林伟民，张丽．台湾经济边缘化问题之剖析．亚太经济，2004（1）
43. 樊凡．台湾报禁解除后的报业竞争．新闻大学，1994（1）
44. 樊志育．中外广告史．台北：三民书局，1989
45. 樊志育．广告学（革新版）．台北：三民书局，1996

46. 方汉奇等．中国新闻传播史．北京：中国人民大学出版社，2002
47. 凤凰卫视栏目组．从蒋经国到陈水扁：1987—2005 台湾“政坛”风云录．北京：中国友谊出版公司，2006
48. 冯建三．传播政治经济学在台湾的发展．新闻学研究，2003（总 75）
49. 高群服．台湾的广告业．海峡科技与产业，1999（2）
50. 高照芬．1996 年“总统”选举四组候选人电视竞选广告策略研究：定位与广告表现．（台湾）文化大学新闻硕士论文．1997
51. 高志宏，徐智明．广告文案写作——成功广告文案的诞生．北京：中国物价出版社，2002
52. 广告导报杂志社编辑部．中国台湾广告业一览．广告导报，2005（9）
53. 郭岱君（译）．选举必胜方程式——美式选战揭秘．台北：智库出版公司，2000
54. 郭良文．文化符码与社会意义——台湾地区报纸医疗广告的分析．（台湾）广告学研究，1994（总 4）
55. 郭庆光．传播学教程．北京：中国人民大学出版社，2004
56. 郭于中．2000 年“总统”选举三组候选人竞选文宣策略与电视广告表现之相关性研究．（台湾）中山大学政治学研究所硕士论文．2001
57. 郭贞．台湾地区广告从业人员离职因素试析．（台湾）广告学研究，1995（总 5）
58. 贺欣浩．台湾广告人在大陆．动脑，2004（总 342）
59. 何中馨．跨国广告公司在台湾的知识传递与制度建构．“中国地理学会”（台湾）2006 年研究生论文奖获奖论文
60. 洪浚浩．在全球化趋势下台湾传媒演变的政治、经济动因及问题与前景．当代中国研究，2000（1）
61. 洪俪容．台湾广告业的未来出路．动脑，2006（总 359）
62. 侯东成．广告业的自我组织逻辑．文化产业：文化生产的结构分析（张苙云主编）．台北：远流出版公司，2000
63. 胡光夏．国际广告的政治经济分析——台湾与韩国之国内广告市场开放过程及其对广告产业结构影响之研究．1999 传播论文选集．台北：中华传播学会
64. 胡光夏．国际广告代理商的“全球化”与“本土化”：国际广告代理商在台发展之研究．2000 年淡江大学国际传播学术研讨会．台北：淡江大学
65. 胡光夏．国际广告公司在大中华地区发展之研究：香港、台湾与大陆．传媒观察．http：//www. chuanmei. net/article/articleshow. asp？ID＝888，2002－7－16
66. 胡光夏．两岸广告产业交流之初探．（台湾）复兴岗学报．2003（总 79）
67. 胡正荣．传播学总论．北京：北京广播学院出版社，1998

68. 黄擎松．台湾传媒发展综述．世界华文传媒年鉴（2003）．北京：世界华文传媒年鉴社，2003

69. 黄睿迪．2000 年台湾“总统”大选报纸负面竞选广告内容分析．（台湾）政治大学新闻所硕士论文．2001

70. 黄勇．中外广告简史．成都：四川大学出版社，2003

71. 黄振家．从职业社会学角度探究台湾广告代理业之专业性．（台湾）广告学研究，1994（总 4）

72. 黄振家．台湾地区广告从业人员专业性之初探——以台北市综合广告代理业为例．（台湾）广告学研究，1995（总 6）

73. 赖淑敏．台湾政党电视竞选广告趋势分析：1991—1998．（台湾）文化大学新闻研究所硕士论文．1999

74. 李丁赞，陈兆勇．卫星电视与国族想象：以卫视中文台的日剧为观察对象．（台湾）新闻学研究，1996（总 56）

75. 李国川．台湾广告市场“媒体集中购买”制度之研究．（台湾）铭传大学传播管理研究所硕士论文．1999

76. 李海．打开广告之库：联广绿手指的故事．台北：商周出版社，1996

77. 李克．中兴百货广告作品全集．长沙：湖南美术出版社，2001

78. 李宇轩．跨国广告代理商在台湾的历史分析（1960—1998）．（台湾）辅仁大学大众传播学研究所硕士论文．1999

79. 梁继红．当前台湾地区广播生态状况及受众需求分析．现代传播，2003（5）

80. 梁庭嘉．如何大做广告．汕头：汕头大学出版社，2004

81. 林品章，陈立心．古早的广告，创意足迹——台湾光复初期报纸广告表现概说．（台湾）印刷与设计，1998（总 133）

82. 林武郎．台湾产业空洞化问题之再探讨．（台湾）台湾经济论衡，2003（4）

83. 刘家林．新编中外广告通史（第二版）．广州：暨南大学出版社，2004

84. 刘建顺．台湾的广告教育概况与体验．（台湾）中国广告学刊，1995（总 1）

85. 刘建兴，刘树．台湾经济充满变数．两岸关系，2000（11）

86. 刘美琪．台湾广告从业人员工作满意之初探．（台湾）广告学研究，1995（总 6）

87. 刘琰．台湾媒体网站发展概况．世界华文传媒年鉴（2003）．北京：世界华文传媒年鉴社，2003

88. 刘燕南．台湾报业的演变与面临的挑战．新闻爱好者，1996（6）

89. 刘毅志，刘会梁．台湾广告史——整理与回顾．“中华民国”广告年鉴．台北：台北广告代理商业行业公会，1998（总 10）

90. 刘毅志，蓝丽娟．广告专业运动历程中被遗忘的阶段——台北十八家广告代理

业联谊会．“中华民国”广告年鉴．台北：台北广告代理商业行业公会，1997（总9）

91. 陆地．世界电视产业市场概论．北京：中国人民大学出版社，2003

92. 卢泰宏．两岸三地广告业发展之综合比较．国际广告，1996（1）

93. 卢小雁，沈美标，周玉倩．亚太广告精选赏析．成都：四川大学出版社，2004

94. 吕蓉．广告法规管理（第二版）．上海：复旦大学出版社，2006

95. 吕尚彬．人本观广告的崛起．兰州大学学报，2002（6）

96. 吕新雨．媒体的狂欢——对台湾传媒生态的观察与思考．新闻大学，1994（4）

97. 闵大洪．从台湾媒体的网络进程看大媒体趋势．中国记者，2001（2）

98. 钮则勋．政治广告：理论与实务．台北：扬智出版社，2005

99. 彭付芝．台湾经济与政治．北京：北京航空航天大学出版社，2004

100. 彭怀恩．竞选传播．台北：五南出版社，2005

101. 彭芸．政治广告与选举．台北：正中书局，1992

102. 秦志希．中国大陆与台湾省传媒的民族文化特性．新闻与传播研究，1995（1）

103. 丘汇杰．国际广告代理商在台发展之政经分析：1988—1998．第八届台湾广告暨公共关系学术与实务研讨会参会论文．台北：政治大学，2000

104. 邱魏颂正，林孟玉．从当代流行文化看消费者从众行为——以日本流行商品为例．（台湾）广告学研究，2000（总15）

105. 饶德江，章俊．现代广告视觉转向的文化批判．武汉大学媒体发展研究中心．新闻与传播评论，2003（总3）

106. 任远．台湾的电视传播研究．电视研究，1994（3）

107. 单波．关于海峡两岸传播媒介比较研究的反思．新闻与传播研究，1998（3）

108. 沈达吉．台湾广告教育发展历程．现代广告，2005（9）

109. 苏雄，沈国定．It Must Be Taipei！争取二〇〇一年亚洲广告会议．“中华民国”广告年鉴．台北：台北广告代理商业行业公会，1998（总10）

110. 谈龙之．政党广告效果之研究．（台湾）中山大学企业管理学系研究所硕士论文．2001

111. 唐德蓉．电视竞选政见内容与呈现形式之分析．（台湾）广播与电视，1992（1）

112. 唐德中，王安．台湾青年选民的政治认同与走向．青年研究，2004（2）

113. 万安．台湾经济发展与两岸经贸交流．第一届两岸民间精英论坛演讲稿．2005年9月15日

114. 王秉钧．广告创意，永无止境的创新和追求——台湾广告金像奖20年全集述评．广告大观，1999（4）

115. 王彩云．台湾杂志广告的发展趋势．“中华民国”出版年鉴（2001）．台

北："行政院新闻局"，2002

116. 王琛．竞选公关中的媒介权力——从2004年台湾大选广告战谈起．湖南大众传媒职业技术学院学报，2004（2）

117. 王德馨．回顾四十年——广告大事记．"中华民国"广告年鉴．台北：台北广告代理商业行业公会，1989（总1）

118. 王多明．中国广告词典．成都：四川大学出版社，1996

119. 王家驿，傅敏．台湾经济与金融发展．北京：中国金融出版社，1992

120. 王建民．国民党下台内幕：国民党百年兴衰史．北京：新华出版社，2005

121. 王靖．试论大陆和台湾广告在广告用词上的异同．广西师范学院学报，2004（2）

122. 王勤．汉语修辞通论．武汉：华中理工大学出版社，1995

123. 王汝女（译）．政治行销．台北：桂冠出版社，1992

124. 王石番．台湾地区十年来广告投资发展试析．（台湾）广告学研究，1993（总1）

125. 王淑美．台湾广告代理业之产业经济分析．台湾师范大学大众传播研究所硕士论文．1999

126. 王嵩音，陈炎明．解读民进党电视"政党录影带"与文宣策略研究．（台湾）广告学研究，1995（总6）

127. 王惕吾．联合报三十年的发展．台北：联合报报社，1981

128. 王天滨．台湾新闻传播史．台北：亚太图书出版社，2002

129. 王天滨．台湾新闻报业史．台北：亚太图书出版社，2003

130. 王奕晴．海峡两岸网络广告中价值观之比较研究．（台湾）政治大学心理学研究所硕士论文．1991

131. 吴迪．台湾杂志业的历史、现状与发展趋势．中国出版，1999（3）

132. 吴明纯，黄思远．台湾广告代理商之竞争互动及其关键成功要素．（台湾）国际暨南大学国际企业学系企业专题竞赛个案报告，2004

133. 夏倩芳．台湾电视：从垄断走向竞争．新闻与传播研究，1995（3）

134. 夏倩芳．台湾省反主流传播现象与追踪．新闻与传播研究，1996（3）

135. 萧湘文．台湾广告媒介的发展．郭良文（主编）．台湾的广告发展．台北：学富文化事业有限公司，2001

136. 萧湘文．广告创意（第二版）．台北：五南出版社，2002

137. 肖元恺．百年之结——美国与中国台湾地区关系的历史透视．北京：人民出版社，2001

138. 谢慧铃．苹果日报在台湾发行纪实．新闻记者，2004（2）

139. 许静．美国总统竞选中的媒介传播．传播学论坛．http：//www.chuanboxue.

net/list. asp? unid =675, 2007 -6 -7

140. 许俊基．中国广告史．北京：中国传媒大学出版社，2006

141. 许舜英．意识形态与后现代广告．国际广告，2001（1）

142. 颜伯勤．二十五年来广告量研究．台北：中央日报社出版部，1987

143. 姚曦，蒋亦冰．简明世界广告史．北京：高等教育出版社，2006

144. 杨先顺．差异与融合：两岸三地广告语创作比较．新闻爱好者，2005（1）

145. 叶进华．台湾“选战”面面观．两岸关系，2004（2）

146. 易莉华．从依赖到融合：台湾广告业国际化发展模式探析．武汉大学新闻传播学院硕士论文．2004

147. 余明阳，陈先红．广告策划创意学（第二版）．上海：复旦大学出版社，2004

148. 俞雨霖．台湾传媒 2003—2004 年发展综述．世界华文传媒年鉴（2005）．北京：世界华文传媒年鉴社，2005

149. 岳淼，陈培爱．政治传播中的媒介权利——论台湾政治广告的运用．现代传播，2002（1）

150. 曾玉萍．中兴百货的意识形态：中兴百货广告全集．台北：滚石文化出版公司，2000

151. 曾玉萍．广告风云．台北：滚石文化出版公司，2002

152. 詹秀华．论台湾广告语言的民族文化特色．云南财经大学学报，2005（5）

153. 张国宁．走近台湾报业．今传媒，2005（9）

154. 张国庆．全球化与台湾广告业的依赖发展．（台湾）东吴大学社会学研究所硕士论文．1999

155. 张金海，程明．广告经营与管理．北京：高等教育出版社，2006

156. 张昆．论报禁开放前台湾略的新闻道德观念．第六届两岸传媒迈入二十一世纪学术研讨会参会论文，2005 年 11 月 21 日

157. 张丽君．广告人面对面：对话宋秩铭、苏雄、彭德湘．北京：中国市场出版社，2007

158. 张隆栋．大众传播学总论．北京：中国人民大学出版社，1993

159. 张梦瑞．2003 年台湾杂志走向．出版参考，2004（9）

160. 张庆松．台湾经济边缘化的命运．（香港）大公报，2002 -11 -16

161. 张文智，方菁容．广告管理之研究——广告主之广告组织结构形式与作业决策．（台湾）广告学研究，1996（总 7）

162. 张毓麟．台湾的报业垄断及反思．新闻记者，2003（4）

163. 赵镇岳，罗郁聪．台湾经济问题．福州：福建人民出版社，1981

164. 郑贞铭．20 世纪中国新闻学与传播学——台湾新闻传播事业卷．上海：复

旦大学出版社，2005

165. 郑自隆．政治讯息广告策略及效果检验之研究——1989 年选举两党候选人报纸广告内容分析．（台湾）政治大学新闻研究所博士论文．1991

166. 郑自隆．竞选文宣策略——广告、传播与政治行销．台北：远流书局，1992

167. 郑自隆．政党电视竞选宣传之负面广告内容分析．1993 年中文传播研究暨教学研讨会参会论文．台北：（台湾）政治大学传播学院

168. 郑自隆．竞选广告：理论、策略、研究案例．台北：正中书局，1996

169. 郑自隆．广告与台湾社会：战后五十年的变迁．（台湾）广告学研究，1999（总 13）

170. 郑自隆．竞选传播与台湾社会．台北：扬智出版社，2004

171. 中国广告杂志社编辑部．1993—2002 台湾历年“广告流行语金句奖”获奖作品．中国广告 20 年流行广告语．中国广告，2002（10）

172. 钟国伟．激烈竞争的台湾传媒业．两岸关系，2004（8）

173. 周百涛．开放报禁后台湾报业的激烈竞争．新闻大学，2002（3）

174. 周茂君．广告管理学（第二版）．武汉：武汉大学出版社，2002

175. 周文同．十年来广告事业的发展．（台湾）广告时代，1972（1）

176. 周怡伦．电视政治广告策略之研究——第二届“国民大会代表”竞选期间政党电视竞选广告之内容分析．（台湾）文化大学新闻研究所硕士论文．1993

177. 庄伯仲，郑自隆．竞选文宣新媒介——台湾政治性资讯网路现况研究（1995）．广告学研究，1996（总 7）

178. （台湾）新闻法规汇编（第三版）．台北：“行政院新闻局”，1995

179. “中华民国”经济年鉴．台湾：经济日报社（编印）．历年

180. 《动脑》杂志、《广告杂志》、《国际广告》杂志、《现代广告》杂志，历期

图书在版编目（CIP）数据

港澳台广告：行业解读与案例赏析/阳翼，万木春著. —广州：暨南大学出版社，2007. 11

ISBN 978 - 7 - 81079 - 942 - 3

Ⅰ. 港… Ⅱ. ①阳…②万… Ⅲ. ①广告业—经济发展—研究—香港②广告业—经济发展—研究—澳门③广告业—经济发展—研究—台湾省 Ⅳ. F713. 8

中国版本图书馆 CIP 数据核字（2007）第 165873 号

出版发行：暨南大学出版社

地　址：中国广州暨南大学
电　话：总编室（8620）85221601
营销部（8620）85225284　85228291　85220693（邮购）
传　真：（8620）85221583（办公室）　85223774（营销部）
邮　编：510630
网　址：http：//www. jnupress. com　http：//press. jnu. edu. cn

排　版：暨南大学出版社照排中心
印　刷：佛山市浩文彩色印刷有限公司

开　本：787mm × 1092mm　1/16
印　张：23. 5
字　数：530 千
版　次：2007 年 11 月第 1 版
印　次：2007 年 11 月第 1 次
印　数：1—3000 册

定　价：39. 80 元

（暨大版图书如有印装质量问题，请与出版社总编室联系调换）